New Principle of   *Tourism Business*

최신관광사업론

머리말(Preface)

글로벌 경제위기 이후, 저성장을 특징으로 하는 뉴 노멀(New Normal) 시대에 접어들면서 일자리 부족, 소득 불균형 등 사회·경제적 문제가 지속적으로 나타나고 있다. 이로 인해 선진국을 비롯한 대부분의 국가에서는 수출둔화, 금융자산 부실화 등의 경제불안 요인들을 안정시키고, 일자리 창출 및 지속적인 성장기반을 마련하기 위한 노력들을 적극적으로 추진하고 있다. 이에 따라 세계 각국에서는 부가가치와 지역경제 활성화 및 고용 등에 미치는 유발계수가 높은 관광산업을 21세기 국가 전략산업으로 선정, 대규모의 예산과 정부차원의 적극적인 지원정책을 추진하고 있다.

국내에서도 지역 활성화와 내수진작을 위한 창조경제(Creative Economy)를 실현하기 위해 관광산업의 혁신과 함께 지속적인 성장을 위해서 특성화된 융·복합형 관광모델을 강조하고 있으며, 관광산업의 국제 경쟁력 강화를 위한 대책마련에 정책역량을 집중하고 있다. 2014년 인바운드 관광객 1,400만명 시대에 진입한 국내의 관광산업은 관광산업의 경쟁력 강화를 통한 양적·질적으로 동반 성장을 이루어야 하는 과제를 안고 있다.

본서는 관광산업의 급격한 환경변화에 대응하기 위하여 부가가치와 지역경제 활성화 및 고용 등에 미치는 유발계수가 다른 산업에 비해 매우 높은 특성으로 인해 관광산업의 블루오션(Blue Ocean)으로 평가받고 있는 MICE와 의료관광, 주제공원 등에 대한 내용을 구성하여 제공함으로써 독자들에게 관광산업에 대한 본질을 이해하고 꿰뚫어 볼 수 있는 능력을 배가시키기 위해 최선을 다하고자 하였다.

본 연구자들이 오랜기간 이론과 실무를 연구하였음에도 불구하고 아직까지는 여러모로 부족함을 느낄 뿐만 아니라, 최신자료의 부족으로 많은 어려움이 있어 아직 보완해야 할 부분이 많이 있다고 자평하면서 선후배 교수들의 많은 이해와 지도편달을 부탁드린다. 본서의 완성은 저자들의 계속되는 연구와 독자들의 끊임없는 지도편달을 통해서만이 완성될 수 있기 때문이다.

본서가 출간되기까지 도움을 아끼지 않은 모든 분들에게 진심으로 감사를 드리며, 끝으로 여러모로 부족한 본서의 출간에 쾌히 응낙해 주신 한올출판사에 진심으로 감사의 뜻을 전한다.

효현골 연구실에서
저자 씀

차례(Content)

10 카지노사업

11 MICE

의료관광 ⑫

Chapter 01

관광의 개념

New Principle of Tourism Business

01 관광의 개념

New Principle of Tourism Business

① 관광의 개념과 어원

1. 관광의 개념

　　현대 사회의 사람들이 삶을 즐기는 주된 방법 중의 하나는 여행과 관광이다. 오늘날 사람들은 세계 도처의 이국적인 곳들을 방문하거나 여행했던 것을 일상생활 속의 대화에서 이야기하고 있다. 세계의 각 지역에서 온 사람들은 여행 중에 다른 세계의 각 지역에서 이미 만난 경험이 있는 사람들과 만난다. 이제 세계는 국가와 지역사회들이 서로 접촉하는 장소가 되었으며, 이러한 접촉이 이루어지는 주된 방법 중의 하나가 관광인 것이다.

　　이처럼 이동을 수반으로 하여 즐거움을 얻기 위한 단순한 사회현상으로부터 출발한 관광은 이제 비영리성의 소비행위를 전제로 한 경제적인 효과를 중심으로 국가정책의 중요한 부분이 되었으며, 양적인 성장을 내용으로 한 대중화와 서비스를 중심으로 한 사업의 다양성을 특징으로 발전하여 온 현대관광은 새로운 시대의 흐름 속에 개인의 자유의지를 바탕으로 한 자기실현 문화욕구를 충족시킬 수 있는 종합현상, 총체현상으

로 인식되어 그 지역, 그 나라의 문화수준과 주민의 성숙도를 가름하는 새로운 사회현상이 되었다.

⊙ 표 1-1 관광의 정의

학자 및 기구	정 의
슐레른 (H. Schulern)	관광이란 일정한 지역, 주 또는 타국에 여행하여 체재하고 되돌아가는 외래객의 유입, 체재 및 유출의 형태를 취하는 모든 현상과 그 현상에 직접 관계되는 모든 내용을 나타내는 개념
보르만 (Artur Bormann)	직장의 통근과 같이 정기적 왕래를 제외하고, 휴양의 목적이나 유람, 상용 또는 특수한 행사의 참여나 기타의 사정 등에 의하여 정주지역에서 일시적으로 떠나는 여행
그룩스만 (R. Glueckmann)	관광이란 체재지에서 일시적으로 머무르고 있는 사람과 그 지역에 살고 있는 사람들과의 여러 가지 관계의 총체
훈지커와 크랍프 (W. Hunziker & K. Krapf)	광의의 관광은 본질적으로 외국인이 여행지에 머무르는 동안 일시적이든 혹은 계속적이든 주된 영리활동의 추구를 목적으로 정주하지 않는 경우로서, 외국인의 체재로부터 야기되는 모든 관계나 현상에 대한 총체적 개념
베르네커 (P. Bernecker)	상업활동 혹은 직업상의 여러 이유들에 관계없이 일시적이며 자유의사에 따른 지리적 이동이라는 사실과 결부된 모든 관계 및 결과
메드신 (J. Medecin)	관광이란 사람이 기분전환을 하고 휴식을 하며, 또한 인간활동의 새로운 여러 가지 국면이나 미지의 자연풍경에 접함으로써 경험과 교양을 넓히기 위하여 여행을 하거나 정주지를 떠나 체재함으로써 성립하는 여가활동의 일종
자파 자파리 (Jafar Jafari)	관광이란 일상 주거지를 떠나 인간의 욕구를 반영하거나 또는 그와 욕구에 부응할 수 있는 산업, 그리고 인간과 산업이 관광목적지의 사회, 문화적, 경제적, 물리적 환경에 영향을 주는 사업
매킨토시 (R. W. McIntosh)	관광자와 다른 방문자들을 유치, 접대하는 과정에서 관광자, 관광사업자, 정부, 지역사회 간의 상호작용으로 야기되는 현상과 관계의 총체
쓰다 노보루 (津田昇)	국제 관광론에서 "관광이란 사람이 일상 생활권을 떠나서 다시 돌아올 예정으로 타국이나 타지의 문물 및 제도" 등을 시찰하고 풍경 등을 감상·유람할 목적으로 여행하는 것
일본관광정책 심의회	자유시간 중에 감상, 지식, 체험, 활동, 휴양, 참가, 정신의 고무 등 생활의 변화를 추구하는 인간의 기본적 욕구를 충족시키기 위한 행위를 일상 생활권을 떠나 다른 자연, 문화 등의 환경 속에서 행하는 일련의 행동
WTO	유흥, 국내적 사정, 건강, 과학, 행정, 외교, 종교, 체육 및 사업 목적으로 또는 타국에 상주하는 외교관, 군인의 휴가, 건강상의 여행과 기숙사에 입숙하여 체류하는 등의 여행형태
OECD	인종, 성별, 언어, 종교에 관계없이 외국의 영토에서 24시간 이상 6개월 이내의 기간 동안 체류하는 것

표 1-1에 정의된 다양한 학자들의 견해 외에도 관광을 더 잘 이해하기 위해 세계 관광의 복잡성과 중요성에 입각한 정의가 필요하다. 즉, 관광은 관광객, 관련업체, 관광목적국 정부 및 관광목적국 지역사회들의 상호작용에서 발생하는 모든 연관의 총체라고 정의할 수 있다.

한편, 로빈슨(H. Robinson)은 "관광객을 주거지가 아닌 곳에서 하루 이상 여행하는 사람이라고 정의했고(Robinson, 1976: 54), 영(G. Young)은 보다 넓은 의미로 집으로부터 멀리 떨어져서 여행하는 사람"이라고 정의하였다(Young, 1973: 1).

영국 서레이(Surrey)대학의 호텔 · 케이터링 · 관광 경영학과에서는 보다 넓은 관점에서 "관광은 보통 살고 일하는 곳이 아닌 목적지로의 일시적 · 단기적으로 머무르는 사람들의 이동과 이러한 목적지에서 체류기간 동안의 활동"을 나타낸다. 이와 같은 이동의 대부분은 그 특성상 국제적이며 여가행위로 구성된다(Hudman and Hawkins, 1989: 4). 부카트와 메드릭(A. J. Burkart and S. Medlik)은 "일상적인 거주 장소 및 근무지가 아닌 곳으로의 일시적 여행 및 체재를 관광"이라 정의할 수 있다고 제시했다(Burkart and Medlik, 1981: 41-45).

이와 같이 관광에 대해 정의가 다양하다는 것은 그 주제가 얼마나 복잡한지에 대한 증거를 제시하는 것이다. 1937년 국제연맹(League of Nations)은 관광자료 수집의 중요성을 파악하여, 관광객은 거주지가 아닌 다른 지역에서 24시간 혹은 그 이상의 기간 동안 여행하는 사람들로 간주되어야 한다고 제안했다. 국제연맹(League of Nations)에 의해 권한을 부여받은 한 위원회는, 관광객을 즐거움, 건강, 가정 문제 등으로 여행하는 사람, 국제회의를 위해 여행하는 사람, 사업 목적을 위해 여행하는 사람, 체류기간에 상관없이 대개 24시간 이내에 해양 유람선으로 어떤 나라에 도착하는 사람들로 간주했다. 관광객으로 간주되지 않는 사람들은 어떤 지역에서 일하거나, 거주하거나 또는 학교에 다니기 위해 입국하는 사람들의 경우였다. 또한 인근의 국가에서 일하며 국경 근처에서 거주하거나 지속적으로 어떤 나라를 통과하는 사람들도 관광객으로 간주되지 않았다. 그리고 1963년 로마 국제연합회의(United Nations Conference)에서 관광객에 대한 정의는 다음과 같이 개정되었다. "방문객(visitor)"이란 용어는 방문하는 국가에서 생업목적이 아닌 다음과 같은 이유로 어떤 나라를 방문하는 사람을 이르는 말이며, 다음과 같이 크게 두 범주로 나누어진다(Mill, 1992: 8).

① 방문대상국에서 24시간 이상을 체류하며 여행목적은 다음과 같다.
   ㉠ 여가, 레크리에이션, 휴가, 운동, 건강, 공부, 종교 등

ⓒ 사업, 가족방문, 친구방문, 임무, 회의 등
② 유람여행자(excursionist)는 방문 대상국에서 24시간 이내 체류하는 유람선 승객을 포함한 일시적인 방문자를 의미한다.

한편 흔히 사용되는 또 다른 용어인 여행(tralvel)의 경우 일부 학자들이 여행과 관광(tourism)의 명확한 분류를 규정지으려 노력하고 있으나 유사어로 사용되고 있다. 그러나 미국관광정보센터(USTDC)의 한 관계자는 여행자(traveller)라는 용어를 '집에서 적어도 100마일 이상 떨어진 곳을 여행하고 되돌아가는 사람'이라고 정의를 내렸다(Hudman and Hawkins, 1989: 5).

관광이라는 용어는 정부기관에서 더욱 인기를 얻게 되어 미국이나 캐나다의 여러 주 정부들과 많은 국가들이 기관명에 관광이란 용어를 사용하고 있으며, 영국관광공사(British Tourist Authority), 미국관광청(U.S. Travel and Tourism Administration), 세계관광기구(World Tourism Organization) 등이 그 실례이다. "여행자"라는 용어는 대체로 위락과 사업업무 모두를 포함하는 보다 포괄적인 의미를 지니는 데 반해, "관광객"이란 용어는 일상적으로 특정 종류의 위락여행과 결부되어 사용된다.

이상의 정의들에는 세 가지 공통된 요소들이 있다. 그러한 요소들은 ① 출발지와 목적지 혹은 그 이상의 장소 사이의 이동, ② 이동의 목적, ③ 시간 범위 등을 포함하고 있다. 대부분의 관광관련 조직들은 관광으로 인정하기에 필요한 출발지와 목적지 간의 최소한의 거리를 정해 놓았다.

2. 관광의 어원

인간의 이동에는 거주지를 떠나 다시 돌아오지 않고, 타 지역에 정착하는 이동의 형태인 이주(migrant)와 거주지를 떠나 타 지역을 돌아보고 다시 돌아오는 회귀이동인 여행(tour) 두 가지 이동형태로 구분할 수 있는데, 여기서 말하는 여행(tour)은 관광의 근본이 되는 어원이다.

관광의 근원이 되는 'Tour'의 어원은 그리스어의 'tornus(a turn)'의 대격인 'tornum'에서 기인한 것으로 '돌다', '순회하다'는 의미를 내포하고 있다. 이러한 의미는 'turn'이 'tour'로 바뀌면서 '회귀를 전제로 한 이동'을 나타내는 말로 사용되었다.

유럽에서 여행이 위험하고 힘들었던 암흑기(A.D. 500년) 이후 생겨난 'Travel'은 'travail'의 수고, 노고, 중노동을 뜻하는 어원에서 파생되어 '고통과 위험에 가득찬 여행에서 무사히 돌아오다'라는 의미로 사용되었다.

'Tourism'은 1811년 영국의 「The Sporting Magazine」에서 처음으로 사용하였는데, 짧은 기간의 여행을 의미하는 'Tour'의 파생어로서 'Tourism'과 'Tourist'의 용어가 생겼다. 당시의 'Tourism'의 의미는 '각지를 여행하고 돌아오다'라고 하는 'Tour'의 의미로 정의하고 있다. 1975년부터 모든 관광기구에서는 관광의 영어적 표현으로 'Tourism'을 통일하여 사용하고 있으며, 최근에는 'tour+ism'의 합성어로 산업, 조직, 기업의 개념으로 사용되고 있다.

인도에서의 고대 산스크리트 문학에 나타나는 관광의 어원은 세 가지로 구분하여 나타나고 있다. 첫째는 "Tirthatana" : 거주지를 떠나서 종교적으로 의미있는 곳을 방문한다. 둘째는 "Paryatana" : 지식과 즐거움을 위해 밖으로 나가는 것, 셋째는 "Deshatana" : 경제적 이익을 얻기 위하여 나라 밖으로 나가는 것이다. 이 세 가지 어원이 현대 인도에서 관광의 어원이 되었다.

동양에서 관광(觀光)의 어원은 일반적으로 중국의 주시대에 편찬된 주역의 내용인 '觀國之光 利用賓于王 : 타국의 삶의 빛(문물, 제도, 풍속 등)을 살펴보는 것은 임금의 손님 노릇하기에 이로우니라.'이라는 구절의 '觀國之光'에서 관광의 어원이 유래되었다고 한다.

관광(觀光)의 한문적 풀이로 '觀'은 보통 '본다'라는 뜻으로 관광객이 체험할 수 있는 모든 대상을 단순히 보는 형태와 대상의 의미를 자세히 관찰하여 배운다는 두 가지 의미가 있다. 또한, '觀'은 관광객에게 새로운 것을 '보여준다'는 의미도 함께 내포하고 있다. '光'은 天·地·人의 의미를 내포하고 있는 합성어로 구성된다. 天은 태양을 지칭하며, 정신세계, 사상 및 깨달음의 세계를 의미한다. 地는 자연을 지칭하며, 신이 인간에게 부여한 자연적인 소산을 의미한다. 人은 사람을 지칭하며, 이는 사람과 사람의 좋은 만남을 통한 평화를 의미하기도 하며, 더 나아가 사람에 의하여 만들어진 문화를 의미한다. 이상의 내용을 살펴볼 때 光은 인간의 정신세계, 자연의 세계, 문화의 세계를 포함한 개념이다.

상기에서 제시한 '觀'과 '光'의 의미를 종합하여 보면 관광은 사람과 사람의 만남, 자연세계와의 만남, 정신세계와 만남을 통하여 살아가는 방법을 깨달음으로써 인류평화를 구현하는 활동으로 이해할 수 있다.

우리나라에서 관광이라는 어휘를 최초로 사용한 공식기록은 최근의 연구결과 등으로 그 연대의 깊이를 더하고 있다. 한경수(2001. 12) 관광학연구 제25권 제3호(통권 36호) '한국에 있어서 관광의 역사적 의미 및 용례' 발표연구에 의하면 최치원의 글에서 3건의 관광용례가 발견되었고, 觀國之光의 약자로 보이는 觀光의 용례가 1건 발견되었다.

최치원의 시집 桂苑筆耕(885년 : 신라 憲康王 11년)의 서문에 '관광한지 6년만에 이름을 글방에 걸게 되었나이다'라고 하였다. 또한, 견숙위학생수령등입조장(遺宿衛學生首領入朝狀)에서 '......곧 주자(子 : 임금의 맏아들)로 하여 관광하게 하여(卽領 子觀光)'라고 하였다. 여예부배상서찬장(與禮部裵尙書瓚狀)에서 '지금 최치원이 사명을 받들고 돌아가서......다투어 관광의 뜻을 격려하며(競勵觀光之志)' 여기서 다투어 '관광의 뜻을 격려한다'는 것은 유생들에게 중국의 학문과 문물을 접하도록 중국관광을 권했다는 것으로 풀이할 수 있다. 이는 觀國之光의 의미로 새겨보면 이미 통일신라시대에 관광이라는 성어가 쓰이고 있었다는 것을 말해주고 있다.

우리나라 관광관련 최초의 문헌은 조선 성종3년에 유하자 성현(成俔)이 1473년, 1475년, 1485년 세 차례에 걸쳐 중국의 북경을 다녀온 뒤 지은 견문기 형식으로 기록한 「관광록(觀光錄)」이라 할 수 있다(한경수, 1987).

3. 관광의 구성체계

대부분의 학자들이 여행과 관광을 같은 의미의 용어로 사용하면서 관광산업은 민간·공공분야를 모두 포함하는 관광조직을 의미하는 용어로 쓰여졌다. 지(Gee), 매켄(Makens) 그리고 초이(Choy)는 관광산업을 여행자들의 욕구에 부응하기 위해 제품과 서비스를 개발·생산·마케팅을 전개하는 공공 또는 민간조직들의 결합체로 정의하고 있다(Gee, Makens and Choy, 1989: 4-5). 이와 같은 정의는 그림 1-1과 같이 관광산업의 직·간접 요소를 제시하고 있다. 이와 같은 관광산업에서의 상호 관계는 3가지 방식으로 여행자들에게 영향을 미친다. 첫 번째 방식은 여행자들에게 직접 제품이나 서비스를 제공하는 조직들로서 예를 들면, 호텔의 객실, 식사, 항공권, 수영복, 택시 등을 제공하는 조직들을 포함한다. 두 번째는 호텔·여행사 등을 통해 제품과 서비스를 관광객에게 제공하는 관광공급업자로서 공급계약을 맺은 세탁업체의 경우 지역주민뿐만 아니라 호텔을 위해 서비스를 제공하고 있다. 또다른 예로 대중에게 직접 판매하기보다는 여행사를 통해 여행상품을 판매하는 여행도매업자를 들 수 있다. 여행사들은 제품과 서비스를 제공하는 관광기업의 브로슈어와 팸플릿들로 가득차 있다. 따라서 여행자는 이와 같은 공급서비스 업체를 통해 간접적으로 서비스를 제공받게 된다. 세 번째 방식은 관광개발로서 그림 1-1에 나타났듯이 관광객뿐만 아니라 앞에서 언급된 두 가지 방식에도 직접적으로 영향을 미치게 된다. 개발과 관련해 관광관련 공공기관은 해안이나 주변 환경의 토지이용계획을 수립하여 특정유형의 소매행위, 공급서비스 개발 또는 양쪽 모두의 개발을 허용하거나 금지시키기도 한다. 이러한 결정은 여행자와 관광공급업자들 모두에게 영향을 미치게 된다. 그러므로 관광조직의 모든 측면들은 공공기관의 관광정책 결정에 영향을 받게 된다.

복잡한 것은 관광의 정의뿐만 아니라 제품과 서비스를 관광객에게 제공하는 관광산업 역시 마찬가지이다. 밀(Mill)은 여러 요인들로 인해 관광은 산업이라기보다는 시스템으로서 고려되어야 한다고 주장한다(Mill, 1992). 이와 같은 주장의 이유는 관광에 산업적인 분류가 없다는 것이다. 즉, 많은 관광공급자들은 관광객들과 지역주민들 모두에게 관련 서비스를 제공하며, 더욱 중요한 어떤 사람이 국경을 넘거나 고유의 산업분류를 지닌 조직 내에서 여행할 때 일어나는 행동이 관광이기 때문이다.

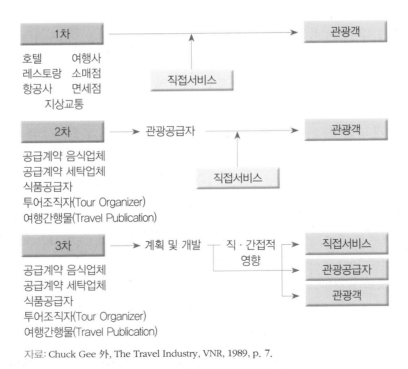

자료: Chuck Gee 外, The Travel Industry, VNR, 1989, p. 7.

그림 1-1 관광사업의 구성체계

관광과 관광현상의 발전·변천과정 ②

1. 세계관광의 변천과정

예로부터 사람들은 주로 식량을 찾기 위해 혹은 위험을 피하기 위해 여행을 하였으며, 그러한 활동의 흔적은 전 세계 도처에 남아 있다. 예를 들어, 호모 에렉투스(Homo-erectus)의 화석이 동유럽, 아프리카, 중국 및 자바에서 발견되었는데, 이와 같은 화석은 원시시대 때부터 이미 사람들은 상당한 거리를 여행할 수 있었다는 사실을 나타내는 증거이다.

슈메리아인(바빌로니아)에 의한 화폐발명과 무역발달은 여행을 더욱 촉진시켰다. 첫 번째 여행에 대해 기원전 1490년경에 헤셉스트(Hatshepsut) 여왕이 평화와 관광을 목적으로 고대 Punt(지금의 소말리아)까지 유람선여행을 했다고 이집트 룩소(Luxor)의 성전 벽에 기록되어 있다. 페니키아인들은 무역업자로서 장소를 이동했었다는 점에서 순수사업 목적의 첫 여행자로 간주할 수 있다. 중국과 인도와 같은 동양으로의 초기여행은 주로 무역에 의해 이루어졌다.

1) 초 기

(1) 오세아니아인

동남아시아에서 남동방향으로 마이크로네시아를 거친 뒤 태평양을 건너 마퀴사스(Marquesas)섬, 투아모투(Tuamotu)군도 및 소사이어티(Society)섬까지의 항해에 길이 40피트를 넘지 않는 작은 피난용 카누를 사용하였으며, 폴리네시안은 기원전 약 500년 경 소사이어티(Society)섬으로부터 하와이까지 2,000마일이 넘게 항해를 하였다. 이러한 항해는 태양과 별들의 위치, 바닷물의 증가, 구름 및 새들의 비행 등을 관찰함으로써 이루어졌으며, 식수와 음식의 문제를 고려할 때 이와 같은 바다에서의 항해는 놀라운 것이었다.

(2) 지중해

지구문명의 고대 발상지인 지중해에서 무역, 상업, 종교 치료 혹은 교육의 목적으로 비교적 일찍 여행이 시작되었다. 구약성서에서도 대상(caravan)과 무역상에 대해 자주 언급하고 있다.

① 고대 그리스

고대 그리스는 기원전 776년 경에 시작된 올림픽 게임으로 인해 사람들이 여행을 하게 되었으며 자연적으로 숙박시설이 발달하게 되었다. 이러한 숙박시설들은 경기참가자와 관람객뿐만 아니라 기타 여러 가지 목적의 여행자들이 이용하였다. 오늘날 올림픽에도 게임과 여러 스포츠 게임은 관광객을 끌어들이는 주요 매력요인이 된다.

② 고대 로마

로마제국의 번영과 거대한 영토는 관광에 요구되는 구성요소였다. 거대한 로마제국을 통치하기 위해 로마인들은 5~6마일 간격의 휴식장소(restpost)에서 제공되는 말들을 이용하여 하루에 100마일을 여행할 수 있는 거대한 도로망을 건설하였다. 지중해 지역의 유명한 사원, 특히 이집트의 피라미드나 유적들을 보기 위해 여행했었다. 그리스와 소아시아도 인기 있는 여행목적지였으며, 그 곳에서 올림픽게임, 건강목욕 해변휴양지, 연극, 축제, 체육경기 및 기타 형태의 유흥들이 제공되었다. 로마제국과 그 도로들을 구경하고자 하는 욕구, 경제적 여유, 여가, 관광매력물 및 여행의 욕구는 숙박 및 기타 관광객을 위한 서비스 수요를 창출하였다.

로마시대에도 분명히 존재했던 이와 같은 관광형태는 관광개발주기(cycle of tourism development)에서 다시 한번 관찰할 수 있다. 즉, 민간을 위한 도로건설과 군사기술의 적용(예 비행기)이 그러한 예이다. 비록 고속도로와 항공산업이 관광목적으로 개발되지는 않았지만 이들의 비약적인 발전은 관광현상에 많은 혜택을 가져다주었다.

③ 소아시아

기원전 334년 경 알렉산더 대왕에 의해 시작된 유페수스(Ephesus: 지금의 터키)는 민주정부 설립으로 한 계절 동안에만 약 70만 명의 관광객이 유입되었다. 또한 유페수스는 중요한 무역 본거지이며 알렉산더 대왕의 통치하에 고대세계 가운데 가장 중요한 도시들 중 하나가 되었다.

역사는 우리에게 많은 교훈을 주며 특히 로마제국과 알렉산더 대왕이 통치한 국가는

관광에 대한 역사적 교훈을 남겨준다. 그것은 바로 관광객들은 안전하고 편안한 곳에 가기 원한다는 것이다. 로마제국의 부흥기에 관광은 번창했으며, 여행은 안전하였으나 쇠퇴기에는 관광현상 또한 쇠퇴하였다. 부유계층이 상당히 감소했으며, 도로사정은 악화되었고, 시골은 치안이 불안했으며, 이와 같은 요인들로 인해 여행은 불가능하게 되었다. 현대의 관광객들도 고대 그리스와 로마시대의 관광객들과 마찬가지로 안전하지 않은 장소로의 여행은 원치 않는다.

(3) 유 럽

4~5세기 경 로마제국의 붕괴는 유럽에서의 순수관광(pleasure travel and tourism)에 매우 큰 역효과를 미쳤다. 암흑시대(Dark Age, 이 시대는 기원 후 476년의 서로마제국의 멸망 때부터 기원 후 1450년 현대시대의 개막시대까지를 지칭한다)에는 모험심이 아주 강한 사람들만이 여행했다. 역사적으로 이 시대 여행은 아주 위험하였으며, 순수관광 목적의 여행은 존재하지 않았다. 이 시대 동안 관광기피현상에 대한 예외는 십자군 원정과 암흑시대 말기까지 유럽대륙에서 종교성지로 여행을 한 유럽인들의 성지순례이다. 기원 후 982년 경 스칸디나비아인들에 의한 그린랜드와 북미로의 서사시적인 항해는 위대한 업적이 아닐 수 없다.

(4) 그랜드 투어(Grand Tour)

17세기와 18세기에 발생한 그랜드 투어는 유럽, 주로 프랑스나 이탈리아 도시들을 여행한 외교관, 사업가 및 학자들에 의하여 이루어졌다. 당시 학자들은 파리, 로마, 플로렌스 및 기타 문화도시에서 연구하는 것이 유행이었다. 비록 그랜드 투어가 교육적 목적에 의해 이루어졌으나 궁극적으로는 쾌락을 추구하여 타락했다고 비난을 받았다.

그랜드 투어라는 용어는 오늘날 계속 사용되고 있으며, 유럽대륙으로의 여행은 초기의 그랜드 투어에서 그 기원을 찾아볼 수 있다. 그러나 오늘날은 그 개념이 많이 변하여, 여행기간이 3년에서 3주일로 단축되었다.

(5) 미 국

지금의 북미지역과 플로리다와 남서부 지역은 16세기 스페인에 의해 처음으로 개척되었다. 당시에는 종종 혹독한 조건하에서 상당히 긴 여행이 이루어졌다. 동부 케이프

코드(Cape Code)가 1602년 고스놀드(Gosnold)에 의하여 발견된 이래 플리머스(Plymouth)의 식민지가 1629년에 건설되었다.

초기여행은 걷거나 말을 타고 이동했으나 내륙에서는 작은 보트(boat)나 카누(canoe)를 이용한 여행도 이루어졌다. 일반적으로 여행은 동쪽에서 서쪽으로 진행되었으며, 도로가 개통됨에 따라 마차를 이용한 여행이 보편화되었고, 오디너리(ordinaries: 작은 호텔)가 대중화되었다. 당시 가장 대중적인 여행은 천장이 있는 마차(covered wagon)를 타고서 대평원(Great Plains)을 횡단하여 서부지역으로 이동하는 것이었다. 이와 같은 이동행위는 남북전쟁(1861-1865) 이후에 발생하였으며, 대륙횡단철도의 건설로 철도여행이 대중화되었다. 1850년에 웰즈파고社(Wells-Fargo Company)는 아메리칸 익스프레스社(American Express Company)를 창업하였다. 이 선두적인 회사는 1891년에 첫 여행자수표를 발행하였고, 여행사로서 기타 여행서비스를 시작했다. 오늘날 어메리칸 익스프레스는 여행자 수표, 신용카드, 다양한 여행 및 재무 서비스를 제공하는 전 세계적으로 유명한 금융회사이다.

미국의 여행역사상 가장 중요한 사건 중의 하나는 제2차 세계대전 동안에 이루어진 인력의 이동이다. 이 과정에서 여행은 생활경험의 일부가 되었으며, 전쟁 이후에 가솔린 배급제가 철폐되고 자동차가 다시 제조되면서 여행증가현상이 두드러지게 되었다. 또한 비행기, 기차 및 버스를 이용한 여행도 증대되었다.

2. 한국관광의 변천과정

1) 한국관광의 시작

우리나라는 삼국시대로부터 근세 조선시대에 이르기까지 불교문화권의 나라로 우리민족의 생활양식, 정치, 문화제도 등 모든 면에서 불교의 영향을 받아왔다. 따라서 여행이나 관광활동도 불교가 정착되면서 전국 각지에 사찰이 생겨남에 따라 신도들을 중심으로 불교봉축행사 참가와 산중의 사찰을 찾는 종교적인 목적 아래 여행의 형태인 관광으로 생성되었다고 할 수 있다. 따라서 종교적 의미에서의 사찰의 참배와 유명사찰의 순례는 고대유럽에서의 신전과 성지참배와 유사한 성격을 띠는 원시관광 형태라 하겠다. 신라시대에 들어서 주요 도시와 사찰을 연결하는 도로가 생기고, 고려시대에 들어와서는 전국에 22개의 도로망과 528개에 이르는 역참이 생겨나면서 국민의 이동이 점점 늘어나게 되었다. 조선시대에 들어서면서 전국에 41개의 노선과 50개의 역 그리고 1,200개의 원이 설치되어 서울을 중심으로 각지에 방사상(放射狀)으로 교통망이 발달되어 지역 간의 원활한 교류로 관민의 여행과 매년 정기적으로 개최되는 그 지방 특유의 민속행사(씨름대회, 그네타기, 줄다리기 등) 참가, 천렵, 뱃놀이 등 우리 고유의 서민중심의 민속놀이 형태인 여행현상이 많이 나타나게 되었다.

그러나 우리나라 관광의 본격적인 출발은 19세기 말부터라고 할 수 있다. 조선말기 발발한 운양호사건으로 인하여 문호개방시대를 맞이하여 1876년에 일본과 강화조약, 병자수호조약 체결을 계기로 부산항이 개항되고, 이어 원산 및 인천항이 개항되어 많은 해외열강과의 통상과 접촉을 통하여 기존의 전통적인 여행에 많은 변화를 가져왔다. 개항과 더불어 외국과의 물물교환 등을 통한 경제적 침투와 함께 많은 외국인이 입국하게 되면서 이미 있었던 숙박시설의 변천을 가져왔고, 1910년 한일합방과 더불어 근대적인 여관이 서울을 비롯하여 전국적으로 생겨나게 되었다. 이러한 숙박시설들은 처음에 부산, 인천과 같은 개항지를 중심으로 발생하였는데 철도교통의 발달과 함께 전국의 주요 철도역 부근을 중심으로 번창해갔다. 이에 따라 개항 무렵에 흔히 볼 수 있었던 행낭과 짚신에 괴나리봇짐의 나그네와 보통 여염집과 다를 것 없는 초가지붕이 낮은 여인숙의 전경은 교통과 도시의 발달로 인하여 점점 근대적인 관광사업 형태로 발전을 거듭하였다.

결국 우리나라 관광은 옛 선인들의 풍류놀이나 산천경관을 살피는 유람 등에서 출발하여 본격적으로 현대문명의 모체라 할 인쇄간행물에 의한 경관, 명승지의 대중적인 선전소개와 함께 대량교통수단으로서 철도가 개통되면서 지방의 주요 도시를 연결하는 도로망의 개설(신작로의 확충)과 때를 같이한다고 볼 수 있다.

근대적 의미의 관광이 우리나라의 정책으로 도입된 것은 제2차 세계대전 이후인 정부수립 이후로 판단되고 있으나, 사회현상으로서 관광을 이해할 때 우리의 전통문화와 생활 속에서 많은 활동형태를 찾을 수 있으며, 「우리 것」의 올바른 인식을 위해서도 많은 조사와 연구가 필요한 분야라고 할 것이다.

2) 1950년대

우리 민족은 옛날부터 산자수명(山紫水明)한 경관지를 찾으며 풍류를 즐겨왔으나 레저

산업으로서의 관광이 정착하게 된 것은 1970년대 후반이라고 할 수 있다.

관광정책이라는 측면에서 보아도 관광사업은 철도의 발달과 더불어 발전하였다고 볼 수 있다. 즉, 일제시대 일본의 만주 및 중국대륙의 침략을 위해 한반도를 교두보로서 이용하기 위하여 철도역의 주변에 철도호텔과 철도회관이 설립되면서 이를 관리하기 위해 관광여행의 필요성이 대두되었다고 할 수 있다. 그후 1948년 우리 정부가 수립되었으나 행정체제가 확립되기도 전인 6 · 25 전쟁의 와중에 우리 정부의 손에 의한 관광행정의 정비를 위한 시간을 갖지 못하였다고 하겠다.

관광행정조직의 발원은 일제시대 관광업무를 주관하던 철도국 운수과 여객계에서 관광선전업무를 수행하면서 시작되었다. 일본의 식민지 통치가 종식되고 우리 정부가 수립되면서 일본과의 국교가 사실상 단절되고 미국을 비롯한 구미제국과 외교관계를 맺으면서 구미인들의 한국여행이 늘어나게 되었으나 관광부문의 수용태세가 갖추어지지 않아 관광객을 유치할 수 있는 단계에는 이르지 못하였고, 1954년 2월 17일 교통부 육운국에 관광과가 설치됨으로써 처음으로 한국관광을 육성지도하는 기능을 수행하여 한국관광의 산실역할을 담당하게 되었다.

그러나 한반도 전체에 전쟁의 소용돌이가 지나간 후라 관광행정의 과제는 무엇보다도 전쟁으로 인해 파괴된 도로, 숙박시설 등 관광시설을 복구 · 확장하는 일이었다.

1958년에 온양, 해운대, 불국사 등에 철도호텔을 개설하게 되었고, 관광직행열차 및 관광버스 등도 운행되기 시작되었으며, 이 무렵부터 관광에 대한 출입국절차의 간소화, 국내외에 걸친 관광선전 등 관광행정 본연의 사무가 미미하나마 실천에 옮겨지게 되었다. 관광사업에 대한 관심이 높아지면서 1958년에는 대통령령 제1850호에 따라 중앙에는 교통부장관 자문기관으로 중앙관광위원회, 지방에는 도지사의 자문기관으로 지방관광위원회가 설치되어 관광행정에 있어서 각계의 의견을 집약하고자 하는 노력을 하였다.

우리나라의 관광사업은 관광객을 유치하기 위한 관광정책의 체계가 완전히 갖추어져 있지 않은 형태로 50년대 관광행정면에서 최대의 관심과 역점을 둔 것은 한국주둔 UN군을 위한 휴식장소와 위락의 제공이라 할 수 있다. 북한의 침략을 저지하기 위해 우리나라에 온 그들을 환대하고 그들을 통한 한국의 소개 및 외화획득은 관광행정면에서도 중요한 과제였던 것이다.

당초 이 사업은 UN군 휴가 장병을 대상으로 1957년에 설립된 코리아 하우스(Korea

house)에서 위안회를 개최하고, 한국의 풍광을 영화로 소개하는 정도의 것이었으나 2박 3일 여정의 사진촬영을 위한 여행을 조직하는 등 차츰 활기를 더해 갔다. UN군의 휴가 장병이 일본이나 홍콩 등지에서 지내는 휴가를 한국에서 지낼 수 있는 R/R(Rest and Recuperation) 지구로의 지정이 필요하였으나 UN군 당국에 의해 시설미비와 보안 등의 이유로 제외되었다가 1960년에 이르러 지정(指定)되는 결실을 보았다.

3) 1960년대

(1) 관광법규의 제정

한국의 관광산업은 1960년대에 들어서 정부의 체계적인 정책기반 조성과 민간관광 기업의 등장으로 외화획득산업으로서 발전의 토대를 구축하게 되었다.

정부는 경제개발계획을 추진함에 있어 관광사업이 외화가득률이 높은 전략산업으로 뿐만 아니라 지역발전이나 전통문화를 널리 소개하는 수단으로 국제적인 각광을 받고 있는 제 효과를 감안, 이를 적극적으로 육성하기 위하여 관광에 관한 각종 법제의 제정과 행정조직을 확대하게 되었다.

1961년 8월 22일에 한국관광 발전에 획기적인 계기가 된 관광사업진흥법을 제정공포(법률 제689호)하게 되고 동법 시행령(1962.7.9. 공포 : 각령 제874호)과 시행규칙(1962.12.23. 공포 교통부령 제141호)을 제정하였다.

정부는 관광진흥을 위한 수용태세 확립과 외래관광객 유치를 위한 선전활동, 세계관광기구의 적극적 가입 등을 활발하게 추진하기 시작하여 관광산업발전의 전환점을 이루었으며, 관광과 관련되는 문화재보호법을 1962년 1월에 제정한 것을 비롯, 1969년 10월에 보사부가 숙박업법을 제정하여 관광사업에 대한 행정적인 뒷받침을 담당하게 되었다.

(2) 관광행정조직의 정비

관광행정조직면에 있어서도 1962년 4월에는 새로운 국영기관으로서의 관광기구설치를 위한 특별법인 국제관광공사법이 제정됨으로써 국제관광공사가 설립되었으며, 관광사업의 선도적 기능을 위하여 1962년 2월 워커힐 운영권과 특정외래품 판매소 등을 인수하였고, 1963년에는 지방 7개 호텔(온양, 해운대, 불국사, 대구, 서귀포, 설악산, 무등산)과 대한여행사, 운수사업소, 반도호텔 및 조선호텔 등을 인수하였으며, 동년 4월에는 워커힐이 개관되었다. 또 1964년에는 울산호텔 인수, 1965년에는 반도조선 아케이트가 개관되었다. 그러나 이들 업체 중에서 1965~1968년 사이에 7개의 인수호텔은 민영화되었다.

1963년 9월에는 교통부의 관광과가 관광국(기획과, 업무과)으로 승격되어 관광행정의 범위가 넓어지게 되었고, 항공과도 항공국으로 승격되었으며, 동년 3월에는 관광사업진흥법 제48조에 의거 특수법인 대한관광협회중앙회(현 한국관광협회중앙회)가 설립되어 동경과 뉴욕에 최초로 해외선전사무소를 개설하게 되었다.

관광사업에 관한 종합적인 정책을 심의·의결하기 위하여 1965년 3월 19일에는 국무총리실 관광정책심의위원회규정이 제정되어 국무총리를 위원장으로 하는 관광정책심의위원회가 설치, 발족되면서 관광사업·발전을 위한 협조체제가 이루어졌다. 동위원회는 1965년 11월에 첫 심의회의를 갖고 동위원회의 운영세칙, 출입국 절차의 간소화, 관광시설의 정비 및 관광개발기금확보 등 7개 안건을 심의통과시켰다.

관광산업의 진흥을 위한 관광인력의 양성면에 있어서도 1963년 최초로 경희대학교와 경기대학의 부설초급대학에 관광과가 신설되어 늘어나는 관광종사원의 수요를 충족시키는 데 일익을 담당하게 되었으며, 그 후에도 고등학교와 전문대학 등에도 관광학과가 설립되었다. 대학과정의 관광교육기관이 속속 신설하게 됨으로써 고급인력 수급에 크게 이바지하였는데 특히 1964년에는 경기대학의 관광과 신설을 선두로 정부의 관광진흥을 위한 노력도 활발해져 관광사업진흥법에 의하여 등록된 우리나라 최초의 민영관광호텔이 1962년에 출현하였다. 1965년 4월에 서울에서 처음으로 제14차 태평양지역관광협회(PATA) 연차총회 및 워크숍을 개최함으로써 우리나라 관광사업을 국제시장에 진출시키는 새로운 계기를 마련하였고 동년 9월에는 홍콩에서 개최된 미주여행업자협회(ASTA) 총회에 무용단 10명을 포함한 19명의 대표를 파견하여 우리나라 관광사업을 널리 소개하였다. 또 1967년부터는 11월을 「관광의 달」로 지정하여 관광산업진흥을 위한 여건과 관심을 제고시켰다.

(3) 관광지 개발의 착수

관광대상지인 관광지의 개발에 박차를 가하기 시작하여 1961년부터 관광자원개발의 일환으로 설악산 관광도로(전장 12㎞) 포장을 선두로 불국사도로, 제주횡단도로의 건설 등 관광지의 기반조성과 1964년 4월 국토건설종합계획법의 제정, 1967년 12월 공원법의 제정으로 국·도립공원의 지정 등 관광개발을 위한 기초작업이 이루어졌다.

교통부는 관광자원의 개발과 보호를 위하여 1969년 1월에 20개의 지정관광지를, 1971년 5월에는 13개의 제2차 관광지를 지정하고 이에 대한 단계적인 조성계획을 수립하게 되었다.

(4) 관광사업의 국제화 추진

관광의 국제화를 기하기 위하여 1965년에는 국제관광공사, 세방여행사 등의 6개 단체가 ASTA에 정회원으로, 교통부 등 18개 업체가 준회원으로 가입하였으며, 1966년에는 대한관광협회, 국제관광공사, 대한항공이 각각 동아세아관광협회(EATA)에 가입하였고, 1966년에는 USOM의 지원으로 외국전문가에 의해 한국관광지를 최초로 진단한 "Morton D. Kauffman 보고서"가 제출되어 이때부터 우리나라 관광사업발전의 일대 전환점을 가져오게 되었다.

1960년대의 한국관광은 발전과정의 기반조성 시대였으나 1964년 19회 동경올림픽과 1965년 한국과 일본의 국교정상화로 많은 일본인이 방한하면서 우리나라 관광시장에 대한 국적별 구성비를 바꾸어 놓는 계기가 되었고, 1970년에는 일본에서 개최된 「Expo 70」으로 인하여 많은 해외선전과 유치활동으로 외래관광객이 입국하기 시작하여 1960년대는 관광사업이 정착, 발전하기 시작하여 종합산업으로 성장하기 위해 체계적인 발전의 초석을 놓은 시기라고 할 수 있다.

4) 1970년대

(1) 관광진흥 시책의 추진

1970년대의 한국관광은 관광산업을 경제개발계획에 포함시켜 국가의 주요 전략산업의 하나로 육성시키는 바탕을 마련하였으며, 동시에 관광시장의 다변화와 관광진흥 저해요인 및 사례의 제거와 관광객 유치를 촉진시키기 위한 능률적이고 강력한 관광행정기구를 강화한다는 관광사업진흥의 기본방향을 설정하고 또 관광사업의 경제적·사회문화적 중요도를 재인식시킨 시기라고 할 수 있다.

1970년대 초는 우리나라 관광산업에 있어서 최초의 호경기를 누렸던 시기로서 외래관광객의 대폭증가와 막대한 외화획득을 기록하였는데, 이를 계기로 관광산업을 수출산업으로 육성하려는 정부의 의도가 분명하게 제시되었다. 특히 1973년의 외래관광객의 급증은 적극적인 진흥정책에도 그 원인을 찾을 수 있으나 사회변화에 따른 하나의 부수적인 효과로, 일본인들의 생활관의 변화, 직장 근로자의 포상휴가(Incentive Tour)의 장려, 여가시간의 증대, 소득수준의 향상에서 외국여행을 지향하는 가치관과 지역적으로 일본이 어느 나라보다도 한국에 가깝게 위치하고 있다는 점 등이 크게 작용하였다고 하겠다.

이와 같은 관광객의 급증으로 인한 관광산업에 대한 인식의 변화로 관광산업에 대한 국가의 적극적인 뒷받침이 계속되었다. 1971년에는 전국의 관광지를 10대 관광권으로 설정하여 관광지조성사업이 본격적으로 추진되기 시작하였고 1960년대 말부터 시작된 국·도립공원과 관광지 지정이 계속되었다. 1972년 12월에는 관광개발사업을 뒷받침하기 위한 관광진흥개발기금법이 제정되어 관광사업체에 대한 금융지원을 시작하였으며, 정부에서는 1973년 7월~1974년 2월(7개월)에 걸쳐 미국 보잉회사와 용역계약으로 작성한 「한국관광개발조사보고서」를 발표함으로써 한국의 관광정책과 개발 및 사업계획의 입안에 필요하고도 귀중한 자료를 합리적으로 제시하여 한국관광의 장기진흥에 기여하였다.

(2) 관광행정조직의 개편

1973년에는 국제관광공사의 기구를 진흥개발체제로 개편하여 국내외 관광진흥개발사업만 맡게 하고, 동공사의 선도영리업체인 워커힐(1973년 3월 12일 민영화), 대한여행사(1973년 6월 30일 민영화), 운수사업소(1973년 6월 29일 민영화), 특정외래품 판매소(1974년 2월 18일 민영화), 반도호텔(1974년 6월 7일 민영화) 등을 민간업체에 이관하였다.

1973년 4월 25일 대한관광협회중앙회도 기구개편을 단행하여 관광사업진흥을 위한 홍보활동 및 서비스 개선을 촉진하고 업계의 권익 증대 및 상호 친선을 보다 더 효율적으로 하기 위해 기구를 강화하고 한국관광협회로 그 명칭을 바꾸었다.

교통부 관광국도 1972년부터 기구를 개편 확장하여 기획과, 진흥과, 지도과, 설치과를 설치하여 관광행정을 개화(改化)함으로써 보다 전문적으로 관광진흥 및 사업의 지도업무에 임하게 되었다.

(3) 관광법규의 정비

1970년의 특기할 만한 사실은 관광관계법규의 확충 및 정비라 할 수 있다. 즉, 외래

관광객 유치를 위해 본격적인 관광단지조성책으로 1975년 4월 4일 관광단지개발촉진법 공포에 이어 1975년 12월 31일을 기해 관광사업진흥법이 관광기본법과 관광사업법으로 분리 제정되었다.

종전 관광사업진흥법은 관광사업의 종류를 8종으로 구분하여 오던 것을 대폭 정리하여 이를 여행알선업과 관광숙박업 및 관광객이용시설업의 3종으로 구분한 것이 이때였다.

70년대 후반에 관광에 관한 법규가 대폭 정비되었는데 그 주요사항은 관광사업법 (1975년 12월 31일 제정 법률 제2878호), 관광기본법 (1975년 12월 31일 법률 제2877호), 관광사업법 (1977년 12월 31일 개정 법률 제3088호), 관광사업법 시행령 (1976년 7월 20일 대통령령 제8194호), 관광사업법 시행규칙 (1976년 7월 30일 교통부령 제541호), 관광정책심의위원회 규정 (1976년 9월 4일 대통령령 제8238호) 등이었고, 1976년 6월에는 한국관광협회와 서울특별시 관광협회의 사무국이 통합개편되었으며 국제관광공사는 제14주년 기념일을 계기로 민영화를 단행하여 진흥, 개발, 요원육성 등으로 운영체제를 개편하였고, 건전국민관광 계도를 위하여 관광안내원 자격시험을 제도화하였으며 동년 2월에는 국제관광공사 훈련원이 개관되어 관광종사원의 국제수준화와 유능한 관광요원의 확보에 주력하였다.

관광경기가 회복된 1976년에 우리나라의 관광산업은 완전히 본궤도에 진입, 본격적인 상승추세에 돌입하였으며 1977년은 정부의 제4차 경제개발계획이 시작되는 제1차 년도로서 70년대의 후반기를 장식하는 매우 중요한 시발점이 되었다.

1977년도에는 관광객유치실적이 949,666명에 3억 7,030만 불의 외화를 획득하였고, 1978년도에는 1,079,396명 유치에 외화획득 4억 810만 불을 기록하여 관광사상 최초로 100만 명을 돌파한 해가 되었다.

(4) 관광여건의 변화

1979년에 들어와서 세계의 국제관광은 이란의 정변과 OPEC에 의한 석유가격의 대폭인상 등 정치·경제적 주요 원인에 큰 영향을 받아 우리나라도 세계적 경제불황에 따른 소비절약풍조와 국내외 제반사태로 관광객은 1978년보다 약간 증가하였으나 당초 목표에는 미달하였으며 관광수입은 전년대비 20%나 감소하였다. 1980년에는 120만 명의 외래관광객을 유치하여 이들 관광객을 통하여 5억불의 외화를 획득할 것을 목표로 정하고 이러한 목표달성과 1980년대를 대비한 수용태세확립, 관광산업의 지속적인 진흥을 위한 시책방향을 제시하고 목표달성을 위해 전력을 경주하였으나 외화정세의 불안상태가 계속됨에 따라 외래관광객의 방한이 크게 감소하였다.

결국 1970년대는 한국관광의 획기적 발전기로서 이 시기에 관광수요가 급속히 팽창하는 데 대비한 관광시설의 정비, 관광자원의 개발확충, 고유문화재의 개발 및 보전, 관광요원의 자질향상, 관광서비스 개선 그리고 건전한 관광풍토 조성, 대규모 관광단지의 개발, 대량관광과 국민관광의 본격화와 특히 국민복지 실현을 위한 국민관광의 여건 등의 기반을 조성하였다. 또한 관광시장 구조의 다양화, 판촉방법의 개척, 관광조사통계의 정비, 관광학연구의 활성화, 관광협회의 업계지도, 관광행정의 쇄신과 관광기업에 대한 행정적 지원체제를 확립하는 등으로 국가전략산업으로서 관광산업의 역할과 기능을 극대화한 한국관광의 획기적인 발전기라 할 수 있다.

5) 1980년대

1980년대에 들어와서는 1970년대 후반의 관광여건의 악화현상이 1980년대 초로 이어지는 과정에서 한국관광은 어느 정도 회복의 기미는 보였으나 정치·사회적 불안이 계속됨으로써 결정적인 타격을 입게 되었다.

일본인들의 왜곡된 편향보도와 몰이해로 일본시장에 의존하던 외래관광객의 격감을 가져옴으로써 관광업계는 심각한 타격을 입게 되었다.

그러나 제5공화국이 들어서면서 '아시안게임과 올림픽의 유치'로 관광발전의 전기가 될 수 있는 여건이 조성되어 한국관광은 제2의 도약기를 맞이하였다고 할 것이다. 정부의 개방정책의 일환으로 1983년에는 50세 이상 국민의 관광목적 해외여행이 자유화되면서 국제관광시장의 매력과 관심을 집중시키면서 한국관광은 크게 성장·발전의 기대를 모았다.

국민의 생활수준 향상과 더불어 1970년대 후반부터 국민관광의 분위기가 전반적으로 무르익기 시작하여 관광이 대중문화와 산업사회의 특징으로 등장하게 되어 국민의 국내관광은 국민화합과 지역개발의 촉진, 교통조건이 발달되어 국민 각 계층의 여가증대와 함께 관광수요는 폭발적으로 증가하게 되었다.

특히 1983년 9월에 서울에서 열린 제53차 ASTA(미주여행업자협회) 총회는 세계 각국의 여행업자에게 한국관광의 이미지를 올바로 심어주어 일본인과 미국인에 편중되었던 외래관광객층이 다원화될 수 있는 좋은 계기를 마련하였다.

정부는 현대사회의 다양한 욕구를 충족함으로써 국민생활의 질을 향상시키며 궁극적으로는 국제관광의 진흥을 국민관광의 발전에서 찾아야 한다는 원칙에 입각하여 국민관광과 국제관광의 조화를 이상으로 하는 구체적인 시책을 1980년대의 관광정책 목표로 설정하기에 이르러 1980년대의 한국관광은 세계정책의 회복과 '아시안게임 및 올림픽' 등으로 우리나라의 경제, 사회, 문화의 성장과 함께 크게 발전하였다.

6) 1990년대

1990년대에서의 커다란 전환점은 독일통일과 구소련의 붕괴, 남한과 북한의 유엔 동시가입, 그리고 1992년 여름에 이루어진 중국과의 국교정상화 등이 있다. 냉전시대의 종식으로 인해 우리나라의 외교, 무역 및 관광의 세계화·국제화가 성큼 다가오게 되었다.

또한 1993년의 대전 엑스포는 전 세계에 우리나라의 저력을 과시한 또 하나의 축제이다. 이는 이제 우리가 참가국이 아닌 엑스포 개최국이 되었다는 것을 전 세계에 알렸고 국제적으로 뿐만 아니라 내국인들에게도 과학적인 지식을 일깨워준 커다란 행사였다.

그러나 1997년 닥친 외환환란 현상과 함께 찾아온 한국 경제의 IMF 관리체제는 한국의 관광산업을 전면적으로 구조조정시킬 것으로 기대되었다. 약육강식의 원리에 따라 강자는 살아남고 약자는 도태하여 세계무대에서 더욱 경쟁력이 있는 관광기업이 탄생할 것으로 기대되었다. 결론적으로 1990년대는 관광분야에서 명실상부한 세계적인 관광지로서 한국의 위상을 심어주었던 것이다.

이와 동시에 1990년대는 외국인의 방한만이 아니고 내국인의 해외여행의 증가로 인하여 외래문물을 보고 느끼고 식견을 높이고 우리의 삶을 살찌우는 데 새로운 장을 여는 전환의 시기였다고 말할 수 있다.

7) 2000년대

2000년대 한국관광은 각종 국제행사의 개최로부터 시작했다. 즉, 2002년은 세계 축구인들의 잔치인 월드컵 대회를 일본과 공동으로 개최하였으며 2003년은 대구에서 하계 유니버시아드 대회가 열리는 등 2000년대 초반부터 국제 스포츠대회가 개최되었다.

이와 함께 정부에서는 국제대회 유치를 위한 노력을 경주하고 있으며, 지방자치단체도 지역의 발전을 위해 국제대회 유치에 발 벗고 나서고 있다.

이에 따라 한국은 전 세계의 관광선진국들이 추진하고 있는 국제대회 유치 경쟁에 합류했으며, 이러한 추세는 계속 되리라고 본다. 원래 국제대회 유치는 정치·경제·문화의 합작품의 결과이다. 따라서 국제대회를 유치하기 위해서는 어느 한 요소만 발달해서는 아니 되며, 계속적인 국제대회 유치는 한국의 전반적인 면이 골고루 발달해야 가능하다. 결론적으로 국제대회 유치는 해당 국가의 선진척도가 될 수 있다.

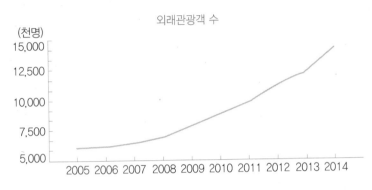

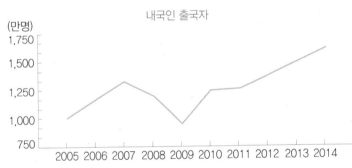

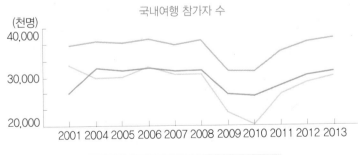

자료: 통계청(2015)

🕐 그림 1-2 한국관광의 변천과정

그림 1-2는 2000년대 이후 한국관광의 변천과정을 도식화한 것이다. 이를 통해 외국인 관광객 수는 21세기 들어 꾸준한 증가 추세에 있다는 것을 알 수 있고, 내국인 출국자 수는 2009년 급감하였고, 2012년 이후 급격히 증가하고 있다. 또한 국내여행 참가자 수도 2010년을 기점으로 확연한 증가추세에 있다는 것을 알 수 있다.

여가 · 관광 · 레크리에이션 · 놀이의 상관성 ③

1. 여가의 개념

여가는 사회활동에 기초를 둔 현상이다. 옛날 사회와 현재 사회는 같을 수가 없고 미국사회와 한국사회가 다르기 때문에 각 사회와 각 상황에 맞게 여가가 정의되어야 한다. 이러한 과정에서 모든 사회와 각 상황에 보편적인 여가의 정의를 도출한다는 것은 단순한 일은 아니다. 여기에서는 과거시대부터 현재까지의 여가의 정의를 모두 소개하고자 한다.

1) 아리스토텔레스의 고전적 개념

여가의 고전적 또는 규범적 개념은 아리스토텔레스에 의해 가장 명료하게 묘사되었다. 이 개념은 그리스 철학의 고전기 동안 발달되었기 때문에 고전적 개념이라 불리어진다.

아리스토텔레스는 이상적인 여가사회에 대해 그의 스승 플라톤과 일치되지 않았지만, 여가를 공동사회생활에서 발생하는, 그것 자체가 목적인 것이라고 말했다. 여유 있는 개인은 사색가, 명상가이었기 때문에 아리스토텔레스에게 있어 여가는 생각과 분리되어질 수 없었다.

한편 우정을 깊게 하기 위해서는 시간과 인내가 필요하므로 여가는 진전된 우정을 가능하게 만든다. 마찬가지로 즐기는 사람만이 행복한 상태라고 말할 수 있기 때문에 행복은 여가와 분리되어질 수 없는 것이다. 그리고 사람은 즐기기 위해서 사고와 감상을 위한 시간을 가져야만 한다. 이러한 여가 개념에서 여가는 마음과 정신의 수양이 될 수 있다. 여가는 개개인의 상태와 조건, 습관이나 재능이다. 물론 여가에는 시간이 필요로 하지만, 시간이 여가의 본질은 아니다. 고전적 견해는 사람이 어떤 일정량의 시간을 여가활동에 할당하자마자 여가란 없어진다고 지적한다.

사람은 여가를 계획할 수 없다. 즉, 여가는 사랑이나 뜻밖의 사건과 같이 발생하는 어떤 것이기 때문이다. 사람이 여가에 대비하지만, 사람이 여가를 통제하기보다는 여가가 사람을 소유해버린다.

2) 자유재량시간으로서 여가

거리에서 사람들에게 여가의 정의를 물었을 때 빈번하게 언급되는 문구는 "자유시간, 좋은 대로 하는 시간" 등으로 나타난다. 이런 의미에서 여가는 삶에서 필요불가결한 부분이 돌보아지고 남겨진 시간이다. 이런 견해를 전적으로 혹은 부분적으로 지지한 많은 학자들 중에 크라우스(Richard Kraus)가 가장 두드러진 대표자이다(Kraus, 1971: 266). 그러나 이러한 정의는 너무나 단순한 것 같다. 왜냐하면 자유시간은 의무시간의 반대어이며, 임의로 쓸 수 있는 시간 중 많은 부분이 개인유지, 단순한 회복 또는 다른 유사의무를 수행하기 위한 시간으로 판명되기 때문이다.

이런 견해의 옹호자들은 일하지 않는 시간이 여가시간으로 분류되는 것을 비판한다. 그러나 여가의 기본적 특성은 인간이 정말로 하고 싶은 일을 하는 데 있으며, 여가가 의무감이 없는 시간 동안뿐만 아니라 근로시간 동안에도 발생할 수 있다는 점을 주목하여야 한다. 예를 들면 여가의 고전적 견해에 비추어, 음악가, 철학가, 또는 신비주의자는 작업 중 대부분의 시간을 여가로 가질 수 있다.

여가가 꼭 작업시간에 일어날 수 있다거나 혹은 의무감이 없는 시간 모두가 여가인 것은 아니다. 왜냐하면 수면을 취하고, 버스를 기다리며, TV뉴스를 시청하는 데 소비한 시간과 인간의 마음과 정신을 확장하는 데 소비한 시간과는 어느 정도 구별이 있어야만 하기 때문이다. 여가가 자유재량의 시간이라고 말하는 것은, 여가 그 자체를 위해 선택되어진 활동이 여가라는 사실을 지적하지만, 그 자체로만은 불충분하며, 심지어 오해를 초래할 우려가 있는 정의이다. 자유재량의 시간은 여가의 선행조건 또는 필요조건일 수 있지만 이것이 시간이 여가의 존재를 보장하지는 않는다.

3) 계급 특권으로서의 여가

베블렌(Thorstein Veblen)이 1899년에 「여가 계급의 이론」을 발간했을 때 그는 자본가 시스템에 관해 신랄한 비판을 하였으며, 부수적으로 기묘하고 매혹적으로 여가를 정의 하였다. 베블렌은 여가가 소비와 게으름으로 특징지어지기 때문에 일하는 사람이 결코 진정한 여가를 알 수 없다고 언급했다. 베블렌이 언급하는 여가에서는 부유한 자만이 초청될 수 있으며, 그들이 과소비할 수 있는 세계를 동시대의 사람에게 보이는 연회 형 식으로 행해진다.

현대적인 개념에서 생산과 소비는 경제개발의 핵심이지만 베블렌의 후계자들은 여 가의 기본활동으로서 생산과 소비를 강조하면서 너무나 빈정거리는 감을 주어 여가에 대한 정의로서 너무도 비현실적이었기 때문에, 여가에 대해 완전히 정반대의 정의가 개발되었다.

4) 비실용적 개념으로서 여가

비실용주의자에 의해 정의된 여가의 개념은, "여가는 순수하게 하는 즐거움으로 행 하는 것"을 의미한다. 이러한 여가경험은 혼자서 또는 군중 속에서 발생할 수 있다. 이러한 개념은 주요한 정신적 상태를 의미하며 어떤 특별한 활동과 관련되지 않는다. 이 여가는 물질적인 것들을 포함할 수도 있으며, 혹은 외부세계와 완전히 고립된 상태 에서 발생할 수 있다. 칸도(Thomas Kando)는 「과도기에 있어서의 여가와 대중문화」에 서 '마음과 정신의 수양'으로 보는 여가의 고전적 개념과 반문화자(counter-culturalist)에 의해 '자기가 하고 싶은 것'을 하는 것으로 정교화된 여가의 개념 사이의 유사성을 강 조했다(Kando, 1980). 그러나 반문화세계의 시민들은 아리스토텔레스와 드 그라지아(De Grazia)와 같은 고전적 여가의 지지자보다 신체와 감각적인 것을 더욱 강조해 온 것처럼 보인다.

5) 사회적 개념으로서의 여가

리스먼(David Riesman)의 책, 「고독한 군중」은 여가행동에 대해 중요한 설명을 제공하 는 원리로서 사회학의 깊이와 힘을 지적했다(Riesman 등, 1950). 리스먼은 내부지향적 문화와 외부지향적 문화라는 두 가지 종류의 문화가 있다고 주장했다. 내부지향적 문화의 구성원들은 그들 문화 내에서 선택행위를 한다. 그들은 개인주의자이며 그들이 즐길 수 있는 것을 선택한다. 문화발달의 시기에 문화는 내부지향적이었다. 사람들은 산업화와 도시화가 미국인의 생활에 지배적인 요소가 된 때를 독립전쟁 이후이거나 대서부개척이 시작될 때 또는 남북전쟁 이후라고 생각한다.

사람들이 가장 하고 싶은 것이 무엇인지를 그들 자신에게 묻고 대중적 견해에 무관심하거나 적어도 지배되지 않았기 때문에 사람들은 여가가 번창한 시기를 그러한 내부지향적 문화가 존재한 시기라고 주장할지도 모른다. 리스먼은 2차 세계대전 이래 적어도 미국인들은 다른 사람들의 행동에서 무엇을 할 것인가에 대한 단서를 얻어오고 있는 외부지향의 문화성향을 해오고 있다고 했다. 우리는 모든 사람이 하는 것에 동조하길 원한다. 우리는 최신 유행을 쫓고 있다는 느낌을 가지고 이러한 생활상태에서 안전감을 느낀다. 단체의식이 옥외 레크리에이션, 신체적 건강 또는 자아실현 활동과 같은 것을 강조한다면 여가는 현대에도 역시 번성할 수 있다고 주장된다.

리스먼과 같은 사회학자가 발견한 것은 여가가 사회현상이며 여가를 이해하기 위해서는 여가가 일어난 곳의 문화를 이해해야만 한다는 것이다. 여가를 즐기는 사람의 능력은 그 사람의 문화가 제공하는 여가시설과 관련이 있다. 마치 굶주림과 질병에 시달리는 문화에서 여가를 가지는 것이 어려운 것과 마찬가지로, 일에 사로잡힌 문화에서 여가를 획득하는 것은 어렵다. 여가는 어떤 주어진 문화의 한 국면이며, 그 문화의 주(主)경향과 분리될 수 없고, 그 문화의 다른 주요한 차원들과 동떨어져 연구될 수 없다.

고전적 맥락에서, 문화는 여가를 위해 존재했는데, 사회적 견지에서 문화는 더욱 중요한 동반자이다. 여가는 중요하거나 비교적 무시될 수 없는 문화의 한 국면이기 때문에, 여가 연구를 위해서 전체문화가 연구되어야 하며, 여가는 문화적 맥락과 분리되어질 수 없다.

여가와 레크리에이션 행동을 연구하는 많은 학자들은 그들의 주요한 관심사를 독립적으로 연구하고 싶어 한다. 그러나 여가와 레크리에이션은 사회의 한 국면, 즉 문화적 현상으로서 존재하며 여가와 레크리에이션이 발생하는 사회적 맥락과 분리하여 이것을 검증하고자 하는 것은 잘못이다. 그러므로 사회학적 관점은 마치 여가와 레크리에이션이 사회적 맥락과 무관한 실체들인 것처럼 여가와 레크리에이션을 연구하려고 하는 경향을 교정하는, 가치 있는 방책으로서 존재한다.

6) 심리학적 개념으로서의 여가

여가는 개인들이 하는 어떤 것이므로, 여가의 특성과 성격을 이해하려고 시도하는 과정에서 심리학 분야는 우리에게 많은 것을 제공해 준다. 몇몇 학자들은 여가를 다음과 같이 너무 광범위하게 정의한다. "여가란 필요한 일을 마쳤을 때 남겨진 임의의 시간이다." 그리고 몇몇 학자들은 여가를 다음과 같이 너무 좁게 정의하고 있다. "여가란, 상류문화, 오페라, 고전음악, 발레이다. 진정한 여가가 될 수 있는 것은 거의 없다." 그러나 여가로 분류될 수 있는 거의 모든 사람의 행동에서 몇 가지 양상이 있는데, 심리학자에 의해 지속적으로 강조된 것은 여가란 자기성장과 자기개발을 위한 시간이라는 것이다.

즉, 뉴링거는 "여가란 자유행위자로서 자기 자신이 선택한 활동에 몰두하는 것을 의미한다."(Neulinger, 1974: 15)는 것으로, 다른 심리학자들은 여가란 "삶의 후면적 목적(back purpose)을 세우기 위한 시간이다."라고 제안한다. 그러한 심리학적 접근법들은 "여가란 목적적인 활동이며, 개인적이고 유익한 결과를 가진다."는 것을 강조한다. 물론 여가를 행하는 것은 개인이어야 하며, 여가에 몰두하는 활동은 삶이 지속되는 한 계속되는 생산이나 근로지향적 활동 및 행동과는 다른 것으로 인식되어야만 한다. 여가는 심리적인 성질의 질문이 많은 영역이다. 즉, 여가에 대한 개인적 혜택은 무엇인가? 여가를 빼앗긴 개인에게 무엇이 발생할까? 다양한 형태의 여가행동으로 인한 대인관계의 결과(interpersonal consequences)는 무엇인가? 왜 다양한 형태의 여가가 다양한 연령층, 다양한 사회 경제적인 집단, 다양한 종족, 다양한 국가에 의해 선호되는가?

삶을 가치 있게 만드는 것으로서 여가를 분석할 때, 여가에 대한 심리적 접근은 고전적인 것과 많은 공통점을 가진다. 그러나 고전적인 것과 달리 심리학적 접근은 여가활동을 특히 문화적 또는 지적인 활동에 한정하지 않는다. 행위가 삶에서 후면적 목적을 세우고, 사람이 자기 자신의 선택으로 행위에 몰두하며, 그 행위가 여가를 즐기는 사람에게 삶은 가치 있고 의미 있는 것이라고 느끼게 해주는 동안에는 행동의 어떤 형태라도 여가가 될 수 있다.

7) 전체론적 관점의 시도

여가에 대한 앞의 여섯 가지 개념 중 어떤 것은 전체론적 견해 내에서 발견될 수 있다. 전체론적 접근은 모든 것을 포함하는데, 이 견해의 요점은 "여가는 여가가 행해지는 그대로의 것이다."라는 것이다. 여가는 즐겁고, 약간 느슨하게 정의된 목표를 가지고 있으며, 여가자의 인생에 의미나 가치를 주는 자유롭게 선택된 활동이다.

2. 여가와 인접유사 개념과의 관계

여가는 다의적이며 인간생활에 있어서 그것에 수반되는 다양한 활동유형을 포함하고 있다는 점에서 여가와 유관한 개념으로 관광(tour, tourism)과 위락(recreation), 스포츠(sports), 여행(trip, travel, journey) 및 놀이(play) 등을 들 수 있다.

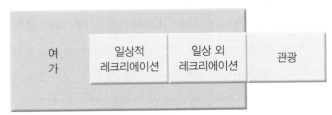

자료: 변우희(1992), 수도권 관광·여가산업의 발전형태 분석에 관한 연구, 경기대학교 대학원 박사 학위 논문.

◎ 그림 1-3 여가와 인접유사 개념도

1) 여가와 관광(Tourism)과의 관계

관광은 일상적인 생활의 단조로움을 떠나 생활환경의 변화를 바라는 인간의 기본욕구를 충족시키기 위한 일시적 이동이며, 타 지역의 교역과 풍경을 접하고 즐김으로써 정신적, 육체적인 상태를 새롭게 하는 행위이다.

통상 관광은 일상생활로부터의 일시적 이동이 가장 큰 속성으로 여겨지고 있는데, 이는 관광이 여가시간 내의 장소이동에 따른 현상임을 나타내 주는 것이며, 또한 관광을 인간활동의 하나로서 비일상권 내의 레크리에이션, 즉 야외 레크리에이션과 동일시하려는 경향이 일반적인 추세이다. 이에 따라 관광은 개인의 여가시간 중에서 감상, 지식, 체험, 휴양, 참가 및 정신의 활동을 구하는 인간의 기본적 욕구를 충족하기 위한 행동 가운데 일상생활을 떠나서 다른 자연, 문화 등의 환경 아래에서 행하게 되는 행동을 말한다.

또한, 여가와 관련시켜 볼 때, 관광은 사람이 기분전환을 하고 휴식을 취하며 또한 인간생활의 새로운 국면이나 미지의 풍경을 접함으로써 경험과 교양을 넓히기 위하여 여행을 하는 경우와 정주지를 떠나 체재함으로써 성립되는 여가활동의 일종이다. 그리고 관광이 여가활동의 하나이지만 레크리에이션보다는 공간적으로 광범위하고 시간의 제약이 덜하며, 시설이 비교적 고위수준이며, 경제적 행위의 대상이 되며, 시장의 범위가 크다는 점에서 조직적인 여가활동의 현상으로 볼 수 있다. 따라서 관광은 영리추구와는 관계없이 휴식, 기분전환, 자기계발을 목적으로 여행하는 가운데 방문지의 인적, 물적 측면과 접촉하려는 자유선택적 활동이다.

2) 여가와 위락(Recreation)과의 관계

위락(recreation)도 여가와 마찬가지로 다의적 개념이라고 할 수 있다. 위락이란 말은 라틴어의 recretio(레크레티오)에서 유래된 것으로 '새로운 것을 창조하는' 또는 '새로와지는', 나아가 '회복과 재생'을 뜻한다. 영어사전을 보면 recreation을 레크리에이션으로 발음하면 휴양, 보양, 기분전환, 오락이라는 뜻이고, 리크리에이션으로 발음할 경우 개조, 재건, 재창조 등을 나타낸다. 근원적으로는 재건이나 재창조의 리크리에이션에서 파생된 것이나 오늘날에는 양쪽의 의미를 포함시켜서 레크리에이션으로 많이 쓰이고 있다.

레크리에이션의 정의는 학자들마다 다른데 그라지아(S. de Grazia)는 이를 '노동으로부터 인간이 휴식을 취하고 기분전환을 하고 노동 재생산을 위한 활동'으로 정의하고 있으며, 칼슨(C. Carlson)은 레크리에이션을 '각 개인이 자발적으로 행하여 그 행위로부터 직접 만족감을 얻어 즐길 수 있는 모든 여가의 경험'으로 인식하고 있다.

여가와 레크리에이션의 관계는 전자를 시간개념으로 보고 후자를 활동개념으로 보려는 견해가 지배적인데, 레크리에이션은 재생 및 사회적 편익을 증진하고자 조직되는 자발적 활동으로서 다음과 같은 특징을 지닌다.

첫째, 레크리에이션은 육체, 정신 및 감정의 활동을 포함하기 때문에 휴식과 구별된다.

둘째, 레크리에이션의 동기는 개인적 향락과 만족의 추구이므로 노동의 동기와 구별된다.

셋째, 레크리에이션은 선택의 범위가 무한정하기 때문에 수많은 형태로 나타난다.

넷째, 레크리에이션은 여가시간에 행해지는 활동이다.

다섯째, 레크리에이션은 자발적 의사에 의해 참여한다.

여섯째, 레크리에이션은 시간, 공간, 인원 등의 제한이 없고 실행과 탐구라는 보편성을 지닌다.

일곱째, 레크리에이션은 진지하며 목적을 가지고 행하여진다. 이 점에서 레크리에이션은 여가시간에 영위되는 자발적 활동의 총체로서 여가의 하위개념이다.

3) 여가와 놀이(Play)와의 관계

놀이의 어원은 갈증을 의미하는 라틴어 플라가(plaga)와 독일어 스피엘(spiel)에서 유래된 말로 인간의 본능적이며, 무조건적인 욕구를 반영하는 행동을 뜻한다. 놀이는 레크리에이션과 마찬가지로 자유와 만족을 강조하는 여가로 정의하는 데 있어 중요한 개념으로 자유롭고 자발적이며, 비예측적인 특성을 지닌다.

놀이는 인간의 본질이며, 동시에 문화의 근원일 뿐 아니라 인간의 문화가 놀이의 성격을 상실하게 되면 문화 역시 사라지게 된다고 언급한 요한 호징가(Johan Huizinga)에 의한 놀이의 특성을 살펴보면

첫째, 놀이는 자유롭고 자발적인 활동이다.

둘째, 놀이는 그 자체에 몰두하는 것이다.

셋째, 놀이는 일상적이거나 바르게 된 것은 아니다.

넷째, 놀이는 시 · 공간의 한계가 없다.

다섯째, 놀이는 창조적이다.

여섯째, 놀이는 질서와 법률이 있다.

일곱째, 놀이는 불확실성이 있다.

끝으로 놀이는 사회성과 상징성을 지니고 있다.

이처럼 놀이는 그 자체가 자기표현인 동시에 본질적인 행동인 것이다.

한편, 놀이에 대한 이론적 개념의 성립에 크게 기여한 사회학자인 로제 카이와(Roger Callois)는 문화의 특징적 게임이 이해되고 분류된 것으로 통해서 놀이형태의 조직적 분석을 시도하였는데 놀이의 기준 혹은 특성으로서

첫째, 참가의 자유

둘째, 일상생활권으로부터의 격리

셋째, 과정적 결과의 불확실성

넷째, 비생산적 목적

다섯째, 규칙의 지배

여섯째, 가상성 등을 들고 있다.

결국 놀이는 경쟁심과 탐험심을 포함한 것으로 쾌락과 자기발전을 목적으로 여가 내에서 이루어진 활동으로 볼 수 있다.

4) 여가와 스포츠, 게임과의 관계

현대사회에 있어서 스포츠는 여가활동의 중요한 형태이다. 그러나 스포츠의 모든 것에 있어서 승패가 경제적인 가치를 지니는 반면에, 내적인 만족을 추구하는 여가의 본질과는 상이한 점이 있어 모든 스포츠가 여가에 해당되는 것은 아니다.

헤리 에드워즈(Harry Edwards)는 '스포츠란 공식기록이 되어서 역사와 권리를 지니며 경쟁을 통하여 내재적인 노력을 행하는 활동이다. 또한 공식적으로 조직된 집단의 대표 또는 일원으로서의 상대방에 대한 승리를 통하여 유형 또는 무형의 가치를 지닌 목표를 달성하고자 경기자에 의하여 행하여지는 활동'으로 정의하여 경쟁적이고 제도화된 형태만을 스포츠로 간주하고 있다.

이와 달리 존 켈리(John R. Kelly)는 '이미 정해진 규칙성과 형식하에서 상대방에 대응하는 육체적 노력을 통하여 그 결과에 대한 상대적 평가를 내리는 조직활동'으로 정의하여 개별적이고 비공식적인 활동까지 스포츠의 범주에 포함시키고 있다.

이러한 두 가지 견해를 종합하면 스포츠는 공식적인 것과 비공식적인 개념까지 포함하고 있어 여가의 선택과 참여의 자유, 내적·외적인 향상을 본질로 삼고 있다는 점에서 상업화된 스포츠를 제외한 대부분의 스포츠가 여가의 범주에 포함된다 할 수 있다. 여가는 게임과도 관련성이 있다. 게임은 독일의 가만(Gaman)에서 유래된 말로 '기쁨'을 의미한다. 게임은 정상적 노동, 정신적 건강, 일상적 책임으로부터 떠나 휴식을 취하는 활동으로 광의의 관점에서 보면 놀이와 마찬가지로 문화의 실마리가 되며, 인류문화의 운명은 게임선택과도 밀접한 관계가 있다.

게임과 놀이는 여가의 한 가지 유형으로서 차이점을 가지고 있다. 놀이가 보다 본능적이며, 자유스럽고 아동적인 여가활동이라면, 게임은 보다 고도의 구조적, 조직적, 규칙적인 여가활동으로서 나아가 경쟁적 만족상황도 내포하고 있다.

3. 유사개념과의 상관성

여가와 함께 인류의 문화적 기능이며, 인접유사 개념 중 비교적 대표성이 인정되는 관광과 위락, 놀이, 게임, 스포츠의 개념을 개괄적으로 고찰해 보았지만 이들 상호 개념 간의 명백한 한계설정은 개념 자체의 중첩현상으로 인하여 곤란하나 실례를 통한 범주의 설정으로 다음과 같이 설명할 수 있다.

첫째, 여가, 위락, 놀이는 그 시대의 문화를 표상하는 가치기준으로 받아들여질 수 있다.

둘째, 여가를 단순히 시간적 개념으로 수용할 때 여가의 조건, 여가에 대한 사회적 태도 및 인식에 따라 관광과 위락, 놀이 등에 영향을 미친다.

셋째, 여가는 이동성이 약하다는 점에서 관광과 구별되며, 활동성이 약하다는 점에서는 위락, 놀이와 구별된다.

넷째, 여가를 시간과 행동의 개념으로 파악할 때, 질적 개념은 관광, 위락, 놀이의 질에 영향을 미치게 된다고 요약할 수 있다.

New Principle of Tourism Business

관광사업의 개요

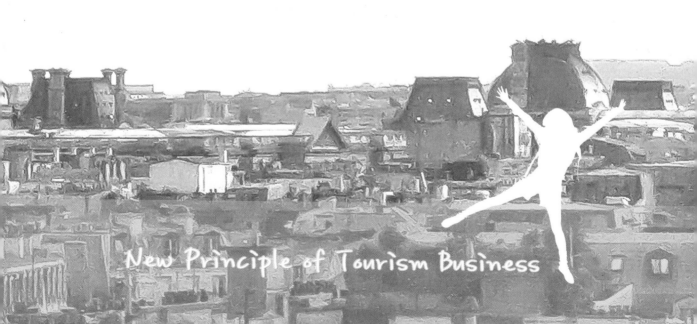

New Principle of Tourism Business

Chapter
02 관광사업의 개요

New Principle of Tourism Business

1 관광사업의 개요

1. 관광사업의 개념

스미스(Smith)는 관광산업의 주산출물과 그것의 생산과정을 규정함으로써 관광을 산업으로 규정하는 데 큰 역할을 하였다. 그러나 관광을 산업으로 규정하는 데 있어 윌슨(Wilson)은 관광은 산업이 될 수 없다고 주장하면서, 많은 학자들의 주장에는 관광을 산업으로 보는 관점과 상품으로 보는 관점이 혼재되어 있다.

관광에 대한 경제적 접근이나 산업정책 수립을 위해서는 관광을 국민경제에서 하나의 산업으로 보는 관점이 필요하다. 관광을 산업으로 보느냐 아니면 소비행위의 일부로 보느냐에 따라 경제적 접근이나 산업정책의 방향이 달라질 수 있다.

관광을 국민경제의 소비행위로 본다면 관광은 산업이 아니기 때문에 생산구조를 규정할 수 없고, 정부의 산업정책도 설득력을 잃게 된다. 관광이 공급측면에서 특정산업을 지원 육성하는 산업정책의 대상이 되기 위해서는 하나의 산업으로 규정되어야 한다.

크라크(Clark)는 관광을 산업분류 또는 산업구조의 이해를 위한 분류방식에서 포괄적 용어로 관광산업을 사용하기 시작하였으며, 또한 관광산업과 유사용어로 관광기업이 있는데, 관광기업은 경제적 효과를 중시하는 경영학적 관점에서의 용어라고 할 수 있다. 즉, 관광기업이라고 사용할 때에는 영리를 목적으로 한 사적 관광사업을 뜻하며, 관광산업은 관광관련 전체사업을 표현할 때 사용한다. 현대에서는 관광이 하나의 산업으로 인식되는 데 이견이 없으며, 다만 나라마다 그리고 국제기구마다 포함하는 분야와 범위만 약간씩 다르게 쓰여진다.

■ 사업과 산업의 차이

① 국어사전의 해석

• 사업 : 주로 생산과 영리를 목적으로 지속하는 계획적 경제활동
• 산업 : 생산을 목적으로 하는 일, 자연물에 사람의 힘을 가하여 그 이용가치를 창조하거나 가치를 증대시키기 위하여 그 형태를 변경 또는 이전(移轉)시키는 경제적인 행위, 즉 농업, 목축업, 임업, 수산업, 광업, 공업, 상업, 금융업, 서비스업 등

② 일반적인 해석

• 산업 : 국가나 공공단체 및 사업단체 등이 시설과 행위를 같이 할 때 사용되는 개념
• 사업 : 산업의 중추적 지위를 차지하는 업종 또는 관광객을 대상으로 한 사업의 대부분을 차지하는 영업만을 지칭할 때 적용되는 개념

따라서 관광산업(Tourism industry)이란 한마디로 관광을 대상으로 하는 서비스 산업(service industry)을 총칭하는 것이고, 관광사업(Tourism Business)이란 관광공급의 분야를 중심으로 관광객에게 용역을 제공하거나 부수되는 시설을 갖추어 이를 이용하는 업이라 말할 수 있다. 관광진흥법(제2조)에서도 '관광사업'이라 함은 '관광객을 위하여 운송, 숙박, 음식, 운동, 오락, 휴양 또는 용역을 제공하거나 기타 관광에 부수되는 시설을 갖추어 이를 이용하는 업'으로 정의하고 있다.

이러한 관광사업을 정의한 학자들의 관광사업의 개념을 살펴보면 관광객의 가치변화와 더불어 관광사업의 영역과 분야의 확대, 그리고 이들이 제공하는 서비스 내용의 다양성과 복잡성 때문에 관광사업에 관한 개념규정도 여러 가지로 설명되어지고 있다.

① 독일의 글릭스만(Robert Glucksman) 교수는 관광사업은 '일시적 체재지에 있어서 외래관광객과 이를 수용하는 그 지역사람들과의 제 관계의 총합'이라고 정의하였다.

② 독일의 브룩하우스(Brockhaus) 출판사에서 발행한 관광사업에서는 관광사업을 '관광객의 욕구에 대응하여 서비스를 제공하는 제 영업의 총체'로 설명하고 있다.

③ 일본의 이노우에 교수는 '관광왕래에 대처하여 이를 수용하고 촉진하기 위해 행하는 일체의 인간활동이다.'라고 전제하면서 '관광현상이 가져다 줄 다양한 효과를 승인하고, 관광현상과 관련하는 일체의 요소에 조직을 부여하는 동시에 훈련을 실시함으로써 수용체계를 정비하여 국가번영과 인류의 복지증진에 기여함을 목적으로 하는 합목적적인 복합활동'이라고 설명하고 있다.

이상의 개념규정을 종합해 보면 먼저 관광사업의 범위는 사회구조와 경제활동 범위에 따라 광의로 해석되어질 수 있다는 점과 아울러 경제적인 효과를 수반하고 있다는 점을 발견할 수 있다. 하지만 관광사업에 대한 개념은 그 내용의 복잡성과 관광사업에 대한 가치관의 변화가능성을 항상 인식하여야 하고, 무엇보다 중요한 것은 궁극적으로 관광사업이 관광객에게 보다 더 많은 편의와 사회 전반에 공헌할 수 있도록 하는 것이 중요하다. 이 책에서는 관광산업에 대하여 관광과 관련된 일체의 생산과 서비스 경제활동의 전부를 이야기하고 그러한 경제활동 영역에서 관광객에게 관광과 관련된 서비스를 제공하거나 부수되는 시설을 영리·비영리를 목적으로 운영하는 개인이나 단체의 단위적인 경제활동의 총합으로 정의한다.

2. 관광사업의 범위

오늘날과 같이 관광대중화(mass tourism) 시대를 맞이한 현대사회에서는 관광사업이 사회적으로나 경제적으로 큰 비중을 차지하고 있고, 그 의의 또한 중시되고 있으므로 관광사업은 관광현상과 관련하여 체계적으로 이해되어야만 한다.

또한 관광지 및 관광자원의 보존과 개발로부터 시작해서 공공사업적인 시설의 유지와 정비 그리고 공공기관에 의한 관광선전과 출국 수속 및 세관수속 등과 같은 절차를 포함하는 행정제도에 이르기까지 실로 관광사업의 업무분야는 폭넓고 광범위하다.

그러면 여기에서 관광사업의 범위와 기능적 측면을 고찰해 본다.

1) 관광자원의 보호 및 개발에 관한 관광사업

이러한 관광사업활동은 특정한 국가가 가지고 있는 관광자원, 즉 인문자원(유형, 무형의 국가지정 문화재를 포함하여 사회적, 산업적 관광자원도 포함된 개념)과 자연자원을 후손만대까지 전래되도록 이를 보존하고 개발하는 사업으로서 관광사업 중 가장 기본적인 사업이 된다.

또한 이 관광사업에는 관광자원으로의 접근이 용이하도록 해주는 도로, 교통시설의 정비와 설치 그리고 숙박시설 등의 운영을 기본으로 하는 관광개발사업도 포함하고 있다.

2) 관광시설의 정비와 이용증대에 관한 관광사업

이는 관광객들을 수용할 수 있는 시설을 사업화한 것으로 운송서비스를 제공하는 교통업과 숙박을 제공하는 숙박업 등이 해당된다. 이들 관광사업들은 영리를 목적으로 관광서비스를 제공하는 업체들로 관광사업의 중핵적 위치를 점하고 있으며, 이 사업의 범위에는 오락시설의 제공, 기념품 판매 사업자, 스포츠 및 레저관계시설 사업자, 즉 보조적 시설제공업자들도 포함된다.

3) 관광객 유치 및 선전과 관련하는 관광사업

관광여행을 통한 사회, 경제적인 효과에 주목한다. 특히, 외래관광객의 관광소비가 미치게 될 사회, 문화, 경제적인 효과, 즉 국제수지의 개선, 국내산업의 진흥, 지역경제의 균형적 개발과 발전, 교통자본의 고도이용, 고용증대효과 등에 주목하여 주로 지방공공단체의 관계기관이나 관광협회, 관광공사와 같은 공익법인에 의해 관광여행시장을 개척하고 관광객을 유치하기 위한 선전활동의 전개, 나아가 관광여행을 효과적으로 수행할 수 있도록 원조하고 지원하는 활동을 전개하는 사업을 의미한다.

4) 관광객 알선 및 접대와 관련하는 관광사업

이는 여행알선과 수배, 안내와 관련하는 일체의 수주적인 형태의 여행서비스 제공과 여행상품을 기획하고 개발하여 이를 여행객들에게 판매하는 능동적인 사업활동을 포함한다.

이러한 부류에 속하는 여행업의 활동은 관광여행과 관련되어 다양한 서비스의 내용이 시스템적으로 구성되어 판매되고 있다는 견지에서 다분히 유통의존적인 사업내용을 가진다.

　한편 관광사업을 관광객의 구체적인 관광행동순서에 입각하여 범위를 구분하면

　첫째, 관광정보의 입수, 이용시설의 예약, 관광여행시에 필요한 용구의 구입 등과 관련하는 소위 관광여행 준비에 관한 관광사업

　둘째, 관광객의 이동, 관광지에서의 이동, 출발지로의 귀환을 포함하는 관광객의 공간적 거리이동에 참여하는 관광사업

　셋째, 관광객의 체재에 관련하는 사업으로 분류할 수 있다.

　이상과 같이 종합해 볼 때 관광사업의 주체는 정부와 지방공공단체와 같은 공익(publiic benefit)을 목표로 하는 공적 기관과 영리를 목적으로 하는 민간기업으로 나눌 수 있으며, 정부와 지방공공단체가 발전적이고 긍적적인 효과가 발생하도록 관광사업을 관리하는 것을 관광행정(tourism administration)이라 하며, 민간기업이 발전적이고 긍정적인 효과가 발생하도록 관광사업을 운영하는 것을 관광경영(tourism management)이라고 한다.

3. 관광의 공적 사업과 사적 사업

　관광사업을 추진하는 사업의 주체는 정부와 지방자치단체 등과 같은 공적 기관이 담당하는 공적 사업과 민간기업이 참여하여 담당하는 사적 기업으로 분류된다.

　그런데 이들 각각의 사업주체는 동일한 관광여행을 대상으로 사업을 전개하면서도 이들이 전개하는 사업활동의 내용과 그 행동원리는 상이하다. 즉, 공적 사업은 공익(公益)의 추구가 지향하는 바의 가치와 목적이 되며, 사적 기업은 영리를 목적으로 기업활동을 전개한다. 그러나 사적 기업은 관광여행의 수용과 원활화를 기하는 한편, 관광이 사회와 문화 그리고 경제분야에 미치는 효과가 지대하다는 것을 감안해서 사회의 공공이익 증대에도 기여해야 한다는 책임을 경시해서는 안 된다.

　이처럼 사업주체의 목적과 행동원리가 서로 상이함은 역할분담의 원리(principle of role sharing)에서 찾을 수 있다. 이 역할분담의 원리란 특정지역 내에서 관광사업을 진흥시

켜야 할 경우 관광개발 문제가 제기되었을 때 그 지역이 가지는 특유한 자연조건과 사회적, 문화적인 조건 그리고 어떤 종류의 관광사업을 주된 목표로 하여 개발할 것인가에 따라 사업주체의 선택과 구성 그리고 이에의 참여에 있어 차이가 발생하게 될 것이므로 이를 결정하는 데 가치판단의 기본이 되는 원리를 말한다.

공적·사적 사업의 참여를 객관적으로 구분시켜 주는 역할분담의 원리와 이들 구분된 각 사업자들이 지향하는 가치 내지는 목표를 요약, 정리하여 보면 그림 2-1과 같다.

◎ 그림 2-1 관광사업의 구성과 지향목표

따라서 관광의 공적 사업은 국민경제의 발전과 국민복지의 증진 및 국위선양과 국제경제의 발전을 목표로 정책적으로 추진하는 관광사업을 의미하며, 관광의 사적 사업은 영리추구를 1차적인 목적으로 하는 민간기업의 활동을 뜻하는 것으로서 관광객들에게 이들이 필요로 하는 서비스와 재화를 생산하여 제공하고, 그 대가를 받아 사업경영을 해나가는 관광사업을 말한다. 이처럼 사적 사업은 영리추구가 사업경영의 목적이 되고 있지만 동시에 공익(public profit)에 기여해야 하는 사명의식도 가진다.

4. 관광사업의 상호 관련성

미국 등지의 관광선진국에서는 관광사업의 형태를 논할 때 관광사업의 구성문제와 사업자 간의 관련성 개념(the linking concept of travel industries)에 주목해서 이를 널리 인식시키려 하고 있다.

이러한 이유는 국민들이 각종 다양한 관광사업은 도대체 어떻게 관광사업 내에서 상호 연관성을 가지며, 또 관광객들과 어떻게 관련하고 있는가를 쉽게 이해하고 관광사업 구성의 정도를 용이하게 파악할 수 있도록 이해하는 데 유용하다.

　이러한 연결개념하에서는 하부사업조직들이 관광사업의 구성부문으로 생각되어지고, 직접서비스 제공자(direct providers), 지원서비스(support service) 및 개발조직(development organizations)으로 범주화될 수 있다.

　직접서비스 제공자는 항공사, 호텔, 육상교통, 여행사, 레스토랑, 소매점포 같은 일반적으로 관광과 연결된 사업을 포함한다. 이러한 사업은 직접 관광객들에게 소비되고, 구매되는 서비스활동 및 제품을 제공하는데 관광객들에게 보여지는 분야를 나타내고 있다.

자료 : Chuck Y. Gee & James C. Makens, 「The Travel Industry」
(N. Y : Van Nostrand Reinhold(1989)), p. 7.

◉ 그림 2-2 관광사업 연결개념

　지원서비스는 투어 오거나이저(tour organizers), 관광 및 업계 출판물, 호텔경영기법 및 관광조사기업과 같이 전문화된 서비스를 제공하는 업체를 포함한다. 또한, 외주용역과 같은 기본적 품목과 서비스를 제공하는 사업도 포함된다. 이러한 전문화된 서비스를 제공하는 사업들은 매출 대부분을 관광시장에 의존하고 있다.

개발조직은 이 범주 속에 기획자(planner), 정부기관, 금융기관, 부동산 개발업자 및 교육·훈련기관이 포함된다는 점에서 앞에서의 직접서비스 제공자, 지원서비스와 구별된다. 이러한 조직은 관광개발을 취급하고 있는데, 이러한 종류의 업무는 매일매일의 관광서비스 생산업무보다는 복잡하고 영역이 더 넓다.

하지만 실제로는 하나의 기업이 직접적인 관광서비스, 부차적 지원서비스 및 개발활동을 제공할 수 있다. 그럼에도 불구하고 이러한 범주를 구별하는 것은 계속 유용한데, 왜냐하면 어떤 기업은 하나의 범주에서 다양한 목표시장과 목적을 가지고 있는 반면에, 다른 기업은 모든 범주에 광범위한 서비스를 제공하기 위해서 다른 기업과 수직적 혹은 수평적으로 통합되는 역할을 하기 때문이다.

관광사업의 특성과 효과 ②

1. 관광사업의 특성

1) 서비스상품의 생산

관광기업이 생산하여 판매하는 상품은 본질적으로 서비스가 근본을 형성하는데, 이는 곧 관광기업의 상품은 부수적으로 약간의 재화가 부가되기는 하나 주된 것은 역시 서비스 상품임을 의미한다. 흔히 관광사업에서 서비스상품의 특성으로 생산과 소비의 장소적 및 시간적 동일성, 생산물의 비저장성 등을 지적하고 있다.

일반적으로 유형재(有形財)는 반드시 일정한 형상과 상품으로서의 가치를 일정기간 동안 지니는 존속성을 가지며, 생산과 소비는 항상 상이한 장소와 시간에 행해지지만, 서비스성 상품은 생산되는 순간에 소비되지 않으면 상품으로서 가치가 소멸되고, 생산성은 사라지고마는 시한적인 속성을 가지고 있다.

이에 따라서 서비스상품의 수요적 특성의 하나인 시간과 계절적인 수요의 편재현상과 집중현상은 생산물의 비저장성과 결합되어 관광기업에서 만성적인 과잉수요와 과잉공급현상을 초래시키는 원인이 되고 있다.

따라서 관광기업은 연간 평균적 수요가 발생하게끔 탄력적인 운영시스템을 개발하는 것이 중요 과제가 된다.

2) 사업주체와 사업내용의 복합성

관광여행의 출발에서 귀환할 때까지의 여정을 살펴보면 관광기업이 제공하는 실로 많은 각종 서비스가 복합적으로 결합되어 있다는 것을 알 수 있으며, 관광객의 행위도 천태만상이어서 다종다양한 관광행위에 적합한 서비스가 제공되어야 하므로 자연히 각종 이질적인 서비스를 한데 묶을 수밖에 없으므로 높은 복합성을 띠지 않을 수 없다.

(1) 사업주체의 복합성

관광사업에 있어서 사업의 주체란 사업을 주관하고 경영하면서 기대하는 바대로 경영목표를 달성하려는 조직을 일컫는데, 관광사업의 주체는 다양한 사업주체로 구성되어 있는 복합성을 가진다.

관광사업의 기본성격으로서의 복합성이란 역할분담원리를 기초로 공적 기관과 민간기업이 역할을 분담하고 해당 분야에서 각각의 사업을 전개하며 또 각각의 사업에 참여함을 뜻한다.

(2) 관광사업 내용의 복합성

이는 관광여행과 관련해서 볼 때 여행객들에게 각종 서비스를 제공하는 데 참여하는 관광사업자 수가 많고, 사업내용 자체도 분화되어 있음을 의미하는 것으로 관광여행과 무관한 사업이 없다 할 정도로 광범위한 분야가 직·간접적으로 관광사업의 성격을 띠고 있다는 것이다.

관광사업은 관광여행에 대한 욕구를 어떤 의미에서든 충족시켜 주는 모든 업종이 포함된다는 의미에서 관광사업의 주체와 관광사업 내용의 복합성을 다음과 같이 설명할 수 있다.

⏱ 그림 2-3 관광사업의 주체와 내용

3) 입지의존성

관광사업은 관광지의 유형, 기후조건 및 관광자원의 우열, 개발추진 상황, 관광지에의 접근성의 용이 등 입지적 요인에 의존한다는 제약이 따르는 동시에 관광여행시장의 규모와 체재 여부 같은 경영적 환경과 관광객들의 소비성향, 계층 등과 같은 수요의 질에 의해서도 큰 영향을 받는다.

특히, 관광사업의 경영적, 산업적 성격의 하나인 불연속 생산활동과 생산과 소비의 장소적, 시간적 동시성의 특성이 있기 때문에 입지의존성은 상대적으로 높다.

4) 영리성과 공익성의 공동추구

관광사업은 공·사적 사업으로 이루어진 복합체라는 점과 관광여행객들이 추구하는 관광여행 목적은 위락적 가치추구라는 저차원에서 정신적인 문화성이라는 고차원에 이르기까지 다양하므로 관광사업의 경영목표를 단지 관광소비에 따르는 영리추구에만 둘 것이 아니라 사회, 문화, 경제적 파급효과에도 관심을 두는 공익적인 차원에서의 가치설정도 요망된다. 즉, 수익성과 공익성의 조화 있는 창출을 요구하고 있다.

5) 변동성 경향

관광욕구의 충족은 생활 필수적인 것이 아니라 임의적인 성격을 띠므로 관광여행은 외부환경 변화와 사정에 매우 민감한 영향을 받는다. 이것은 곧 관광객을 수용할 관광사업에도 그 영향을 미친다는 것으로 이러한 변동성을 초래하는 요인 중 대표적인 것이 사회·정치적 요인과 경제적 요인, 자연적 요인 등이다.

① 사회·정치적 요인 : 한 국가의 사회정세의 변화, 국제정치의 긴장, 국내정치의 불안, 쿠데타, 폭동, 데모, 질병발생 등과 기타 인신안전(人身安全)에 불안감을 주는 요인들이다.
② 경제적 요인 : 경제불황, 소득분배 불균형, 환율시세, 교통운송수단의 보급변동, 관광객에 대한 외화사용제한 등이 요인들이다.
③ 자연적 요인 : 폭풍우, 태풍과 같은 기상조건과 기후, 지진과 같은 파괴적 자연현상을 지적할 수 있다. 또한, 관광행위는 계절적 변동이 두드러지게 나타나므로 관광사업경영에 여러 문제를 야기시키는 요인이 되기도 한다.

6) 경합, 공존관계 유지

각 관광지는 서로 선의적인 경쟁을 전개함으로써 보다 훌륭한 관광지로 형성되고 관광사업의 활동이 발전적으로 전개되면서 상호 이익확보가 가능해진다.

7) 지역성과 국제성의 강조

관광사업은 그 지역의 특성을 충분히 살린 가장 유효한 정책수단을 활용하여야 하며, 국제관광을 통한 외화수입 의존도의 극대화를 통해 국제수지 개선의 일환으로 국제성도 함께 가진다는 점에서 주목해야 한다.

특정국가가 외화수입원 확보방안의 하나로 국제관광사업의 의존도를 높인다면 외래관광객의 소비패턴의 모방 등을 통하여 과소비풍조 등 악영향을 미칠 가능성도 고려하여야 한다.

2. 관광의 제반효과

관광산업은 3차 산업이지만 국내 1, 2차 산업과 연관성을 맺고 있어 관광산업이 발전하려면 이와 같은 관련 산업이 동시에 발달해야 한다. 1, 2차 산업이 취약한 나라가 관

광국이 되는 경우도 있으나 성장에는 한계가 있다.

관광산업의 발달은 관광분야와 연관 분야에 고용창출, 소득증대, 원료상품의 공급증대를 가져오며, 낙후된 지역경제를 촉진시킬 수 있다. 이 점은 선진국이나 후진국 모두 지역개발사업에 관광개발을 포함시키는데서 찾아볼 수 있다.

1) 관광의 일반적 효과

관광사업은 한 나라의 국민경제뿐만 아니라 국제사회에 대해서도 사회적, 문화적 그리고 경제적 발전에 기여한다. 다시 말해서 관광사업은 국제관광분야에서 국제친선과 국위선양에 기여하며, 관광사업을 통한 외화획득은 한 국가의 국제수지 개선과 경제성장 및 수출확대에 기여하는 국내·국제 경제발전에 공헌하는 바 크다.

오늘날 세계 각국이 국제관광을 통해 외화를 획득하고 그로 인한 국제수지 개선, 국내 산업진흥, 지역경제 개발, 교통자본의 고도이용, 고용증대 효과 등 국가의 경제, 문화, 사회, 외교 분야에 미치는 영향 또한 실로 크다.

이에 따라 국제수지상 만성적인 적자를 면치 못하는 개발도상국과 후진국의 무역외수지에 기여하는 관광수지 증대를 위해 그들이 노력하는 일은 당연한 귀결이며, 관광개발 경험을 지역경제개발을 위한 수단으로 활용하고 있는 나라도 적지 않다.

이러한 차원에서 관광사업은 범국민적인 지원하에서 국가적·국민적인 차원에서 추진되어야 할 평화사업이자 복지사업이라 할 수 있다.

2) 관광의 경제적 효과

관광사업이 속해 있는 관광산업은 제3차 산업이면서 제조업 못지않게 국민경제에 많은 영향을 미친다. 그의 구체적인 내용을 살펴보면, 관광수입은 국제수지를 개선해주며, 자원절약산업이면서도 고용증대를 유발하는 한편, 국민소득 증대효과와 더불어 국가재정에도 기여하게 된다.

(1) 국제수지 개선효과

우리나라 관광사업의 외화가득률은 평균 94% 이상으로 가공수출품의 외화가득률 63%에 비해서는 월등히 높을 뿐 아니라, 수출산업의 경우처럼 비교생산 우위론과 관세장벽이 없는 순수한 인적 교류에 의존하는 완전 개방된 형태의 교역(trading)이라 할 수 있다.

각국의 관광정책에 있어 1차적 목표는 외화획득에 있고, 이것은 외래관광객의 유치에 의해서만 가능해지며, 또 세계경제적인 입장에서 보더라도 세계적인 부의 재분배는 국제관광을 통해 소비되는 외화소비에 의해 보다 효과적으로 이루어질 수 있다 하겠다.

그러므로 한 나라의 경제적 존립이 국제수지에 의해 좌우되는 냉엄한 현실을 감안한다면, 관광수입은 그 나라의 경제를 지탱해주고 또 발전시켜주는 원동력이라 해도 과언이 아니다.

> 외화가득률 = 관광수입 − 직 · 간접적 수입에 소요된 비용 / 관광수입액

(2) 국민소득 창출효과

관광산업이 획득한 외화수입은 외환보유고를 높이는 한편 재자원의 재원이 된다. 관광외화에 대한 투자효과는 그와 관련된 관련업체의 생산활동에 연계되어 파급됨으로써 생산업체의 수입증대와 종사원의 소득증대에 기여하게 된다.

또한, 외래관광객의 입국은 바로 외화유입현상을 의미하며, 이는 새로운 국민소득 창출을 뜻한다고 해도 좋다. 즉, 국민소득의 창출은 관광소비총액만큼만 증대되는 것이 아니라 국민경제 유통과정에서 승수효과를 나타낸다는 점에서 관광산업의 중요성을 찾아볼 수 있다.

미국상무성과 PATA의 관광조사보고서에 따르면 선진국 경제구조에서는 이 소득의 창출효과는 4.3배 그리고 개발도상국에서는 3.2배의 승수효과가 나타나는 것으로 밝혀지고 있다.

이는 관광산업이 한 국가의 국민소득 창출과정에 기여하는 정도가 큼을 설명해 주는 것으로, 외래관광객의 입국은 궁극적으로 수용국의 경제성장에 영향을 미친다는 사실을 명확히 해주고 있다.

(3) 고용창출 효과

관광객에 의한 관광소비활동은 관련 관광산업의 경영활동을 활성화시킨다. 원래 관광산업은 노동집약적(labor intensive)인 산업인 까닭에 관광객의 증가 → 관광소비의 증

대 → 관광산업의 확대라는 일련의 순환과정에서 보면 고용효과는 매우 커질 수밖에 없다.

이렇게 볼 때 관광산업이 잉여 노동력을 흡수하여 취업기회를 부여하고, 국민생활의 안정에도 기여한다는 사실은 중요한 의미를 갖는다.

관광수입에 대한 고용승수효과를 Checki보고서에 근거하여 살펴보면, 관광수입의 54%는 인건비로 지출되며, 따라서 인건비 지출에 따른 고용효과는 다음의 공식에 의해 산출된다.

$$EP = E \times 54/100 = W \quad (EP=고용자수, W=임금, E=관광수입)$$

관광소비는 관광여행과 관련하고 있는 모든 산업에 예외 없이 고용효과를 창출하나, 특히 관광산업 자체가 내포하는 서비스의 제공이라는 특성에 기인하여 타 산업보다 높은 고용효과를 유발시킨다.

이와 같이 관광산업은 고용창출 효과 및 국민소득 창출효과와 같은 국민경제와 밀접한 관계를 형성하고 있을 뿐 아니라 국민경제 발전에도 기여하는 바가 크므로 정부는 관광산업을 국가전략산업으로 인식하여 이를 적극적으로 지원·육성할 필요가 있다.

(4) 재정수입 효과

관광산업은 외화획득에 의한 국제수지 개선과 고용 및 국민소득 창출에만 국한하지 않고 국가의 세원확보에도 기여하고 있음을 간과해서는 안 된다. 특히, 외래관광객들이 소비하는 숙식비, 유흥비, 기념품 구입비 및 관광교통비 등에 부과되는 각종 세금은 곧 국가재정수입원이 된다.

이와 같은 효과 역시 Checki보고서에 의하면 관광객 소비에 부과되는 각종 세금의 총화는 전 관광수입 중 약 10%에 해당된다고 지적하고 다음과 같은 공식을 도출하였다.

$$T = E \times 3.2 \times 10/100 \quad \cdots\cdots (1)$$
(T = 세금, E = 관광수입, 3.2 = 후진국의 관광소비의 파급승수. 만약 선진국인 경우 4.5를 적용한다)
$$T = E \times K \times mpf \quad \cdots\cdots (2)$$
(T = 세금, E = 관광수입, K = 승수, mpf = 조세부담률 혹은 평균조세성향)

(5) 자원절약 효과

관광산업은 무공해산업으로 한 국가의 인문자원과 자연자원을 경관자원(景觀資源)으로 활용하기 때문에 자원이 소멸되거나 상실되지 않는 자원절약산업이기도 하다.

(6) 지역경제 개발촉진 효과

관광산업들의 적극적인 유치활동의 전개로 관광객이 증가하면 수용을 위한 관광개발도 활발히 추진되어 그에 따른 토지와 노동력 및 자재수요를 증대시킴과 동시에 새로운 대규모의 자본투자가 이루어져 지역주민 소득의 증대는 물론, 타 지역으로의 인구방출도 억제되고, 교통의 편리성 보장으로 지역경제 발전이 이루어지는 긍정적인 효과가 있다. 그러나 한편으로는 관광소비의 증대와 더불어 야기되는 물가상승과 지역속화현상과 같은 생활환경 악화를 초래하는 부정적인 현상의 발생도 간과할 수 없는 중요한 문제이다.

(7) 국내산업 진흥효과

관광여행에 수반되는 직·간접적인 관광서비스의 수요로 광범위한 분야에서 관광투자와 소비가 이루어짐으로써 새로운 물자수요가 발생되고, 이는 국내산업의 모든 분야에 자극을 준다.

관광산업의 고유한 특성상 그 경제구성은 다종다양한 산업에 의해 이루어지므로 관광여행과 관련하는 산업, 이를테면 여행용품 제조업과 판매업, 교통운송업 등에 대해서도 간접적으로 수익이 발생하며, 이익배분이 이루어진다.

특히, 국제관광사업을 위한 시설은 외래관광객들의 증가와 확대를 가져오며, 이러한 관광산업시설의 건설은 토지, 자재, 자금 그리고 운영에 필요한 자금수요를 환기시키며, 각종 시설의 건설과 운영은 노동력 수요를 생성시킨다는 데에서 이를 확인할 수 있다. 그러므로 관광산업의 국내산업 진흥효과는 국제관광에 있어 더욱 두드러진다 하겠다.

3) 관광의 사회·문화 및 기술적 효과

관광여행은 국가 간의 인적 교류와 왕래에서 비롯되는 만큼 사회·문화적인 측면에서도 많은 이점과 긍정적인 효과가 발생된다.

(1) 홍보 효과

어떠한 목적을 위한 여행이든 외래 관광객들의 내방은 수용국의 나라사정과 문화 그리고 산업 기술력 등을 견문·시찰하고 그 국가에 대한 인식을 깊게 하고 귀국함으로서 어떠한 형태의 홍보효과는 발생한다.

특히, 국가적 차원에서 전개하는 각종 홍보와 선전활동 못지않게 관광을 통해 홍보효과를 갖는다는 것은 외국관광객들이 어느 국가를 방문하여 그 국가의 관광자원과 전통문화 그리고 거의 모든 분야에 걸쳐 참모습을 직접 보고 들음으로써 방문국을 재인식하게 되고, 이렇게 인식되고 느낀 점들을 자국민에게 소개, 선전하기 때문에 홍보효과는 크다고 하겠다.

(2) 국제친선 효과

내국인과 외래관광객의 접촉, 그리고 우리나라 해외여행객들과 방문국 국민들 간의 교류는 상호 이해증진과 친선도모 그리고 화합을 다지는 계기가 된다. 그리고 나아가 관광여행은 적대관계에 있던 나라 국민들 간에 이해촉진은 물론, 상호 간의 오해와 편견을 해소시킴으로써 보다 나은 선린관계를 유지하는 데 일조하고 있다. 예를 들어 2차 세계대전 이후 미국정부가 패전국 독일과의 관계개선을 위해 독일여행을 권장한 사례가 대표적이다.

(3) 교통자본이용 고도화 효과

관광여행의 촉진과 활성화로 교통기관의 집약적인 이용이 이루어지면 교통운송 원가저하에 의한 운임인하와 운송서비스의 개선을 동시에 이룰 수 있다.

교통자본을 많이 이용하는 것은 한 국가의 경제와 교통사업 발전을 위해 중요하다. 즉, 항공기 제조기술의 발달에 의한 대량 운송 가능 → 운송원가의 저렴화 → 관광객의 항공기 이용률 증대효과 → 관광대중화 실현은 물론, 관광객의 연계수송을 위한 자동차와 선박 그리고 철도의 발달과 도로망의 정비 등의 부수적인 발달로 관광여행의 활성화에 기여한다.

(4) 문화적 관광자원의 보호효과

가장 대표적인 문화적 관광자원은 문화재와 문화유산이며, 국내관광을 떠나는 여행객 중 문화적 관광자원을 접하기 위한 여행이 1위를 점하고 있다는 사실 또한 문화적 관광자원인 문화재와 문화유산의 보호와 관리의 중요성을 입증해 주는 대표적인 사례이다.

1차 세계대전이 종료되자 값진 문화재가 파괴되는 현장을 목격한 각국은 급기야 문화재 보존에 대한 국제적 관심이 증대되었고, 이 관심은 미래에 재발할지도 모르는 국가 간의 무력충돌시 각국은 국경을 초월해서 인류공영의 문화유산을 영구히 보존해야 한다는 숭고한 이념구현을 위해 UNESCO를 중심으로 문화재 보호에 관한 국제조약을 체결하고 이를 각국이 성실이 이행하도록 촉구한 바 있다.

또한 우리가 간과해서는 안 될 것은 이러한 문화재의 보호와 관리에 있어서는 그 주변의 자연환경도 아울러 포함되어야 한다는 점이다. 무엇보다도 문화재 보호와 자연보호는 상호 불가분의 긴밀한 관계를 갖고 있기 때문이다.

이상 검토한 관광의 여러 역할 내지는 효과를 요약해 보면 표 2-1과 같다.

🕐 **표 2-1 관광사업의 효과**

경제적 효과		사회/문화적 효과	
국민경제	지역경제	국제관광	국민관광
국제수지 개선 경제발전 무역증진	고용과 소득창출 생활환경 개선 연관산업 발전	국제친선 국위선양 세계평화 유지	국민보건 향상 근로의욕 증진 교양 함양
		문화적 관광자원의 보호	

③ 관광사업의 발전

1. 관광사업의 발전요인

오늘날 이처럼 증가된 관광량 형성이 가능하도록 영향을 미친 요소가 어떤 것인가를

알아보는 일은 관광여행의 중요성과 그 규모를 이해하는 일 이상으로 가치 있는 것이다. 그렇다면 현실적으로 세계 공통적인 현상의 하나라 볼 수 있는 관광산업의 성장과 발전을 가져오게 해 준 구체적인 요인은 무엇인가?

일반적으로 인간은 노동소득 중에서 생활을 영위하는 데 필수적인 의·식·주에 소요되는 예산을 공제한 가처분소득 내에서 관광이 가능한 것으로 인식되어 왔다. 그러나 이제 선진국에서는 휴가와 레저를 위한 관광의 구매는 삶의 질을 높이는 데 필수적인 것으로 보고 있으며, 그 중에서도 건강과 교육과 휴가 등을 위한 관광의 증가추세가 뚜렷이 나타나고 있다.

1) 라이프스타일의 변화

라이프스타일이란 전체사회 또는 그 사회의 한 구획이 가지고 있는 독특하고 특징적인 생활방식(mode of living)으로서 항상 고정된 것이 아니고 개인들의 가치, 태도, 신념, 외부의 사회·문화적 환경의 변화로 변경될 수도 있는 하나의 생활패턴이다.

2) 가처분소득 증대

산업기술의 발달과 기계화에 의한 생활방식으로 대량생산(mass production)과 대량소비(mass consumption)가 이루어지면서 경제는 질, 양면에서 향상, 발전하여 왔고, 각국 국민의 소득은 계속 향상되었으며, 그 결과 개인의 가처분소득(disposal income) 또한 증대되었다.

또한 부부근로에 의한 가계소득 증대현상은 생활수준의 향상과 가처분소득 중에서 의·식·주를 위한 비용에 비해 여행비용을 포함하는 이른바 문화성 비용(cultural expense)이 증대되었으며, 그중 특히 관광소비가 현저히 증가하여 여행수요를 확대시키는 요인으로 작용하고 있다.

3) 여가시간의 증대

과학기술의 발전과 기계문명의 향상을 통해 생산라인의 자동화와 컴퓨터 보급 등을 통한 사무자동화(OA)는 근로시간의 단축을 가져왔으며, 현대인에게 여가시간의 증대를 주었다.

특히, 이제는 주어진 여가시간을 어떻게 활용하느냐 하는 것이 사회적인 과제로 등장할 정도로 부각되고 있다. 또한 사회복지정책에 힘입어 국민대중의 증대된 여가욕구를 관광대중화현상으로 발현하게 하였으며, 특히 해외여행에 대한 욕구를 증진시킨 계기가 되었다.

대부분의 선진국에서는 이미 주 5일 근무제가 일반화되어 있고, 일본과 중국에서도 이 제도를 시행하고 있다. 국내에서도 이 제도의 시행으로 여가시간의 증가현상은 일반화되었다.

4) 교육수준의 향상

사회적 교육수준의 향상과 국민소득의 증대로 인간은 부(富)로부터 얻게 되는 만족에만 그치지 않고 간접적으로 인식하고 있는 역사와 문화에 관한 지식을 직접 그 현장에서 확인하고 음미하려는 욕구가 강력히 발현된다.

이러한 교육수준의 향상, 즉 지식욕구는 해외여행에 대한 욕구를 자극시키는 원동력이 되며, 그들의 관광여행의 욕구가 구체적으로 관광행동으로 나타날 때 관광산업은 더욱 발전할 것으로 전망된다.

5) 여행업의 등장

1822년 영국 브리스톨에 거주하는 로버트 스마트(Robert Smart)는 자신을 최초의 기선중개인(steamship agent)이라고 발표한 후 기선예약업무를 개시하였다. 1841년 토마스 쿡(Thomas Cook)은 레이스터(Leicester)로부터 러프버러(Loughborough)까지 12마일간 특별유람열차(special excursion train)를 운영하기 시작했다. 그해 6월 5일 쿡의 열차는 승객 1인당 왕복 1실링(shilling)의 가격으로 570명의 승객을 수송했다. 이 일이 대중들에게 광고된 최초의 유람열차로 알려져 있다. 따라서 쿡은 최초의 철도유람여행 중개인(rail excursion agent)으로 볼 수 있다. 그의 행위는 전 세계적으로 알려져 각 나라에서 그대로 시행되었다. 쿡社(Cook's company)는 급격히 성장하여 유럽대륙뿐만 아니라 미국과 전 세계에 에스코트 투어(escorted tour)를 제공하였다. 이 회사는 현재도 여전히 전 세계에서 가장 큰 여행기업 중의 하나로 남아 있다.

개인적인 인클루시브 트래블(inclusive travel: 여행사의 기본적 업무)의 최초 전문가는 아마도 노르웨이 오슬로(Oslo)에서 영국 총영사관의 총무로 근무했던 토마스 베네트(1814-1898)라 할 수 있을 것이다. 그는 노르웨이에서 영국의 유명장소를 방문하는 데 대해 개인적인 풍치관광을 주선했다. 1850년에 "트립 오거나이저(trip organizer)"라는 사업을 조직했으며, 여정표, 교통수단, 식량 및 "여행용 배낭"을 관광객들에게 제공했다. 그는 정기적으로 고객을 위해 말과 호텔 객실의 사전예약제를 실시하였다.

6) 교통수단의 발달

관광에서 중요한 요소 중의 하나가 교통수단이다. 초기의 관광객들은 걷거나, 짐을 나르는 짐승을 타거나, 배나 바퀴가 달린 차량을 이용해 여행하였다.

(1) 역마차 여행

역마차는 15세기 헝가리에서 발명되어 정해진 루트에 따라 정규적인 서비스를 제공하였다. 1800년대까지 역마차에 의한 여행은 상당히 인기가 있었으며, 영국에서 특히 그러하였다. 영국의 유명한 터번(tavern)은 역마차 승객의 숙박시설 요구에 의해 시작되었다.

(2) 수로여행

1772년 영국운하에서는 상업용 보트로 짐뿐만 아니라 승객들도 운송하기 시작했다. 브리지워터 공작호(Duke of Bridgewater)가 맨체스터와 런던 브리지(London Bridge: Warrington 근처에 위치) 간에 처음으로 운항을 시작했으며, 각 보트는 선장부인이 음료를 판매하는 커피 룸(coffee room)을 갖추고 있었다. 1815년까지 증기보트가 클라이드(Clyde), 에이본(Avon) 그리고 템스(Thames)강을 왕복했다. 1833년의 한 포스터(poster)에서 증기보트 유람여행이 런던에서 실행된다고 선전하였으며, 1841년까지 템스강의 증기선유람여행이 잘 운영되어 한 출판업자는 주별로 증기보트 유람가이드(Weekly Steamboat Excursion Guide)를 발행한 경우도 있다.

(3) 철도여행

철도는 1825년 영국에서 최초로 건설되었으며, 1830년부터 승객들을 운송하기 시작하였다. 리버풀(Liverpool)과 맨체스터(Manchester) 간에 새로 건설된 철도운송은 승객들을 위해 식음료를 제공하였다. 철도 경영자들은 많은 승객이 이용하리라 기대하지 않았으나, 1마일당 1페니(penny)의 낮은 가격으로 많은 수요를 창출하였다. 철도요금이 역마차 요금에 비해 저렴했기 때문에 철도여행은 저소득계층들도 많이 이용하였다.

(4) 자동차와 버스여행

1908년 미국의 헨리 포드(Henry Ford)가 유명한 T형 모델을 생산·판매함으로써 자동차가 관광에 이용되기 시작했다. 자동차는 미국에서 여행혁명을 일으켰으며, 보다 나은 도로를 건설하게 하였다. 1920년까지 도로망이 확립되었으며, 이로 인해 자동차는 관광산업에서 제일 중요한 교통수단으로 등장하게 되었다. 오늘날 자동차는 교통수단으로써 도시 간 여행거리의 84%를 차지하고 있으며, 모든 여행의 약 80%를 점하고 있다. 자동차 여행으로 1920년대와 1930년대에 초기 투어리스트 코트(tourist court)가 탄생되었으며, 이는 오늘날 모텔과 모터 호텔로 발전하게 되었다. 버스 역시 자동차의 대중화 이후 출현하여 현재 주요 교통수단으로 남아 있다.

(5) 항공여행

1903년 미국 노스 캐롤라이나(North Carolina)주 키티 호크(Kitty Hawk)에서의 첫번째 비행 이후 16년이 경과한 후 독일에서 베를린(Berlin) - 라이프찌히(Leipzig) - 바이마르(Weimar) 간 정규노선 항공서비스가 실시되었다. 이때 운행된 비행기의 이름은 도이치 루프트한자(Deutsche Lufthansa)이며, 현재 주요 국제항공사들 중의 하나이다. 최초의 대서양을 횡단한 승객은 찰스 에이 레빈(Charles A. Levine)이며, 클래렌스 챔벌린(Clarence Chamberlin)과 함께 뉴욕에서 독일까지 경유지 없이 탑승했었다. 1927년 6월 7일 당시 비행기는 목적지인 베를린으로부터 118마일 떨어진 곳에 강제착륙을 하였다. 이 사건은 찰스 린드버그(Charles Lindbergh)가 뉴욕에서 파리까지 역사적인 단독비행을 성공한 직후에 발생하였다.

최초의 미국 항공회사인 바니 에어라인(Varney Airlines)은 1926년부터 운행을 시작했으며, 정기우편비행서비스(airmail service)를 제공하였다. 그후 웨스턴 항공회사(Western Airlines)가 설립되었으며, 바니 에어라인은 이후에 3개의 항공회사와 합병하여 유나이티드 에어라인(United Airlines)으로 회사명을 바꿨다.

미국의 다양한 항공회사들이 점차로 많은 도시와 해외 목적지로의 취항을 확대하였

다. 제2차 세계대전 동안에 미국 항공회사의 설비와 직원들도 전쟁에 투입되었다. 영국 프랭크 휘틀(Frank Whittle)에 의해 발명된 제트 엔진(jet engine)은 B-52와 같은 군용비행기에 사용되었다. 최초의 미국 상용 제트기는 보잉 707(Boeing 707)이었고, 그후 팬 아메리칸 월드 에어웨이즈(Pan American World Airways)는 새로운 보잉 747 기종으로 뉴욕에서 런던까지 352명의 승객들을 운송하였다. 항공여행은 속도, 편안함 및 안전성에 1마일당 요금도 가장 값싼 대중교통수단이다.

7) 숙박시설 발전

가장 원시적인 형태의 객실은 주거용 집의 일부였으며, 여행객들은 가족의 구성원과 같이 대접받았다. 중동아시아와 동양의 경우 대상숙박소(caravansary)와 여인숙(inn)이 가장 오래된 시설이다. 현대에 접어들어서는 역마차, 철도, 증기선, 자동차, 버스 및 비행기가 숙박시설의 필요성을 확대시켰으며, 특히 철도는 도심지 호텔을, 자동차와 버스는 모텔을, 비행기는 공항 내 혹은 근처의 숙박시설을 건설하게 하였다. 숙박시설은 여행객들을 숙박시키고, 그들에게 음식을 제공하며 동시에 즐거움을 제공하는 관광산업에 있어 가장 중요한 부문 중의 하나이다.

2. 관광사업의 발전

1) 외국 관광사업의 발전

(1) 고대 관광사업의 발전

환대(hospitality)라는 개념은 아주 오래되었으며, 고대 그리스, 고대 로마 및 성서에 기록된 시대의 문헌에서도 찾아볼 수 있다. 예를 들어, 호머의 일리아드와 오디세이(Homer's Odyssey and Iliad)에서도 몇 가지 그러한 증거가 나온다. 이러한 문헌들은 고대 사람들이 왜 환대의 필요성을 느꼈는가에 대해 두 가지 가능한 설명을 제시하고 있다. 그 하나는 고대 사람들의 이방인에 대한 환대는 종교적 복리를 위해 필요하다고 느낀 것이고, 또 하나는 미신적인 두려움 때문에 이방인에게 호의적이었다는 것이다. 이러한 두 가지 견해는 이방인이 신이거나 악마의 상징 또는 악마일 수도 있다는 그런 믿음에서 나왔다고 볼 수도 있다. 따라서 이러한 두 가지 경우에서, 환대 개념에서의 주요한 동기요인으로 종교나 초자연적인 것을 발견할 수 있다.

고대 그리스의 환대에 어떤 종교적 요소가 사상과 결합되었다는 것은 이해할 만하다. 즉, 선교사, 사제단, 그리고 순례자들이 여행대중의 대부분을 형성했는데, 그들은 종종 탁선소(託宣所, oracle) 및 사원 등, 그들의 종교에 지배적 위치를 가지고 있었던 성스러운 장소로 여행을 하였다. 그 결과 이러한 장소 주변에 여행객을 위한 많은 숙박시설이 세워졌다.

고대에 종교적인 이유로 여행하지 않는 자들은 일반적으로 군사적, 외교적 및 정치적 임무를 띠고 있었다. 이것은 특히 로마제국이 이탈리아 국경을 지나 세력 확장을 할 때인 로마시대에 그러하였다. 즉, 집정관, 지방총독 및 장군들은 로마제국의 일부였던 동지중해 내의 여러 나라와 로마 사이를 자주 여행하였다. 성경은 바울(Paul)이 타서스의 사울(Saul of Tarsus)처럼 정치적 및 외교적 임무에 연관되어 여행하고 있었을 때 난파당했다고 기록하고 있다.

고대 상인들은 페르시아 여행 때 여로를 따라 사용할 목적으로 정교한 텐트를 가지고 다녔다. 그러나 이러한 여로의 어떤 지점에서 상인들을 위한 숙소로 칸(Khan)이라고 알려진 숙박시설이 만들어졌다. 이러한 칸은 사막의 모래 폭풍뿐만 아니라 주로 야간에 공격하는 약탈꾼들로부터 보호하기 위해 단순히 4개의 벽으로 이루어져 있었으며, 벽 안쪽에는 여행객이 잘 수 있는 단(platform)이 설치되었다.

후기 로마제국에서는 선술집(tavern)과 여인숙(inn)이 여행하는 상인, 배우 및 학자들에게 안식처를 제공하였다. 그때만 해도 숙박시설이라는 것은 아주 원시적인 것이었다.

특히, 로마시대에서 여행이 발전하게 된 배경으로는 여행을 용이하게 만든 관광사업의 등장, 즉 교통운송수단의 발달과 도로의 건설 및 숙박시설의 정비를 지적하지 않을 수 없다.

환대에 관해 이 시대의 가장 큰 특징은 페르시아인들이 대상들의 여로에 역마를 갖춘 역사(posthouse)를 개발했다는 것이었다. 이러한 시설은 후에 대상들을 위한 숙소인 칸(Khan)으로 발전되었으며, 군인과 여행안내원들에게 숙식을 제공했다. 마르코 폴로(Marco Polo)는 그의 저서에서 얌(yam)이라고 알려져 있던 이러한 역사(posthouse)를 왕에게 적합한 방이라고 기술했다. 이러한 역사들은 하루 여행거리와 맞먹는 약 25마일마다 위치했으며, 육로를 통과하면서 소식을 전하는 여행객들에게 새로운 말을 제공했다. 마르코 폴로의 추측으로 볼 때, 그가 극동으로 여행할 당시에는 1,000개나 되는 역사가 있었던 것으로 사료된다.

(2) 중세의 관광사업 발전

중세에서도 종교와 환대와의 결합을 찾아볼 수 있다. 당시 여행자나 순례자들에게 환대를 제공하는 것은 기독교인의 의무라고 여겨졌다.

서로마 황제 샤를뉴(Charlmagne)는 그의 재위기간에 여행자에게 무료 휴식처를 제공하는 기독교인의 의무를 담은 법률을 제정했다. 그러나 이 법률은 여행객이 너무 오래 머물 수 있다는 가능성과 여러 날 동안 무료로 음식을 제공해야 하는 부담을 고려해서, 여행객이 한 곳에서 머물 수 있는 기간을 3일로 제한했다.

지금까지는 여행객의 숙식에 대한 대가의 요구는 언급되지 않았다. 사실 환대의 제공은 기업적 모험(business venture)보다 종교적 신념에서 우러나오는 자선적 기부로 여겨졌다. 그러나 이러한 모든 것은 1282년 이탈리아의 플로렌스에서 바뀌었다. 이 도시의 큰 여인숙 경영자가 이러한 환대를 사업으로 전환할 목적으로 길드(guild), 즉 협회조직을 창설했다. 여인숙은 허가제로 되었고, 포도주의 판매가 허용되었다. 그럼에도 불구하고 이러한 여인숙은 순이익이 남는 사업이었으며, 1290년에 플로렌스에서는 86개의 여인숙이 길드의 구성원으로 되었다.

이러한 현상은 로마와 이탈리아의 다른 도시로 확산되었다. 그 당시 여인숙 경영자들이 이탈리아인보다 독일인이었던 관계로 인해 말이 통하고 입맛에 익숙한 식사를 할 수 있는 숙박시설을 찾으려 했기 때문이다.

(3) 근대 유럽의 관광사업 발전

16~18세기에는 특히 영국의 숙박시설이 질적으로 상당한 발전을 했다. 당시 일반적인 교통형태는 역마차였는데, 장거리 여행은 여러 날이 걸렸으므로 역마차들은 밤을 묵어야 했다. 이러한 여정에서 말의 먹이와 휴식뿐만 아니라 승객들의 숙식을 필요로 했다. 따라서 역마차의 여로를 따라 적절한 장소에 여인숙과 선술집이 세워졌다. 역마차 승객 대부분은 부자였고, 호화로운 것에 익숙했기 때문에 여인숙 숫자의 증가뿐만 아니라 질적으로 개선되었다.

여인숙과 선술집은 지방귀족, 정치가, 사제들의 만남의 장소로서 인기가 높아졌고, 여인숙의 허가는 그 지방 영토 내에 있는 지방군주나 기사(knight)에 의해 승인되었다. 그러한 승인은 어떤 형태의 후원 없이 되는 것은 아니었다. 이러한 여인숙들은 비교적 표준설계에 의해 지어졌다.

최초의 유럽 호텔들 중 하나인 헨리 4세 호텔(Hotel de Henri IV)은 1788년 당시로는 엄청난 액수인 17,500파운드를 들여 낭트(Nantes)에 세워졌다. 그 호텔에는 60개의 객실이 있었으며, 당시 유럽에서 가장 좋은 호텔로 간주되었다.

18세기 말부터 19세기 전반기까지 이르는 기간 동안 유럽의 관광사업에서는 많은 변화가 있었다. 다음은 그 변화들을 서술하고 있다.

① 육상교통수단 : 영국의 경우 1825년에 스톡턴과 달링턴 간의 운행하는 철도가 개설된 후 여행자들이 철도를 이용하는 경향이 증대되어 갔다. 도로의 경우, 새로운 공법의 등장으로 여객들을 운송할 버스회사도 점차적으로 설립되어 육상교통을 더욱 용이하게 만들었다. 1904년 런던의 제너럴 옴니버스(London General Omnibus)사가 영업을 개시함으로써 버스회사의 효시가 되었으며, 이 회사는 관광발전에 크게 공헌하였다.

② 해상교통수단 : 1807년에 풀톤이 기선을 발명하였고, 영국에서는 1819년에 사반나호의 대서양횡단이 성공하였고, 1840년경에는 선박에 의한 여객과 화물운송 영업이 개시되었고, 영국의 큐너트 사가 뉴욕과 리버풀 간의 운송에 참여하였다. 그 뒤 미국인의 유럽행과 유럽인의 미국여행, 그리고 영국인의 유럽대륙여행은 더욱 활성화되었고, 1960년경에는 대서양을 정기적으로 운행하는 각 선박회사 간에 고객유치를 위한 경쟁이 심해졌으며, 따라서 경쟁우위를 점하기 위해 각 선사들은 선내시설의 개량과 스피드화, 그리고 서비스 수준을 향상시켰다.

③ 숙박시설 : 호텔은 숙박기능 자체보다 오히려 숙식과 관련된 호화스러움과 사치를 제공하는 기능이 중요시되어 주로 신흥부유계층을 위한 사교장으로 활용되었다. 1880년에는 고급호텔경영의 창시자로 알려진 리츠(Cesan Ritz)가 체인호텔을 출현시켰으며, 이 현상은 미국 호텔 경영에도 영향을 주게 된다.

④ 여행업 : 여행업의 등장은 관광발전에 크게 기여하였을 뿐만 아니라, 관광을 하나의 근대산업으로 발전시킨 원동력이 되었다. 영국의 토마스 쿡(Thomas Cook)은 여행 자체를 알선하고 기회여행을 실시하는 등 최초로 근대적인 여행알선업을 시작

하였다는 의미에서 오늘날 여행업의 아버지라고 불리우고 있다.

(4) 미국에서의 관광사업 발전

16~18세기에 이르는 동안 영국에서의 유행만큼 초기의 여인숙들이 북미지역에 세워졌다. 영국의 여인숙이 역마차 여로를 따라 세워진 것인 반면, 미국의 여인숙은 주로 항구도시에 세워졌다.

미국 독립전쟁에서 뉴욕시의 한 여인숙은 아주 중요한 역할을 수행했다. 이것은 여인숙이 되기 이전에 랜시(De Lancey)의 대저택이었는데, 1762년 서인도제도의 사람인 샤뮤엘 프란스(Samuel Fraunces)가 사들여서 여인숙으로 개조하고 'Queens Head Tavern'이라는 이름을 붙였다. 'Queens Head Tavern'은 독립전쟁 전의 'Sons of Liberty' 등과 같은 조직들과 뉴욕을 점령한 영국군 장교들의 주요 만남의 장소이기도 했다. 이 건물 자체로서는 역사적인 지표였고, 지금은 'Fraunces Tavern'으로 알려진 유명한 식당으로서 기능을 수행하고 있다.

1794년 객실 70개로 문은 연 'City Hotel'을 시작으로 몇 년 후 비슷한 여러 호텔이 다른 도시에 설립되었으나, 미국 최초의 특급(first-class)호텔은 1829년에 170개의 객실을 가지고 보스턴에서 개관한 'Tremont House'였다.

1830년부터 1850년대에 걸쳐 산업혁명이 진행된 미국에서는 공업이 크게 발전하였고, 따라서 기업 간 상거래의 활성화를 위한 상용여행이 급격히 증가하는 한편, 단체관광객들도 증가하여 여행시장 구도에 큰 변화를 일으켰다. 이 기간 중에는 이들의 해외여행시에 이용하는 교통수단, 즉 항공과 해운운송수단과 더불어 숙박시설도 발달하였는데, 19세기와 20세기 초기에는 호텔의 숫자뿐만 아니라 고객에게 보다 최신의 편안함을 제공하기 위해 설계된 혁신기능에서 호텔산업의 엄청난 성장이 있었다.

19세기 후반, 많은 호화호텔이 세워지고 있는 동안에 미국 전역에서는 비즈니스 여행자들을 위해 철도역 근처에 소규모 호텔이 광범위하게 건설되었다. 그 당시 현대 상용호텔산업의 아버지라 할 수 있는 스타틀러(Elsworth M. Statler)는 "비즈니스 여행자 숫자의 증가가 호텔산업이 성공할 수 있었던 좋은 기회를 제공했다."는 견해를 가지고 있었다. 따라서 그는 1907년 각 객실에 개인 욕실을 설치한 것뿐만 아니라 여러 가지 혁신 기능을 가지고 있었던 'Buffalo Statler' 호텔을 세웠다.

스타틀러(Statler)는 후에 힐튼(Hilton), 쉐라톤(Sheraton) 등이 시행한 호텔체인 개념의 창시자로 보아야 할 것이다.

1910년에서 1930년 사이에 신축 호텔이 많이 세워졌으나(그 중 1927-1930년 사이에 약 100개가 세워졌음) 이들 약 85% 정도가 대공항 때 대부분 문을 닫았다. 그러나 이러한 파산은 체인본부에게 저가로 양질의 호텔을 구입하는 행운을 안겨주었다.

한편, 항공운송사업도 발전하여 뉴욕과 시카고와 같은 미국의 북동부 주요 도시, 그리고 로스앤젤레스를 중심으로 한 서부도시 간에 정기항로가 개설되었고, 1939년에는 최초로 대서양을 횡단하는 정기항로가 노스웨스트 항공사에 의해 개설, 운항되었으며, 1953년에는 뉴욕을 기점으로 런던과 파리 간을 운항하는 직항항로가 개설되었다.

2) 우리나라 관광사업의 발전

우리나라의 관광사업은 구미(歐美) 선진제국들에 비해 그 역사가 미천하여 관광사업의 발전단계를 시대별로 분류하기란 용이하지 않다. 그러나 '88올림픽의 개최로 1990년대는 관광사업의 새로운 전기를 마련한, 즉 도약기적 개념의 정립이 기능하므로 1950년대를 여명기, 1960년대를 도입기, 1970년대를 성장기, 1980년대를 발전기, 1990년대를 도약기로 구분 설명할 수 있겠다.

(1) 여명기(1950년대)

이 기간은 근대적 의미의 관광사업이 부재했던 시기로 외침과 쇄국정책, 일본의 식민통치와 해방, 6 · 25 등으로 관광왕래는 일부 계층에 한정되었다. 또한, 관광사업자의 출현도 기대할 수 없었으며, 최소한의 행정조직만이 설치되어 운영되었다. 그러나 관광수용의 필요성이 인식되면서 국영철도호텔과 재팬 투어리스트 뷰로(Japan Tourist Bureau ; JTB)의 지사설립 등 철도의 부대사업으로 관광사업이 태동되었다.

이 시기는 일본인과 외국인을 위한 관광여행이 존재하였으며, 호텔과 철도 등 관광사업 역시 일본인이 독점하고 있었으므로 참된 의미에서 우리나라의 관광사업이 존립한 시기라고 할 수 없다.

① 1889년 인천 대불호텔 : 우리나라 최초의 호텔(객실 11실, 벽돌 3층 건물)로 1899년 경인선 개통과 함께 경영난으로 중화루 요리집으로 업종 변경하였으며, 같은 시기(연대미상) 대불호텔 앞에 수튜워드호텔(객실 8개)도 있었다.

② 1902년 서울 손탁호텔 : 우리나라 최초의 근대식 호텔(2층은 귀빈실, 1층은 일반실과 식당)로 지금의 이화여고 정문 앞에 세워졌다.

③ 1905년 부산역사 개조 : 1층 대합실, 사무실, 2층은 호텔로 사용

④ 1905년 신의주호텔 : 역사를 겸한 서구식 철도호텔

⑤ 1909년 하남호텔 : 고종황제로부터 하사받은 프랑스 여인의 소유였던 이 호텔은 이화여고 정문 앞에 세워졌다.

⑥ 1914년 서울 조선호텔

⑦ 1915년 금강산호텔

⑧ 1918년 장안사호텔

⑨ 1922년 평양철도호텔

⑩ 1936년 반도호텔 : 미국의 스타틀러(Bufalou Statler)호텔이 최초로 시도한 대중용의 상용호텔양식을 도입한 한국 최대의 시설규모를 갖춘 최초의 상용호텔이다.

⑪ 1948년 미국의 노스웨스턴항공사 : 조선호텔에다 서울사무소 개설

(2) 도입기(1960년대)

해방을 맞이하였으나 정치혼란과 경기침체가 지속되면서 관광부문의 수용태세가 확립되지 못해 사실상 외래관광객 유치를 적극화할 수 있는 입장이 못되었다.

① 1961년 8월 22일 관광사업진흥법 개정 : 정부의 체계적인 관광정책기반이 조성되고, 민간관광기업이 등장함으로써 관광사업이 본격적으로 도입되기 시작하였다.

② 1962년 국제관광공사 발족 : 국책회사로 국제관광공사가 발족되면서 한국관광의 해외선전과 외래관광객의 편의제공 및 유치업무 등 해외진흥사업을 본격화하였으며, 한국관광협회도 창립되면서 국제관광기구(World Tourism Organization ; WTO)에 가입하였다.

③ 1964년 교통부에 관광국 설치

④ 1965년 제14차 태평양지구 관광협회(PATA)연차총회를 유치하는 한편, 관광수용시설과 관광지 개발에 착수하였으며, 관광사업의 가능성을 진단한 모톤 카우프만(M. D. Kauffman)의 보고서가 제출되기도 하였다.

> **모톤 카우프만(M. D. Kauffman) 보고서**
>
> AID 기술원조계획에 따라 한국에 파견되었던 관광전문가 카우프만이 1965년부터 2년간에 걸쳐 실시한 최초의 한국관광사업의 보고서로서 한국관광사업의 시장성과 여건, 관광시설과 서비스, 관광산업의 경제성, 시장개척과 판촉, 관광기구와 서울, 제주도의 관광개발 등 총 48개 분량에 대한 실태조사 보고서이다.

⑤ 1962년 정부와 민간기업의 노력으로 메트로호텔, 아스토리아호텔, 코리아나호텔, 샤보이호텔 등이 건설되었다.

⑥ 1962년 6월 26일 국제관광공사가 지방의 7개 호텔(온양, 해운대, 불국사, 서귀포, 설악산, 무등산, 대구)과 반도호텔, 조선호텔의 운영권을 인수하였다.

⑦ 1963년 4월 8일 워커힐호텔 개관 : 당시 동양 최대의 휴양지호텔로서 그 면모를 자랑할 수 있다.

⑧ 1965년에서 1968년 사이 국제관광공사가 소유하고 있던 대부분의 호텔들이 민영화되었다.

이 시기는 관광산업을 위한 기반조성 및 체제정비기라고도 할 수 있다.

(3) 성장기(1970년대)

1970년대는 한국경제의 고도성장에 따른 비약적인 발전과 일반국민의 관광사업에 대한 높은 인식으로 관광자원이 보존, 개발되고 관광지 및 관광단체가 신설되는 한편, 관광사업을 국가전략산업으로 설정, 성장을 거듭해 오면서 관광입국의 비전을 제시한 시기이다.

자연공원이 관광이용을 전제로 국립공원, 도립공원, 지정관광지로 지정 개방되었으며, 세계관광기구, 태평양관광협회 등 관광기구에 정부기관과 관광기업이 가입하면서 국제관광협력의 기반을 다진 시기이기도 하다.

① 미국 보잉사에 의해 한국관광개발 조사보고서가 제출

② 1978년 외래관광객 100만명 돌파

③ 1974년 9월 28일 제1회 세계관광의 날 기념식

④ 1975년 4월 4일 관광단지개발촉진법 제정

⑤ 1975년 12월 31일 관광기본법 제정

⑥ 1979년 4월 15일 제28차 PATA총회 서울 개최

이 시기는 국제관광산업의 성장기반을 확고히 다진 시기이다.

(4) 도약기(1980년대)

1980년대는 제5공화국이 출범하는 시기로 '86 아시안게임, 제24회 올림픽 서울 개최 확정' 등에 힘입어 세계 속에 관광한국을 부각시켰으며, 국민의 오랜 염원인 해외여행 자유화가 단행되기도 하였다.

① 1983년 제33차 미주지역 여행업자협회(ASTA) 총회

② 1985년 세계은행 및 국제통화기금(IBRD/IMF) 연차총회

③ 1988년 제18차 동아시아 태평양지역위원회(WTO-CAP)회의 개최 등 컨벤션 투어리 즘의 가능성을 확인하게 하였다.

④ 1988년 외래관광객 200만명 달성 등으로 일대 관광산업 비약의 시기를 맞았다.

(5) 발전기(1990년대)

1990년대는 서울올림픽의 성공적 개최와 국민해외여행의 전면자유화 조치, 무역 흑 자기조 등으로 다가오는 21세기 초에 관광선진국의 위치에 진입할 수 있도록 관광산업 의 성장잠재력을 축적해 나가는 시기로 우리나라의 관광산업은 이 시기에 발전의 단계 에 이르게 되었다.

① 1991년 외래관광객 300만명 달성

② 1991년 제9차 세계관광기구총회(아르헨티나)에서 우리나라가 WTO 집행 이사국으 로 선출

③ 1993년 대전엑스포 - 내/외국인 관광객 1,400만명 유치

④ 1994년 한국방문의 해, PATA 연차총회, 관광무역전 및 세계지부대회 3대 행사 개최

⑤ 1996년 국제회의 산업육성에 관한 법률 제정

⑥ 1997년 관광숙박시설지원 등에 관한 특별법 제정

⑦ 1998년 경주세계문화엑스포 개최

(6) 성숙기(2000년대)

경제발전으로 인해 주5일 근무제 도입과 같은 라이프스타일이 선진국형으로 변화하면서 관광사업도 90년대 성장기를 지나 성숙기에 접어들며 양적 성장이 아니라 질적인 변화를 맞이하게 되며 미래의 관광사업 형태를 준비하게 된다. 관광정책도 단일 관광단지가 아니라 권역별, 관광레저형 기업도시 개발정책이 이루어지고, 2000년 ASEM, 2005년 APEC, 2008년 RAMSAR, 2010년 G20과 같은 국제적으로 중요한 대규모 행사의 개최가 한국관광사업의 세계적 위상을 나타내게 되었다. 이러한 21세기 한국관광사업의 특성은 기술발전과 사회·문화적 변화로 구분하여 설명할 수 있다.

① 기술발전측면

KTX, 광역교통망, 크루즈 등 관광교통사업의 인프라가 첨단화되고 우주셔틀 개발로 인해 우주관광시대가 도래할 것이다. 특히 IT기술의 발달로 관광사업은 숙박, 교통, 관광지가 정보기술을 매개로 통합과정을 완성하게 된다. 이러한 정보기술은 관광사업분야를 관광에 한정하지 않고 의료, 문화 등의 주변산업분야와 융합하여 새로운 미래관광사업을 예고하게 되었다.

② 사회·문화적 변화측면

21세기 관광사업은 이제 한 나라의 차원이 아니라 전 지구적인 환경문제와도 연계될 수밖에 없다. 녹색관광, 지속가능한 관광 등은 관광사업의 패러다임의 전환을 요구하고 있다.

New Principle of Tourism Business

관광사업의 종류와
등록·승인 및 허가

New Principle of Tourism Business

Chapter

03 관광사업의 종류와 등록·승인 및 허가

New Principle of Tourism Business

① 관광사업의 종류

제2장에서 살펴보았듯이 관광사업에 대한 정의는 다양한 관점에서 설명될 수 있고, 사회변화와 개인의 라이프스타일 변화에 따라 지금도 그 범위와 현상이 확대되고 있다. 이 장에서는 이러한 관광현상 변화에 제도적으로 대응하기 위해 법제화된 관광진흥법상의 관광사업의 정의와 분류를 살펴봄으로써 관광사업을 보다 실제적인 관점에서 파악할 수 있도록 한다. 현행 관광진흥법은 관광사업을 육성함으로써 관광진흥에 이바지함을 목적으로 1986년 12월에 만들어져 수차례 개정을 거친 후 2015년 2월 일부 개정된 바 있다.

현행 관광진흥법은 총 7장, 86조와 부칙으로 구성되어, 제1장 총칙, 제2장 관광사업, 제3장 관광사업자단체, 제4장 관광의 진흥과 홍보, 제5장 관광지 등의 개발, 제6장 보칙, 제7장 벌칙으로 세분되어 있다. 관광사업의 종류에 관하여서는 제2장에서 규정되어 있다. 관광진흥법에서는 관광사업을 총 7업종으로 구분하여 여행업, 관광숙박업, 관광객이용시설업, 국제회의업, 카지노업, 유원시설업, 관광편의시설업으로 정의하고 시행령에서 보다 세분화하였다. 관광진흥법 시행령 제2조에 의한 관광사업 종류를 세분하여 보면 표 3-1과 같다.

◑ 표 3-1 관광사업의 종류

업종(관광진흥법)		세분류(관광진흥법 시행령)	시행령 부칙 등록기준별 구분
1. 여행업		일반여행업	
		국외여행업	
		국내여행업	
2. 관광숙박업	호텔업	관광호텔업, 수상관광호텔업, 한국전통호텔업, 가족호텔업, 호스텔업, 소형호텔업, 의료관광호텔업	
	휴양콘도미니엄업		
3. 관광객이용시설업		전문휴양업	민속촌, 해수욕장, 수렵장, 동물원, 식물원, 수족관, 유기장, 온천장, 동굴자원, 수영장, 농어촌휴양시설, 활공장, 등록 및 신고 체육시설(9종), 산림휴양시설, 박물관, 미술관
		종합휴양업	제1종 종합휴양업, 제2종 휴양업
		야영장업	일반야영장업, 자동차야영장업
		관광유람선업	일반관광유람선업, 크루즈업
		관광공연장업	실내관광공연장, 실외관광공연장
		외국인전용 관광기념품 판매업	
4. 국제회의업		국제회의 시설업	
		국제회의 기획업	
5. 카지노		외국인전용카지노	내·외국인카지노(특별법)
6. 유원시설업		종합유원시설업	
		일반유원시설업	
		기타 유원시설업	
7. 관광편의시설업		관광유흥음식점업	
		관광극장유흥업	
		외국인전용 유흥음식점업	
		관광식당업	
		시내순환관광업	
		관광사진업	
		여객자동차터미널시설업	
		관광펜션업	
		관광궤도업	
		한옥체험업	
		외국인관광 도시민박업	

1. 여행업

여행자 또는 운송시설·숙박시설, 그 밖에 여행에 딸리는 시설의 경영자 등을 위하여 그 시설이용 알선이나 계약체결의 대리, 여행에 관한 안내, 그 밖의 여행편의를 제공하는 업을 말하며, 여행업의 세분화된 종류는 다음과 같다.

1) 일반여행업

국내외를 여행하는 내국인 및 외국인을 대상으로 하는 여행업[사증(査證)을 받는 절차를 대행하는 행위를 포함한다]이다.

2) 국외여행업

국외를 여행하는 내국인을 대상으로 하는 여행업(사증을 받는 절차를 대행하는 행위를 포함한다)이다.

3) 국내여행업

국내를 여행하는 내국인을 대상으로 하는 여행업이다.

2. 관광숙박업

관광숙박업은 숙박과 관련된 시설을 갖추어 관련된 부가서비스를 제공하는 사업으로 호텔업과 휴양콘도미니엄업으로 구분되어지며, 각각의 정의는 다음과 같다.

1) 호텔업

호텔업은 관광객의 숙박에 적합한 시설을 갖추어 이를 관광객에게 제공하거나 숙박에 딸리는 음식·운동·오락·휴양·공연 또는 연수에 적합한 시설 등을 함께 갖추어 이를 이용하게 하는 업을 말하며, 세분화된 종류는 다음과 같다.

(1) 관광호텔업

관광객의 숙박에 적합한 시설을 갖추어 관광객에게 이용하게 하고 숙박에 딸린 음식 · 운동 · 오락 · 휴양 · 공연 또는 연수에 적합한 시설 등(이하 '부대시설'이라 한다)을 함께 갖추어 관광객에게 이용하게 하는 업(業)이다.

(2) 수상관광호텔업

수상에 구조물 또는 선박을 고정하거나 매어 놓고 관광객의 숙박에 적합한 시설을 갖추거나 부대시설을 함께 갖추어 관광객에게 이용하게 하는 업이다.

(3) 한국전통호텔업

한국전통의 건축물에 관광객의 숙박에 적합한 시설을 갖추거나 부대시설을 함께 갖추어 관광객에게 이용하게 하는 업이다.

(4) 가족호텔업

가족단위 관광객의 숙박에 적합한 시설 및 취사도구를 갖추어 관광객에게 이용하게 하거나 숙박에 딸린 음식 · 운동 · 휴양 또는 연수에 적합한 시설을 함께 갖추어 관광객에게 이용하게 하는 업이다.

(5) 호스텔업

배낭여행객 등 개별 관광객의 숙박에 적합한 시설로서 샤워장, 취사장 등의 편의시설과 외국인 및 내국인 관광객을 위한 문화 · 정보 교류시설 등을 함께 갖추어 이용하게 하는 업이다.

(6) 소형호텔업

관광객의 숙박에 적합한 시설을 소규모로 갖추고 숙박에 딸린 음식 · 운동 · 휴양 또는 연수에 적합한 시설을 함께 갖추어 관광객에게 이용하게 하는 업이다.

(7) 의료관광호텔업

의료관광객의 숙박에 적합한 시설 및 취사도구를 갖추거나 숙박에 딸린 음식 · 운동 또는 휴양에 적합한 시설을 함께 갖추어 주로 외국인관광객에게 이용하게 하는 업이다.

2) 휴양콘도미니엄업

휴양콘도미니엄업은 관광객의 숙박과 취사에 적합한 시설을 갖추어 이를 그 시설의 회원이나 공유자, 그 밖의 관광객에게 제공하거나 숙박에 딸리는 음식 · 운동 · 오락 · 휴양 · 공연 또는 연수에 적합한 시설 등을 함께 갖추어 이를 이용하게 하는 업으로 정의되고 있다.

3. 관광객이용시설업

관광객이용시설업은 다음 행위를 영위하는 업이다.

첫째, 관광객을 위하여 음식 · 운동 · 오락 · 휴양 · 문화 · 예술 또는 레저 등에 적합한 시설을 갖추어 이를 관광객에게 이용하게 하는 업이다.

둘째, 대통령령으로 정하는 2종 이상의 시설과 관광숙박업의 시설(이하 '관광숙박시설'이라 한다) 등을 함께 갖추어 이를 회원이나 그 밖의 관광객에게 이용하게 하는 업이다.

이러한 관광객이용시설업은 다음과 같이 세분화하여 구분된다(관광진흥법 시행령 제2조).

1) 전문휴양업

관광객의 휴양이나 여가 선용을 위하여 숙박업시설(「공중위생관리법 시행령」 제2조 제1항 제1호 및 제2호의 시설을 포함하며, 이하 '숙박시설'이라 한다)이나 「식품위생법 시행령」 제21조 제8호가목 · 나목 또는 바목에 따른 휴게음식점영업, 일반음식점영업 또는 제과점영업의 신고에 필요한 시설(이하 '음식점시설'이라 한다)을 갖추고 별표 1 제4호 가목 (2) (가)부터 (거)까지의 규정에 따른 시설(이하 '전문휴양시설'이라 한다) 중 한 종류의 시설을 갖추어 관광객에게 이용하게 하는 업이다.

2) 종합휴양업

(1) 제1종 종합휴양업

관광객의 휴양이나 여가 선용을 위하여 숙박시설 또는 음식점시설을 갖추고 전문휴양시설 중 두 종류 이상의 시설을 갖추어 관광객에게 이용하게 하는 업이나, 숙박시설 또는 음식점시설을 갖추고 전문휴양시설 중 한 종류 이상의 시설과 종합유원시설업의 시설을 갖추어 관광객에게 이용하게 하는 업이다.

(2) 제2종 종합휴양업

관광객의 휴양이나 여가 선용을 위하여 관광숙박업의 등록에 필요한 시설과 제1종 종합휴양업의 등록에 필요한 전문휴양시설 중 두 종류 이상의 시설 또는 전문휴양시설 중 한 종류 이상의 시설 및 종합유원시설업의 시설을 함께 갖추어 관광객에게 이용하게 하는 업이다.

3) 야영장업

(1) 일반야영장업

야영장비 등을 설치할 수 있는 공간을 갖추고 야영에 적합한 시설을 함께 갖추어 관광객에게 이용하게 하는 업이다.

(2) 자동차야영장업

자동차를 주차하고 그 옆에 야영장비 등을 설치할 수 있는 공간을 갖추고 취사 등에 적합한 시설을 함께 갖추어 자동차를 이용하는 관광객에게 이용하게 하는 업이다.

4) 관광유람선업

(1) 일반관광유람선업

「해운법」에 따른 해상여객운송사업의 면허를 받은 자나 「유선 및 도선사업법」

에 따른 유선사업의 면허를 받거나 신고한 자가 선박을 이용하여 관광객에게 관광을 할 수 있도록 하는 업이다.

(2) 크루즈업

「해운법」에 따른 순항(順航) 여객운송사업이나 복합 해상여객운송사업의 면허를 받은 자가 해당 선박 안에 숙박시설, 위락시설 등 편의시설을 갖춘 선박을 이용하여 관광객에게 관광을 할 수 있도록 하는 업이다.

5) 관광공연장업

관광객을 위하여 적합한 공연시설을 갖추고 공연물을 공연하면서 관광객에게 식사와 주류를 판매하는 업이다.

4. 국제회의업

국제회의업은 대규모 관광 수요를 유발하는 국제회의(세미나·토론회·전시회 등을 포함한다. 이하 같다)를 개최할 수 있는 시설을 설치·운영하거나 국제회의의 계획·준비·진행 등의 업무를 위탁받아 대행하는 업을 말하며, 다음과 같이 세분화된다.

1) 국제회의시설업

대규모 관광 수요를 유발하는 국제회의를 개최할 수 있는 시설을 설치하여 운영하는 업이다.

2) 국제회의기획업

대규모 관광 수요를 유발하는 국제회의의 계획·준비·진행 등의 업무를 위탁받아 대행하는 업이다.

5. 카지노업

카지노업은 전문영업장을 갖추고 주사위·트럼프·슬롯머신 등 특정한 기구 등을 이용하여 우연의 결과에 따라 특정인에게 재산상의 이익을 주고 다른 참가자에게 손실을 주는 행위 등을 하는 업이다.

6. 유원시설업

유원시설업은 유기시설(遊技施設)이나 유기기구(遊技機具)를 갖추어 이를 관광객에게 이용하게 하는 업(다른 영업을 경영하면서 관광객의 유치 또는 광고 등을 목적으로 유기시설이나 유기기구를 설치하여 이를 이용하게 하는 경우를 포함한다)이다. 이러한 유원시설업은 다음과 같이 세분화되어 구분된다(관광진흥법 시행령 제2조 1항).

1) 종합유원시설업

유기시설이나 유기기구를 갖추어 관광객에게 이용하게 하는 업으로서 대규모의 대지 또는 실내에서 법 제33조에 따른 안전성검사대상 유기시설 또는 유기기구 여섯 종류 이상을 설치하여 운영하는 업이다.

2) 일반유원시설업

유기시설이나 유기기구를 갖추어 관광객에게 이용하게 하는 업으로서 법 제33조에 따른 안전성검사대상 유기시설 또는 유기기구 한 종류 이상을 설치하여 운영하는 업이다.

3) 기타 유원시설업

유기시설이나 유기기구를 갖추어 관광객에게 이용하게 하는 업으로서 법 제33조에 따른 안전성검사대상이 아닌 유기시설 또는 유기기구를 설치하여 운영하는 업이다.

Chapter 03_ 관광사업의 종류와 등록·승인 및 허가

> **관광진흥법 제33조 (안전성검사 등)**
>
> ① 유원시설업자 및 유원시설업의 허가 또는 변경허가를 받으려는 자(조건부 영업허가를 받은 자로서 그 조건을 이행한 후 영업을 시작하려는 경우를 포함한다)는 문화체육관광부령으로 정하는 안전성검사대상 유기시설 또는 유기기구에 대하여 문화체육관광부령에서 정하는 바에 따라 특별자치도지사·시장·군수·구청장이 실시하는 안전성검사를 받아야 하고, 안전성검사대상이 아닌 유기시설 또는 유기기구에 대하여는 안전성검사대상에 해당되지 아니함을 확인하는 검사를 받아야 한다. 이 경우 특별자치도지사·시장·군수·구청장은 성수기 등을 고려하여 검사시기를 지정할 수 있다. <개정 2008.2.29, 2009.3.25, 2011.4.5>
>
> ② 제1항에 따라 안전성검사를 받아야 하는 유원시설업자는 유기시설 및 유기기구에 대한 안전관리를 위하여 사업장에 안전관리자를 항상 배치하여야 한다.
>
> ③ 제2항에 따른 안전관리자의 자격·배치기준 및 임무 등에 필요한 사항은 문화체육관광부령으로 정한다.

7. 관광편의시설업

관광편의시설업은 관광진흥법 시행령 제2조 제1항의 제1호부터 제6호(여행업, 관광숙박업, 관광객이용시설업, 국제회의업, 카지노업, 유원시설업)까지의 규정에 따른 관광사업 외에 관광진흥에 이바지할 수 있다고 인정되는 사업이나 시설 등을 운영하는 업이다.

이와 같은 관광편의시설업은 다음과 같이 세분화되어 구분된다(관광진흥법 시행령 제2조).

1) 관광유흥음식점업

식품위생법령에 따른 유흥주점영업의 허가를 받은 자가 관광객이 이용하기 적합한 한국 전통 분위기의 시설을 갖추어 그 시설을 이용하는 자에게 음식을 제공하고 노래와 춤을 감상하게 하거나 춤을 추게 하는 업이다.

2) 관광극장유흥업

식품위생법령에 따른 유흥주점영업의 허가를 받은 자가 관광객이 이용하기 적합한

무도(舞蹈)시설을 갖추어 그 시설을 이용하는 자에게 음식을 제공하고 노래와 춤을 감상하게 하거나 춤을 추게 하는 업이다.

3) 외국인전용 유흥음식점업

식품위생법령에 따른 유흥주점영업의 허가를 받은 자가 외국인이 이용하기 적합한 시설을 갖추어 그 시설을 이용하는 자에게 주류나 그 밖의 음식을 제공하고 노래와 춤을 감상하게 하거나 춤을 추게 하는 업이다.

4) 관광식당업

식품위생법령에 따른 일반음식점영업의 허가를 받은 자가 관광객이 이용하기 적합한 음식제공시설을 갖추고 관광객에게 특정 국가의 음식을 전문적으로 제공하는 업이다.

5) 시내순환관광업

「여객자동차 운수사업법」에 따른 여객자동차운송사업의 면허를 받거나 등록을 한 자가 버스를 이용하여 관광객에게 시내와 그 주변 관광지를 정기적으로 순회하면서 관광할 수 있도록 하는 업이다.

6) 관광사진업

외국인관광객과 동행하며 기념사진을 촬영하여 판매하는 업이다.

7) 여객자동차터미널시설업

「여객자동차 운수사업법」에 따른 여객자동차터미널사업의 면허를 받은 자가 관광객이 이용하기 적합한 여객자동차터미널시설을 갖추고 이들에게 휴게시설·안내시설 등 편익시설을 제공하는 업이다.

8) 관광펜션업

숙박시설을 운영하고 있는 자가 자연·문화 체험관광에 적합한 시설을 갖추어 관광객에게 이용하게 하는 업이다.

9) 관광궤도업

「궤도운송법」에 따른 궤도사업의 허가를 받은 자가 주변 관람과 운송에 적합한 시설을 갖추어 관광객에게 이용하게 하는 업이다.

10) 한옥체험업

한옥(주요구조부가 목조구조로서 한식기와 등을 사용한 건축물 중 고유의 전통미를 간직하고 있는 건축물과 그 부속시설을 말한다)에 숙박 체험에 적합한 시설을 갖추어 관광객에게 이용하게 하거나, 숙박 체험에 딸린 식사 체험 등 그 밖의 전통문화 체험에 적합한 시설을 함께 갖추어 관광객에게 이용하게 하는 업이다.

11) 외국인관광 도시민박업

「국토의 계획 및 이용에 관한 법률」 제6조 제1호에 따른 도시지역(「농어촌정비법」에 따른 농어촌지역 및 준농어촌지역은 제외한다. 이하 이 조에서 같다)의 주민이 거주하고 있는 다음의 어느 하나에 해당하는 주택을 이용하여 외국인관광객에게 한국의 가정문화를 체험할 수 있도록 숙식 등을 제공(도시지역에서 「도시재생 활성화 및 지원에 관한 특별법」 제2조 제6호에 따른 도시재생활성화계획에 따라 같은 조 제9호에 따른 마을기업이 외국인관광객에게 우선하여 숙식 등을 제공하면서, 외국인관광객의 이용에 지장을 주지 아니하는 범위에서 해당 지역을 방문하는 내국인관광객에게 그 지역의 특성화된 문화를 체험할 수 있도록 숙식 등을 제공하는 것을 포함한다)하는 업이다.

(1) 「건축법 시행령」 별표 1 제1호 가목 또는 다목에 따른 단독주택 또는 다가구주택
(2) 「건축법 시행령」 별표 1 제2호 가목, 나목 또는 다목에 따른 아파트, 연립주택 또는 다세대주택

관광사업 등록 및 지정 현황

자료: 문화체육관광부(2015)

◎ 그림 3-1 관광사업 등록 및 지정 현황

그림 3-1은 2000년대 이후 관광사업 등록 및 지정 현황을 나타낸 것으로 관광숙박업체와 국제회의기획업 등록 수가 꾸준히 증가하였다는 것을 알 수 있다.

관광사업의 등록·승인 및 허가 ②

1. 관광사업의 등록

1) 등록대상 사업

관광진흥법 제3조 제1항 제1호부터 제4호까지의 규정에 따른 여행업, 관광숙박업, 관광객이용시설업 및 국제회의업을 경영하려는 자는 특별자치도지사·시장·군수·구청장(자치구의 구청장을 말한다. 이하 같다)에게 등록하여야 한다.

2) 등록절차

관광진흥법 제4조 제1항에 따라 등록을 하려는 자는 문화체육관광부령으로 정하는 바에 따라 관광사업 등록신청서를 특별자치도지사·시장·군수·구청장(자치구의 구청장을 말한다. 이하 같다)에게 제출하여야 한다. <개정 2009.10.7.>

그리고 특별자치도지사·시장·군수·구청장은 법 제17조에 따른 관광숙박업 및 관광객이용시설업 등록심의위원회의 심의를 거쳐야 할 관광사업의 경우에는 그 심의를 거쳐 등록 여부를 결정한다.

3) 등록증의 발급

등록증 발급에 따른 관광진흥법 시행령 제4조의 내용은 아래와 같다.

① 관광진흥법 시행령 제3조(등록절차)에 따라 등록신청을 받은 특별자치도지사·시장·군수·구청장은 신청한 사항이 제5조에 따른 등록기준에 맞으면 문화체육관광부령으로 정하는 등록증을 신청인에게 발급하여야 한다. <개정 2008.2.29., 2009.10.7.>

② 특별자치도지사·시장·군수·구청장은 제1항에 따른 등록증을 발급하려면 법 제18조 제1항에 따라 의제되는 인·허가증을 한꺼번에 발급할 수 있도록 해당 인·허가기관의 장에게 인·허가증의 송부를 요청할 수 있다. <개정 2009.10.7.>

③ 특별자치도지사·시장·군수·구청장은 제1항 및 제2항에 따라 등록증을 발급하면 문화체육관광부령으로 정하는 바에 따라 관광사업자등록대장을 작성하고 관리·보존하여야 한다. <개정 2008.2.29., 2009.10.7.>

④ 특별자치도지사·시장·군수·구청장은 등록한 관광사업자가 제1항에 따라 발급받은 등록증을 잃어버리거나 그 등록증이 헐어 못쓰게 되어버린 경우에는 문화체육관광부령으로 정하는 바에 따라 다시 발급하여야 한다.

4) 등록기준

법 제4조 제3항에 따른 관광사업의 등록기준은 별표 1과 같다. 다만, 휴양콘도미니엄업과 전문휴양업 중 온천장 및 농어촌휴양시설을 2012년 11월 1일부터 2014년 10월 31일까지 제3조 제1항에 따라 등록 신청하면 다음 각 호의 기준에 따른다. <개정 2012.10.29., 2013.10.31.>

1. 휴양콘도미니엄업의 경우 별표 1 제3호 가목 (1)에도 불구하고 같은 단지 안에 20실 이상 객실을 갖추어야 한다.

2. 전문휴양업 중 온천장의 경우 별표 1 제4호 가목 (2) (사)에도 불구하고 다음 각 목의 요건을 갖추어야 한다.

가. 온천수를 이용한 대중목욕시설이 있을 것

나. 정구장·탁구장·볼링장·활터·미니골프장·배드민턴장·롤러스케이트장·보트장 등의 레크리에이션 시설 중 두 종류 이상의 시설을 갖추거나 제2조 제5호에 따른 유원시설업 시설이 있을 것

3. 전문휴양업 중 농어촌휴양시설의 경우 별표 1 제4호 가목 (2) (차)에도 불구하고 다음 각 목의 요건을 갖추어야 한다.

가. 「농어촌정비법」에 따른 농어촌 관광휴양단지 또는 관광농원의 시설을 갖추고 있을 것

나. 관광객의 관람이나 휴식에 이용될 수 있는 특용작물·나무 등을 재배하거나 어류·희귀동물 등을 기르고 있을 것

2. 관광사업의 승인

행정제도상 등록제도는 사적자치의 원칙을 존중하여 행정기관이 사업운영에 필요한 일정한 기준을 제시하여 그 사업을 운영하고자 하는 자가 그 기준에 맞추어 시설 또는 필요행위를 완성하여 그 관할기관에 신청하면 등록하여 주는 제도이지만, 관광진흥법상에서는 다음과 같은 일정한 필요에 따라 등록사항임에도 불구하고 사전 사업계획승인제도를 두어 승인제도를 규제하고 있다.

① 사업시행자 보호 : 사전에 관할기관과 사업협의 없이 대규모 투자에 의한 시설을 한 뒤 등록기준에 미치지 못하는 경우 사업시행자는 엄청난 경제적 손실을 보게 된다.

② 행정의 효율성 확보 : 사업계획승인 대상 업종은 여러 관련기관의 협의와 심의가 필요한 경우가 대부분이다. 따라서 사전에 관계기관과 인·허가와 관련된 사항을 사업계획단계에서 종합적으로 심의하여 사업계획승인으로 관련 인·허가를 승인 의제함으로써 복잡한 행정절차를 효율적으로 관리할 수 있게 된다.

③ 사업시행의 투명성과 실효성 확보 : 대부분 사업계획승인 대상사업은 대규모 토

지와 자본이 필요한 사업이다. 따라서 향후 사업시행의 투명성과 실효성을 확보하기 위하여 사업계획승인이 필요하다.

1) 사업계획승인 대상업종

관광진흥법 제15조에서는 사업계획의 승인대상 업종으로 다음과 같이 구분하고 있다.

① 관광숙박업을 경영하려는 자는 제4조 제1항에 따른 등록을 하기 전에 그 사업에 대한 사업계획을 작성하여 특별자치도지사·시장·군수·구청장의 승인을 받아야 한다. 승인을 받은 사업계획 중 부지, 대지면적, 건축 연면적의 일정 규모 이상의 변경 등 대통령령으로 정하는 사항을 변경하려는 경우에도 또한 같다. <개정 2008.6.5, 2009.3.25>

② 대통령령으로 정하는 관광객이용시설업(전문휴양업, 종합휴양업, 관광유람선업)이나 국제회의업(국제회의시설업)을 경영하려는 자는 제4조 제1항에 따른 등록을 하기 전에 그 사업에 대한 사업계획을 작성하여 특별자치도지사·시장·군수·구청장의 승인을 받을 수 있다. 승인을 받은 사업계획 중 부지, 대지면적, 건축 연면적의 일정 규모 이상의 변경 등 대통령령으로 정하는 사항을 변경하려는 경우에도 또한 같다. <개정 2008.6.5, 2009.3.25>

③ 제1항과 제2항에 따른 사업계획의 승인 또는 변경승인의 기준·절차 등에 필요한 사항은 대통령령으로 정한다.

2) 사업계획의 승인신청

관광진흥법 시행령 제10조에 의한 사업계획의 승인신청과 관련된 사항은 다음과 같다.

① 법 제15조 제1항 및 제2항에 따라 관광호텔업·수상관광호텔업·한국전통호텔업·가족호텔업·호스텔업·소형호텔업·의료관광호텔업과 휴양콘도미니엄업 및 제12조 각 호의 어느 하나에 해당하는 관광사업의 사업계획(이하 '사업계획'이라 한다) 승인을 받으려는 자는 문화체육관광부령으로 정하는 바에 따라 사업계획 승인신청서를 특별자치도지사·시장·군수·구청장에게 제출하여야 한다. <개정 2008.2.29., 2009.1.20., 2010.6.15., 2013.11.29.>

② 제9조에 따라 사업계획의 변경승인을 받으려는 자는 문화체육관광부령으로 정하는 바에 따라 사업계획 변경승인신청서를 특별자치도지사·시장·군수·구청장에게 제출하여야 한다. <개정 2008.2.29., 2009.1.20.>

③ 제1항과 제2항에 따라 사업계획의 승인 또는 변경승인신청서를 접수한 특별자치도지사·시장·군수·구청장은 해당 관광사업이 법 제16조 제1항에 따라 인·허가 등이 의제되는 사업인 경우에는 같은 조 제2항에 따라 소관 행정기관의 장과 협의하여야 한다. <개정 2009.1.20.>

④ 제3항에 따라 협의요청을 받은 소관 행정기관의 장은 협의요청을 받은 날부터 30일 이내에 그 의견을 제출하여야 한다. 이 경우 그 기간 이내에 의견제출이 없는 때에는 협의가 이루어진 것으로 본다. <개정 2014.11.28.>

3) 사업계획의 승인통보 및 승인기준

사업계획의 승인통보는 특별자치도지사·시장·군수·구청장은 제10조에 따라 신청한 사업계획 또는 사업계획의 변경을 승인하는 경우에는 사업계획승인 또는 변경승인을 신청한 자에게 지체 없이 통보하여야 한다. <개정 2009.1.20.>

그리고 관광진흥법 시행령상의 승인기준은 다음과 같다.

① 제15조에 따른 사업계획의 승인 및 변경승인의 기준은 다음 각 호와 같다. <개정 2010.6.15., 2013.11.29., 2014.11.28.>

1. 사업계획의 내용이 관계 법령의 규정에 적합할 것
2. 사업계획의 시행에 필요한 자금을 조달할 능력 및 방안이 있을 것
3. 일반주거지역의 관광숙박시설 및 그 시설 안의 위락시설은 주거환경을 보호하기 위하여 다음 각 목의 기준에 맞아야 하고, 준주거지역의 경우에는 다목의 기준에 맞을 것. 다만, 일반주거지역에서의 사업계획의 변경승인(신축 또는 기존 건축물 전부를 철거하고 다시 축조하는 개축을 하는 경우는 포함하지 아니한다)의 경우에는 가목의 기준을 적용하지 아니하고, 일반 주거지역의 호스텔업의 시설의 경우에는 라목의 기준을 적용하지 아니한다.
   가. 다음의 구분에 따라 대지가 도로에 연접할 것. 다만, 특별자치도·시·군·구 (자치구를 말한다. 이하 같다)는 주거환경을 보호하기 위하여 필요하면 지역 특성을

고려하여 조례로 이 기준을 강화할 수 있다.

1) 관광호텔업, 수상관광호텔업, 한국전통호텔업, 가족호텔업, 의료관광호텔업 및 휴양콘도미니엄업 : 대지가 폭 12미터 이상의 도로에 4미터 이상 연접할 것

2) 호스텔업 및 소형호텔업 : 대지가 폭 8미터 이상의 도로에 4미터 이상 연접할 것

나. 건축물(관광숙박시설이 설치되는 건축물 전부를 말한다) 각 부분의 높이는 그 부분으로부터 인접대지를 조망할 수 있는 창이나 문 등의 개구부가 있는 벽면에서 직각 방향으로 인접된 대지의 경계선[대지와 대지 사이가 공원·광장·도로·하천이나 그 밖의 건축이 허용되지 아니하는 공지(空地)인 경우에는 그 인접된 대지의 반대편 경계선을 말한다]까지의 수평거리의 두 배를 초과하지 아니할 것

다. 소음공해를 유발하는 시설은 지하층에 설치하거나 그 밖의 방법으로 주변의 주거환경을 해치지 아니하도록 할 것

라. 대지 안의 조경은 대지면적의 15퍼센트 이상으로 하되, 대지경계선 주위에는 다 자란 나무를 심어 인접 대지와 차단하는 수림대(樹林帶)를 조성할 것

4. 연간 내국인 투숙객 수가 객실의 연간 수용가능 총인원의 40퍼센트를 초과하지 아니할 것(의료관광호텔업만 해당한다)

② 특별자치도지사·시장·군수·구청장은 휴양콘도미니엄업의 규모를 축소하는 사업계획에 대한 변경승인신청을 받은 경우에는 다음 각 호의 어느 하나의 감소비율이 당초 승인한 분양 및 회원모집계획상의 피분양자 및 회원(이하 이 항에서 '회원 등'이라 한다) 총수에 대한 사업계획 변경승인 예정일 현재 실제로 미분양 및 모집 미달이 되고 있는 잔여 회원 등 총수의 비율(이하 이 항에서 '미분양률'이라 한다)을 초과하지 아니하는 한도에서 그 변경승인을 하여야 한다. 다만, 사업자가 이미 분양받거나 회원권을 취득한 회원 등에 대하여 그 대지면적 및 객실면적(전용 및 공유면적을 말하며, 이하 이 항에서 같다)의 감소분에 비례하여 분양가격 또는 회원모집가격을 인하하여 해당 회원 등에게 통보한 경우에는 미분양률을 초과하여 변경승인을 할 수 있다.
<개정 2009.1.20.>

1. 당초계획(승인한 사업계획을 말한다. 이하 이 항에서 같다)상의 대지면적에 대한 변경계획상의 대지면적 감소비율

2. 당초계획상의 객실 수에 대한 변경계획상의 객실 수 감소비율

3. 당초계획상의 전체 객실면적에 대한 변경계획상의 전체 객실면적 감소비율

3. 관광사업의 허가

허가(許可)는 법령에 의한 일반적·상대적 금지(부작위 의무)를 특정한 경우에 해제하여 적법하게 일정한 사실행위 또는 법률행위를 할 수 있도록 자유를 회복시켜주는 행정행위를 말한다. 즉, 국가의 행정행위인 하명에 의한 금지를 해제하여 자연의 자유 또는 법률행위를 특정의 경우에 회복시켜주는 명령적 행위이다(다수설·판례).

다만, 허가는 제한을 해제하여 적법한 권리행사를 가능하게 하여주는 행위이므로 형성적 행위의 성질을 가지며, 이러한 점에서 특별한 권리를 설정하여 주는 특허와 구분되어진다. 허가는 공익목적을 위해서 제한되었던 자유를 회복시켜주는 것이므로 법령에 특별한 규정이 없는 한 기속행위 내지 기속재량행위이다(통설). 허가는 언제나 구체적 처분의 형식으로 행하여지며, 특정의 상대방에 대하여 개별적으로 행하여지는 것이 원칙이나(예 음식점 영업허가), 불특정 다수인에 대하여 행하는 때도 있다(예 통행금지의 해제).

1) 허가대상 업종

관광진흥법 제3조 제1항 제5호에 따른 카지노업을 경영하려는 자는 전용영업장 등 문화체육관광부령으로 정하는 시설과 기구를 갖추어 문화체육관광부장관의 허가를 받아야 한다. <개정 2008.2.29.>

그리고 관광진흥법 제3조 제1항 제6호에 따른 유원시설업 중 대통령령으로 정하는 유원시설업을 경영하려는 자는 문화체육관광부령으로 정하는 시설과 설비를 갖추어 특별자치도지사·시장·군수·구청장의 허가를 받아야 한다.

2) 카지노업의 허가요건

관광사업의 종류 가운데 사업계획의 허가를 받아야 하는 카지노업의 허가요건에 대한 관광진흥법상의 법령은 다음과 같다.

① 문화체육관광부장관은 제5조 제1항에 따른 카지노업(이하 '카지노업'이라 한다)의 허가 신청을 받으면 다음 각 호의 어느 하나에 해당하는 경우에만 허가할 수 있다. <개정 2008.2.29., 2008.6.5.>

1. 국제공항이나 국제여객선터미널이 있는 특별시·광역시·도·특별자치도(이하 '시·도'라 한다)에 있거나 관광특구에 있는 관광숙박업 중 호텔업시설(관광숙박업의 등급 중 최상 등급을 받은 시설만 해당하며, 시·도에 최상 등급의 시설이 없는 경우에는 그 다음 등급의 시설만 해당한다) 또는 대통령령으로 정하는 국제회의업시설의 부대시설에서 카지노업을 하려는 경우로서 대통령령으로 정하는 요건에 맞는 경우

2. 우리나라와 외국을 왕래하는 여객선에서 카지노업을 하려는 경우로서 대통령령으로 정하는 요건에 맞는 경우

※ 관광진흥법 시행령 제27조(카지노업의 허가요건 등)**에 따른 세부사항**

1. 관광호텔업이나 국제회의시설업의 부대시설에서 카지노업을 하려는 경우

   가. 해당 관광호텔업이나 국제회의시설업의 전년도 외래관광객 유치실적이 문화체육관광부장관이 공고하는 기준에 맞을 것

   나. 외래관광객 유치계획 및 장기수지전망 등을 포함한 사업계획서가 적정할 것

   다. 나목에 규정된 사업계획의 수행에 필요한 재정능력이 있을 것

   라. 현금 및 칩의 관리 등 영업거래에 관한 내부통제방안이 수립되어 있을 것

   마. 그 밖에 카지노업의 건전한 육성을 위하여 문화체육관광부장관이 공고하는 기준에 맞을 것

2. 우리나라와 외국 간을 왕래하는 여객선에서 카지노업을 하려는 경우

   가. 여객선이 2만톤급 이상으로 문화체육관광부장관이 공고하는 총톤수 이상일 것

   나. 삭제 <2012.11.20.>

   다. 제1호 나목부터 마목까지의 규정에 적합할 것

② 문화체육관광부장관이 공공의 안녕, 질서유지 또는 카지노업의 건전한 발전을 위하여 필요하다고 인정하면 대통령령으로 정하는 바에 따라 제1항에 따른 허가를 제한할 수 있다. <개정 2008.2.29.>

3) 유원시설업의 허가요건

유원시설업의 허가요건은 관광진흥법 제31조에서 다음과 같이 규정하고 있다.

① 특별자치도지사·시장·군수·구청장은 유원시설업 허가를 할 때 5년의 범위에서 대통령령으로 정하는 기간(종합유원시설업을 하려는 경우 : 5년 이내 / 일반유원시설업을 하려

는 경우 : 3년 이내)에 제5조 제2항에 따른 시설 및 설비를 갖출 것을 조건으로 허가할 수 있다. 다만, 천재지변이나 그 밖의 부득이한 사유가 있다고 인정하는 경우에는 해당 사업자의 신청에 따라 한 차례에 한하여 1년을 넘지 아니하는 범위에서 그 기간을 연장할 수 있다. <개정 2008.6.5., 2011.4.5.>

② 특별자치도지사·시장·군수·구청장은 제1항에 따른 허가를 받은 자가 정당한 사유 없이 제1항에 따른 기간에 허가조건을 이행하지 아니하면 그 허가를 즉시 취소하여야 한다. <개정 2008.6.5., 2011.4.5.>

③ 제1항에 따른 허가를 받은 자는 제1항에 따른 기간 내에 허가조건에 해당하는 필요한 시설 및 기구를 갖춘 경우 그 내용을 특별자치도지사·시장·군수·구청장에게 신고하여야 한다. <신설 2011.4.5.>

🔍 관광산업의 분류 ③

관광현상의 변화에 제도적으로 대응하기 위하여 법제화된 관광진흥법상 관광사업의 정의 또는 분류와는 별개로, 광범위한 관광사업을 산업활동의 유사성에 따라 분류하여 놓은 산업분류에 따라 관광사업을 살펴보는 것도 의의가 있다 할 것이다. 이는 보다 복·융합화되고 광범위해지는 관광사업과 관광산업의 특성상 관광진흥법상의 관광사업 분류만으로는 관광사업과 관광산업의 실체적 특성과 현황을 파악하는 데 한계가 있기 때문이다. 또한 관광진흥법상 관광사업별로 통계적 자료가 산출되지 않는 어려움도 존재한다.

한편 산업(industry)은 농업, 공업, 수산업, 임업, 광업 따위의 생산을 목적으로 하는 일을 의미하거나 재화나 용역을 생산하는 모든 기업을 통틀어 일컫는 말로 사람들이 생계를 유지하기 위해 종사하는 생산적 활동을 뜻하고, 사업(business)은 생산과 영리를 목적으로 지속하는 계획적인 경제활동이나 비영리적인 일정한 목적을 가지고 지속하는 조직적인 사회활동을 의미한다. 그러나 대부분 관광사업 실무에서 이 두 가지 표현을 혼용하여 사용하고 있는 것이 현실이다. 아울러 현행 통계청의 표준산업분류에 의하면 관광산업에 대한 명확한 정의와 분류는 이루어지지 않고 있는 실정이나, 표준산업분류를 토대로 관광사업과 관광산업을 분류해 보면 다음과 같은 산업을 관광사업 및 관광산업의 범주에 포함시킬 수 있다.

1. 한국표준산업분류(Korean standard industrial classification)

각 생산단위가 계속적으로 수행하는 생산적인 경제활동의 유형을 결정하는 데 사용하기 위하여 모든 생산적인 경제활동을 일정한 기준과 원칙에 따라 체계적으로 유형화한 것이 산업분류이며, 각 생산주체의 산업활동에 관련된 통계자료의 수집, 분석 등 각종 통계목적에 모든 통계작성기관이 통일적으로 사용할 수 있도록 표준화한 것이 표준산업분류이다.

따라서 한국표준산업분류란 '국내경제활동의 구조분석에 필요한 통계자료의 생산과 그 생산된 자료 간의 국내·외 비교분석 목적에 모든 기관이 통일적으로 사용하도록 국내의 산업구조 및 실태하에서 각 생산단위가 수행하고 있는 모든 산업활동을 일정한 분류기준과 원칙에 따라 일반적인 형태로 유형화한 것'이라 할 수 있다. 한국표준산업분류의 주요 목적은 산업활동에 관련된 각종 통계자료를 산업활동의 유사성에 따라 분류하고자 할 때 이용될 수 있는 일련의 산업활동유형을 제공하기 위한 것이다.

이러한 목적에 따라 설정된 표준산업분류에 의하여 산업관련통계를 작성하여 이를 분석함으로써 경제 및 산업구조, 산업 간의 유기적 구성 및 상관성 등을 파악, 분석함은 물론 작성된 국내·외 통계자료 간의 비교도 가능하도록 한 것이다. 세법에서는 사업의 범위 및 업종의 분류에 대하여 특별한 규정이 있는 것을 제외하고는 한국표준산업분류를 기준으로 하고 있다(관련 법규 : 소득세법 시행령 제29조, 법인세법 시행령 제2조, 부가가치세법 시행령 제1조, 제2조, 조세특례제한법 제2조).

그림 3-2는 통계청의 표준산업분류코드를 나타낸 것으로, 관광산업에 대한 명확한 분류는 없으나, 이를 토대로 관광산업의 범주를 확인할 수 있다.

자료: 통계청(2015) 한국표준산업분류
한국은행(2014) 2013 기업경영분석

⬤ 그림 3-2 표준산업분류 및 표준산업분류코드

2. 표준산업분류에 토대한 관광산업의 범주

관광현상의 변화에 제도적으로 대응하기 위하여 법제화된 관광진흥법상 관광사업의 정의 또는 분류와는 별개로, 광범위한 관광사업을 산업활동의 유사성에 따라 분류하여 놓은 산업분류에 따라 관광사업을 살펴보는 것도 의의가 있다 할 것이다. 이는 보다 복·융합화되고 광범위해지는 관광사업과 관광산업의 특성상 관광진흥법상의 관광사업분류만으로는 관광사업과 관광산업의 실체적 특성과 현황을 파악하는 데 한계가 있기 때문이다. 또한 관광진흥법상 관광사업별로 통계적 자료가 산출되지 않는 어려움도 존재한다.

한편 산업(industry)은 농업, 공업, 수산업, 임업, 광업 따위의 생산을 목적으로 하는 일을 의미하거나 재화나 용역을 생산하는 모든 기업을 통틀어 일컫는 말로 사람들이 생계를 유지하기 위해 종사하는 생산적 활동을 뜻하고, 사업(business)은 생산과 영리를 목적으로 지속하는 계획적인 경제활동이나 비영리적인 일정한 목적을 가지고 지속하는 조직적인 사회활동을 의미한다. 그러나 대부분 관광사업 실무에서 이 두 가지 표현을 혼용하여 사용하고 있는 것이 현실이다. 아울러 현행 통계청의 표준산업분류에 의하면 관광산업에 대한 명확한 정의와 분류는 이루어지지 않고 있는 실정이나, 표준산업분류를 토대로 관광사업과 관광산업을 분류해 보면 다음과 같은 산업을 관광사업 및 관광산업의 범주에 포함시킬 수 있다.

최·신·관·광·사·업·론

🕐 표 3-2 표준산업분류에 따른 관광사업과 관광산업

연번	분류코드			산업
1	H			운수업(Transportation)
2		H49		육상운송업(Land transport)
3			H491	철도운송업(Interurban rail transportation)
4			H492	육상여객운송업(Transit and ground passenger transportaion)
5		H50		수상운송업(Water transport)
6		H51		항공운송업(Air transport)
7	I			숙박 및 음식점업(Accommodation and food service activities)
8		I55		숙박업(Accomodation)
9		I56		음식점 및 주점업(Food and beverage and food service activities)
10	N			사업시설관리 및 사업지원서비스업(Business facilities management and business support services)
11			N752	여행사 및 기타 여행보조서비스업(Activities of travel agencies and tourist assistance activities)
12	R			예술, 스포츠 및 여가관련 서비스업(Arts, sports and recreation related services)

자료: 통계청(2015) 한국표준산업분류
한국은행(2014) 2013 기업경영분석

표 3-2에서 영문과 숫자로 표현된 부분은 전체 산업을 표준산업으로 분류한 코드를 의미한다. 이에 따르면 학자마다 이견이 존재할 수는 있으나, H491(철도운송업), H492(육상여객운송업), H50(수상운송업), H51(항공운송업), I55(숙박업), I56(음식점 및 주점업), N752(여행사 및 기타여행보조서비스업), R(예술, 스포츠 및 여가관련 서비스업)로 분류된 산업을 관광산업의 범주에 포함시킬 수 있다.

또한 한국은행에서는 중앙은행의 통화신용정책, 정부의 산업정책, 금융기관의 여신관리 및 기업의 경영합리화 추진 등에 필요한 기초자료를 제공하기 위해 1960년부터 기업경영분석 통계를 편제해 오고 있다. 기업경영분석은 투자자, 금융기관, 경영자 등 기업 내·외부 이해관계자들의 합리적인 의사결정에 도움을 줄 수 있도록 기업의 재무상태 및 경영성과를 종합적으로 분석한 자료를 말한다.

313

H491. 철도운송업

1. 재무상태표 Balance Sheet			
Code No.	내 역 Contents	금액(백만원) In million won	구 성 비 Ratio(%)
111	유 동 자 산	2,775,595	6.98
1111	당 좌 자 산	2,346,264	5.90
11111	현 금 및 현 금 성 자 산	811,381	2.04
11112	단 기 투 자 자 산	340,815	0.86
11113	매 출 채 권	337,783	0.85
11114	기 타 당 좌 자 산	856,285	2.15
1112	재 고 자 산	429,331	1.08
11121	상 (제) 품 및 반 제 품	16,575	0.04
11122	원 재 료	0	0.00
11123	기 타 재 고 자 산	412,756	1.04
112	비 유 동 자 산	37,014,087	93.02
1121	투 자 자 산	1,909,082	4.80
11211	(장 기 투 자 증 권)	927,507	2.33
1122	유 형 자 산	29,826,184	74.96
11221	토 지	9,134,689	22.96
11222	설 비 자 산	20,188,360	50.74
112221	(건 물 · 구 축 물)	3,962,167	9.96
112222	(기 계 장 치)	524,188	1.32
112223	(선 박 · 차 량 운 반 구)	246,129	0.62
112224	(기 타 설 비 자 산)	15,455,876	38.84
11223	건 설 중 인 자 산	503,135	1.26
1123	무 형 자 산	4,182,858	10.51
11231	(개 발 비)	9,436	0.02
1124	기 타 비 유 동 자 산	1,095,964	2.75
11	자 산 총 계	39,789,682	100.00
121	유 동 부 채	5,518,699	13.87
12101	매 입 채 무	225,947	0.57
12102	단 기 차 입 금	2,074,730	5.21
12103	유 동 성 장 기 부 채	1,816,129	4.56
12104	기 타 유 동 부 채	1,401,893	3.52
122	비 유 동 부 채	16,843,012	42.33
12201	회 사 채	9,833,473	24.71
12202	장 기 차 입 금	4,996,348	12.56
12203	기 타 비 유 동 부 채	2,013,191	5.06
123	자 본	17,427,972	43.80
12301	자 본 금	31,671,115	79.60
12302	자 본 잉 여 금	305,743	0.77
12303	자 본 조 정	-6,208	-0.02
12304	기 타 포 괄 손 익 누 계 액	3,080,252	7.74
12305	이 익 잉 여 금	-17,622,930	-44.29
12	부 채 및 자 본 합 계	39,789,682	100.00

2. 손익계산서 Income Statement			
Code No.	내 역 Contents	금액(백만원) In million won	구 성 비 Ratio(%)
21	매 출 액	6,207,488	100.00
22	매 출 원 가	6,547,178	105.47
23	매 출 총 손 익	-339,690	-5.47
241	판 매 비 와 관 리 비	377,121	6.08
24101	급 여	187,463	3.02
24102	퇴 직 급 여	26,406	0.43
24103	복 리 후 생 비	32,650	0.53
24104	세 금 과 공 과	8,984	0.14
24105	임 차 료	1,082	0.02
24106	감 가 상 각 비	21,871	0.35
24107	접 대 비	1,010	0.02
24108	광 고 선 전 비	7,319	0.12
24109	경 상 개 발 비 · 연 구 비	353	0.01
24110	보 험 료	2,072	0.03
24111	대 손 상 각 비	56	0.00
24112	무 형 자 산 상 각 비	12,347	0.20
24113	기 타 판 매 비 와 관 리 비	75,508	1.22
24	영 업 손 익	-716,811	-11.55
251	영 업 외 수 익	436,038	7.02
25101	이 자 수 익	76,927	1.24
25102	배 당 금 수 익	42,586	0.69
25103	외 환 차 익	1,073	0.02
25104	외 화 환 산 이 익	25,355	0.41
25105	투 자 · 유 형 자 산 처 분 이 익	12,095	0.19
25106	지 분 법 평 가 이 익	1,756	0.03
25107	기 타 영 업 외 수 익	276,247	4.45
252	영 업 외 비 용	5,683,188	91.55
25201	이 자 비 용	752,348	12.12
25202	외 환 차 손	25,693	0.41
25203	외 화 환 산 손 실	11,345	0.18
25204	투 자 · 유 형 자 산 처 분 손 실	8,132	0.13
25205	지 분 법 평 가 손 실	82	0.00
25206	기 타 영 업 외 비 용	4,885,588	78.70
25	법 인 세 비 용 차 감 전 순 손 익	-5,963,960	-96.08
261	법 인 세 비 용	-898,640	-14.48
26	당 기 순 손 익	-5,065,320	-81.60

◎ 그림 3-3 철도운송업의 통계조사표 및 회계자료

이와 같은 기업경영분석의 대상업종은 통계청 표준산업분류표에 따른 임업, 수도사업, 공공행정·국방 및 사회보장행정, 보건·사회복지 등 영리법인 비중이 낮은 업종과 금융·보험업을 제외한 모든 업종이며, 국세청 법인세 신고자료에 첨부된 재무상태표, 손익계산서 등 재무제표를 이용한 분석방법이 주로 이용되며, '2013년 기업경영분석(2014년 발간)' 자료 중 철도운송업에 대한 통계조사표는 그림 3-3과 같다.

　　그림 3-3에 의하면, 철도운송업의 성장성(자산증가율)은 5.99%로, 전 산업의 2013년도 평균 자산증가율인 4.6%보다 높은 성장성을 보였다는 사실을 확인할 수 있다.

1. 재무상태표 Balance Sheet

Code No.	내 역 Contents	금액(백만원) In million won	구 성 비 Ratio(%)
111	유 동 자 산	2,879,141	14.75
1111	당 좌 자 산	2,775,616	14.22
11111	현 금 및 현 금 성 자 산	634,338	3.25
11112	단 기 투 자 자 산	669,413	3.43
11113	매 출 채 권	353,955	1.81
11114	기 타 당 좌 자 산	1,117,910	5.73
1112	재 고 자 산	103,525	0.53
11121	상 (제) 품 및 반 제 품	5,891	0.03
11122	원 재 료	4,499	0.02
11123	기 타 재 고 자 산	93,135	0.48
112	비 유 동 자 산	16,636,088	85.25
1121	투 자 자 산	1,014,614	5.20
11211	(장 기 투 자 증 권)	494,151	2.53
1122	유 형 자 산	13,804,844	70.74
11221	토 지	3,972,620	20.36
11222	설 비 자 산	9,781,771	50.12
112221	(건 물 · 구 축 물)	1,770,753	9.07
112222	(기 계 장 치)	2,395,573	12.28
112223	(선 박 · 차 량 운 반 구)	3,106,400	15.92
112224	(기 타 설 비 자 산)	2,509,045	12.86
11223	건 설 중 인 자 산	50,453	0.26
1123	무 형 자 산	1,562,794	8.01
11231	(개 발 비)	9,369	0.05
1124	기 타 비 유 동 자 산	253,836	1.30
11	자 산 총 계	19,515,229	100.00
121	유 동 부 채	6,095,802	31.24
12101	매 입 채 무	412,759	2.12
12102	단 기 차 입 금	1,180,614	6.05
12103	유 동 성 장 기 부 채	898,405	4.60
12104	기 타 유 동 부 채	3,604,025	18.47
122	비 유 동 부 채	6,325,181	32.41
12201	회 사 채	141,869	0.73
12202	장 기 차 입 금	2,850,322	14.61
12203	기 타 비 유 동 부 채	3,332,990	17.08
123	자 본	7,094,246	36.35
12301	자 본 금	10,843,047	55.56
12302	자 본 잉 여 금	1,047,168	5.37
12303	자 본 조 정	-7,411	-0.04
12304	기 타 포 괄 손 익 누 계 액	2,230,970	11.43
12305	이 익 잉 여 금	-7,019,528	-35.97
12	부 채 및 자 본 합 계	19,515,229	100.00

2. 손익계산서 Income Statement

Code No.	내 역 Contents	금액(백만원) In million won	구 성 비 Ratio(%)
21	매 출 액	14,922,430	100.00
22	매 출 원 가	12,903,964	86.47
23	매 출 총 손 익	2,018,466	13.53
241	판 매 비 와 관 리 비	2,665,065	17.86
24101	급 여	1,064,693	7.13
24102	퇴 직 급 여	79,715	0.53
24103	복 리 후 생 비	120,807	0.81
24104	세 금 과 공 과	88,160	0.59
24105	임 차 료	71,461	0.48
24106	감 가 상 각 비	231,156	1.55
24107	접 대 비	33,227	0.22
24108	광 고 선 전 비	9,386	0.06
24109	경 상 개 발 비 · 연 구 비	11,926	0.08
24110	보 험 료	80,946	0.54
24111	대 손 상 각 비	1,176	0.01
24112	무 형 자 산 상 각 비	22,937	0.15
24113	기 타 판 매 비 와 관 리 비	849,475	5.69
24	영 업 손 익	-646,599	-4.33
251	영 업 외 수 익	1,279,401	8.57
25101	이 자 수 익	68,167	0.46
25102	배 당 금 수 익	8,788	0.06
25103	외 환 차 익	8,474	0.06
25104	외 화 환 산 이 익	7,686	0.05
25105	투 자 · 유 형 자 산 처 분 이 익	166,437	1.12
25106	지 분 법 평 가 이 익	20,628	0.14
25107	기 타 영 업 외 수 익	999,222	6.70
252	영 업 외 비 용	548,012	3.67
25201	이 자 비 용	315,473	2.11
25202	외 환 차 손	739	0.00
25203	외 화 환 산 손 실	232	0.00
25204	투 자 · 유 형 자 산 처 분 손 실	124,498	0.83
25205	지 분 법 평 가 손 실	10,031	0.07
25206	기 타 영 업 외 비 용	97,039	0.65
25	법 인 세 비 용 차 감 전 순 손 익	84,791	0.57
261	법 인 세 비 용	68,805	0.46
26	당 기 순 손 익	15,985	0.11

☉ 그림 3-4 육상여객운송업의 통계조사표 및 회계자료

그림 3-3과 동일하게 그림 3-4는 육상여객운송업의 통계조사표이며, 그림 3-5는 수상운송업에 대한 통계조사 및 회계자료를 나타낸다. 육상여객운송업의 경우, 2013년 기준 성장성은 14.34%로 전체 산업 평균의 약 3배에 가까운 성장성을 보였으나, 수상운송업의 경우는 2011년 2.01%, 2012년 1.88%의 비율로 성장하다가 2013년에는 -5.16%의 성장성을 보여 규모가 2012년에 비해 감소한 것으로 나타났다.

319

H50. 수상 운송업

1. 재무상태표 Balance Sheet

Code No.	내 역 Contents	금액(백만원) In million won	구성비 Ratio(%)
111	**유 동 자 산**	9,918,655	20.11
1111	당 좌 자 산	8,699,977	17.64
11111	현금 및 현금성자산	2,177,621	4.42
11112	단 기 투 자 자 산	1,182,076	2.40
11113	매 출 채 권	2,713,053	5.50
11114	기 타 당 좌 자 산	2,627,227	5.33
1112	재 고 자 산	1,218,678	2.47
11121	상 (제) 품 및 반 제 품	17,658	0.04
11122	원 재 료	9,059	0.02
11123	기 타 재 고 자 산	1,191,961	2.42
112	**비 유 동 자 산**	39,395,146	79.89
1121	투 자 자 산	3,970,725	8.05
11211	(장 기 투 자 증 권)	2,787,450	5.65
1122	유 형 자 산	32,225,542	65.35
11221	토 지	475,751	0.96
11222	설 비 자 산	30,376,285	61.60
112221	(건 물 · 구 축 물)	681,304	1.38
112222	(기 계 장 치)	636,103	1.29
112223	(선 박 · 차 량 운 반 구)	24,692,171	50.07
112224	(기 타 설 비 자 산)	4,366,707	8.85
11223	건 설 중 인 자 산	1,373,506	2.79
1123	무 형 자 산	223,907	0.45
11231	(개 발 비)	13,286	0.03
1124	기 타 비 유 동 자 산	2,974,971	6.03
11	**자 산 총 계**	49,313,801	100.00
121	**유 동 부 채**	19,018,586	38.57
12101	매 입 채 무	2,971,218	6.03
12102	단 기 차 입 금	2,794,763	5.67
12103	유 동 성 장 기 부 채	6,760,428	13.71
12104	기 타 유 동 부 채	6,492,177	13.17
122	**비 유 동 부 채**	23,838,823	48.34
12201	회 사 채	1,468,057	2.98
12202	장 기 차 입 금	6,516,833	13.22
12203	기 타 비 유 동 부 채	15,853,934	32.15
123	**자 본**	6,456,392	13.09
12301	자 본 금	2,855,354	5.79
12302	자 본 잉 여 금	5,681,393	11.52
12303	자 본 조 정	-258,253	-0.52
12304	기 타 포 괄 손 익 누 계 액	497,025	1.01
12305	이 익 잉 여 금	-2,319,126	-4.70
12	**부 채 및 자 본 합 계**	49,313,801	100.00

2. 손익계산서 Income Statement

Code No.	내 역 Contents	금액(백만원) In million won	구성비 Ratio(%)
21	**매 출 액**	36,689,307	100.00
22	**매 출 원 가**	35,100,137	95.67
23	**매 출 총 손 익**	1,589,169	4.33
241	**판 매 비 와 관 리 비**	1,837,877	5.01
24101	급 여	600,722	1.64
24102	퇴 직 급 여	69,696	0.19
24103	복 리 후 생 비	90,872	0.25
24104	세 금 과 공 과	36,767	0.10
24105	임 차 료	66,055	0.18
24106	감 가 상 각 비	64,436	0.18
24107	접 대 비	42,644	0.12
24108	광 고 선 전 비	17,403	0.05
24109	경 상 개 발 비 · 연 구 비	2,097	0.01
24110	보 험 료	15,381	0.04
24111	대 손 상 각 비	197,506	0.54
24112	무 형 자 산 상 각 비	30,894	0.08
24113	기 타 판 매 비 와 관 리 비	603,404	1.64
24	**영 업 손 익**	-248,707	-0.68
251	**영 업 외 수 익**	3,609,231	9.84
25101	이 자 수 익	209,232	0.57
25102	배 당 금 수 익	59,242	0.16
25103	외 환 차 익	488,420	1.33
25104	외 화 환 산 이 익	278,054	0.76
25105	투 자 · 유 형 자 산 처 분 이 익	414,304	1.13
25106	지 분 법 평 가 이 익	67,068	0.18
25107	기 타 영 업 외 수 익	2,092,910	5.70
252	**영 업 외 비 용**	6,013,084	16.39
25201	이 자 비 용	1,568,877	4.28
25202	외 환 차 손	404,155	1.10
25203	외 화 환 산 손 실	251,708	0.69
25204	투 자 · 유 형 자 산 처 분 손 실	1,131,432	3.08
25205	지 분 법 평 가 손 실	145,550	0.40
25206	기 타 영 업 외 비 용	2,511,356	6.84
25	**법 인 세 비 용 차 감 전 순 손 익**	-2,652,561	-7.23
261	**법 인 세 비 용**	152,922	0.42
26	**당 기 순 손 익**	-2,805,482	-7.65

◎ 그림 3-5 수상운송업의 통계조사표 및 회계자료

Chapter 03_ 관광사업의 이해 · 유형 · 동향 및 향후과제

1. 재무상태표 Balance Sheet

Code No.	내 역 Contents	금액(백만원) In million won	구 성 비 Ratio(%)
111	유 동 자 산	5,094,660	17.66
1111	당 좌 자 산	4,454,683	15.44
11111	현 금 및 현 금 성 자 산	1,368,358	4.74
11112	단 기 투 자 자 산	439,083	1.52
11113	매 출 채 권	1,236,454	4.29
11114	기 타 당 좌 자 산	1,410,788	4.89
1112	재 고 자 산	639,977	2.22
11121	상 (제) 품 및 반 제 품	46,093	0.16
11122	원 재 료	80,186	0.28
11123	기 타 재 고 자 산	513,698	1.78
112	비 유 동 자 산	23,758,170	82.34
1121	투 자 자 산	2,552,260	8.85
11211	(장 기 투 자 증 권)	2,248,290	7.79
1122	유 형 자 산	18,599,908	64.46
11221	토 지	1,916,590	6.64
11222	설 비 자 산	15,361,353	53.24
112221	(건 물 · 구 축 물)	811,370	2.81
112222	(기 계 장 치)	111,101	0.39
112223	(선 박 · 차 량 운 반 구)	13,851,328	48.01
112224	(기 타 설 비 자 산)	587,554	2.04
11223	건 설 중 인 자 산	1,321,965	4.58
1123	무 형 자 산	373,273	1.29
11231	(개 발 비)	89,021	0.31
1124	기 타 비 유 동 자 산	2,232,729	7.74
11	자 산 총 계	28,852,830	100.00
121	유 동 부 채	9,057,367	31.39
12101	매 입 채 무	378,233	1.31
12102	단 기 차 입 금	904,543	3.14
12103	유 동 성 장 기 부 채	3,481,231	12.07
12104	기 타 유 동 부 채	4,293,359	14.88
122	비 유 동 부 채	15,599,921	54.07
12201	회 사 채	2,833,554	9.82
12202	장 기 차 입 금	2,808,070	9.73
12203	기 타 비 유 동 부 채	9,958,298	34.51
123	자 본	4,195,542	14.54
12301	자 본 금	937,441	3.25
12302	자 본 잉 여 금	225,755	0.78
12303	자 본 조 정	-266,959	-0.93
12304	기 타 포 괄 손 익 누 계 액	389,408	1.35
12305	이 익 잉 여 금	2,909,897	10.09
12	부 채 및 자 본 합 계	28,852,830	100.00

2. 손익계산서 Income Statement

Code No.	내 역 Contents	금액(백만원) In million won	구 성 비 Ratio(%)
21	매 출 액	21,722,576	100.00
22	매 출 원 가	18,042,803	83.06
23	매 출 총 손 익	3,679,773	16.94
241	판 매 비 와 관 리 비	2,771,774	12.76
24101	급 여	488,348	2.25
24102	퇴 직 급 여	47,215	0.22
24103	복 리 후 생 비	102,771	0.47
24104	세 금 과 공 과	28,202	0.13
24105	임 차 료	56,709	0.26
24106	감 가 상 각 비	23,585	0.11
24107	접 대 비	5,637	0.03
24108	광 고 선 전 비	137,784	0.63
24109	경 상 개 발 비 · 연 구 비	821	0.00
24110	보 험 료	3,817	0.02
24111	대 손 상 각 비	638	0.00
24112	무 형 자 산 상 각 비	20,626	0.09
24113	기 타 판 매 비 와 관 리 비	1,855,620	8.54
24	영 업 손 익	908,000	4.18
251	영 업 외 수 익	1,269,741	5.85
25101	이 자 수 익	49,947	0.23
25102	배 당 금 수 익	34,125	0.16
25103	외 환 차 익	327,088	1.51
25104	외 화 환 산 이 익	557,035	2.56
25105	투 자 · 유 형 자 산 처 분 이 익	38,518	0.18
25106	지 분 법 평 가 이 익	0	0.00
25107	기 타 영 업 외 수 익	263,030	1.21
252	영 업 외 비 용	1,780,150	8.19
25201	이 자 비 용	583,505	2.69
25202	외 환 차 손	392,040	1.80
25203	외 화 환 산 손 실	76,178	0.35
25204	투 자 · 유 형 자 산 처 분 손 실	143,009	0.66
25205	지 분 법 평 가 손 실	0	0.00
25206	기 타 영 업 외 비 용	585,418	2.69
25	법 인 세 비 용 차 감 전 순 손 익	397,591	1.83
261	법 인 세 비 용	-122,212	-0.56
26	당 기 순 손 익	519,803	2.39

그림 3-6 항공운송업의 통계조사표 및 회계자료

항공운송업의 경우, 그림 3-6에 나타난 바와 같이, 2013년도 자산 규모는 28,852,830백만원으로 수익성(매출액영업이익률)은 전년 대비 4.18% 증가하였다. 또한 당기순이익은 519,803백만원을 보였음을 알 수 있다. 한편 2013년 전체 산업의 수익성 평균은 4.1%로 항공운송업은 전체 산업의 평균 정도 수익성을 보였다는 것을 알 수 있다.

숙박업의 경우, 그림 3-7에 나타난 바와 같이, 자산의 규모는 43,063,237백만원으로 항공운송업(28,852,830백만원)보다 큰 규모의 관광산업이라는 사실을 확인할 수 있다. 그러나 당기순손익은 340,606백만원으로 오히려 항공운송업(519,803백만원)보다 낮은 것을

1. 재무상태표 Balance Sheet

Code No.	내 역 Contents	금액(백만원) In million won	구 성 비 Ratio(%)
111	유 동 자 산	4,146,799	9.63
1111	당 좌 자 산	3,264,268	7.58
11111	현 금 및 현 금 성 자 산	682,976	1.59
11112	단 기 투 자 자 산	1,417,545	3.29
11113	매 출 채 권	407,982	0.95
11114	기 타 당 좌 자 산	755,766	1.76
1112	재 고 자 산	882,530	2.05
11121	상 (제) 품 및 반 제 품	667,142	1.55
11122	원 재 료	94,864	0.22
11123	기 타 재 고 자 산	120,524	0.28
112	비 유 동 자 산	38,916,438	90.37
1121	투 자 자 산	9,795,455	22.75
11211	(장 기 투 자 증 권)	8,434,610	19.59
1122	유 형 자 산	27,847,916	64.67
11221	토 지	14,845,268	34.47
11222	설 비 자 산	10,626,646	24.68
112221	(건 물 · 구 축 물)	8,856,037	20.57
112222	(기 계 장 치)	161,901	0.38
112223	(선 박 · 차 량 운 반 구)	25,072	0.06
112224	(기 타 설 비 자 산)	1,583,637	3.68
11223	건 설 중 인 자 산	2,376,002	5.52
1123	무 형 자 산	565,413	1.31
11231	(개 발 비)	19,100	0.04
1124	기 타 비 유 동 자 산	707,655	1.64
11	자 산 총 계	43,063,237	100.00
121	유 동 부 채	8,990,080	20.88
12101	매 입 채 무	368,573	0.86
12102	단 기 차 입 금	3,578,247	8.31
12103	유 동 성 장 기 부 채	1,437,989	3.34
12104	기 타 유 동 부 채	3,605,271	8.37
122	비 유 동 부 채	12,730,675	29.56
12201	회 사 채	1,313,124	3.05
12202	장 기 차 입 금	3,825,552	8.88
12203	기 타 비 유 동 부 채	7,592,000	17.63
123	자 본	21,342,482	49.56
12301	자 본 금	4,105,356	9.53
12302	자 본 잉 여 금	2,619,708	6.08
12303	자 본 조 정	-175,443	-0.41
12304	기 타 포 괄 손 익 누 계 액	3,687,611	8.56
12305	이 익 잉 여 금	11,105,250	25.79
12	부 채 및 자 본 합 계	43,063,237	100.00

2. 손익계산서 Income Statement

Code No.	내 역 Contents	금액(백만원) In million won	구 성 비 Ratio(%)
21	매 출 액	9,683,439	100.00
22	매 출 원 가	6,385,633	65.94
23	매 출 총 손 익	3,297,806	34.06
241	판 매 비 와 관 리 비	2,608,155	26.93
24101	급 여	555,310	5.73
24102	퇴 직 급 여	51,666	0.53
24103	복 리 후 생 비	96,912	1.00
24104	세 금 과 공 과	100,143	1.03
24105	임 차 료	383,058	3.96
24106	감 가 상 각 비	194,526	2.01
24107	접 대 비	18,544	0.19
24108	광 고 선 전 비	66,303	0.68
24109	경 상 개 발 비 · 연 구 비	2,820	0.03
24110	보 험 료	14,926	0.15
24111	대 손 상 각 비	4,575	0.05
24112	무 형 자 산 상 각 비	25,038	0.26
24113	기 타 판 매 비 와 관 리 비	1,094,334	11.30
24	영 업 손 익	689,650	7.12
251	영 업 외 수 익	621,536	6.42
25101	이 자 수 익	98,269	1.01
25102	배 당 금 수 익	36,385	0.38
25103	외 환 차 익	25,875	0.27
25104	외 화 환 산 이 익	118,492	1.22
25105	투 자 · 유 형 자 산 처 분 이 익	111,081	1.15
25106	지 분 법 평 가 이 익	105,583	1.09
25107	기 타 영 업 외 수 익	125,850	1.30
252	영 업 외 비 용	806,068	8.32
25201	이 자 비 용	439,264	4.54
25202	외 환 차 손	19,471	0.20
25203	외 화 환 산 손 실	5,608	0.06
25204	투 자 · 유 형 자 산 처 분 손 실	66,941	0.69
25205	지 분 법 평 가 손 실	34,848	0.36
25206	기 타 영 업 외 비 용	239,936	2.48
25	법 인 세 비 용 차 감 전 순 손 익	505,119	5.22
261	법 인 세 비 용	164,513	1.70
26	당 기 순 손 익	340,606	3.52

◎ 그림 3-7 숙박업의 통계조사표 및 회계자료

알 수 있다. 그리고 이를 통해 항공운송업이 숙박업에 비해 자산의 규모는 작으나 수익성은 더 높은 관광산업이라는 사실도 함께 확인할 수 있다.

또한 호텔업, 휴양콘도미니엄업 등 숙박업은 수상운송업의 자산규모(49,313,801백만원)보다 작은 것으로 나타났으나, 이는 일반적인 해운업이 포함된 규모이기 때문에 자료 해석에 신중을 기할 필요가 있다.

그림 3-8은 여행사 및 기타 여행보조서비스업의 통계조사표 및 회계자료를 나타낸 것으로, 자산의 규모는 4,002,193백만원이고, 2013년의 경우 31,782백만원의 손실을 기

록하였다는 것을 알 수 있다. 또한 여행사 및 기타 여행보조서비스업의 수익성(매출액영업이익률)은 2011년 −2.78%, 2012년 −0.98%, 2013년 −2.11%를 기록하여 규모에서 열악한 여행사들의 수익성이 매우 낮다는 사실도 확인할 수 있다. 이는 전체 산업 평균 수익성 4.18%에 비해 매우 저조한 것으로, 여행사 등 여행산업의 경우, 수익성 개선을 위한 노력이 필요하다는 사실도 알 수 있다.

1. 재무상태표 Balance Sheet

Code No.	내 역 Contents	금액(백만원) In million won	구 성 비 Ratio(%)
111	유 동 자 산	2,233,282	55.80
1111	당 좌 자 산	2,067,416	51.66
11111	현금 및 현금성자산	475,279	11.88
11112	단 기 투 자 자 산	537,244	13.42
11113	매 출 채 권	235,134	5.88
11114	기 타 당 좌 자 산	819,758	20.48
1112	재 고 자 산	165,866	4.14
11121	상 (제) 품 및 반제품	154,786	3.87
11122	원 재 료	1,596	0.04
11123	기 타 재 고 자 산	9,484	0.24
112	비 유 동 자 산	1,768,912	44.20
1121	투 자 자 산	434,583	10.86
11211	(장 기 투 자 증 권)	327,948	8.19
1122	유 형 자 산	805,446	20.13
11221	토 지	205,090	5.12
11222	설 비 자 산	506,745	12.66
112221	(건 물 · 구 축 물)	125,640	3.14
112222	(기 계 장 치)	26,809	0.67
112223	(선 박 · 차 량 운 반 구)	251,593	6.29
112224	(기 타 설 비 자 산)	102,703	2.57
11223	건 설 중 인 자 산	93,611	2.34
1123	무 형 자 산	112,214	2.80
11231	(개 발 비)	11,633	0.29
1124	기 타 비 유 동 자 산	416,669	10.41
11	자 산 총 계	4,002,193	100.00
121	유 동 부 채	1,791,227	44.76
12101	매 입 채 무	98,902	2.47
12102	단 기 차 입 금	290,380	7.26
12103	유 동 성 장 기 부 채	35,268	0.88
12104	기 타 유 동 부 채	1,366,677	34.15
122	비 유 동 부 채	390,434	9.76
12201	회 사 채	11,494	0.29
12202	장 기 차 입 금	290,076	7.25
12203	기 타 비 유 동 부 채	88,864	2.22
123	자 본	1,820,532	45.49
12301	자 본 금	1,320,408	32.99
12302	자 본 잉 여 금	467,069	11.67
12303	자 본 조 정	-46,718	-1.17
12304	기 타 포 괄 손 익 누 계 액	7,413	0.19
12305	이 익 잉 여 금	72,360	1.81
12	부 채 및 자 본 합 계	4,002,193	100.00

2. 손익계산서 Income Statement

Code No.	내 역 Contents	금액(백만원) In million won	구 성 비 Ratio(%)
21	매 출 액	3,189,839	100.00
22	매 출 원 가	726,806	22.79
23	매 출 총 손 익	2,463,033	77.21
241	판 매 비 와 관 리 비	2,530,285	79.32
24101	급 여	709,004	22.23
24102	퇴 직 급 여	44,356	1.39
24103	복 리 후 생 비	82,224	2.58
24104	세 금 과 공 과	25,688	0.81
24105	임 차 료	151,189	4.74
24106	감 가 상 각 비	53,037	1.66
24107	접 대 비	31,241	0.98
24108	광 고 선 전 비	106,730	3.35
24109	경 상 개 발 비 · 연 구 비	5,869	0.18
24110	보 험 료	24,728	0.78
24111	대 손 상 각 비	8,821	0.28
24112	무 형 자 산 상 각 비	10,813	0.34
24113	기 타 판 매 비 와 관 리 비	1,276,584	40.02
24	영 업 손 익	-67,252	-2.11
251	영 업 외 수 익	188,925	5.92
25101	이 자 수 익	47,219	1.48
25102	배 당 금 수 익	39,763	1.25
25103	외 환 차 익	18,071	0.57
25104	외 화 환 산 이 익	1,638	0.05
25105	투 자 · 유 형 자 산 처 분 이 익	23,253	0.73
25106	지 분 법 평 가 이 익	12,416	0.39
25107	기 타 영 업 외 수 익	46,566	1.46
252	영 업 외 비 용	118,716	3.72
25201	이 자 비 용	31,498	0.99
25202	외 환 차 손	17,530	0.55
25203	외 화 환 산 손 실	3,580	0.11
25204	투 자 · 유 형 자 산 처 분 손 실	16,153	0.51
25205	지 분 법 평 가 손 실	0	0.00
25206	기 타 영 업 외 비 용	49,955	1.57
25	법 인 세 비 용 차 감 전 순 손 익	2,957	0.09
261	법 인 세 비 용	34,739	1.09
26	당 기 순 손 익	-31,782	-1.00

◉ 그림 3-8 여행사 및 기타 여행보조서비스업의 통계조사표 및 회계자료

그림 3-9의 예술, 스포츠 및 여가관련 서비스업은 창작, 예술 및 여가관련 서비스업, 경기장, 골프장 및 스키장, 기타 스포츠시설 운영업, 기타 스포츠 서비스업, 유원지 및 테마파크, 수상오락 서비스업, 겜블링 및 베팅업을 포함하는 통계조사표이다. 그림 3-9 에 의하면 예술, 스포츠 및 여가관련 서비스업의 자산규모는 54,402,097백만원으로 가장 규모가 큰 것으로 나타났으나, 2013년의 수익성(매출액영업이익률)은 7.54%로 전체 산업의 평균 수익성 4.18%에 비해 높다는 것을 알 수 있다.

409

R. 예술, 스포츠 및 여가관련 서비스업

(종   합)

1. 재무상태표 Balance Sheet

Code No.	내 역 Contents	금액(백만원) In million won	구 성 비 Ratio(%)
111	유 동 자 산	8,648,734	15.90
1111	당 좌 자 산	8,167,740	15.01
11111	현 금 및 현 금 성 자 산	1,631,595	3.00
11112	단 기 투 자 자 산	4,862,500	8.94
11113	매 출 채 권	361,747	0.66
11114	기 타 당 좌 자 산	1,311,898	2.41
1112	재 고 자 산	480,993	0.88
11121	상 (제) 품 및 반 제 품	56,967	0.10
11122	원 재 료	294,331	0.54
11123	기 타 재 고 자 산	129,696	0.24
112	비 유 동 자 산	45,753,364	84.10
1121	투 자 자 산	4,609,194	8.47
11211	(장 기 투 자 증 권)	2,821,932	5.19
1122	유 형 자 산	39,064,538	71.81
11221	토 지	16,675,699	30.65
11222	설 비 자 산	21,184,319	38.94
112221	(건 물 · 구 축 물)	11,785,445	21.66
112222	(기 계 장 치)	620,282	1.14
112223	(선 박 · 차 량 운 반 구)	137,122	0.25
112224	(기 타 설 비 자 산)	8,641,471	15.88
11223	건 설 중 인 자 산	1,204,519	2.21
1123	무 형 자 산	714,660	1.31
11231	(개 발 비)	18,083	0.03
1124	기 타 비 유 동 자 산	1,364,972	2.51
11	자 산 총 계	54,402,097	100.00
121	유 동 부 채	18,273,399	33.59
12101	매 입 채 무	475,134	0.87
12102	단 기 차 입 금	7,543,002	13.87
12103	유 동 성 장 기 부 채	1,633,556	3.00
12104	기 타 유 동 부 채	8,621,708	15.85
122	비 유 동 부 채	21,524,689	39.57
12201	회 사 채	1,564,489	2.88
12202	장 기 차 입 금	6,066,110	11.15
12203	기 타 비 유 동 부 채	13,894,090	25.54
123	자 본	14,604,009	26.84
12301	자 본 금	9,591,584	17.63
12302	자 본 잉 여 금	2,579,746	4.74
12303	자 본 조 정	-396,977	-0.73
12304	기 타 포 괄 손 익 누 계 액	3,349,047	6.16
12305	이 익 잉 여 금	-519,391	-0.95
12	부 채 및 자 본 합 계	54,402,097	100.00

2. 손익계산서 Income Statement

Code No.	내 역 Contents	금액(백만원) In million won	구 성 비 Ratio(%)
21	매 출 액	23,156,716	100.00
22	매 출 원 가	12,117,109	52.33
23	매 출 총 손 익	11,039,607	47.67
241	판 매 비 와 관 리 비	9,293,244	40.13
24101	급 여	1,077,854	4.65
24102	퇴 직 급 여	86,903	0.38
24103	복 리 후 생 비	186,724	0.81
24104	세 금 과 공 과	409,935	1.77
24105	임 차 료	269,030	1.16
24106	감 가 상 각 비	427,369	1.85
24107	접 대 비	37,496	0.16
24108	광 고 선 전 비	114,252	0.49
24109	경 상 개 발 비 · 연 구 비	4,975	0.02
24110	보 험 료	34,399	0.15
24111	대 손 상 각 비	128,799	0.56
24112	무 형 자 산 상 각 비	40,209	0.17
24113	기 타 판 매 비 와 관 리 비	6,475,300	27.96
24	영 업 손 익	1,746,363	7.54
251	영 업 외 수 익	1,895,706	8.19
25101	이 자 수 익	243,489	1.05
25102	배 당 금 수 익	9,615	0.04
25103	외 환 차 익	11,127	0.05
25104	외 화 환 산 이 익	9,590	0.04
25105	투 자 · 유 형 자 산 처 분 이 익	102,758	0.44
25106	지 분 법 평 가 이 익	57,641	0.25
25107	기 타 영 업 외 수 익	1,461,486	6.31
252	영 업 외 비 용	3,445,324	14.88
25201	이 자 비 용	932,294	4.03
25202	외 환 차 손	12,467	0.05
25203	외 화 환 산 손 실	9,460	0.04
25204	투 자 · 유 형 자 산 처 분 손 실	139,684	0.60
25205	지 분 법 평 가 손 실	220,612	0.95
25206	기 타 영 업 외 비 용	2,130,808	9.20
25	법 인 세 비 용 차 감 전 순 손 익	196,744	0.85
261	법 인 세 비 용	342,892	1.48
26	당 기 순 손 익	-146,148	-0.63

◉ 그림 3-9 예술, 스포츠 및 여가관련 서비스업의 통계조사표 및 회계자료

관광마케팅

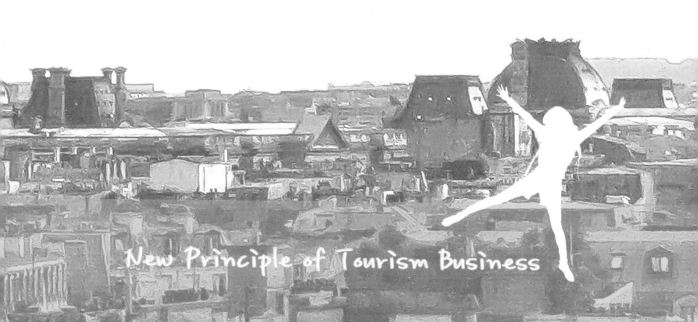

New Principle of Tourism Business

Chapter

04 관광마케팅

New Principle of Tourism Business

① 관광마케팅의 개념

1. 마케팅의 개념

소비자들은 기업에서 생산하는 제품들을 구입하여 사용하지만 많은 기업에서 생산하는 제품을 모두 구매하지는 않는다. 즉, 소비자들의 욕구나 필요에 맞는 제품만을 구입하여 사용한다. 따라서 기업들은 소비자들에게 자신들이 만든 제품을 보다 더 좋은 이미지로 인식시키고, 보다 더 많은 제품을 판매하려고 노력하게 된다. 이러한 기업들의 노력을 마케팅활동이라고 한다.

과거에는 마케팅을 단순히 생산한 제품을 판매하여 이익을 극대화시킨다는 소극적인 판매(selling)의 개념으로만 생각하였다. 그러나 최근의 마케팅(marketing)의 의미는 소비자들의 욕구와 필요를 충족시키기도 하지만 이들 욕구나 필요를 불러일으키도록 하는 개념까지 포함하게 되었다. 또한 이러한 마케팅 개념을 기업활동에서 뿐만 아니라 정부, 병원, 학교 등 여러 분야에서 응용하면서 그 중요성이 더욱 크게 부각되고 있다.

최근의 마케팅 개념은 고객지향, 즉 소비자가 원하는 욕구가 무엇인지를 정의하는 작업에서 마케팅활동이 시작되고 이러한 욕구가 충족될 때, 마케팅활동이 종료된다는 관점에 바탕을 두고 있다. 따라서 마케팅은 생산자와 소비자 사이에서 제품과 서비스를 단순히 판매한다기보다는 교환하는 활동이라고 할 수 있다. 즉, 목표고객을 선택하고 마케팅조사를 통해 이들 고객들의 요구를 올바로 이해하여 차별적인 가격결정, 유통, 촉진 등 마케팅수단을 개발하여 전달함으로써 고객만족을 실현하게 하는 과정이라고 할 수 있다.

현대적 의미의 마케팅이란 고객이 무엇을 원하고 있는가를 미리 파악해서 그것에 부응하는 제품이나 서비스를 만들어 고객에게 공급하는 일련의 활동이라고 할 수 있다. 다시 말하면 마케팅의 기본적 역할은 고객이 원하는 제품이나 서비스를 필요로 하는 수량만큼 원하는 장소와 시간에 공급하는 것을 의미한다. 즉, 마케팅활동은 생산·판매지향적 입장에서 벗어나 '고객으로부터 시작하여 고객으로 끝난다'는 관점에 기초를 두고 있다.

고객지향적 마케팅의 개념은 기업이 고객의 욕구를 파악하여 이를 충족시키기 위한 마케팅활동이라는 점을 강조했다. 그러나 이러한 활동은 우리 회사만 하는 것이 아니고 경쟁기업도 똑같이 시행하고 있다. 따라서 경쟁사와 차별화시킬 그 무엇이 필요하게 되는데, 여기에 전략의 개념이 필요하게 된다. 고객의 욕구를 충족시키기 위한 마케팅 개념과 경쟁에 대처하기 위한 전략의 개념을 접합시켰을 때 마케팅 전략이 나오게 된다.

마케팅 전략(marketing strategy)은 고객지향적 마케팅 개념과 전략적 사고를 결합시킨 것으로 고객의 욕구를 충족시키고 시장경쟁에서 경쟁기업에 이길 수 있는 지속적인 경쟁우위를 확보하기 위한 활동, 즉 마케팅믹스(marketing mix)(4P's)로서 제품, 가격, 유통, 촉진을 효율적으로 통합하는 활동을 뜻한다.

마케팅 전략의 수립에 있어서 중요한 세 가지 요소는 고객, 우리 회사, 경쟁기업이다. 마케팅 전략 수립의 출발점은 고객의 분석에서부터 시작된다. 우리의 고객이 누구이며, 어떤 욕구를 갖고 있는지를 파악해야 한다. 여기에 직면하는 사실은 고객들은 다양한 욕구를 갖고 있다는 점이다. 따라서 분석은 고객세분화, 시장세분화부터 시작된다.

다음은 여러 세분화된 시장 중에서 어떤 고객층을 주요 표적으로 선택할 것인가를 결정해야 한다. 표적고객(target market)이 선택되고 이들의 여러 특성이 파악되면, 다음에는 이들 고객에게 우리 회사를 어떻게 경쟁기업과 차별화시켜 알릴 것인가 하는 과제, 즉 포지셔닝(positioning)에 직면하게 된다. 모든 기업은 고객에게 일정한 가치를 공급하고 대가를 받으려고 한다. 이 가치는 구체적으로 마케팅믹스로 나타난다. 기업들은 마케팅믹스를 통하여 경쟁기업과 차별화하려고 노력하며, 성공적으로 제품차별화가 이루어지면 이는 곧 경쟁우위로 연결된다. 제품차별화란 고객이 특정회사의 제품이나 서비스가 경쟁기업보다 더 우수하다고 믿고 있는 상태를 가리킨다. 즉, 제품차별화는 고객들의 마음속에 경쟁우위를 확보하고 있음을 뜻한다.

고객들은 여러 경쟁제품이나 브랜드 등을 나름대로의 기준, 즉 개별적인 속성에 의해서 평가하고 있다고 할 수 있다. 만약에 고객들이 구매시에 중요시하는 기준이 무엇이며, 또한 경쟁제품들이 그런 기준에 의해서 어떻게 평가되는지를 파악할 수 있다면 자사의 브랜드가 고객의 마음속에 어떻게 포지셔닝되는지도 알 수 있다. 그러므로 마케팅 전략의 마지막 단계는 제품이나 브랜드를 표적고객에게 원하는 특성을 가진 제품이나 브랜드임을 인식시키는 활동, 즉 포지셔닝으로 집약된다.

결국 현대적 개념의 마케팅 전략은 고객세분화(segmenting), 표적시장 선택(targeting), 포지셔닝(positioning) 등 STP의 단계로 진행된다.

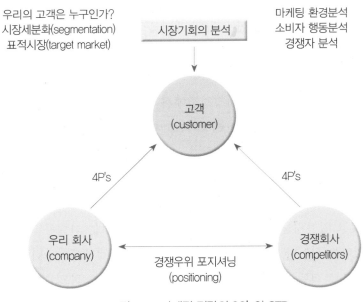

⊙ 그림 4-1 마케팅 전략의 3C's와 STP

2. 관광마케팅의 개념

관광기업은 여러 측면에서 일반 제조기업과는 차별화된다. 즉, 관광기업이 가지고 있는 경영상의 특성과 관광시장의 특성 및 관광객들에게 판매되는 관광상품의 이질성 등으로 인해 관광마케팅은 일반 제조기업에서 적용되는 마케팅과는 차별화된다. 또한 일반 마케팅이 보편적이고 원론적이라고 한다면 관광기업의 마케팅은 그것에 대한 응용마케팅이라고 할 수 있다. 따라서 관광마케팅은 관광객의 욕구충족을 최종적으로 실현시키기 위해 관광상품에 대해 시간적, 장소적 효용을 창출하고 현재적, 잠재적인 관광객의 욕구를 파악하여 이를 상품계획에 반영시키며, 생산된 관광상품을 관광객들에게 널리 알리는 동시에 그들의 구매력을 이에 향하도록 노력하는 일련의 활동을 의미한다.

UNWTO에서는 관광마케팅을 '최대한의 편익을 얻으려는 관광조직의 목적에 부합하기 위해 관광수요의 측면에서 시장, 예측, 선택을 통해서 자사의 관광상품을 시장에서 가장 좋은 위치에 차지하도록 노력하는 경영철학'으로 정의하고 있다. 또한 관광마케팅의 대상을 보다 구체화하면 관광목적지마케팅, 숙박마케팅, 여객운송마케팅, 관광명소마케팅, 관광지경관 패키지상품마케팅 등으로 분류할 수 있으며, 관광산업이 국가 혹은 특정지역에 미치는 영향이 크게 증가하고 있으므로 관광마케팅의 주체가 국가 혹은 지방자치단체가 되기도 한다.

한편, 관광마케팅은 일반기업의 마케팅 이념과 같이 소비자인 관광객의 만족을 통한 기업이윤의 확보와 상품을 시장에 적합시키기 위한 전사적 활동과 조정을 가능하게 하는 조직의 문제라고 할 수 있다. 즉, 마케팅 이념이 기업을 지배하는 철학적 차원에서 존재하듯이 관광마케팅의 이념도 관광객의 만족, 관광기업의 이윤확보, 그리고 통합적 활동을 가능하게 만드는 조직에서 찾을 수 있다.

3. 관광마케팅의 특성

현대의 기업은 치열한 경쟁에서 생존·성장하기 위해서는 자사가 생산한 재화와 용역이 소비자에게 선택받을 수 있도록 마케팅활동의 영역을 소비자의 구매 이후까지 확대시켜 기업과 제품, 소비자 간에 원활한 상호관계가 이루어지도록 해야 한다. 이것은 곧 기업이 자사의 상품과 서비스를 구매한 기존 고객의 욕구를 적극적으로 발전시켜, 잠재 소비자의 욕구를 창조하는 역할까지 담당해야 한다는 것을 의미한다.

응용마케팅의 특성을 가지고 있는 관광마케팅은 마케팅의 대상인 관광상품과 관광객의 특성과 밀접한 관련이 있다. 즉, 관광마케팅은 서비스의 성격인 무형성과 상호작용성을 동시에 가지고 있으며, 일반 마케팅의 대상인 소비재 상품이 유형성, 표준성, 비소멸성의 특성을 가지고 있다면 서비스 상품인 관광상품은 무형성, 이질성, 비분리성 혹은 생산과 소비의 동시성, 소멸성 등으로 대응시킬 수 있다. 따라서 관광마케팅의 일반적인 특성은 다음과 같다.

1) 관광상품과의 관련성

관광상품은 관광객 입장에서 볼 때 떠나기 전에는 눈에 보이지 않는 불확실성과 관광목적지에서 생산과 소비가 동시에 발생하는 특성을 가지고 있다. 따라서 관광상품은 무형적 성격을 가지게 되며, 관광객 개인에 의해 주관적으로 구성되기 때문에 표준화가 어렵다. 특히 관광상품은 단일 항목으로 구성되는 것이 아니라 복합성을 띤다. 즉, 관광지에서의 숙박, 볼거리, 먹을거리뿐만 아니라, 관광객이 거주하는 지역에서 관광지까지 이동하는 교통수단을 포함하기도 한다. 즉, 소비자가 여행사에서 구매하는 패키지상품은 구매할 때 출발지와 관광지를 연결하는 매체, 즉 교통수단까지 포함되어 있다. 예를 들어 해외 패키지여행상품의 가격에는 현지 호텔 숙박비가 포함되기도 하지만 항공료까지 포함되기도 한다. 이러한 관광상품의 복합성은 이질성을 띠지 않을 수 없다.

2) 관광객과의 연관성

관광지에서 관광객은 이방인이기 때문에 위험하고도 불편한 속성을 가진 여행을 안전하고 편리하게 하기 위해서는 지역주민의 도움을 받아야 하는데 관광기업이 이러한 역할을 대신해 주고 있다. 즉, 호텔이 멀리 있는 집(home away home)이라고 불리는 것과 같은 의미이다. 따라서 관광상품의 품질을 유지하기 위해 이질성을 극복하기 위한 지역들의 교육훈련이 매우 중요하며, 개성적인 서비스 연출이 요구된다.

3) 관광마케팅의 특이성

관광마케팅이 어려운 점은 구매시점과 소비시점이 상당히 격리되어 있다는 것이다. 즉, 여행사의 상품광고를 보고 소비자가 구매결정 후, 대금을 입금한 후에 때로는 현지에 가서 서비스를 받기까지 상당기간을 기다려야 한다. 특히 상품이 희소하거나 좋은 가격으로 구매하려면 이와 같은 시간적 희생이 무엇보다도 두드러진다. 따라서 예비 관광객 입장에서 볼 때 상당한 위험을 감수할 수밖에 없다. 관광기업은 이와 같은 관광상품의 특성을 숙지하고 있기에 일반 마케팅과는 차별화된 관광마케팅을 전개하고 있다.

따라서 관광상품의 무형적 특성을 감안한다면 잠재 관광객들에게 실제적이면서도 구체적인 것을 제시하면 효과적이다. 또한 이질성을 극복하기 위해서는 이미 다녀온 사람들에 의한 구전을 의도적으로 활용하면 효과적이다. 현재 관광상품의 소멸성, 즉 재고관리가 불가능하기 때문에 호텔과 항공사에서는 엄격한 수익관리(yield management) 시스템을 도입하고 있다. 또한 호텔, 항공사 등 여행요소(principal)를 관광객과 연계하는 유통구조로서 여행사가 존재하지만, 관광상품 공급시장에 참여하고 있는 개별 기업이 여행시장 전체에 대한 통제력을 발휘하기가 매우 어려운 상황이다.

4) 관광마케팅에 영향을 주는 환경

마케팅활동은 기업활동의 한 부분이기 때문에 환경의 영향을 받을 수밖에 없다. 마치 생물체가 생존을 위해 환경에 적응을 하고, 환경을 바꾸어 나가듯이 기업 역시 환경으로부터 자유로울 수 없다. 환경은 크게 거시환경과 미시환경으로 나눌 수 있다. 특히 미시환경은 과업환경이라고도 하는데 기업이 비즈니스를 해나가는 데 직접적으로 영향을 준다. 과업환경은 개별 기업의 사업전략, 개별 기업 혹은 개별 기업이 속해 있는 산업군에 따라 차이가 있으며, 기업은 환경에 따라 전략을 수립하고 전략을 수행하기 위해 조직을 구성하게 된다.

거시환경은 머리글자를 따서 STEP 혹은 PEST라고 불리는데 보통 정치적(Political) 환경, 경제적(Economic) 환경, 사회 및 문화적(Social and Cultural) 환경, 그리고 기술적 (Technical) 환경 등으로 나눈다. 정치적 환경은 해외여행의 자율화, 관광특구 허가 등 정부가 관광과 관련된 제반 활성화 및 조성 정책과 관련이 있다. 아울러 관광법규 입법 등 법률적 행위까지 포함한다. 경제적 환경은 GDP 변화, 경제 호황과 불황 등 다양하게 나타난다. 한편, 사회 및 문화적 환경은 주5일 근무제에 대한 인식 변화, 여가에 대한 용인 등이 있을 수 있다. 기술적 환경은 인터넷과 모바일 환경, 실시간 마케팅 등 관광의 정보화와 밀접한 관련이 있다.

2 관광마케팅 전략

1. 관광마케팅 전략의 개념

관광마케팅 전략이란 주어진 제품시장에서 원하는 시장위치를 확보하기 위한 관광기업의 계획을 제시해주는 기능전략으로 목표, 표적시장, 경쟁전략, 마케팅믹스의 내용을 포함한다.

또한, 관광마케팅 전략은 필요에 따라 장기, 중기, 단기로 나눌 수 있는바, 마케팅 전략이 너무 단기에 치우치면 시행하는 데 오랜 시간이 소요되는 변수는 통제할 수 없게 되는 폐단을 안게 된다. 따라서 가능하면 모든 관광마케팅믹스 변수를 다 통제하기에 충분한 기간을 계획기간으로 잡는 것이 요구된다.

1) 목 표

목표는 주어진 계획기간 안에 관광기업이 달성하려는 양적·질적의 내용을 포함한다. 즉, 질적 목표는 '관광시장에서 리더가 된다', '고객만족을 실현하는 관광기업이미지를 부각한다' 등의 다양한 내용이 될 수 있으나, 반드시 양적 목표에 의해서 구체화되어야 한다.

양적 목표는 보통 시장점유율, 매출액, 수익성의 세 변수를 기준으로 설정되는 경우가 많다. 특히, 수익성과 점유율 목표는 중요하며, 점유율을 높이기 위한 전략은 마케팅 비용을 증가시키거나 마진을 낮추기 때문에 계획기간 동안에 점유율을 높일 경우 우선 수익성 악화를 초래할 것을 감안하여야 한다.

특히, 점유율과 수익성은 일정기간 내에서는 상충적인 관계를 갖게 되나, 장기적으로는 높은 점유율은 수익성의 향상을 가져오게 된다. 또한, 동일한 시장 내에 있는 여

러 경쟁업체를 놓고 보면 점유율과 수익성은 비례관계를 갖는 경우가 많다.

2) 표적시장 및 시장세분화

표적시장이란 관광기업이 어떤 특징을 가진 관광객을 주 고객으로 하느냐를 선택하는 것이다. 관광마케팅 전략은 관광객으로부터 출발하는데, 기업이 관광객을 올바르게 이해하려면 관광객 층이 다양하다는 사실부터 인식하여야 한다.

따라서 시장세분화는 관광객을 일정한 특징을 가진 집단으로 분류하는 것이며, 일단 세분화를 한 후에는 여러 세분시장 중에서 특정한 세분시장을 선택하여야 한다. 결론적으로 시장세분화는 관광객을 이해하는 첫걸음이라 할 수 있다.

3) 경쟁전략

어느 제품시장이든간에 거기서 성공하기 위해서는 갖추어야 할 요건이 있기 마련이다. 이렇게 특정시장에서 경쟁에 이기기 위해서 관광기업이 갖추어야 할 능력을 주성공요인(key success factor)이라 한다.

관광기업이 가능하면 시장에서 주성공요인을 자신의 경쟁우위(competitive advantage)로 삼는 것이 유리하며, 바로 이 경쟁적 우위의 확보를 위한 투자가 경쟁전략의 주요 내용이 된다.

관광기업은 자기의 능력과 경쟁사의 강점, 약점을 비교하여 자신의 경쟁전략을 선택하게 되며, 경쟁전략은 보통 마케팅믹스의 한 변수가 된다.

믹스 변수는 시장의 여건에 따라서 기본적 변수와 전략적 변수, 전술적 변수로 나눌 수 있다.

(1) 기본적 변수

시장경쟁에 가담하기 위해서 최소한 갖추어야 할 조건이 되는 변수로 유통경로를 확보한다든지 적정가격을 책정한다든지 경쟁사와 유사한 품질의 제품을 제공하는 것 등이 그 예이다.

(2) 전략적 변수

경쟁기업보다 유리한 시장위치를 확보하게 해주는 변수로서 뛰어난 제품, 경쟁기업이 감당할 수 없는 저가격, 월등한 광고공세 등이 그 예이다.

(3) 전술적 변수

관광기업이 시장에서의 기본적인 위치를 바꾸지는 못하나 단기적으로 매출을 증대시키는 데 기여하는 특별세일이나 중간상에 대한 여러 가지 인센티브 등이 포함된다.

경쟁전략이란 관광기업이 자신의 최대의 무기로 삼으려는 변수를 선택하는 것으로 자신의 제한된 자원을 경쟁전략의 확보 분야에 최대한 투입하도록 의도적인 노력을 하게 된다.

4) 마케팅믹스

마케팅믹스는 위에 선정한 핵심변수 이외의 다른 변수에 대한 선택을 말한다. 마케팅믹스 변수는 성공적인 전략의 수립과 집행을 위해서 모두 필요하기는 하나, 일단은 핵심변수를 중심으로 해서 이를 지원하는 성격을 갖는다.

2. 관광마케팅 전략의 수립과정

마케팅 전략은 시장의 여건과 관광기업의 능력을 서로 접합시키는 과정이라 할 수 있다. 즉, 외부환경분석은 시장기회와 위협을 파악하게 되고, 내부여건분석을 통해 조직의 강·약점과 자원가용도를 파악하게 된다.

마케팅 전략은 이 양자의 매칭(matching)을 통하여 수립되며, 수립된 전략은 조직을 통하여 실시되며, 실시된 경과는 다시 자체능력평가에 반영되어서 새로운 전략수립 사이클이 시작되게 된다.

1) 외부 환경분석

외부환경을 구성하는 많은 변수 중 가장 중요한 것은 관광객과 경쟁사이다. 특히, 관

광객 분석은 전략수립의 출발점이 된다.

(1) 관광객분석

관광객분석을 통해서 알아내는 것은 충족되지 않은 관광객의 필요이다. 이를 찾아낸다면 적은 비용으로 상당한 구매를 유발시킬 수가 있다. 그렇지 못할 경우 경쟁사에 상응하는 마케팅 비용의 지출을 감수하여야 한다.

(2) 경쟁분석

경쟁분석은 경쟁여건을 분석하고 주요 경쟁사를 파악해서, 경쟁기업의 전략과 강·약점을 파악하는 내용이 된다. 특히, 경쟁분석은 경쟁기업의 수가 제한되어 있는 과점시장의 경우에 중요하며, 이러한 상황에서는 경쟁기업의 강점을 무기력하게 하거나 약점을 이용하는 전략이 중요하다.

그러므로 경쟁분석은 단순히 현재의 경쟁기업뿐 아니라 잠재경쟁기업까지도 감안하여야 한다.

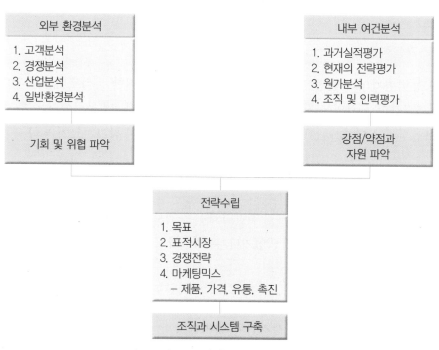

⊙ 그림 4-2 마케팅 전략 수립절차

(3) 산업분석

현재 사업의 관광서비스 시장영역보다 더 넓은 산업의 규모와 그 안에 있는 세부 시장의 규모와 시장전망을 파악하고, 원가구조와 중간유통구조를 분석하는 과제를 포함한다. 이를 통해 해당 산업에서의 주성공요인이 무엇인지를 파악하고 산업의 구조적인 변화추세를 어느 정도 예측하여야 한다.

(4) 일반 환경분석

일반 환경변수로는 경기동향, 기술변화, 정부의 규제와 유인제도, 인구변동과 기타 문화, 사회적 변수 등이 있다. 이들 변수 중에서 주어진 계획기간 동안에 시장에 크게 영향을 줄 변수를 파악해서 이에 대해 중점적인 분석이 필요하다.

2) 내부 여건분석

전략이 현실적이 되기 위해서는 기업 내부의 여건과 제약조건에 대한 충분한 고려가 있어야 한다.

(1) 과거실적평가

내부 능력평가의 출발점은 최근 수년간의 영업실적에 대한 분석부터 시작된다. 즉, 최근 3~5년간의 사업의 성장성, 점유율, 수익성분석 등인데, 이 분석에서는 우선 기업이나 사업부의 손익계산서와 제품, 시장, 경로별 영업실적이 참고자료가 된다.

(2) 전략분석

현재 사업부가 택하고 있는 마케팅 전략의 내용을 검토하고, 전략적인 질문을 던지는 일이다. 특히, 아직 실적에 반영되지 않았거나, 문제가 되고 있는 점들이 고려되어야 한다.

(3) 원가분석

관광기업이 가격경쟁력을 경쟁기업과 대비하여 분석하는 내용으로 경쟁기업이 우리보다 더 유리한 원가구조를 갖고 있는 경우 이에 대응하기는 상당히 어렵다.

(4) 조직과 인력에 대한 평가

마지막으로 조직과 인력에 대한 평가는 전략이 현실성을 갖기 위해서는 매우 중요하다. 여기서 조직이란 조직구조뿐만 아니라 경영시스템, 기업문화, 의사소통의 유형 등이 포함되는 것으로서 조직의 성과에 중요한 영향을 미치게 된다. 특히, 인적 구성은 기업이 성장하는 데 궁극적인 제약조건이 된다.

3. 관광마케팅믹스

관광마케팅믹스는 관광기업이 마케팅 전략을 계획, 실시하고 마케팅 목표를 이행하는 데 있어서 기업이 통제 가능한 모든 변수를 의미한다. 즉, 처방전의 재료와 같이 마케팅 변수가 성공하기 위해서는 적정량을 사용해야 한다. 소비재 마케팅에서 전통적인 4개의 변수(4P's)는 상품, 유통, 가격, 촉진으로서 이는 기본적 믹스요소이다.

그러나 관광마케팅에서는 이러한 기본적 믹스요소 이외에도 추가적인 마케팅믹스로 인적 서비스를 추가해야 한다. 이러한 부가적인 변수들이 합쳐져서 관광마케팅믹스는 5P가 된다.

1) 상 품

상품(Product)은 소비자의 욕구를 만족시키기 위해 관광기업이 판매하고 제공하는 제품과 서비스를 의미한다. 상품특성에 대한 의사결정은 유형적, 무형적 측면의 확인과 잠재 관광객의 소구를 기초로 하여 결정된다. 소비자의 욕구를 충족시키기 위한 제품이나 서비스의 제공은 기업의 마케팅활동에서 가장 중요한 요소로서 아무리 가격을 잘 결정하고 최적의 유통경로를 선택하여 광고를 한다 하더라도 제품이나 서비스가 없는 마케팅활동은 있을 수 없다. 따라서 기업이 어떠한 제품이나 서비스를 생산할 것인가 하는 결정은 마케팅믹스의 기본이 된다.

상품 믹스(product mix)란 기업이 판매하는 모든 상품계열을 어떻게 결정하는가를 말한다. 여기서 상품계열이란 소비자의 욕구, 사용용도, 판매처, 가격범위 등에서 서로 연관성이 있는 상품의 집단을 말한다. 상품믹스를 구성하는 데 있어서 고려해야 할 사항은 다음과 같다.

① 폭 : 한 기업이 취급하는 상품계열의 수
② 깊이 : 각 상품계열에 속한 상품품목의 개수
③ 길이 : 상품믹스 내에 있는 전체의 수
④ 일관성 : 상품계열의 유사성

2) 가 격

가격(Price)은 제품이나 서비스를 받기 위해 소비자가 지불해야만 되는 돈의 총액이다. 가격을 설정하는 데 있어서 여행사는 많은 요인을 고려해야 한다. 제품이나 서비스의 생산과 유통을 위한 실제적 비용, 기업의 이익률, 상품에 대한 현재의 수요, 경쟁자가 제공하는 유사제품 및 서비스의 가격 등을 고려해야 한다. 마케팅믹스에서 가격전략(price strategy)이란 상품이나 서비스를 구입하기 위하여 소비자가 지불해야 하는 금액을 결정하는 것을 말한다. 상품이나 서비스의 가격은 기업의 입장에서는 수익과 이익의 유일한 원천인 반면, 소비자가 지불해야 할 상품이나 서비스 구매의 대가이기 때문에 촉진의 한 수단이면서 동시에 경쟁의 도구 역할을 한다. 또한 기업이 결정한 상품의 가격수준에 따라 다른 마케팅활동의 실행수준이 결정되기 때문에 가격은 다른 마케팅믹스전략의 기초가 된다. 그러나 가격전략은 상품 및 서비스가 의도하고 있는 각각의 세분시장에 소구해야만 한다. 왜냐하면 이는 여행자가 지불할 금액에 상당하는 가치를 제공하는 상품이라고 인지해야만 하기 때문이다.

3) 유 통

유통(Place)은 서비스 또는 상품을 소비자에게 전달하는 과정에 수반되는 모든 활동을 말한다. 여기에는 유통장소와 유통채널 모두가 포함된다. 판매자는 제품이나 서비스를 판매할 장소와 방법을 결정해야 한다. 즉, 마케팅믹스에서 유통전략(place strategy)은 상품이나 서비스가 표적고객들이 바라는 시점과 장소에 적절한 양만큼 공급될 수 있도록 전달하는 과정을 결정하는 것이다. 이러한 유통활동은 도시가스관과 같은 파이프라인으로 비유할 수 있다. 전통적으로는 대부분의 생산자들은 최종소비자에게 직접 상품을 판매하지 않는다. 생산자와 최종소비자 사이에는 여러 가지 기능을 수행하는 많은 중간상이 존재한다.

따라서 마케팅믹스 활동에서 유통전략의 주요 관심대상은 유통경로를 결정하는 것이다. 유통경로는 상품이나 서비스를 최종소비자에 이를 때까지 통과하게 되는 경유노선을 말한다. 경영자는 각 제품이나 서비스의 유통경로상에서 중간단계의 수를 얼마로할 것인가 그리고 각 단계에 있어서 판매자의 수를 얼마로 할 것인가에 대한 결정을 하게 된다. 가장 효율적인 유통경로란 상품이나 서비스를 고객들이 원하는 시간과 장소에 최소의 비용으로 전달하는 것이다. 효율적인 유통경로를 구축하는데는 오랜 시간과 상당한 자금이 소요되며, 일단 유통경로가 구축되고 나면 이를 변경하기란 대단히 어려우므로 유통경로의 설계와 관리는 마케팅의 성공 여부에 매우 중요한 영향을 미치는 의사결정 중의 하나이다.

4) 촉 진

소비자에게 촉진(Promotion)은 아마도 마케팅믹스에서 가장 가시적인 요소일 것이다. 촉진활동은 상품과 서비스에 대한 관심을 자극하고 사람들에게 정보를 제공하고 구매에 대한 인센티브를 제공하여 상품 및 서비스를 구매하도록 소비자를 설득시키는 것이다. 관광기업이 상품 및 자사를 촉진하는 방법은 무수히 많다. 즉, 촉진활동에는 잡지, 신문, TV, 라디오, 광고판 등이 주로 사용되며, 또한 신문에서의 사설, 소비자 인터뷰, 독자의 평, 신문발표를 통한 자유로운 홍보 등도 있다. 판매원이 소비자를 다루는 데 사용하는 몇 가지의 기법은 촉진활동의 한 유형으로서, 특별한 선물과 기념품, 모형비행기, 브로슈어, 할인쿠폰지, 인쇄문구(편지), 사업카드, 회보, 다이렉트 메일, 기타의 판촉물은 여행상품과 서비스를 소비자에게 인식시키는 데 커다란 도움을 줄 수 있다.

한편, 촉진전략(promotion strategy)이란 기업이 제공하는 상품이나 서비스에 대한 정보를 소비자에게 제대로 전달하기 위하여 주요 4가지 촉진유형의 수단을 활용하여 촉진의 노력을 기울이게 되는 것을 말한다. 이는 기업의 상품이나 서비스를 소비자가 구매하거나 계속적으로 구매하도록 유도할 목적으로 이루어진다. 이에 따라 제품의 장점을 알리고 잠재구매자들이 실제로 제품이나 서비스를 구매하도록 설득하는 방향으로 활동이 이루어지게 된다. 촉진믹스(promotion mix)는 기업이 마케팅 목표를 달성하기 위하여 촉진전략을 시행하기 위한 여러 가지 촉진유형(광고, 인적 판매, 판매촉진, 홍보 등)의 결합을 의미한다.

5) 인적 서비스

소비자와 접촉하는 역할을 수행하는 모든 인간의 인적 서비스(Personal service), 즉 관광기업의 종사원들은 구매자의 상품 구매에 커다란 영향을 끼치고 있다. 특히 서비스 상품을 판매하고 있는 관광기업에 있어서 상품의 생산과 소비과정에 참가하는 직원들은 소비자의 상품 구입결정, 재구입 결정 및 만족수준 등에 큰 영향을 미친다.

또한 관광기업이 판매에 성공하기 위해서 가장 중요한 것은 소비자와의 개인적 접촉을 가지는 것이다. 왜냐하면 서비스에 만족 또는 불만족하는 것은 그 서비스 자체보다는 인간관계에 기인하는 경우가 많기 때문이다. 일반적으로 이것은 인적 접촉이 관광객에게 있어 한층 중요하게 여기는 '서비스에 인간미를 추구하는' 심리적 욕구를 만족시키기 때문이다. 따라서 밀접한 개인적 관계에서 커다란 만족감을 얻을 수 있다면 소비자는 이와 같은 인적 서비스에 여분으로 더 많은 금액을 지불하려고 할 것이다. 이러한 인적 서비스에 대한 욕망을 적절한 방법으로 자극하는 것에 의해서 관광기업은 유형재의 판매방식으로는 용이하게 획득할 수 없는 소비자를 확보하고 만족시킬 수가 있는 것이다.

3 시장세분화와 표적시장

1. 시장세분화

1) 시장의 정의

기업의 영업활동에 초점을 두고 시장을 정의하여 보면, 시장이란 '제품이나 서비스가 필요하고, 제품이나 서비스에 대한 관심이 있으며, 가지고 있는 돈을 제품이나 서비스 구입에 쓰려고 하는 사람이나 기업'을 시장이라 정의하게 된다.

또한, 시장은 구매자의 구매목적에 따라 소비자시장과 산업시장으로 구분할 수 있는데, 소비자시장이란 상품을 직접 사용하여 그로부터 효용을 얻으려는 개인이나 가계로 구성되며, 산업시장은 가공생산, 재판매, 혹은 영업용 자산으로 사용하려는 목적의 구매자들 주로 기업으로 이루어진다.

2) 시장세분화의 정의

시장세분화란 보다 효과적인 마케팅믹스의 개발을 위하여 전체시장을 상품에 대한 욕구가 비슷한 혹은 영업활동에 의미있는 동질적 부분시장으로 나누는 작업이라고 정의할 수 있다. 그리고 이렇게 나누어진 동질적인 부분시장을 세분시장(Market Segment)이라 하고, 이 중에서 기업이 구체적인 마케팅믹스를 개발하여 상대하려는 세분시장을 표적시장(Target Market)이라고 한다.

시장세분화의 개념이 개발되기 전에는 마케팅 담당자들은 전체시장을 단일한 실체로 보았다. 따라서 이들은 한 가지 상품만으로 한 가지 마케팅믹스를 사용해서 시장의 전체고객을 상대하려 하는 것을 비차별적 마케팅이라고 하는데, 이는 시장세분화와 대립되는 개념으로 비차별적 마케팅에서는 규모의 경제를 극대화하는 데 주목적을 두고 대량생산, 대량유통, 대량광고 전략을 주로 사용한다. 따라서 비차별마케팅이 효과를 거두기 위해서는 전체시장 속에 비슷한 욕구를 가진 소비자가 상당수 있어야 한다. 또한 자신의 제품을 경쟁사의 제품 또는 서비스와 차별화시키려 하는데, 이를 제품차별화라고 한다. 그러나 이들이 실제로 제품 또는 서비스를 크게 변화시키는 것은 매우 드물다. 왜냐하면 그 제품 또는 서비스에 대한 소비자의 욕구는 거의 동질적이므로 제품을 변화시키기 어렵기 때문이다.

관광산업에 있어서의 시장세분화는 상품차별화에서 출발하였다. 1981년 로버트 하자드(Robert Hazard)는 퀄리티 인(Quality Inn)의 최고경영자가 되면서 그가 물려받은 프랜차이즈 호텔들은 다양한 성격을 지니고 있어 고객들의 혼란을 야기하였다. 그는 이를 해결하기 위해 상품·서비스를 Comfort Inn, Quality Inn, Quality Loyal의 세 가지 범주로 차별화하고, 각 범주마다 상이한 지각을 갖도록 광고하였다. 이런 개념은 크게 성공을 거두게 되었으며, 오늘날 관광기업에서 시장세분화는 보편적인 전략수단이 되었다.

따라서 관광마케팅에 있어서의 시장세분화란 잠재 관광객을 각각의 다른 욕구, 특징, 행동을 나타내는 집단으로 분류하는 과정으로서 마케팅 담당자는 관광기업의 목표를 달성하는 데 어느 세분시장이 최적의 기회가 될 수 있는가를 심사숙고하여 결정해야 한다.

3) 시장세분화의 이점

관광기업에 있어서 시장세분화는 이질적인 시장에 있어서 필수적인 마케팅 기법으로 다음과 같은 이점이 있다.

첫째, 시장기회를 보다 쉽게 찾아낼 수 있다. 각각의 세분시장에 소속되어 있는 소비자의 욕구와 이들을 표적으로 하는 기존 서비스 상품을 대응시켜 보면, 세분시장에 있어서 소비자의 욕구는 존재하지만, 적절한 서비스 상품이 없는 것을 쉽게 발견할 수 있다. 이것이 바로 시장기회이다. 이때 그 세분시장의 욕구를 충족시킬 수 있는 상품을 개발하여, 비교적 손쉽게 시장을 장악할 수 있다.

둘째, 관광마케팅믹스를 보다 효율적으로 조합할 수 있다. 예를 들어, 세분시장의 소비자 욕구에 초점을 두고서 제품과 광고의 내용을 일관성 있게 조화시킬 수 있다. 이를 통해 소비자가 관광기업의 상품을 분명하게 인식하고 경쟁기업의 상품과 구별하게 할 수 있다.

셋째, 시장수요의 변화에 보다 신속하게 대처할 수 있다. 소비자의 욕구가 다양하게 섞여 있는 전체 관광시장 대신, 소비자의 욕구가 비교적 동질적인 몇몇 세분시장에 주목함으로써 관광수요의 변화를 쉽게 파악하고 신속하게 대처할 수 있다.

4) 효과적인 시장세분화를 위한 요건

시장세분화에는 여러 가지 방법이 있지만, 어느 방법이나 유효한 것은 아니다. 시장세분화의 주요 목적은 관광마케팅믹스를 효과적으로 활용하는 데 있으므로 시장세분화는 이러한 목적을 달성하는 데 가장 적절한 방법으로 진행되어야 한다. 이를 수행하기 위한 효과적인 시장세분화의 요건은 다음과 같다.

(1) 측정가능성

세분시장의 인구와 구매력을 측정할 수 있어야 한다. 시장세분화 변수들 중에는 측정하기 어려운 변수도 있다. 따라서 2차적 자료나 시장조사를 통하여 측정할 수 있는 변수를 기준으로 삼아야 한다.

(2) 규모

적어도 하나의 세분시장은 이익을 낼 수 있는 만큼의 규모가 되어야 한다. 즉, 어떤 세분시장을 표적시장으로 선정, 효율적인 관광마케팅믹스를 제공하기 위해서는 상당

한 비용이 따른다. 따라서 표적시장은 개별적인 마케팅 노력에 따른 비용을 보상하고도 관광기업에 이윤을 제공할 수 있는 규모를 갖추어야 한다.

(3) 접근가능성

세분시장에 접근할 수 있는 적절한 수단이 존재해야 한다. 만일 충분한 규모의 세분시장이 존재해도 관광기업과 세분시장을 연결해 줄 매개체(유통)가 없으면 시장세분화가 성공할 수 없다.

(4) 방어가능성

세분시장의 특성이 타 시장과는 다른 상이한 마케팅활동의 전개와 이에 소요된 비용을 정당화시킬 만큼의 독특성을 지니고 있으며, 또한 한두 개 이상의 목표시장으로 분류 가능한가를 생각하여야 한다. 만약 경쟁기업이 자사가 선정한 세분시장에 대해 보다 대규모적인 마케팅으로 접근해 오면 시장상황이 불리하게 변할 가능성이 있는가 등에 대하여 미리 검토하여야 한다.

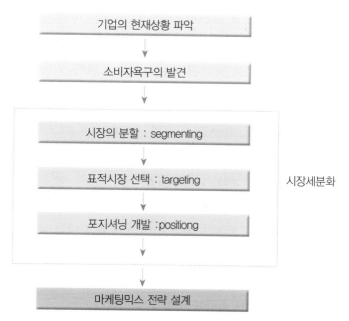

ⓢ 그림 4-3 시장세분화 전략 수립과정

(5) 지속가능성

세분시장을 개발하면 해당 세분시장의 독특성은 지속적이 되고 이러한 특이성은 시간이 지나더라도 계속될 것인가에 대하여 고려하여야 한다.

(6) 경쟁가능성

그 세분시장에 자사가 주력하면 경쟁기업보다 상대적으로 유리한 입장에서 설 수 있을 것인가에 대하여도 고려하여야 한다.

2. 표적시장

1) 표적시장 선정

표적시장이란 관광기업이 어떤 특징을 가진 소비자를 주 고객으로 하느냐를 선택하는 것이다. 기업의 마케팅 전략은 소비자로부터 출발하는데, 기업이 소비자를 올바르게 이해하려면 소비자가 다양하다는 사실부터 인식하여야 한다.

표적시장 결정방법은 크게 둘로 구분할 수 있다. 하나는 비세분화 마케팅 전략으로서 이는 시장세분화의 개념을 무시하고 시장의 동질적 측면에 주목하는 방법이다. 다른 하나는 시장세분화의 개념을 이용하여 세분시장을 선택하는 전략으로서 복수 세분시장전략과 집중전략이 있다.

(1) 비세분화 마케팅

이 전략에서는 관광시장을 다양한 욕구의 집합체가 아니라, 동질적인 덩어리라고 본다. 따라서 소수의 다양한 욕구는 무시하고, 다수의 공통되는 욕구만을 주목한다. 즉, 가장 많은 수의 소비자에게 적합한 대표적인 서비스 상품 하나와 표준화된 마케팅믹스를 개발해 내는 것이 비세분화 마케팅 전략이다.

비세분화 마케팅 전략의 장점은 비용의 경제가 적용된다는 것이며, 중요한 단점은 이 방법을 적용할 수 있는 분야가 제한되어 있다는 점이다.

관광기업 → 상품 가격 유통 촉진 → 전체 시장

⊙ 그림 4-4 비세분화 마케팅

(2) 세분화 마케팅

이 전략은 시장이 다양한 욕구를 가진 소비자들로 구성되어 있다고 본다. 따라서 욕구가 비슷한 소비자들을 찾아내고, 이들 중 매력적인 소비자 집단을 선택하여 그들의 욕구에 가장 잘 부응할 수 있는 마케팅믹스를 개발하여 대응하는 것이 세분화 마케팅 전략이다.

① 복수세분시장 마케팅

이 전략은 두 개 이상의 세분시장에 대하여 각각 서로 다른 마케팅믹스를 개발하는 것이다. 이 방법의 장점은 비세분화 마케팅에 비해 총매출액을 늘릴 수 있다는 점이며, 다양한 소비자의 욕구에 맞추어 다양한 상품을 제공하는 것이 가능함으로써 보다 많은 잠재 소비자들을 고객으로 확보하게 된다. 그러나 이 전략을 추진하는데는 많은 비용이 수반된다. 즉, 소비자의 다양한 욕구를 골고루 충족시키는 과정에서 비용이 증가하게 된다는 점과 유통경로관리와 촉진에 추가적인 노력이 필요하게 되는 것이 이 방법의 단점이다.

여행사 → 마케팅믹스 1 / 마케팅믹스 2 / 마케팅믹스 3 → 세분화시장 1 / 세분화시장 2 / 세분화시장 3

⊙ 그림 4-5 복수세분시장 마케팅

② 집중 마케팅

이 전략은 단 하나의 세분시장만을 표적으로 삼아서 마케팅믹스를 개발하는 것이다. 이 방법의 장점은 기업이 표적시장에 집중할 수 있다는 것이다. 즉, 기업은 모든 마케팅 노력을 하나의 표적시장에만 집중하므로 표적시장 내 소비자의 욕구와 성격을 정밀하게 분석할 수 있고, 따라서 최적의 마케팅믹스를 개발해 낼 수 있다. 또한 표적시장에 깊이 파고 들어감으로써 그 시장 내에서의 매출액 증대를 도모할 수 있는 장점이 된다.

그러나 표적시장의 선택이 잘못되었을 때, 시장의 불확실성에서 오는 위험이 크다는점이 단점이다. 즉, 다른 전략과는 달리 이것은 모든 마케팅 노력을 한 세분시장에만집중하고 모든 영업성과를 그 시장에 의존하므로, 만일 그 시장에 수요의 변화가 오게되면 기업은 큰 타격을 입게 된다.

◎ 그림 4-6 집중 마케팅

2) 표적시장 결정에 고려할 사항

(1) 기업의 자원

복수세분시장 마케팅에는 가장 많은 자원이 요구되며, 비세분화 마케팅에도 상당한수준 이상의 자원이 투입되어야만 영업성과가 나타나게 된다. 만일 관광기업의 자원이매우 제한되어 있다면, 선택대안은 집중 마케팅뿐이다.

(2) 상품의 동질성

차별화나 신제품개발이 어려운 상품의 경우, 비세분화 마케팅이 적합하다. 그러나차별화의 여지가 많은 상품은 복수세분시장 혹은 집중 마케팅이 적합하다.

(3) 상품의 수명주기

신상품이 도입되는 시기에는 소비자의 욕구는 다양할 수 없다. 따라서 신상품은 하나 혹은 단 몇 가지로 충분하다. 그러므로 비세분화 마케팅 혹은 집중 마케팅이 적합하다. 그러나 상품의 수명이 성숙기에 들어가게 되면 소비자의 욕구가 다양해지고, 경쟁기업도 증가하므로 이 때에는 복수세분시장 혹은 집중 마케팅이 필요하게 된다.

(4) 시장의 동질성

소비자의 취향이 비슷하고, 다양한 마케팅믹스에 대해서도 동일한 반응을 보일 경우에는 시장을 세분화할 필요가 없다. 따라서 비세분화 마케팅을 선택하게 된다. 그러나 시장이 이질적인 특성을 가지고 있을 경우, 복수세분시장 마케팅을 선택하는 것이 효율적이다.

(5) 경쟁기업의 전략

경쟁기업이 적극적으로 세분화에 의한 전략을 실시하게 되면 비세분화 마케팅으로는 대응이 어렵게 된다. 따라서 경쟁기업이 비세분화 마케팅을 한다면 경우에 따라서는 세분화 전략을 통해 이득을 취할 수도 있다.

3. 포지셔닝

1) 포지셔닝의 개념

기업이 표적시장을 선택하게 되면 그 다음 과제는 선택한 표적고객들에게 자사의 상품을 어떻게 부각시키느냐 하는 것이 매우 중요하다. 즉, 관광상품의 위치(Position)란 소비자들이 그 상품을 어떻게 인식하고 있느냐 하는 점이며, 소비자들이 여러 경쟁상품을 비교하는 기준을 속성이라 한다. 다시 말해서 제품이나 브랜드의 포지션이란 소비자들의 일정한 속성을 기준으로 해서 경쟁제품들을 어떻게 인지하고 있느냐 하는 것이다.

기업 자체 혹은 기업에서 생산하고 있는 제품과 서비스에 대한 소비자의 인상이나 경험, 정보 등을 통하여 형성하게 되는 이러한 포지션이 기업의 입장에서는 바람직할 수도 있고, 그렇지 않는 경우도 있다. 즉, 소비자의 마음속에 자사의 상품을 원하는 위치로 부각시키려는 노력을 포지셔닝이라고 한다.

2) 경쟁상품 → 경쟁사 포지셔닝 절차

(1) 경쟁사의 확인

먼저 경쟁사의 상품을 구체적으로 파악하여야 하는데, 이것은 상품시장을 어떻게 설정하느냐에 달려 있다.

(2) 경쟁상품의 이미지 확인

경쟁상품이 고객에 의하여 어떻게 지각되고 평가되고 있는지를 파악한다. 이때 다차원척도법(MDS) 등에 의하여 각 속성별로 경쟁상품들에 대한 고객지각을 분석할 수 있다.

(3) 고객분석

표적시장 내의 고객들이 추구하는 편익과 불만족원인을 분석한다. 이를 고객들의 인구통계적 특성이나 라이프스타일 등과 관련지어 분석해야 한다.

(4) 포지셔닝 전략 개발

고객분석과 경쟁상품분석에 의한 정보자료로부터 경쟁자에 비하여 소비자의 욕구를 가장 잘 충족시킬 수 있는 구체적인 포지셔닝을 개발한다.

(5) 포지션의 모니터와 재포지셔닝

기업은 자사의 상품과 서비스에 대해 시장에서 적절하게 포지션하였다 하더라도 소비자의 욕구와 경쟁상황을 포함한 여러 가지 환경적 요인은 지속적으로 변화하므로 계속적인 모니터링을 통해 적절히 포지셔닝을 수정해 나가야 한다.

3) 포지셔닝에 대한 인지도

마케팅 전략을 구체화하는 포지셔닝을 효과적으로 진행하기 위해서는 이를 뒷받침하는 인지도에 대한 효율적인 운영이 필요하다. 인지도는 동종 제품군에 대해서 소비자들이 몇몇 평가기준에 따라 각 상품의 위치를 어떻게 인식하고 있는가를 나타낸 것으로 표적시장의 특성을 시각화한 것이다. 인지도의 용도는 현재 시장 내에 있는 경쟁상품이 침투하지 못하고 있는 영역을 발견함으로써 그 영역에 적합한 제품을 포지셔닝할 수 있는 기회를 얻을 수 있다는 특징을 지니고 있다.

또한 인지도를 작성하는 방법으로는 속성평가를 통한 요인분석과 유사성 판단을 이용하는 방법 등이 있다. 그러나 유사성 판단을 이용한 방법은 요인분석보다 예측력도 떨어지고 이용상에 어려운 점도 있기 때문에 속성평가에 의한 방법을 보완하는 수단으로 사용되고 있다. 결론적으로 인지도를 중심으로 한 포지셔닝의 개념은 마케팅 전략에 있어서 핵심이 되는 경쟁적 우위의 확보를 위한 투자전략을 선택하게 함과 동시에 다른 측면에서의 관광기업의 활동과 유기적 관계를 맺고 있으며, 그것을 구체화하는 데 기여한다고 할 수 있다.

여행업

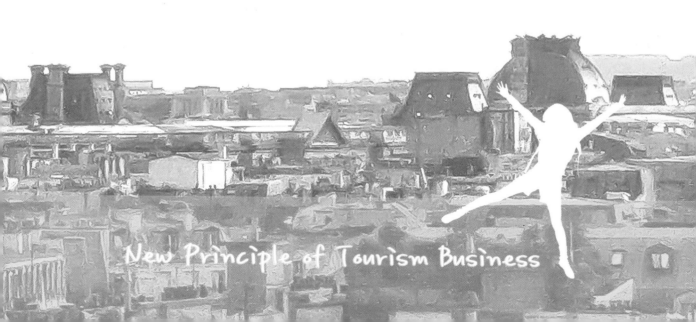

New Principle of Tourism Business

Chapter

05 여행업

New Principle of Tourism Business

① 여행업의 개요

1. 여행업의 등장배경

18세기 산업혁명이 본격적으로 시작된 이후 생산수단의 발달은 근대문명의 획기적 전환을 가져왔다. 즉, 경제발전과 더불어 생활수준이 향상되었고, 이로 인하여 여가시간이 증대되었으며, 개인의 가처분소득이 증가하고 교통수단의 발달로 시간적·심리적 거리의 단축과 더불어 숙박시설이 향상됨에 따라 여행인구가 자연스럽게 증가되었다.

여가시간이란 생활 전체시간 속에서 생활필수시간과 노동시간 그리고 노동부속시간을 뺀 나머지 시간을 말한다. 따라서 여가란 아무 의미 없이 소비해 버리는 여유시간이라기보다는 내일의 재창조와 재생산을 위한 전환의 계기이며 노동에서 얻을 수 없는 인간성의 발견이나 자존감을 높이는 수단으로서 인간의 생존이나 보람 있는 생활을 하는 데 없어서는 안 될 중요한 요소인 것이다. 또한 경제적인 여유가 생활의식의 전환과

함께 결합하여 인간의 생활을 윤택하게 하는 방법의 하나로 관광여행이 늘어나게 되고 국민의 생활 가운데 정착하게 되었는데 이에 따라 여행의 수요증대와 이에 대비한 관광시설의 확충으로 여행자(traveler)와 여행관련시설업자(principle) 간의 편의와 이용도를 높이기 위한 매체의 필요성이 자연발생적으로 대두하게 되었다. 즉, 복잡한 산업사회에서 여행자와 여행관련시설업자가 직접 연결된다는 것이 쉽지 않았으므로 그 불편함을 덜어주고 중개해 주는 이 매체가 바로 여행업인 것이다.

여행업의 중요성은 여행자의 시간을 보다 효율적으로 활용할 수 있게 해 주는 데 있다. 이 여유 있는 시간을 어떻게 유용하게 활용할 수 있도록 할 것인가 라는 사회적 요청에 의해 여행업이 존재하는 의의가 있다.

2. 여행업의 개념 및 종류

1) 일반적 개념

여행업은 여행객에게 숙박시설 및 운송기관 등의 여행상품(principal)을 예약·수배·알선 등을 제공하고 시설업자(principle)로부터 일정액의 수수료를 받는 것을 포함하고 더 나아가 여행상품이라는 여행사 고유의 제품을 생산, 판매하는 3차 산업의 하나로서 독립된 산업을 일컫는다.

이러한 표현은 여행업의 업무내용을 포괄적으로 규정한 것으로 좀 더 구체적으로 파악하기 위해 설명하면 다음과 같다.

① 여행객을 위해 운송 또는 숙박서비스 제공을 의뢰받아 이를 대리 체결하고 매개하며, 확보하는 행위
② 시설업자를 위해 여행객에 대한 이러한 서비스의 제공에 관해 대리로 계약을 체결하거나 매개하는 행위
③ 타인이 경영하는 운송기관 또는 숙박시설을 이용, 여행객에게 운송 및 숙박서비스 제공이 가능하도록 하는 행위
④ 여행객을 위해 여권 및 비자 발급에 관한 업무를 수속·대행하는 행위
⑤ 여행객에게 정보를 제공하고 상담에 응하는 행위 등을 포함하는데 이러한 업무내용이 곧 여행업이 수행해야 할 역할이다.

2) 법률적 개념

여행업의 정의는 몇 차례 관련법규가 개정되면서 시대적 상황변화를 법규상의 개념에 반영하는 방향으로 변화하여 왔다.

1995년 1월 관광진흥법 개정시 여행업의 개념에 대한 정의가 수정되었으며, 1999년 1월 관광진흥법 개정시 그대로 사용되고 있는데, 관광진흥법 제3조(관광사업의 종류)에 의하면 여행업은 "여행자 또는 운송시설, 숙박시설 기타 여행에 부수되는 시설의 경영자 또는 여행업을 경영하는 자를 위하여 동시설 이용의 알선, 여행에 관한 안내, 계약체결의 대리, 기타 여행의 편의를 제공하는 업"으로 개념화하고 있다.

3) 여행업의 종류

여행업의 종류는 관광진흥법 시행령 제2조(관광사업의 종류)의 규정에 의하여 일반여행업, 국외여행업, 국내여행업으로 분류하며, 관광사업 등록기준(관광진흥법 시행규칙 제5조 제1항 관련)은 다음과 같다.

(1) 일반여행업

일반여행업은 국내와 국외를 여행하는 내국인과 외국인을 대상으로 여행상품과 서비스를 생산·유통·판매하고, 사증을 받는 절차를 대행하는 행위를 포함하며, 이에 필요한 일체의 경영행위를 하는 여행업체를 말한다. 2014년 현재 방한 외국인 관광객 1,200만명을 돌파한 일반여행업은 주로 외래관광객 유치를 위해 해외여행시장을 대상으로 하며 대부분의 업체들은 중국과 일본을 중심으로 판촉활동을 전개하고 있으며, 한류 열풍 등으로 관심이 한층 고조된 아시아권, 특히 동남아 시장에도 일반여행업체들의 주 전략 대상이 되고 있다. 특히 매년 증가 추세에 있는 유럽과 미주지역 등지의 해외여행시장도 보다 다변화시켜 나가는 것이 시급한 실정이다.

또한 자본금(개인의 경우 자산평가액 기준)은 2억원 이상이며, 사무실은 소유권 또는 사용권이 있어야 하고, 관광진흥법이 정하는 바에 의하여 기초자치단체에 등록하여야 한다.

국내의 일반여행업체는 2012년 12월 현재 전국에 1,949개 업체가 등록되어 있으며, 수도권에 1,394개 업체, 지방에 555개 업체가 등록되어 있다. 서울을 포함한 대도시와 수도권에 편중되어 있으며 특히 서울의 경우, 1,229개의 업체가 집중되어 있다.

(2) 국외여행업

국외여행업은 국외를 여행하는 내국인을 대상으로 하는 여행업으로서 자본금(개인의 경우 자산평가액 기준) 6천만원 이상이며, 사무실에 대한 소유권 또는 사용권이 있어야 하고, 관광진흥법 제55조 권한의 위임·위탁조항에 의거 해당 기초자치단체에 등록하여야 한다.

2012년 12월 기준 7,468개의 업체가 등록되어 있으며, 이중 3,164개 업체가 서울에 집중되어 있다.

(3) 국내여행업

국내를 여행하는 내국인을 대상으로 하는 여행업을 말하며, 자본금(개인의 경우 자산평가액 기준) 3천만원 이상이어야 한다. 사무실에 대한 소유권 또는 사용권이 있어야 하며, 관광진흥법 제55조에 의거 해당 기초자치단체에 등록하여야 한다.

2012년 12월 현재 5,735개의 업체가 영업 중인 국내여행업은 내국인을 대상으로 한 국내여행에 국한하고 있으며, 외국인을 대상으로 하거나 내국인을 대상으로 한 국외여행업을 하지 못하게 되어 있다. 따라서 여행상품의 제작판매와 알선 및 안내를 주업무로 하고 있고, 전세버스업을 겸하고 있는 업체가 많다.

◎ 표 5-1 여행업 현황

2012년 12월 기준

업종	서울	부산	대구	인천	광주	대전	울산	세종	경기
국외	3,164	595	315	240	195	205	99	14	919
국내	1,178	404	314	218	196	200	95	13	720
일반	1,229	64	40	45	39	31	9	2	120
계	5,571	1,063	669	503	430	436	203	29	1,759
업종	강원	충북	충남	전북	전남	경북	경남	제주	합계
국외	165	171	205	309	193	246	330	103	7,468
국내	176	194	230	285	264	302	349	597	5,735
일반	24	17	0	51	63	24	38	153	1,949
계	365	382	435	645	520	572	717	853	15,152

자료: 문화체육관광부(2013). 관광동향에 관한 연차보고서

국내여행업은 여행상품의 제작·판매 또는 타 여행사의 패키지상품뿐만 아니라, 국내선 항공권, 철도승차권, 특별행사의 입장권, 호텔쿠폰 등을 판매하거나 관광버스 전세업무를 취급하고 있다.

3. 여행업의 발전과정

1) 해외여행업의 발전

근대적 의미의 여행업은 사실상 산업혁명이 시작되면서 발전하게 된다. 여행업이 언제부터 시작되었는가에 대한 견해는 아직 확실한 정설이 없다. 다만, 중세에 마르세이유 지방에서 기업가들이 성지순례를 할 때, 여행알선업무가 시작되었다는 설도 있고, 14~15세기 경 베니스에서 종교단체가 순례자들을 선박으로 운송한 것이 여행업의 효시였다는 설도 있다. 그러나 근대 여행업의 아버지로 불리고 있는 토마스 쿡(Tomas Cook, 1808~1892)이 1841년 1,570명의 금주운동가를 중심으로 단체를 구성하여 실시한 것이 여행업의 시초로 받아들여지고 있다. 토마스 쿡이 여행업에서 이룩한 실적을 간략히 요약하면 표 5-2와 같다.

토마스 쿡의 성공배경은 패키지투어, 여행가이드북, 대규모의 여행단 구성으로 인한 저렴한 요금, 호텔쿠폰 발행, 여행티켓 개발과 같은 탁월한 기획력 및 적극적인 판촉에 기인한 것이다.

한편, 미국에서는 1850년에는 아메리칸 익스프레스사가 설립되어 화물과 우편중심의 업무를 시작하게 된다. 1881년에는 여행업에 진출하였고, 여행비용을 분할·지불하는 신용판매제도를 도입함으로써 새로운 여행시장의 개발과 확대에 큰 일익을 담당하였다. 또한 아메리칸 익스프레스사의 회장이었던 윌리엄 파고가 유럽 여행 중 여행경비를 현금으로 지불하는 것에 불편함을 느끼고 고안한 아멕스 여행자 수표는 1891년부터 1901년까지 당시로서는 막대한 금액인 6백만 달러 이상의 수익을 달성하였다.

현재는 은행, 보험, 카드 등으로 사업범위가 확대되어, 전 세계 1,000여 개의 영업소가 있어 규모면에서 세계 1위를 차지하고 있다. 미국은 현재 약 16,400개의 여행사가 영업 중이며, 영국은 영국여행협회에 가입한 여행사의 수가 약 7,400개에 이르고 있다. 프랑스는 약 5,000여 개의 여행사가 있으며, 특히 세계 2위에 속하는 바곤리(Wagon-lits)

여행사는 전 세계에 1,900여 개의 영업망을 확보하고 있다. 일본에서는 약 11,000개의 여행업체가 영업 중에 있으며, 일본 최대 여행사인 일본교통공사(JTB)의 경우, 일본 전역에 300개의 지점과 해외에 75개의 지점을 개설하고, 약 2만 명의 직원들이 근무하고 있다.

☉ 표 5-2 토마스 쿡의 실적

연 도	실 적
1841년	• 500명이 사람들을 금주모임에 참석시키기 위해 철도여행 기획 • 철도전세를 통한 할인운임 적용 • 여행사 설립 : Thomas Cook
1851년	• 런던 대박람회에 165,000명의 참관인 모집 및 송객 • 미들랜드 철도회사와 업무제휴
1862년	• 단체여행객 호텔에 투숙하는 상품개발 • 수송과 숙박을 묶은 시스템화된 여행상품 운용
1872년	• 기선이용 세계일주 관광단 모집 • 222일간 세계일주 여행성공
기 타	• 성지순례여행 • 이집트의 피라미드 여행 • 독일의 라인강변 여행 등 성공
업 적	• 탁월한 기획력 • 저렴한 가격 • 적극적인 광고선전활동 • 안내원 동반

자료: 노정철(2014). 여행사경영론. 한올출판사.

2) 국내여행업의 발전과정

국내의 여행업은 자체적으로 시작된 것이 아니고 일본에 의해 시작되었다. 1912년에 일본교통공사의 조선지부가 경성에 설립되어 자국민의 편의제공, 이민업무처리, 식민지화하는 데 필요한 업무를 진행하였다. 이를 위해 조선총독부 내에 사무소를 설치하면서 평양, 부산, 군산 등에 사무소를 개설하고 여행안내와 철도승차권을 판매하였다.

1945년 해방 후 10월에 조선여행사로 개편되었으며, 이후 1949년에 대한여행사로 이름을 바꾸게 된다. 1963년에는 한국관광공사에 흡수, 합병되어 운영되다가 1973년에 민영화되어 현재의 대한여행사로 운영되고 있다. 1947년에는 (주)천우사가 항공여행

Chapter 05_ 여행업

부를 발족하였으며, 동년에 최초의 외래단체여행객인 RAS(Royal Asiatic Society)가 방문하여 국내여행을 하였다. 그러나 6·25 전란 동안 여행업이 중단되었다가 1960년에 세방여행사가 설립되어 영업에 들어가게 된다.

그후, 국가의 법적·제도적 정비가 서서히 시작되면서 우리나라 여행업의 발전을 위한 토대가 마련되게 된다. 법적·제도적 정비의 일환으로 1962년에 통역안내원제도가 도입되고, 1971년에는 여행업이 허가제로 전환되었다. 1982년에 다시 허가제가 등록제로 전환되면서 현재에 이르고 있다. 또한 1989년 전 국민 해외여행 자유화 조치가 실시된 후, 해외여행 완전자유화 조치 및 자본주의의 시장경제원리에 입각한 제도의 운영으로 여행사의 수가 급증하여 심한 경쟁시대를 맞이하고 있으며, 1990년대 중반 이후는 일반인, 신혼여행객의 해외여행뿐만 아니라 대학생들의 배낭여행을 시발로 중

표 5-3 사회·문화적 특성에 따른 국내여행업의 발전단계

발전단계	주요 특성	개발 환경	주요 업체
도입단계 1950~70	• 전세버스의 면허 발급 • 국내관광 중심의 업체가 생성 • 주로 항공권과 철도승차권 예매 업무 • 소수의 외래여행객 중심으로 관광지 방문	• 광복과 전후 근대화 운동 • 급속한 사회경제적 변화 • 1961년 관광진흥법 제정	(주)천우사 대한여행사 세방여행사 한진관광 고려여행사
1970~ 80년대 말	• 국내관광 활성화 • 공급보다 수요 급증 • 국내 관광지의 시설중심 개발 • 대규모 여행사의 시장진출	• 1971년 등록제에서 허가제 변경 • 1982년 허가제에서 등록제 변경 • 1988년 올림픽 개최 • 1989년 해외여행 자유화 조치	아주관광 세방여행사 대한여행사 한진관광 고려여행사
1990년대 초부터 성숙기	• 해외여행객의 급속한 증가 • 전세기를 이용한 패키지 상품 등장, 신문/TV를 통한 대량광고 • 여행업의 기능분화 추진 IMF체제하의 여행업 불황 • 여행업의 세분화	• 국제화로 인한 가치체계 변화 • 1993년 기획여행신고제 • 지방자치제 실시 • 외국계 여행사 진출 • 1990년대 말 경제위기	온누리여행사 아주관광 코오롱여행사 씨에스프랑스 롯데관광
대량 소비의 미래단계	• 여행시장의 변화(홀세일러 여행사, 온라인여행사 등의 시장장악) • 공동마케팅 증가(여행사, 항공사의 연합상품 출시) • 다양한 분야에서 여행시장 진출 가속	• 주5일 근무로 여가시간 증대 • 여행정보시스템의 발전과 다각화 • 고객만족 추구, 삶의 질 향상에 관심	하나투어 모두투어 롯데관광개발 여행박사 롯데JTB

자료: 노정철(2014). 여행사경영론. 한올출판사.

장년층의 배낭여행 등 다양한 형태의 여행이 각광을 받기 시작하고 있다. 현재 국내의 여행업체 수는 2012년 12월 기준으로 15,152개에 이르고 있다.

4. 여행시장과 여행업계의 변화

1) 여행시장의 변화

(1) FIT(Foreign Independent Tour)시장의 성장

일반적으로 '개별여행'을 FIT와 같은 개념으로 받아들이고 있는데 사전적 정의는 이와는 다르다. 사전상의 FIT는 '개인여행'으로 해석된다. 개인여행은 단체여행의 반대 개념으로 이해하면 된다. 개인여행의 가장 두드러진 특징은 개인 혹은 친구나 가족 등 2~3명 규모의 소그룹이 자신들의 기호와 취향을 적극 반영해 즐기는 여행형태라는 점이다. 여행업계에서는 단체 혹은 그룹과 대비되는 개념으로 사용하거나, 인원수가 많더라도 자유일정을 즐기는 여행객을 일컫는 용어로 사용하고 있다.

FIT는 패키지 여행처럼 여행사가 마련한 현지여정을 따르지 않고 자신들이 직접 결정해 움직이기 때문에 자유롭게 여정을 즐길 수 있으며, 투어 에스코트의 서비스가 수반되지 않는것이 일반적이다. 이런 점에서 개인여행은 여러 종류의 사람들이 가이드 인솔 아래 미리 정해진 여정을 즐기는 패키지 여행과는 분명한 차이를 보인다. 과거에는 해외여행에 한해 FIT 개념을 사용했지만, 현재는 국내, 해외 구분 없이 사용되고 있는 추세이다.

이에 비해 여행업계 종사자들이 일반적으로 FIT와 동격으로 사용하고 있는 개별여행이라는 명칭의 영문표현은 'DIY(Do It Yourself)여행'으로 풀이된다. 사전적 의미의 개별여행은 여행자가 항공권과 숙박장소 등을 사전에 결정한 뒤 나머지 여정까지 스스로 세우고 꾸며나가는 여행형태를 말한다. 한마디로 여행객 스스로 상품을 기획하고, 수배해 즐기는 여행이라고 보면 된다. 여행사가 개입할 여지가 전혀 없는 여행형태인 셈이다.

일반적으로 FIT라 불리는 개별 또는 개인 여행객은 순수하게 고객의 측면에서는 가장 이상적인 형태의 여행패턴이라 할 수 있다. 대치되는 개념의 패키지가 여행자 개개인의 취향과 관심, 기타 사항을 고려하지 않고 미리 준비되어진 형태로서 비개성화된 상품이라고 할 수 있는 데 비해, 개별여행 상품은 여행객 스스로의 의지가 상당부분 반영될 수 있기에 여행객과의 커뮤니케이션이 원활이 이루어진다면 이것을 취급하는 여행사의 입장에서도 그만큼 고객의 만족도를 높일 수 있으므로, 상품화의 가치가 충분한 프로그램이다.

이와 관련하여 최근 과당경쟁으로 인하여 상대적으로 패키지 상품의 수익률이 점차 하락하고 있는 여행업계의 상황에 비추어 서비스에 대한 정당한 대가를 요구할 수 있는 개별여행 상품의 수익률은 그에 상응하는 서비스를 제공하기 때문에 적정 수익이 보장되는 장점이 있다.

(2) 여성·실버시장의 급성장

근로여성의 증가에 따라 여성들의 소비능력이 증대되고, 독신여성의 증가, 만혼 및 출산감소 등으로 여성들의 여행수요가 급증하고 있으며, 이러한 현상은 향후 더욱 가속화될 것으로 보인다. 또한 과학 및 의료기술의 발달로 인한 평균수명의 연장, 자연출생률의 감소로 인한 노령화사회로의 진전, 복지체계의 향상 등은 실버계층의 여행에 대한 관심과 수요를 증대시켜 향후 주요시장으로 성장하게 될 것이다.

(3) 주문에 의한 기획상품

다양한 고객의 욕구를 충족시키지 못하고 있는 종래의 획일적인 패키지 판매방식에서 개별고객의 주문에 맞춘 기획여행이 확대될 것이다. 주문형 맞춤여행상품은 특정지역을 방문하는 여행객들의 내재된 욕구만족은 물론, 특정관심분야관광 등 차별화된 관광서비스를 제공함으로써 고객층을 확대해 갈 것으로 예측되고 있다.

(4) 소비자 욕구의 변화

소비자 욕구는 더욱 다양화·전문화·세분화될 것으로 보인다. 특히 환경에 대한 관심고조로 인해 자연 및 환경친화적 여행욕구가 증가될 것으로 보이며, 세계화의 진전으로 국가 간 문화교류가 활발히 진행됨에 따라 역사 및 문화에 대한 관심이 고조될 것으로 보인다. 또한 수동적인 '보는 관광'에서 능동적인 '체험·참여형 관광'으로 여행행태의 변화가 더욱 촉진될 것으로 보인다. 이밖에도 건강에 대한 관심증가로 인한 힐

링여행, 정보화의 진전 및 인터넷 이용의 확산에 따른 사이버여행, 가상여행 등 첨단여행상품에 대한 수요도 지속적으로 증가할 것으로 보인다. 한편, 기존의 패키지여행이 일정한 범위의 가격대에서 형성된 반면, 향후 고품격 여행수요 증가와 함께 저렴한 항공권과 숙박권만을 구입하는 이중적 행태가 발생하는 등 여행시장의 가격 세분화가 이루어질 전망이다.

2) 공급자와의 관계변화

(1) 소비자와 공급업자(호텔, 항공사)와의 직접거래 증가

공급업자들과의 관계에 있어서 여행업의 가장 큰 위협은 항공사 · 호텔 등 공급업자들과 소비자의 직접 거래가 증가하고 있다는 것이다. 인터넷 등 정보기술의 급속한 성장은 직거래를 가속화시키는 요인이 되고 있다. 이미 신라, 하얏트, 노보텔앰배서더, 웨스틴조선, 힐튼호텔 등 국내 대부분의 특급호텔들이 인터넷 홈페이지를 개설 · 예약을 받고 있으며, 대한항공과 아시아나항공은 인터넷을 통해 항공예약뿐만 아니라, 제반 여행정보를 제공하는 정보라인을 개설 · 운영하고 있다.

(2) 항공권 판매방식의 다양화 및 직판 증가

최근 유럽의 대형 항공사들은 여행사를 통한 항공권 판매비율을 대폭 감소시키고, 수수료율도 인하하는 한편, 인터넷 웹사이트를 통한 항공권 직판비율을 확대해 나가고 있다. 또한 항공권 자동판매기, CD기를 통한 항공권 판매 편의점의 항공권 판매대리점화 등 항공권 판매 방식을 다양화하고 있어 기존 여행시장의 잠식을 예고하고 있다.

(3) 항공사, 호텔의 여행상품 판매 및 여행서비스 강화

항공사 간 경쟁이 치열해짐에 따라 직접 여행상품을 개발 · 판매할 뿐만 아니라, 총판대리점이나 지정여행사를 통해 소비자를 모집하는 형태가 증가하고 있다. 또한 영국항공이나 콴타스, 뉴질랜드, 싱가포르항공 등은 항공권을 개인적으로 구입할 경우 호텔, 차량, 시내관광을 묶어서 판매함으로써 기존 여행사의 영업범위를 크게 위협하고 있다. 따라서 현재 평균 60%에 달하는 여행사를 통한 항공사 선택률 및 50%에 달하는 여행사를 통한 호텔 예약률 등 여행업이 관련산업에 미치는 영향력이 향후 감소될 가능성이 높다.

3) 여행업계의 변화

(1) 새로운 업종의 탄생

정보화의 진전 및 소비자의 기호변화 등으로 인해 기존의 패키지 여행사 중심의 업계가 다변화될 것으로 보인다. 즉, 예약전문여행사, 항공권 발권전문여행사 등 기능별 업종의 분화가 이루어질 전망이며, 인터넷 이용의 확산에 따라 온라인 여행사도 증가할 것이다. 또한 개성 있고, 독특한 여행체험을 기대하는 소비자의 증가로 인해 상품기획전문여행사 등이 출현할 것으로 보이며, 여행컨설팅업체, 여행사전문인력양성기관 등 업종의 전문화 및 관련지원업종의 출현도 기대된다.

(2) 다양한 주체의 시장진입

여행산업이 21세기 유망산업으로의 성장이 예상되면서, 시장진입이 비교적 용이하고, 아이디어 집약적인 여행업의 특성상 다양한 주체의 시장진입이 촉진될 것으로 보인다. 국내의 경우 이미 백화점, 의류업체, 언론사 등이 여행업에 진출하여 참신한 상품기획과 마케팅 전략으로 새로운 시장을 주도하고 있다. 이 밖에도 개인의 능력과 자산을 담보로 한 소규모의 벤처기업이 활성화될 것으로 예상되는 등 다종다양한 업체의 각축전이 예측된다.

(3) 여행상품의 다변화

여행상품의 세분화 · 전문화로 인한 다변화가 촉진될 것으로 예측되고 있다. 점차 여행형태가 주유형에서 체류형으로 변화되고, 가족중심의 여가문화가 정착됨에 따라 소규모 맞춤여행이 보편화될 것으로 보이며, 학습 · 건강 · 문화 · 교양을 중시하는 여행패턴의 보편화로 인해 테마답사여행, 문화 · 역사여행, 보양관광 등이 각광받게 될 것이다.

(4) 공동 여행상품 개발

최근 여행업계에서 공동 여행상품에 대한 관심 고조에 따라 다양한 형태의 컨소시엄이 활발히 진행되고 있다. 컨소시엄이란 기업의 전략적 제휴를 의미하며, 새로운 사업을 위해 둘 이상의 기업이 비용, 위험, 수익을 공유하기로 하는 합의를 의미한다. 현재 국내의 여행업계는 과당 경쟁 및 저마진 구조 등의 부정적 요인에 영향을 받아 산업 전반에 걸쳐 경영상의 위기를 맞고 있다.

이러한 상황에서 여행업계의 공동여행상품 개발은 항공사와 관계 개선을 꾀할 수 있는 효과를 기대할 수 있다. 대기업인 항공사와 소기업인 여행사 간의 거래에서 여행사는 항공사의 압력에 종종 피해를 보고 있는 실정이다. 하지만 이와 같은 컨소시엄의 발전은 소기업인 여행사들의 연합을 통해 항공사와 대등한 거래관계를 정립할 수 있는 근거를 마련해 줄 수 있다. 또한 연합상품은 출발보장 및 여행상품에 대한 고객의 신뢰도를 향상시켜 고객의 여행상품에 대한 충성도를 제고하는 효과를 거둘 수 있다.

(5) 외국계 대형 여행사의 국내진출

최근 들어 유럽과 미국 등 외국계 대형 여행사들의 국내 진출 움직임이 보다 활발해지고 있다. 이들 외국계 대형 여행사들의 국내 진출은 아웃바운드 시장이 성장하기 시작한 1990년대 중반부터 예견되어 왔던 것으로 지난 2000년 1월 1일부터 외국업체가 한국에 들어와서 직접 영업을 할 수 있도록 여행시장이 개방되자 더욱 활발히 진행되고 있다.

5. 여행업의 발전전략

1) 전문화

개별여행의 급속한 성장에 따라 전문성이 높은 소규모업체들이 업계를 주도해 나갈 것으로 보인다. 이에 따라 여행업의 전문화가 향후 여행업계의 판도를 결정하는 주요 변수가 될 것이다. 이에 대한 대응방안으로는 지역별·주체별·주제별 특화 및 기획 및 상담전문인력의 양성을 통한 전문성 제고가 시급하다. 또한 도·소매의 기능별 분리를 통한 업무영역의 전문화가 요청되며, 근대적 경영방식에서 벗어나 시장조사를 통한 합리적인 마케팅 전략 수립과 같은 경영합리화가 시급하다. 이와 관련 연구기능의 강화도 전문성 강화의 전제조건이 될 것이다.

2) 대형화

중소규모 여행사들을 중심으로 컨소시엄 구성 등 전략적 제휴를 통한 대형화가 요청된다. 전략적 제휴는 단순한 업무협조의 범위를 넘어 상승효과를 높이기 위한 업무의 제휴를 말하는 것으로, 복수의 여행업체가 영업상의 비용 · 위험 · 수익을 공유함으로써 규모의 경제로 인한 가격경쟁력 향상을 꾀하고, 외국의 대형여행업체의 진출에도 효과적으로 대비할 수 있는 장점이 있다. 이미 제조업 · 호텔 등에서는 전략적 제휴를 통한 유통망 공유, 공동상품기획 및 마케팅 등으로 상당한 경영효율화를 달성하고 있다. 전략적 제휴를 통해 중소규모 여행사의 경쟁력을 향상시키고, 항공사 · 호텔 등 공급업자에 대한 대응능력을 향상시킬 수 있을 뿐 아니라 여행업의 전문화를 촉진하는 등의 부수적 효과도 기대된다.

3) 정보화

인터넷을 통한 여행시장의 점유율은 2006년 7.3%에서 2010년에는 37.1%로 급성장하고 있다. 따라서 향후 여행업의 성공은 정보화에 대한 대응능력에 달려 있다고 해도 과언이 아닐 것이다. 여행업의 정보화는 가상여행, 사이버여행 등 첨단여행형태의 출현뿐만 아니라, 온라인 여행사 등 새로운 업종을 출현시키고 있으며, 홍보, 마케팅, 상품판매방식 등 영업활동 전 과정에 획기적인 변화를 초래하고 있다.

이에 대한 대응방안은 인터넷 홈페이지의 구축, SNS(Social Network Service)의 적극적인 활용, 소비자 의견조사 등으로 이를 통해 시장조사의 효율성을 높일 수 있다. 또 각종 수배업무 및 현지공급자와의 연락 및 거래방식도 컴퓨터 통신망을 이용할 경우 상당한 인력 및 경비의 절감을 이룰 수 있다. 이 밖에도 홍보, 마케팅, 예약 및 상품판매, 사후관리 등의 전 과정에 컴퓨터통신망을 이용할 경우 상당한 경영효율화를 이룰 수 있을 것이다.

4) 대고객 서비스 강화

양적 관광에서 질적 관광, 주류형 관광에서 체류형 관광, 단체관광에서 개별관광 등으로 관광행태가 변화됨에 따라 점차 여행경험의 질과 전 과정의 서비스가 여행업의 핵심과제가 되고 있다. 이에 대한 대응방안으로 보다 질적인 서비스 제공과 철저한 사후고객관리가 요청된다. 즉, 계약의 전 과정을 총괄책임지고 사후고객의 불만처리까지 담당하는 전문적 고객관리제도의 도입 및 상품기획에 있어서도 차별화된 서비스를 통한 고객만족의 극대화가 요청된다. 최근 국내 대형 여행업체를 중심으로 서비스 보증 제도 및 마일리지 제도 등이 도입되고 있는데, 이러한 제도는 표준약관의 정비 및 소비자 보호체계의 강화 등과 함께 향후 보다 강화되어야 할 여행업의 당면과제이다.

⊕ 여행업의 역할과 업무 ②

1. 여행업의 역할과 업무

1) 여행업의 역할

(1) 신뢰성의 확보

여행객이 여행사를 통하여 사전 예약·수배함으로써 출발 전 심리적 불안감을 해소할 수 있으며, 여행전문가를 통해 정확한 정보를 제공받음으로써 여행사를 신뢰하고 안심하고 여행을 떠날 수 있다.

(2) 정보판단력 제공

여행객은 여행에 대한 다종다양한 정보 선택을 위하여 요망되는 판단력을 여행사에 위임함으로써 보다 유익한 정보를 얻을 수 있다. 또한 여행사는 전문지식, 경험 등의 축적된 노하우를 통해 이를 돕는 역할을 한다.

(3) 시간과 비용절약 효과

통신수단의 발달과 보급 등의 확대로 여행객 스스로가 항공 및 각종 여행예약을 직접할 수 있게 되었지만 그러기 위해서는 많은 시간과 비용이 요구될 뿐 아니라 만족하기도 어렵다. 이러한 점에서 여행객은 여행사를 신뢰하고 모든 사항을 의뢰함으로써 시간과 비용을 절약하는 효과를 얻을 수 있다.

(4) 여행요금의 염가성

여행업자가 대량공급을 통한 가격할인 등을 통해 개인이 직접 수배하여 여행하는 경우보다 훨씬 저렴한 가격으로도 여행이 가능하다. 이러한 경향을 반영하여 최근에는 목적지까지는 교통편과 숙박시설은 미리 준비한 것을 이용하지만 현지에서 행동은 여행객 각자가 자유스럽게 할 수 있는 여행형태인 하프 메이드 투어(half made tour)나 목적지까지의 교통편은 임의 선택하되, 목적지에서 합류, 함께 관광하는 형태의 목적지 집결형 관광 등이 개발·판매되고 있다.

2) 여행업의 업무

(1) 여행상품의 기획·개발업무

상품기획·개발업무는 여행상품의 개발방침을 정하고, 관계시설업자와의 교섭을 통하여, 판매가격의 결정과 선전활동을 전개하는 업무 등을 포함하는데, 이러한 업무는 여행상품에 있어서 두뇌역할을 수행한다고 할 수 있다.

(2) 상담업무

상담업무는 여행정보를 수집하고, 여행상품의 판매보조수단으로 여행상품을 설명하는 기능을 하며, 유능한 여행상담은 고객에게 만족감을 주고, 이를 통해 여행수요를 증가시켜 여행사의 발전에 기여하게 된다.

(3) 예약·수배업무

여행과 관련된 각 요소의 수요를 미리 예측하여 여행자를 위한 대리인으로서 예약 및 수배를 하는 기능을 말한다.

(4) 판매업무

시장조사를 통해 여행자의 선호나 욕구를 파악한 후 이에 적합한 여행요소들을 통합, 여행상품을 생산하고, 이에 적정한 이윤을 붙여 경쟁력 있고 합리적인 가격을 정하

여 여행자에게 판매하는 기능을 말한다. 판매방법으로는 카운터판매, 방문판매, 우편판매, 전화판매, 통신판매, 회원조직판매, 대중매체판매 등이 있다.

(5) 수속대행업무

여행자를 대리하여 여행에 필요한 제반 수속을 대행하는 기능으로 여권, 비자, 해외여행보험 가입, 환전 등 고객편의를 대행해 주는 기능이 포함된다.

(6) 예약 및 발권업무

여행시설업자의 상품 예약·판매 및 판매위탁을 받은 항공권, 철도승차권, 선박승선권 등 각종 쿠폰류를 발행하는 기능이 포함된다.

(7) 여정관리업무

확약된 여행일에 의거하여 원활히 여행을 진행시키는 여행관리기능을 말한다. 여행관리기능은 대체로 Tour Conductor 또는 여행사 직원이 담당하는데, 이들은 여행자와 동행하여 고객의 편의·안전 및 여정을 조정하는 중요한 역할을 담당한다.

(8) 정산업무

여행비용의 견적, 청구, 계산, 지불 등과 같은 정산과 관련된 제반 기능을 말한다.

2. 여행업의 상품전략

1) 여행상품의 개념

여행상품은 서비스 형태로 소비자에게 공급되고 생산자가 무형으로 생산하기 때문에 산업분류상 서비스산업에 포함된다. 즉, 여행상품은 항공을 비롯한 교통, 숙박, 식음료 등 여행관련시설업자들의 단독상품을 조합하여 상품화하여 판매하는 상품이다. 따라서 증가하고 있는 이들 관련업체들과의 협조체제를 긴밀하게 유지·발전시켜 나가야만 여행상품의 소재를 원활하게 공급받을 수 있는 특성이 있다.

2) 여행상품의 분류

여행상품은 여러 학자의 관점에 따라 여러 형태로 나누고 있으며, 참가형태, 판매시장, 여행목적, 여행규모, 여행주체, 여행경비 등의 분류기준에 따라 여러 가지로 분류될 수 있다. 여행객들이 여행에서 필요한 모든 제반 상품을 여행상품이라 할 수 있으며, 여행상품을 분류하면 여행사 여행상품, 숙박상품, 식사상품, 교통상품, 쇼핑상품(기념품, 토산품, 지역특산물 등) 기타 여행상품으로 구분할 수 있으며, 여행상품은 구체적인 것도 있으나 관념적이고 추상적인 것도 많다.

여행상품 중에는 여행사에서 제작하여 판매하는 여행상품으로서 여행방향에 따른 기본적 분류로 국내여행상품, 국제여행상품, 국외여행상품으로 구분하고, 여행상품의 제작시기와 조건에 따른 여행형태별 분류로는 기획상품과 주문상품, 소매상품으로 나눌 수 있으며, 기획상품에는 상표화하여 판매하는 패키지 투어와 기성상품이 있다. 소매상품에는 관련업체의 상품을 대행하여 판매하는 상품이 있다. 이와 같이 여행사 여행상품의 기본적 분류는 국내여행, 국제여행, 국외여행 상품으로 분류하고 일반적인 여행행태별 분류로 기획상품, 주문상품, 소매상품 등으로 분류할 수 있지만, 이밖에도 참가형태로 분류하면 단체조직형, 개인참가형(모집관광), FIT형이 있고, 판매시장에 의하면 일반조직과 포상형태가 있고 여행목적별 분류, 여행상품 조성별 분류, 참가계층별 분류 등으로 다양하게 분류할 수 있다.

표 5-4 여행상품의 분류

분류 방법	분류 내용
기본분류	국내여행상품, 국외여행상품, 외국인여행상품
참가형태	단체조직형 상품, 개인참가형 상품, 개인여행형 상품
참가규모	개인여행 상품(FIT), 단체여행형 상품(GIT)
판매시장	일반모집형, 인센티브형, 어퍼니티형, 경로모집형
기획주최	기획여행, 공동주최, 주문여행
여행목적	순수여행, 겸목적여행
여행형태	주유형, 체재형, DIY형, SIT형, 모험형
참가계층	수학여행, 신혼여행, 어학·직업연수여행, 실버여행

자료: 윤대순(2002). 여행사경영론. 기문사

3) 신상품 개발전략

(1) 신상품 개발의 중요성

오늘날과 같이 격심한 여행사 간의 경쟁하에서는 그 여행사가 유지되거나 성장하기 위해서는 신상품의 개발이 절대적이다. 또한 상품수명주기의 개념은 특정 수명이 환경의 호의적인 발전과 마케팅 노력에 의해 얼마간 연장될 수는 있지만 이것 또한 무한경쟁에 살아남을 수 없음을 말해주고 있다. 또한 모든 상품의 수명에 한계가 있다는 것에 의문의 여지가 없다면 그것은 새로운 제품을 계속 개발하여 사라져가는 상품의 연계성을 갖도록 해야 한다는 사실이다.

이러한 측면에서 신상품 개발의 중요한 요인들을 살펴보면 다음과 같다.

① 상품차별화 전략

상품의 차별화란 자사의 제품을 핵심제품, 상표, 포장, 서비스, 이미지 중 어느 하나 또는 이들의 조합을 이용해서 경쟁제품과 구별되도록 함으로써 독점적 혜택을 누리자는 전략이다. 특히 여행업체는 신제품을 지속적으로 개발하지 않을 수 없게 되는데, 이는 한 번 개발한 신제품은 그것이 여행자로부터 환영을 받으면 받을수록 경쟁업체에 의해 곧 모방되기 때문이다.

② 계획된 진부화

여행상품이 소비자로 하여금 물리적 수명을 다하기 전에 새로운 상품으로 교체하도록 유도하는 사용수명 단축전략이다. 그 구체적인 방법으로 여행상품의 스타일을 자주 바꾸어 기존 상품과 신제품이 구별되도록 하고, 보다 높은 사회적인 가치가 있는 신제품을 앞당겨 구매하도록 하는 계획화된 진부화와 상품의 기능적 특징을 조금씩 개선해서 아직 상품으로서의 기능을 수행하고 있는 기존 제품을 신제품으로 바꾸도록 유도하는 기능에 의한 계획화된 진부화 등이 있다.

③ 상징적 중요성

신제품은 이 상품을 통하여 여행을 다녀온 고객의 위신과 체면에 긍정적인 효과를 가져다 준다. 따라서 자사의 브랜드에 대한 고객의 호감을 유지하기 위해서는 자사 여행상품에 계속 새로운 가치를 불어넣어야 한다.

④ 여행사의 성장과 수익의 확보

상품에는 상품의 수명주기가 있어서 일정기간이 경과하면 성장률이 둔화되어 이익률이 저하되게 되어 있다. 따라서 여행업체로서는 목표이익을 획득하고 성장을 유지하기 위한 신상품 개발이 절실히 요구된다.

(2) 신상품 개발 방향

여행업에 있어서 상품의 브랜드에 의한 도·소매업의 분화는 상품성을 전제로 성립하고 있으며, 상품성이 높아진다는 것은 전문성이 희박해지면서 타 산업에서 여행업분야 진출이 용이해짐을 의미한다고 할 수 있다. 따라서 정보화의 진전이 눈부시게 발전하고 있기 때문에, 중소기업에 속하는 여행업으로서는 이에 대한 대응이 시급한 과제로 부각되고 있다.

3. 여행업의 가격전략

1) 가격의 개념

여행사에서 가격이란 서비스 효용과 가치로서 여행자가 여행사에 지불하는 대가이다. 따라서 여행자는 가격을 그들이 받은 서비스가 전달하는 편익에 해당하는 만큼의 희생이나 비용으로 지각한다. 가격은 명칭이나 형태도 다양하다. 그러나 협의로 말하면 가격은 상품의 대가로 요구되는 금액이고, 광의로는 소비자가 소유 또는 사용하게 된 상품의 편익을 교환하는 대가로 지불하는 가치로서, 어떤 상품에 대한 대가로 돈 또는 상품의 크기이다.

여행사는 가격을 기업의 이윤추구를 촉진하는 방향에서 여행자의 지불능력이나 구매의욕에 상응하는 수준에서 결정해야 하는 이중 구조적인 문제점을 가지므로 마케팅 믹스 요소 중 유일하게 수익을 창출시키는 요소이고, 나머지 믹스들은 모두 비용을 발생시키므로 이익의 원천으로서 총수익에 영향을 주며, 목표이익을 달성하기 위한 기본요건이 되는 동시에 판매에 영향을 준다.

이에 따라 가격의 중요성이 날로 부각되고 있으며, 그 중에서도 최적가격의 중요성이 날로 부각되고 있는데 내용은 다음과 같다.

첫째, 여행사의 규모확장으로 저가격-고품질로서 가격구조에 큰 변화를 가져오고 있다.

둘째, 여행사 간의 서비스 동질화가 진행됨에 따라 가격경쟁이 더욱 치열해지고 있다.

셋째, 여행자들의 의식변화가 두드러지고 있다. 다시 말해 여행사가 개발·생각해낸 여행상품을 구매한 이들이 서비스의 참된 가치를 확인하려는 자각이 강렬해지고 있고, 그들 스스로가 주권을 강력히 주장함으로써 여행사 간 경쟁에서 가격의 중요성이 두드러지고 있다.

그러므로 가격은 마케팅믹스를 구성하는 다른 요인들의 영향을 받는 종속변수 또는 여행사의 직접적 경쟁수단이 되므로 여행사는 보다 과학적이고 합리적으로 가격을 분석하고 결정해야 한다.

2) 가격결정 목표

여행상품의 가격은 여행사의 가격정책이 달성하고자 하는 목표에 따라 달라진다. 따라서 가격정책 목표를 기초로 한 가격결정은 가격정책에 따른 행동전략의 선택이므로 정책목표를 정확하게 인식하지 못하고는 합리적인 가격결정을 할 수 없다는 의미이다. 일반적으로 관광상품 가격결정은 여행사의 마케팅 전략 일환으로 다루는 것이 상례인데, 이는 달성가능한 목표로서의 성격을 가질 수 있고, 또 결과를 평가하는 척도로 사용될 수 있기 때문이다.

여행사의 가격정책 목표는 이윤의 극대화, 목표수익률의 확보, 목표시장 점유율 유지와 확대, 그리고 생존 중 하나로 설정하거나 동시목표가 될 수 있다.

(1) 이윤의 극대화

여행사는 자사상품에 대한 가격을 설정하는 데 있어 자사의 처한 상황에 따라 장·단기목표를 설정해야 한다. 이는 가격설정에 따라 시장점유율, 기업이익, 판매수익 등에 영향을 미치기 때문이다. 그러므로 여행사의 목표에 의해 마케팅 목표가 설정되고, 이러한 마케팅 목표는 가격결정의 핵심적 토대를 형성하므로 가격결정은 자사의 마케팅 전략 수행에 도움이 될 수 있는 방향에서 수립되어야 한다.

(2) 매출 또는 시장 확대

여행사는 매출액과 시장점유율의 극대화를 위하여 저가격에 의한 시장침투 전략을 채택할 수도 있다. 이 전략을 구사하는 여행사는 여행시장에 진입하여 새로운 시장을 개척하려 할 때 자주 활용되며, 무엇보다 자사상품의 시장 확대를 목표로 한다. 뿐만 아니라 여행사는 자사상품의 이용횟수를 증대시킴으로써 구매율을 높이거나 또는 이용상황을 보다 확대시키려 할 때에도 이 가격을 책정하는 것이 유리하다.

(3) 경쟁력 확보

가격정책의 목표로서 경쟁력 확보는 현재 자사상품의 기존 고객을 지속적으로 확보하거나, 나아가 경쟁기업의 고객까지도 유도 또는 흡수하려는 것이다. 이 목표는 시장 확대와는 달리 경쟁관계에 보다 초점을 맞추는 경우로 가격을 경쟁적 우위수단으로 사용하려 할 때 부합된다.

(4) 생존

생존의 목표는 여행사가 이익창출보다는 기업생존을 위하여 최소로 필요한 변동비와 고정비의 일부를 회수하는 선에서 가격을 결정하는 경우이다.

3) 가격결정의 특성

여행사는 필요한 구성요소를 생산·조립하여 생산된 여행상품을 유통경로를 통해 경로 구성원들, 즉 여행소매업자나 여행객들에게 판매한다. 여행업자는 여행 구성요소를 소유하고 있지 않기 때문에 여행소재 공급업자들의 공급능력에 매우 의존하고 있는 실정이다. 따라서 여행상품에 대한 수요가 일시적으로 급증한다고 해도 항공 좌석과 호텔 객실 등과 같은 여행 구성요소를 신축적으로 공급할 수가 없다. 따라서 여행상품은 여행소재 공급업자들의 공급능력 수준에 맞게 판매할 수 없으며, 그들과의 긴밀한 유대관계의 유지가 매우 중요하다. 또한 국외여행의 경우에는 국제항공운송협회(IATA)의 규정에 따라 여행상품 가격인 항공운임, 숙박을 포함한 총경비가 소정의 최저판매가격 수준 이하로 내려가서는 안 된다.

여행상품의 가격결정에는 몇 가지 특징이 있다.

첫째, 여행업은 기본적으로 여행소재들을 소유하고 있지 않기 때문에 여행소재 공급업자가 제시하는 요금에 의해 좌우되는 경향이 있다.

둘째, 해당 관계기관으로부터 많은 제약을 받는다.

셋째, 여행소재 공급능력이 유한하기 때문에 공급의 경직성을 가지고 있어 공급능력에 맞게 여행상품을 공급할 수밖에 없다.

여행상품의 가격구성에 있어서 기초가 되는 원가의 대부분이 숙식비와 교통비를 총괄하는 교통기관의 정책에 달려 있다. 또한 국외 여행상품의 구성요소 중에서 일반적으로 가장 비중이 큰 것은 항공요금인데, 이는 국제항공운송협회의 규정에 의존하고 있는 실정이다.

(1) 여행상품 원가구성요소

여행상품의 원가구성요소는 어떤 면에서 보면 정형화되어 있다. 여행사가 원가계산을 할 때에는 직접비, 간접비 그리고 이익을 합산하는데 이것을 공식화하면 다음과 같다.

> 여행상품의 가격 = 직접비 + 간접비 + 이익
> = [교통비 + 지상경비(숙박비 + 현지교통비 + 식비 + 안내원경비 + 관리비)] + 간접비 + 이익

직접비는 여행코스와 여행기간의 장단에 따라 영향을 받으며 간접비와 관리비는 여행사의 규모, 투입될 판촉비, 판매수량, 여행상품의 종류 및 내용에 따라 상이해진다. 여행상품의 가격책정에 있어 기본이 되는 원가는 숙식비와 교통비가 대부분을 차지하며 이러한 가격구조의 성격으로 인해 여행사가 여행가격을 조정할 수 있는 여지는 그다지 크지 않다.

여행상품 가격요소의 하나인 교통부문 중에서 가장 큰 비중을 차지하는 것은 항공요금이다. 해외여행을 하는 경우 항공요금이 전체 비용의 절반을 차지하고 있다. 그러나 가장 비싼 여행형태는 호화유람선을 이용하는 장거리항해여행이다.

(2) 여행상품의 가격결정요소

여행상품의 가격을 결정하는 데는 여러 가지 요인이 작용하는데, 그 중 크게 직접요소와 간접요소로 나누어 볼 수 있다. 직접요소는 여행기간, 여행거리, 수요공급의 유동성, 구성내용 등이 있고, 간접요소로는 상품 이미지, 판매실적, 서비스 수준, 외국환 변동 등의 요인이 있는데, 자세한 내용은 표 5-5와 같다.

표 5-5 여행상품 가격결정요소

가격결정요인		내용
직접요소	여행기간	여행기간이 길어지면 호텔비용과 숙식비용의 추가와 함께 기타 경비의 추가로 인하여 여행상품의 가격이 높아진다.
	여행거리	이용하는 교통수단에 따라 차이가 있으나, 항공요금이 여행상품 가격요인 중 원가의 대부분을 차지한다.
	수요공급의 유동성	계절적 변화에 따른 성수기·비수기로 차등적용이 되며, 운임도 단체와 개인의 경우가 다르고, 단체의 규모에 따라 할인율을 달리 적용받을 수 있다.
	구성내용	호텔등급, 교통수단, 식사내용과 횟수, 인솔자의 유무, 방문관광지의 유무에 따라 가격의 차이가 달라질 수 있다.
	여행객의 규모	인원의 증감에 따라 지상비가 변동하므로 여행상품가격에 크게 영향을 미친다.
간접요소	상품 이미지	각 여행사의 브랜드명에 따라 가격정책에 영향을 미친다.
	판매실적	비수기의 판매실적에 따라 성수기의 항공요금과 항공좌석 및 지상비가 결정되므로 판매가에 영향을 준다.
	서비스 수준	고객중심의 종사원들의 서비스 제공에 따라 가격차이가 달라질 수 있다.
	외국환 변동	환율의 급격한 변동에 따라 가격결정에 큰 영향을 미친다.
	여행사의 공신력	고객들에게 인지된 인지도와 명성에 따라 가격결정이 다를 수 있다.
	광고·선전비	자사상품의 판매촉진을 위한 광고·선전비용은 가격결정에 영향을 미친다.
	기타	회사의 목표수익률과 영업방침에 따라 가격책정을 다르게 할 수 있다.

자료: 노정철(2014). 여행사경영론. 한올출판사

4. 여행업의 유통전략

1) 유통의 개념

여행사 업무가 단순히 알선업무에 치중했던 시대에는 유통구조의 존재는 필요없었다.

그러나 오늘날과 같이 여행상품의 생산이 전문화되고, 여행상품 생산과 이를 소비하게 될 여행자 간에 관념적, 지리적, 시간적 간격이 넓어지게 되면 될수록 이러한 간격을 좁혀 줄 시스템이 필요하게 되었다. 이것이 바로 여행상품의 유통시스템으로 설명할 수 있다.

최근 들어 정보통신산업의 발전 등으로 인하여 실제로 많은 항공사와 여행사, 그리고 여행업과 관련된 호텔 등에서는 소비자에 대한 직접 판매와 사이버시장 등을 통해 유통단계를 줄이고, 유통비용을 최소화하여 이익의 극대화 및 판매를 증진시키려는 측면에서 더욱 다양하고 효율적인 유통시스템의 필요성 등이 부각되고 있다. 여행업의 유통시스템이란 여행상품의 생산업자로부터 여행자에게 상품과 서비스를 이용하게 하는 과정에서 포함되는 모든 조직의 집합을 말한다. 유통시스템에는 여행소재 공급자, 여행 도매업자, 여행 소매업자, 여행자를 포함하고 있다.

여행소재 공급업자, 여행 도매업자 등이 실제로 여행 소매업자를 활용하는 이유는 첫째, 상당수 많은 여행상품의 생산업자(여행소재 공급업자, 여행 도매업자 등)들이 최종여행자에게 직접 상품을 유통시킬 만한 자금을 갖고 있지 못하기 때문이다. 설사 독자적인 자사의 유통시스템을 구성할 수 있는 능력이 있다 하더라도 여기에 투입될 자금을 그들의 주요 사업에 투자를 집중함으로써 훨씬 많은 이윤을 낼 수 있기 때문이다.

둘째, 여행 소매업자들은 표적시장의 고객들이 상품을 원하는 시간과 편리한 장소에서 훨씬 용이하게 구입할 수 있게 해주는 역할을 하고 있다.

셋째, 여행 소매업자들은 여행 공급업자(여행소재 공급업자, 여행 도매업자 등)가 생산한 상품의 구색을 소비자들이 원하는 구색으로 전환시켜주는 기능을 하고 있다. 즉, 유통시스템을 통해서 여행 소매업자들은 많은 여행 공급업자들로부터 대량으로 상품을 구입하여, 여행자들이 원하는 다양한 구색을 갖추어 소량으로 판매한다.

2) 유통시스템의 구성요소

여행업의 유통시스템에는 여행 도매업자와 여행 소매업자가 있지만, 단지 우리가 유통시스템이라 칭할 때는 전체 또는 상품별 시스템을 가리키는 것이다.

여행업 유통시스템의 구성요소를 보면,

- 소비자 : 여행자(개인), 업무용 소비자(기업), 정부 등
- 중간상 : 상업자(총판매 대리점, 여행 도매업자, 여행 소매업자, 투어 오퍼레이터, 특별 중간업자 등)

• 생산자 : 여행상품 메이커
• 보조기관 : 교통기관, 통신, 금융, 보험, 광고대리점, 시장조사기관 등
• 통제기관 : 공적 기관(정부 및 지방공공단체), 사적 기관(업체) 등으로 구분할 수 있는데, 이와 같은 구성요소는 공간적, 수평적, 수직적으로 결합되어 여행업의 유통기구를 형성하게 된다.

3) 유통시스템에서의 중간상의 형태

여행업자는 항공사, 크루즈 회사, 철도, 버스회사 등의 육상 교통기관과 여행사, 관광용역업자 등과 같은 여행소재 공급업자들로부터 여행관련 각종 서비스를 구입, 조립해서 여행이란 상품을 생산, 이를 여행자에게 판매, 제시하는 자를 말한다.

이러한 여행업자는 여행업 유통시스템에서 그들의 서비스를 직접 여행객들에게 판매하거나 또는 하나 내지 그 이상의 유통단계를 거쳐 판매할 수 있다. 이러한 여행업자들의 경영형태와 상호 관련성을 이해함으로써 사업거래를 촉진시킬 수 있다.

(1) 총판매대리점(General sales agent)

총판매대리점은 해당 상품을 판매하는 여행사에게 일정지역 내의 독점적인 판매권을 부여하여 특정지역 내의 판매를 일괄적으로 관리할 수 있도록 하는 형태로서 해당 여행사는 총판매권이 주어진 상품만을 주력하며, 이에 대한 예약관리도 책임진다.

특히 크루즈나 호텔 또는 미취항 항공사 등과 관련되어 나타나는 유통시스템의 형태로서 여행사는 해당 상품에 대하여 높은 선호도를 보이며, 해당지역 내의 판매에 대하여 비교적 정확한 판매를 예측할 수 있어 수요예측에 따른 전략적인 마케팅을 펼 수 있다.

그러나 공급업체의 입장에서는 유통시스템이 국한되어 있으므로 판매량의 한계가 있을 수 있고, 지정된 여행사에 세력이 집중되어 일정기간이 지난 뒤 공급업체의 관리가 용이해지지 않는다는 단점이 있다.

(2) 여행도매상(Wholesaler)

여행도매상은 패키지 투어를 생산하여 그것을 자사나 여행소매상이 구축해 놓은 판

매망을 통해 여행시장에 판매하는 여행업자를 뜻한다.

　세계관광기구(WTO)는 "여행 수요를 미리 예상하여 여행목적지에의 수송과 목적지에서의 객실 그리고 여행에 필요한 서비스(여행, 유흥)를 준비하여 이를 완제품으로 만들어 여행사 또는 직접 자사의 영업소를 통해 개인 또는 단체에 일정한 가격으로 판매하는 유통경로상의 기업이다."라고 정의하고 있다.

　여행도매상의 성장배경은 항공좌석을 비롯하여 각종 여행소재의 대량구입이 가능해진 여행 도매업자가 구입단위가 적은 중소 여행업자에 비해 구입단가면에서 유리한 입장에 서게 되었고, 여행소재 공급업자 또한 판매량 증대를 위해서도 자연히 자사상품을 대량구입하는 여행업자를 우대하는 현상에서 비롯되었다.

(3) 여행소매상(Retailer)

　여행 유통시스템상에서 여행소매상이라 하면 여행사를 지칭한다. 사실상 여행 도·소매상 간에 수행하는 업무내용과 기능면에서는 큰 차이가 없으며, 특히 여행도매업을 하면서도 소매업을 겸하기도 한다.

　WTO에서 분류한 여행소매업의 기능은 다음과 같다.

　첫째, 여행과 숙박 등에 수반되는 서비스 내용 및 조건에 대해 여행자에게 정보를 제공하며, 소매공급자인 항공사 및 여행사 등의 상품을 지정된 가격으로 여행시장에 판매할 수 있는 업체로, 다만 중간상의 역할만 수행한다.

　둘째, 여행상품 판매액에 대해 일정률의 수수료를 지급받는다고 명시하고 있다.

(4) 투어 오퍼레이터(Tour operator)

　여행사가 광고로 잠재여행자들에게 제시한 패키지 투어의 내용이 성실히 제공되게끔 책임을 지는 중간상을 말하는데, 투어 오퍼레이터는 출발지에서 여행목적지까지의 왕복운송서비스 및 목적지 내에서의 식사수배 및 여행 프로그램의 진행 등의 업무를 수행한다.

(5) 특별 중간업자(Speciality channelers)

　포상여행을 기획하고 실시하는 회사회합 및 회의를 기획하고 운영하는 회사 등이 포함되는데 이들은 여행소재 공급업자나 여행업자를 대리하기 때문에 유통시스템상에서 강력한 영향력을 발휘한다.

오늘날 여행산업이 점차 전문화되어 가고 있는 추세를 감안하면 이들의 존재 의미는 매우 크다고 말할 수 있다.

4) 유통시스템의 기능

유통시스템은 여행상품을 여행공급자로부터 소비자에게 이전시키는 과정에서 시간, 장소, 소유 및 형태의 효용을 제공하는 역할을 담당하며, 다음과 같은 주요 기능을 한다.

- 시간효용 : 소비자가 원하는 시간에 언제든지 상품이나 서비스를 구매할 수 있는 편의를 제공해 준다.
- 장소효용 : 소비자가 어디에서나 원하는 장소에서 상품이나 서비스를 구매할 수 있도록 편의를 제공해 준다.
- 소유효용 : 생산자로부터 상품이나 서비스가 거래되어 소유권이 이전되는 편의를 제공해 준다.
- 형태효용 : 상품과 서비스를 고객에게 좀 더 매력적으로 보이기 위하여 형태나 모양을 변경시켜 편의를 제공해 준다.

5) 유통시스템의 경로

여행사가 소비자의 요청에 따라 단순히 알선과 수배·예약업무만을 취급하던 때에는 유통경로의 문제가 없었다. 그러나 여행사가 여행상품을 직접 개발·판매하게 되면서 유통의 중요성이 커지게 되었다. 또한 소비자들의 여행상품에 대한 욕구가 다양해지고, 판매량이 증가하게 되면서 여행사는 대량판매를 하게 되었으며, 이로 인해 자사의 여행상품을 타 여행사의 판매망을 통해 판매하게 되었다.

그림 5-1과 같이 여행상품의 유통경로는 여행공급자로부터 여행자에게 전달되기까지 여행도매업자, 여행소매업자, 특별중간업자 등의 경로를 거치게 되며, 이러한 유통경로는 유통시스템 내에서 각각의 결합이나 상호작용이 나타나게 된다.

(1) 1단계 유통시스템(여행공급자 → 여행자)

제1단계 유통시스템은 여행자인 고객에게 자사의 제품을 직접 판매하는 형태이다. 즉, 여행사, 여행상품제조업자, 여행대리점 등의 중간매개 없이 직접 여행자에게 판매되는 것을 말한다. 예를 들면, 항공사나 호텔이 판매 및 예약부를 두고 직접 고객에게 항공권이나 객실을 판매하고, 또한 고객은 자신이 직접 항공좌석이나 호텔을 예약하고 여행일정을 스스로 선택하는 단계이다.

(2) 2단계 유통시스템(여행공급자 → 여행사 → 여행자)

제2단계 유통시스템은 여행공급자가 유통기관을 거쳐 여행자인 고객에게 판매하는 형태이다. 즉, 여행공급자와 여행자 사이에서 상호작용을 하는 여행사를 통해 구매된다. 대리점(여행사)은 여행소재 제공자를 대리하여 여행상품을 판매하고 판매대가로서 일정률의 수수료를 받는다. 여행사는 대량구매를 통해 여행공급자에게 여행자보다 상당한 영향력을 발휘할 수 있다.

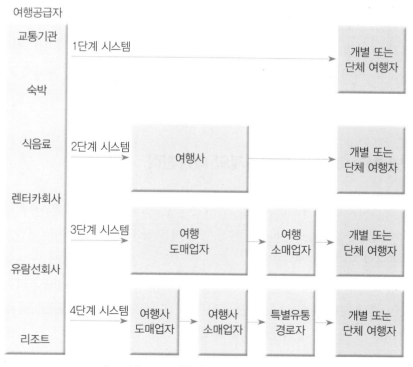

◎ 그림 5-1 여행상품 유통시스템의 경로

(3) 3단계 유통시스템(여행공급자 → 여행도매업자 → 여행소매업자 → 여행자)

제3단계 유통시스템은 여행공급자가 도매업자나 유통경로자를 통해 소매업자에게 판매된 다음 다시 여행자에게 판매하는 형태로 이것이 가장 전형적인 여행유통경로의 구조이다. 여행공급자는 여행자의 수요를 미리 예측하고, 호텔객실을 예약하거나 항공좌석을 예약하는 등의 필요한 예약과 수배를 통해 여행상품을 만들어 대리점 또는 여행소매업자에게 판매하는 유통경로이다.

(4) 4단계 유통시스템(여행공급자 → 여행도매업자 → 여행소매업자 → 특별중간업자 → 여행자)

제4단계 유통시스템은 여행소재 제공자가 도매업자나 지상수배업자에게 판매하는 여행사를 통해 소비자인 단체 등의 특별중간업자를 통해 여행자에게 판매하는 유형이다. 다시 말하면 공급업자와 소비자 사이에 있는 3단계의 유통구조에 특별중간업자들이 개입되어 유통경로를 구성하는 여행유통시스템이다. 즉, 여행상품에 대한 여행계층의 확대로 인해 여행상품을 여행단체조직자와 같은 특별중간업자를 통하여 개별 여행자에게 판매하는 것을 말한다.

이상과 같이 여행상품의 유통경로를 4단계로 요약하였지만, 여행상품이 전문화되면서 유통경로도 점점 복잡화·다양화되어 가고 있는 추세에 있으며, 따라서 향후 여행상품의 유통경로가 더욱 다양화되어 나타나게 될 것이다.

5. 인터넷 환경 하에서 여행업계의 대응전략

인터넷 비즈니스를 성공적으로 전개한다는 것은 결코 쉬운 일이 아니다. 혁신적인 아이디어와 예리한 지식을 기반으로 새로운 세계를 창조해 가는 모험정신만이 인터넷 비즈니스에서의 성공을 약속해준다.

이러한 관점에서 인터넷 환경하에서 여행사들이 추구할 수 있는 성공전략은 상품의 특징, 여행업계의 동향, 변화양상, 성공기업들의 전략 등을 고찰해 보았을 때 어떠한 측면에서 접근할 수 있는지 살펴보면 다음과 같다.

1) 풍부한 정보와 폭넓은 선택권의 확보

여행서비스 분야에서의 정보제공은 인터넷 비즈니스를 시작하기 위한 출발점이 될 수 있다. 앞서 언급하였듯이 여행산업 분야는 고객들이 사전에 일정한 계획수립과정을 진행하는 것이 통례이고, 이를 위해서는 다양한 정보를 필요로 한다.

따라서 정보를 제공하는 사이트는 소비자들에게 의사결정을 위한 기초자료를 제공하는 동시에 동 사이트에서 판매하는 여러 가지 상품의 구매를 촉발하는 요소로 작용한다. 정보제공능력이 경쟁력이 되는 것이다. 즉, 자신의 사이트에서 가능한 한 많은 항공사, 호텔, 여행상품, 렌터카 등을 취급하는 사이트는 매우 많은 선택권을 고객들에게 제공함으로써 다양한 고객층의 확보가 용이해지는 것이다.

2) 고객에 대한 이해

고객들은 쇼핑을 통하여 물품이나 서비스를 구입하고자 하는 목적과 함께 쇼핑하는 과정에서의 즐거움도 추구하고 있다. 이러한 쇼핑으로부터의 즐거움은 쇼핑에서의 편리함이 매우 중요한 역할을 담당하기 때문에 쇼핑 중 편안함을 느끼는 사이트를 선택하게 될 것이다. 물론 이러한 편안함을 기본으로 하여 쇼핑과정 중에서 느끼게 되는 즐거운 경험이 매우 중요한 요소로 작용하므로 인터넷 여행사들은 자사가 판매하는 상품이나 전략의 관점에서 사이트를 구성하기보다는 고객의 경험을 중시하는 관점에서 사이트를 운영해야 할 것이다. 즉, 고객을 이해하고 이들의 욕구를 최대한 수용할 수 있어야 고객으로부터의 충성심을 확보하여 지속적인 경쟁우위 구축의 기반을 마련할 수 있다.

3) 메타 미디어리를 지향

인터넷상에서의 네티즌들은 몇 번의 클릭만으로 산업 간, 기업 간 영역을 재빠르게 넘나들고 있다. 이렇게 어느 특정 영역에 오래 머물지 않는 인터넷 환경하에서는 여행, 휴가, 휴식이라는 고객의 욕구에 총체적으로 대응하는 토털 서비스를 제공하는 소위 메타 미디어리(Metamediary)를 지향해야 할 것이다.

메타 미디어리 사이트에서는 여행·휴가·휴식을 위하여 계획을 수립하는 단계에서 시작하여 운송, 숙박, 오락. 비즈니스, 여행보험, 여행상품 판매, 여행관련 정보제공 등 통합된 서비스를 제공하고 있다.

4) 맞춤서비스 제공

여행상품의 경우는 고객들 간의 선호가 너무나도 상이한 특징을 보이고 있다. 또한, 타인들과 공동으로 교감하면서 소비하고 상호작용 또한 활발히 가지길 희망하면서도 개인적인 특성을 살리고자 하는 경향이 매우 높다. 따라서 고객들의 이러한 성향을 충족시키기 위해서는 개인화된 맞춤서비스의 전개가 필수적이다.

그러나 이러한 개인화된 서비스도 공동체적 성격을 잃지 않을 때만이 비로소 고객에게 가치 있는 서비스가 될 수 있으며, 인터넷은 이러한 서비스를 수행하기에 너무도 적합한 환경을 제공한다. 컴퓨터에 의한 서비스의 수행은 추가적인 서비스의 제공에 대한 한계비용을 낮추어줌으로써 비용 대비 효과측면에서 엄청난 부가가치를 산출한다. 따라서 앞으로의 여행사 웹사이트는 한 명 한 명의 추가고객 유치를 위한 경쟁으로 전개될 것이다.

5) Business Model의 재정립

현재까지는 많은 여행사이트들이 온라인상에서의 활동이 수익의 실현과 무관하게 운영되는 측면이 없지 않았으나 앞으로는 실제적인 수익 창출 모델이 확보되지 않고서는 경쟁력 있는 사이트로 존속할 수가 없다. 따라서 수수료나 거래처리비용, 혹은 중개료 등 다양한 수익의 창출근거를 마련해야만 한다.

또한, 혁신적인 비즈니스 모델을 구축하여 경쟁사가 모방하지 못하도록 특허를 출원하거나 과정상의 노하우를 차별적으로 구축하여야 한다. 더불어 모험여행, 사파리, 수학여행 등 특화된 여행상품을 지속적으로 개발하여 고객의 수요에 적극적으로 대응하여야 할 것이다. 강한 브랜딩 전략도 수반하여 효과적인 마케팅 및 광고전략을 통한 기업의 지명도 제고를 바탕으로 고객들의 신뢰감을 증가시켜 사이버 환경에서 느끼는 고객들의 지각위험을 감소시킬 수 있어야 보다 성공적인 사이트로 탄생할 수 있다.

관광숙박업

New Principle of Tourism Business

Chapter

06 관광숙박업

New Principle of Tourism Business

① 호텔의 발전배경과 역사

1. 숙박업의 발전배경

숙박은 여행과 관광사업을 구성하는 필수적인 요소이다. 현대 호텔산업의 발전은 전통적으로 등장하여 온 숙박형태가 오늘날의 호텔로 발전되어 온 것으로 이것은 자기 집을 떠난 사람들이 타 지방을 이동하면서 가장 먼저 필요로 하는 것이 숙박시설이기 때문이다.

현대적인 의미의 호텔은 아니지만 고대 로마의 오스티아(Ostia)에서 발견된 숙박시설은 당시의 여행과 숙박시설의 형태로 추측을 할 수가 있으며, 여행자들은 발달되지 못한 도로사정과 불안한 치안 상태에서 여행을 해야 했던 시절에 피난처로서 숙소를 필요로 했고, 그 당시에는 간이 숙소가 제공이 되었을 것이다. 고대 로마시대의 여행의 발전에 도로와 교통수단의 발달, 숙박시설의 발전이 기여한 바 크다고 할 수 있다.

영국의 경우, 1600년 세계에서 처음으로 스롭시어(Shropshire)지방에 목조 2층 건물의 로드로우의 페더 호텔(Featheres hotel of Ludlow)이 등장하여 호텔이라는 용어가 생겨나게

되었으며, 호텔이 기업으로 운영한 것은 1895년도부터였을 것으로 추측하고 있다. 그러나 오늘날 의미하는 호텔의 기원은 영국에서 시작되었던 산업혁명(industrial revolution)과 때를 같이 하여 발전하여 왔다.

숙박시설의 발전에는 교통수단의 발달이 중요한 역할을 하였으며, 19세기 중엽까지 대부분의 여행은 어느 한 국가 영토 내에서 도로를 이용하여 상업 및 직업적 이유로 이루어졌을 뿐만 아니라 여행의 규모도 작았고 일부 계층에 한정되었다. 하지만 주요 도시에는 숙박시설이 발전하여 19세기 이후 근대 호텔산업 성장의 기초가 되었다.

근대적 호텔의 기원은 18세기까지 거슬러 올라가지만 어떤 규모든지 철도와 그 이후의 호화기선이 호텔산업 성장에 영향을 미쳐 본격적으로 호텔이 기업경영의 대상으로 자리를 잡은 것은 19세기라 할 수 있다.

2. 숙박업의 역사

1) 숙박업의 역사적 발전과정

호텔의 기원은 기록상 고대 이집트와 로마시대에까지 거슬러 올라가나 그 당시의 숙박시설은 오로지 생존을 위한 필수적인 요소만을 제공하였으며, 근대적 의미의 호텔은 18세기 경 영국에서 발달되었던 산업혁명을 계기로 탄생되었다고 본다. 산업혁명과 더불어 발달된 교통수단은 도로망의 확충을 가져왔으며, 또한 여행객이 증가하는 요인이 되었다.

(1) 고대의 숙박업

고대의 여행자들은 자신의 안전이 신에 의해 보호된다고 믿었으며, 지방주민들로부터 세 가지 기본적인 사항, 즉 음식, 물, 숙소를 제공받았다. 특히, 고대의 바빌로니아의 함무라비법전에는 여인숙의 운영에 관한 입법내용이 남아 있으며, 폼페이의 유적 가운데에는 아치형의 여인숙으로 추정되는 건물형태가 남아 있다.

고대 페르시아에서는 숙박시설물로 칸(khan), 역의 집(posthouse) 등이 있었는데, 역의 집은 카라반의 루트를 따라 지은 숙소이다. 마르코 폴로의 기록에 의하면 역의 집은 왕을 위한 아파트 같은 얌(yam)으로 약 10,000여 개가 있었던 것으로 알려져 있다. 얌은 말로마시대에는 공용화폐인 코인이 유통되어 여행자의 짐을 가볍게 하였는데, 로마를 중심으로 한 육로와 수로의 발달과 함께 여행자의 보호에 대한 법률의 제정에 힘입어 각 지방도시와 지중해 내의 국가 간 여행이 크게 활성화되었다.

이 시대의 숙박시설로는 황제의 사자를 유숙시키는 hospitium, 여행자를 위한 trverns, Inn, caupona 등이 있었고, popinas라는 술과 음식을 파는 식당도 있었다.

(2) 중세의 숙박업

로마제국의 멸망(A.D. 476)으로부터 약 1천년간은 관광에 있어서 암흑의 시대(Dark Age)였으나, 십자군(Crusade)원정과 순례여행(pilgrimagas)이 겨우 여행의 맥을 이어갔다.

이 당시 수도원은 여행자나 성지순례자에게 그 시설을 개방하여 제공함으로써 숙박시설의 역할을 대신하게 되었다. 어떤 수도원은 이들을 위해 별도의 건물을 지었는데, 이것을 '제나더카이움(Xenodocheions)'이라고 한다.

초기 여인숙은 보통 몇 개의 방을 갖춘 큰 건물이었지만, 한 객실 내 여러 개의 침대를 놓아 사용하는 단체실로 여행자가 체류기간을 넘기고 무제한적으로 음식을 제공해야 하는 부담이 따르기 때문에 한 장소에서 3일 이상 체류하지 못하도록 제한하였다.

1282년 이탈리아 플로렌스 지방에서 도시의 숙박업자들이 환대산업으로 전환하기 위해 길드 또는 조합을 결성하였는데, 이를 계기로 여인숙은 허가제로 바뀌고, 여인숙의 소유권도 주인이 아니라 시 당국에 속하게 되었으며, 3년간 임대하여 영업하게 되었는데 경매에 의해 팔리기도 하였다.

14세기 경 이탈리아에서 일어난 문예부흥운동(Renaissance)은 전 유럽으로 확대되어 여행과 숙박업이 다시 살아나는 계기가 되었다. 16세기 초 루터의 종교개혁은 중세유럽의 역사에 커다란 전환점이 되면서 수도원이 쇠퇴하고 여인숙(Inn)이 부활하기 시작하였으며, 다양한 음식들이 제공되고 클럽도 생겨나기 시작하는 계기를 마련하였다.

(3) 근대의 호텔업

① 호텔의 등장

15~16세기 스페인, 포르투갈과 영국에 의해 주도된 대항해시대에는 지리상의 새로

운 발견이 잇달았고, 1523년 마젤란의 함대가 귀국함으로써 최초의 세계일주가 성공하게 되었다.

또한, 영국을 중심으로 청교도혁명, 시민혁명, 명예혁명이 성공하면서 시민계급이 주체가 되는 근대사회가 확립되면서 근대관광의 새로운 전기를 마련하게 된다.

퀸 엘리자베스 1세 때 영국은 번성기를 맞이하여 교통수단과 온천휴양지(SPA)가 발달되기 시작했다. 또한, 처음의 온천은 건강이 목적이었으나 점차 사교의 장소가 되었는데, 이것이 오늘날 해변휴양지(seaside resort)의 시초가 되었다.

그리고 그때까지 기호품으로 사용이 금지되었던 커피가 유입되면서 영국에서는 커피하우스(Coffee House, 1650)가, 프랑스에서는 카페(cafe, 1669)가 생겨났는데, 사회적인 사교장소로 많이 이용되었다.

호텔의 등장은 17세기 페더호텔(Feathers Hotel)이 생겨난 후 호텔의 용어가 소개되기 시작하였다. 숙박업의 기원은 Inn(여인숙)이라 할 수 있다.

교통수단의 발달과 고급화, 숙소의 대형화로 사교모임이 잦아지고, 미지의 세계에 대한 정보교환이 활발하게 이루어졌는데, 이러한 사회적인 환경변화 속에서 영국의 귀족자제가 유럽대륙으로 학습여행을 떠나는 풍조가 생기기 시작했다.

괴테, 셸리, 바이론 등 저명한 작가나 사상가들이 대륙을 여행한바, 그들의 작품을 통해서 관광이 더욱 자극되어 교육관광의 시대를 열었으며, 이러한 문화의 전파로 프랑스에서도 호텔이 생겨나고 호텔이란 용어가 자연스럽게 전파되었다. 이 시기가 이른바 그랜드 투어(Grand Tour)의 시대인 것이다.

② 그랜드호텔시대

그랜드호텔시대는 1850년 파리에 건립된 최초의 숙박산업인 그랜드호텔의 명칭을 따 부르게 되었는데, 이 호텔의 명칭이 고급호텔의 대명사로 쓰이고 있다. 그랜드시대의 호텔은 파리, 고급휴양지 니스(Nice), 독일의 온천휴양지 바덴바덴(Baden Baden) 등지를 중심으로 번창하였으며, 이러한 고급호텔의 창시자는 스위스 출신의 세자르 리츠(Cesar Ritz)이다.

세자르 리츠는 17세때 파리 레스토랑 보와상(Restaurant Voison)의 웨이터부터 시작하여 고객기호의 분석을 통해 고객만족을 실현한 탁월한 인물로 27세 때는 스위스의 최고급호텔, 호텔 그랜드내셔널의 지배인이 된 이후 적자기업을 흑자기업으로 전환하였다.

그의 서비스에 대한 탁월한 재능은 최초 서양요리사인 조르주 오규스트 에스꼬피아의 만남으로 더욱 성숙하게 되었는데, 1889년 런던 사보이호텔(The Savoy Hotel)을 경영하면서 일요일 디너서비스로 부부동반 일요일 외식습관을 정착시켰으며, 레스토랑 이용자 정장 의무화 및 여성미동반 고객은 출입금지 등 여성고객의 중요성을 크게 부각시켰다.

1897년 파리에서 리츠호텔(Hotel Ritz)을 개업하였으며, 1899년 최초로 모든 객실에 욕실이 딸린 고급호텔 칼튼(The Carlton)을 개업하였다. 1918년 리츠의 죽음으로 그의 유지를 받아 리츠개발회사(Ritz Development Company)가 설립되어 호텔경영사상 최초로 프랜차이즈에 의한 체인화를 추진하여 미국 등에서도 고급호텔로서 영업을 하고 있다.

③ 근대호텔의 출현

1829년 미국 최초의 현대식 호텔인 트레몬드 하우스(Tremont House)가 보스톤에서 170개의 객실을 갖춘 대규모호텔로 오픈을 했다. 이 호텔에서는 파격적인 새로운 호텔경영의 기준을 제시하였는데, 그 기준은 다음과 같다.

- 최초의 벨보이 제도
- 최초의 객실 내 물 사용 가능(음료 및 세면도구)
- 최초의 호텔 클러크
- 최초의 프랑스 요리와 메뉴카드
- 최초의 각 객실별 열쇠 및 열쇠줄(chain) 부착
- 객실 내에서의 호출가능 등이다.

또한, 서부개척의 붐을 타고 서부지역과 태평양 연안을 따라 호텔들이 설립되기 시작했는데, 시카고의 그랜드 퍼시픽(Grand Pacific), 팔머 하우스(Palmer House), 세인트루이스의 플란터(Planters), 샌프란시스코의 팔레스(Palace)가 대표적이다.

당시 이 호텔들은 건축기술의 혁신과 함께 1834년에 실내 급수시설, 1853년에는 증기기관, 엘리베이터, 1894년에는 뉴욕의 네덜란드(The Netherlands) 호텔에 객실별 전화번호가 설비되는 등 새롭고 편리한 호텔시설이 고객들에게 선보였고, 호텔 주변은 경제, 금융의 중심지가 되고 있었다.

19세기 말에는 뉴욕의 월도프 아스토리아(Waldolf-Astoria) 호텔이 천 여실의 객실규모로 개업하면서 월도프 메뉴얼을 작성하여 서비스의 체계화에 큰 공헌을 하였다.

④ 상용호텔의 등장

20세기에 들어와 늘어나는 여행객에 따라 상용고객이 원하는 숙박시설의 형태, 서비스의 개발, 중산층과 일반대중에 적합한 숙박시설이 필요하게 되었는데, 이러한 시기에 등장한 인물이 호텔의 황제 또는 왕이라고 불리는 스타틀러(Ellsworth Milton Statler; 1863~1928)이다.

스타틀러는 리츠의 호텔경영방식과 달리 일반대중을 위한 부담 없는 요금, 최고의 서비스, 혁신적인 호텔경영방식을 도입하였는데 그의 호텔운영방식을 보면 다음과 같다.

- 화재의 위험에서 벗어나기 위해서 계단에 방화문을 설치
- 어두운 곳에서도 쉽게 찾을 수 있는 객실 열쇠
- 'Do not disturb'라는 표식을 문고리에 사용
- 어두운 데서도 쉽게 켤 수 있는 객실 내의 전등 스위치 설치
- 고객 개인용 욕탕
- 전신 크기의 거울 설치
- 객실 내에 얼음물(ice water) 제공
- 객실 내 조간신문 무료 배포 등

이와 같이 스타틀러의 호텔경영방식이나 기법들은 오늘날에도 모델이 되고 있다.

스타틀러의 호텔경영에 있어서의 성공요인은 첫째, 리츠와는 달리 적정한 요금으로 호텔이용의 대중화를 유도하였으며, 둘째, 테일러의 과학적 관리기법을 도입하여 업무의 표준화, 능률화, 합리화를 추구하였고, 경영이념을 편리성, 쾌적성, 가격의 타당성에 두었다. 셋째, 호텔건설에 대한 투자시 계획단계에서부터 수익성을 고려하였다. 마지막으로 저가격을 실현하기 위하여 비용절감을 위한 노력을 하였다. 즉, 박리다매와 체인의 장점을 살렸다.

⑤ 호텔체인시대 등장

1940년대의 대공황을 거치면서 호텔산업은 전후 복구활동으로 다시 살아나기 시작하였다. 호텔업계는 호황으로 객실 점유율이 100%를 초과하여 고객들을 홀이나 공공장소에 재우기까지 하였는데, 이러한 시대에 등장한 것이 1954년 스타틀러(Statler Hotel)호텔의 모든 체인이 힐튼이 인수되면서 힐튼호텔시대(Hilton hotel)가 개막하였다.

힐튼의 호텔경영방식과 매니지먼트 콘트랙트(Management Contract) 보편화 등으로 오늘날 고급호텔 체인방식인 관리운영 위탁방식(management contract)을 이론화하는 데 성공하였고, 이러한 호텔체인은 호텔사업의 국제사업으로의 인식 확대에 기여하였으며, 경제성이 발휘될 수 있도록 호텔공간의 이용극대화 추진은 물론, 계수관리와 호텔종사원에 대한 동작과 시간연구개념 도입 등 능률주의도 추구하였다.

그 이후 케몬스 윌슨(Kemons Wilson)은 모텔업계의 홀리데이인(Holiday Inn)을 통한 프랜차이즈 시스템 운용에 성공하였으며, 포트맨(John. C.Portman, jr)의 하얏트(Hyatt) 진출도 이 시기에 이루어졌다.

또한, 항공사의 호텔진출도 눈에 띄었는데 팬암항공사의 인터콘티넨탈 호텔, 일본항공의 니꼬 인터내셔널 호텔 시스템, 아메리칸항공의 아메리카나호텔, 국내 항공사인 대한항공의 칼호텔, TWA항공사의 힐튼 인터내셔널 호텔 등이 대표적이다.

1950년 벨기에 출신 브리츠(Gerard Blitz)(수상스키 챔피온)에 의해 1990년에 설립된 세계 200여 개소의 휴가촌을 경영하는 세계최대 다목적관광호텔(resort hotel)인 지중해클럽은 1954년 프랑스 트리가노(Gilbert Trigano)가 참여, 사업확장을 통하여 현재의 클럽 메드(club mad)로 성장하였다.

☉ 표 6-1 호텔업의 발전과정

시대구분	토속적 숙소(Inn)시대 (여행현상의 발생과 동시)	그랜드호텔시대 (19세기 후반)	근대 상업호텔시대 (20세기 후반 이후)	현대의 체인호텔시대 (20세기 후반)
주된 이용객	종교, 경제 및 군사적 목적을 위한 여행객	특권층, 부유계층	상용여행객	상용여행객, 관광여행객, 지역주민
건설목적	자선, 자연발생적	사회적 명예획득	이윤추구와 획득	다양한 목적, 국민복지
경영방침	사회적 의무	황후, 귀족취미지향, 부가가치 증대	비용지향, 박리다매	마케팅지향, 경영다각화
조 직	독립, 소규모적	독립, 중소규모	체인화, 규모의 경제추구	체인화, 이론의 다양화
시설성격	최저 필요조건 확보	호화성, 진기성	표준화, 편리화, 간소화, 저원가화	개성화, 행사용도 개발중시
경영자	미 상	리츠, 에스꼬피에	스타틀러, 힐튼	토리가노

2) 우리나라 호텔업의 역사

예로부터 우리나라에서는 장터를 왕래하는 장사꾼이나 나들이를 하는 서민을 위하여 길가나 동네 어귀에서 술과 음식을 팔고 나그네를 유숙시키는 주막(酒幕)이라는 것이 있었다. 이러한 원시적인 숙박시설은 그 기능은 달리하지만, 신라시대에는 역(驛)이라는 새로운 형태로, 고려시대에는 객사(客舍)라는 형태로, 조선시대에는 역(驛), 원(院), 여각(旅閣) 또는 객주(客主)라고 불리면서 발전하였다.

(1) 신라시대

삼국시대 신라 문무왕 때에 차득공(車得公)이 지방을 여행하면서 지방사속(地方史屬)의 집에서 유숙하였다는 기록이 「삼국유사」 문무왕조에 수록된 사실로 보아 그 당시에 민박과 같은 형태의 숙박시설이 있었음을 알 수가 있다.

숙박시설 제도에 대한 최초의 기록으로는 「삼국사기」 3권 신라본기에 염지마립간(焰知麻立干) 9년(487) 3월, "서방에 우역(郵驛)을 두고 소사(所司)에 명하여 관도(官道)를 수리케 했다."는 기록으로 알 수가 있다.

그후 신라 문무왕 8년(668) 당나라와 연합하여 고구려를 정벌할 때 "왕이 용돌역(褥突驛)에 이르렀다."라는 기록이 「삼국사기」 제6권에 수록되어 있으며, 제37권에 문무왕 9년(669) 당의 영국공 이적(李勣)이 고구려의 옛 땅에 도독부와 주, 현을 설치한 기록에 국내성의 위치를 평양으로부터 17역의 거리에 있는 것으로 표기한 것 등에 의하면 삼국시대 말기에 있어서는 역제(驛制)가 일반화되고 널리 보급되어 있음을 알 수가 있다.

통일신라시대에는 우역사무의 전담기관으로 경도역(京都驛)을 설치한 바 있으며 그 뒤 궁예의 태봉에 계승되어 다시 고려에 전래되었다. 또한 당나라와의 교역이 활발해지면서 신라인이 당나라에서 머무를 수 있는 신라방이라는 신라인들의 자취적인 촌락과 신라로부터 당나라로 가는 교통로에 신라의 사신이나 상인, 또는 유학생 등의 여행자를 위하여 신라관(新羅館)이나 신라원(新羅院)이 설치되어 그들의 숙박과 접대를 하고 있었으며 지금까지 알려진 것으로는 등주로부터 장안에 이르는 간선도로에 이러한 시설들이 있었던 것으로 밝혀지고 있다.

(2) 고려시대

고려시대에 와서 역참제(驛站制)가 발달되었으며 역참은 전국에 설치되어 있었고, 역(驛)에는 역장, 역사, 역졸, 역정 등을 두고 역마를 두어 공문서의 전달, 관물의 수달 및 공무로 왕래하는 관사(官史)에게 교통 및 숙식의 제공 등을 맡게 하였다.

이 역참의 실태를 살펴보면 전국에 걸쳐 역로의 간선인 22개 역도에 역참의 수가 525개소에 달했다.

고려시대의 숙박시설은 일종의 관사로서 궐패를 모시어 두고 봉명하여 벼슬한 사람들을 맞아들이는 집으로 각 고을마다 있었다. 성종 11년에는 역관강포(驛關江浦)라 하여 일반 여행자나 상인들에게 숙소를 제공하여 주기도 했으며 공무를 수행하는 관사들에게도 숙식을 제공하기도 했다.

공용여행자의 숙식을 위해서 각 지역에 설치한 원(院)은 반관반민(半官半民)의 성격으로 관용(官用)의 역(驛)에서보다 발전된 숙박시설인 것이었다. 이러한 원(院)은 대개 역(驛)과 동일한 장소에 설치되어 관사도 역원(驛院)이라고까지 불려왔다.

(3) 조선시대

조선 초기에도 고려시대의 역참제도가 지속되어 교통과 통신 및 숙박시설의 수단으로서 역(驛)이 있었으며 「경국대전」에 의하면 전국에 약 525개의 역(驛)을 41개도에 설치해 놓고 있었고 각 도에는 찰방(종6품) 또는 역(종9품)이 이를 관장하고 역(驛)에는 역졸들을 두어 역(驛)의 관리와 공무를 담당하게 하였으며 공무여행자의 숙식과 고관이나 유족의 접대를 위하여 설치된 관(館)과 원(院)이라는 일종의 관영숙박시설이 있었고, 상용으로 여행하는 일반인들을 위해서 사설숙소인 점(店)이 있었다.

조선시대의 역제(驛制)는 역(驛)에 대한 호칭의 혼용이 발견되고 있다. 조선시대의 역(驛)의 명칭은 관(館), 참(站) 등이 문헌에 나타나고 있다. 그 명칭이 다른 것은 명칭에 따라 역(驛)의 기능이나 구성이 역과 상이한 것이 아니고 그것이 위치하는 지역에 따라 관례에 의하여 사용된 것으로 보인다.

이는 조선 초기에 역(驛)을 재정비하는 과정에서 중부이남은 고려시대의 것을 답습하고 평안, 함경도의 산간지대에는 역(驛)의 시설이 거의 없었고 찰방도 적었기 때문에 이 지역에 대한 역(驛)을 정비하면서 정차장(停車場) 정도의 의미를 가진 역(驛)과 민박의 의미를 강조한 것으로 구분하여 기록한 것으로 추정하고 있다.

역(驛)의 수에 있어서는 고려시대에는 525개소, 조선시대에서는 「세종실록지리지」에 480개소, 「경국대전」에 537개소로 별 차이가 없는 것으로 나타나고 있다. 이러한 역제(驛制)가 선조 30년(1597)에는 명나라의 제도를 모방하여 파발제도를 사용하고 변방서신을 전했다는 기록이 있으나 「경국대전」에 의하면 외방도로는 매 10리에 소후(小候)를 세우고 30리에 대후(大候)를 세워 역(驛)을 두었다는 기록이 있다.

조선 말기에는 임진왜란과 병자호란을 겪으면서 상거래에도 큰 변화를 가져오게 되었다. 즉, 관장제 수공업의 붕괴와 농민층의 분화로 소상품 생산층의 시장생산이 활발해지고 서울을 비롯한 도시들은 점차 상업도시로서의 양상을 갖추어갔다.

이와 같은 시대적인 상황에서 개인 상인층(商人層)이 성장하고 보부상의 활동도 활발해졌다. 그러한 보부상과 더불어 부산항이 개항되고 1880년 초에는 원산 및 인천이 개항되자 다수의 객주(客主)가 개항장을 비롯한 도시에 집결되고 이들은 객주조합을 결성하여 활동을 활발히 하였다. 특히 서울의 한강, 노들강, 용산강, 마포강, 서강 등의 연안을 중심으로 발전하여 조선 말기에는 숙박업으로 발돋움을 하였던 것이다.

객주(客主)라는 말은 일반적으로 객주상인의 뜻으로 주인이 여객에게 매물의 상대방을 알선하여 주고 매물의 편의를 보아준 것으로 객상은 이에 대하여 수수료를 지급하였던 것이다. 지방에서 올라오는 이러한 객상을 위해 수탁판매, 대부, 예금 등과 때로는 여숙업을 겸하기도 하였다.

1876년 병자수호조약의 체결 후 객주들은 객주회, 혹은 박물회 등을 조직하여 동업조합의 기능을 발휘했으며 1890년에는 인천 및 부산항에 객주가 25개소가 설치되어 화물을 취급하는 도매업, 운송업 및 창고업 등을 맡아 오면서 숙박업을 겸하였다.

이와 같은 객주와 여각, 혹은 주막 등은 각 고을의 객사로서, 현존하는 것으로는 조선시대의 것으로 강원의 객사인문, 안변의 객사, 가학루, 고령의 가야관, 강산루, 통영의 객사, 여수의 객사 등이 남아 있는데, 이는 조선시대의 목조건축 양식으로서 국보로 지정되어 보존되어 있는 것이 많다.

그리고 조선시대에 중국사신을 맞아 숙소로 제공되었던 벽제관(경기도 고양군 벽제에 소재)은 성종 7년(1476)에 세워진 것으로 지금은 정문만 남아 있다.

(4) 근 대

한국의 근대 초기 여관과 호텔들은 대부분이 외국인에 의해서 세워졌는데, 1888년에서 1890년 사이에 한국진출을 꾀하는 열강들로부터 들어온 업종을 보면 금융업을 비롯한 운수업, 무역업, 미곡상, 잡화상, 여관업, 요리업 등이 있다. 우리나라의 근대적인 여관업의 시작은 이 무렵부터라고 할 수 있다.

그리하여 1907년 9월 경 서울에는 1등급 여관은 9개소, 2등급 여관은 13개소, 3등급 여관은 10개소로 총 32개소의 여관이 산재하였다. 이러한 근대적인 여관의 발전과 함께 외국인을 대상으로 탄생된 호텔은 인천의 '대불호텔'이라고 전해지고 있다. 3층으로 양식시설을 갖춘 이 건물은 일본인 호리 리기다로(堀力太郎)씨가 1887년에 착공하여 1888년에 완성시킨 것으로 외국인의 손에 의해서 최초로 건립된 호텔이다. 그 당시 영업이 번창하는 것을 본 청국인 이태(怡泰)라는 사람이 대불호텔 바로 건너편에 2층으로 된 건물의 아래층을 양잡화상을 하면서 2층에 '스튜워드(Steward)호텔'을 개업하였다.

1903년 제임스 존스톤(James Johnston)의 별장으로 건축하여 1905년에 완공한 '인천각'이 있었으나 인천상륙작전시 포화로 소멸되었다.

서울에서 가장 먼저 세워진 양식호텔은 1902년에 독일인 손탁(Sontag)이 정동(지금의 이화여고 정문 앞)에 세운 '손탁호텔'을 들 수 있다. 1902년에 10월에 개업한 이 호텔은 위층에는 귀빈들의 객실로 사용하였고 아래층은 보통 객실과 식당으로 운영하였으며, 프랑스 요리가 처음으로 제공되었다.

(5) 현 대

우리나라 호텔산업의 전환기를 가지고 온 것은 서구식 숙박시설로 등장한 '반도호텔'의 탄생으로 볼 수 있다. 1936년에 일본인 노구치에 의해 한국 최대의 시설규모로 설립된 반도호텔은 미국의 스타틀러호텔의 경영방식을 도입한 서구식 숙박시설로서, 조선호텔이 고급호텔의 상징이라고 한다면, 반도호텔은 우리나라 최초의 상용호텔의 대표적인 숙박시설이었다고 할 수 있다.

1950년 후반에 온양호텔, 서귀포호텔, 무등산호텔, 불국사호텔, 해운대호텔, 대구호텔, 설악산호텔, 화진포호텔, 서울의 반도호텔, 조선호텔 등이 국제관광사업의 일환으로 철도호텔에서 관광호텔로 개칭되어 오다가 1962년에 설립한 국제관광공사로 이관하게 되었다.

1962년에는 우리나라 최초의 민영관광호텔인 메트로호텔, 아스토리아호텔, 뉴코리아호텔, 사보이호텔, 그랜드호텔 등이 정부에 등록되어 전국의 호텔객실수가 300여실

이 확보되었다. 특히, 같은 해 6월 26일에는 국제관광공사(現, 한국관광공사)를 설립하여 지방의 7개 호텔(온양, 해운대, 불국사, 서귀포, 설악산, 무등산, 대구)과 반도호텔, 조선호텔의 운영권을 인수하였다.

1963년 4월 8일에는 한국 호텔산업에 있어 현대적인 감각을 살린 최초의 호텔이라고 할 수 있는 워커힐호텔은 대지 197,000평에 연건평 2만여 평에 달하는 37동의 개별건물로서 471명을 수용할 수 있는 254개의 객실을 보유한 당시 동양 최대의 휴양지호텔로서 그 면모를 자랑하였다. 이러한 워커힐호텔도 앞에서 말한 조선호텔, 반도호텔, 온양호텔, 해운대호텔, 불국사호텔, 대구호텔, 무등산호텔, 서귀포호텔, 설악산호텔 등과 같이 그 운영권이 국제관광공사로 넘어간 뒤, 1965년에서 1968년 사이에 대부분이 민영화되었다.

이후로 우리나라 호텔산업은 비약적인 발전을 거듭하였다. 즉, 관광호텔산업에 유스호스텔산업과 휴양콘도미니엄산업을 포함시켜 1978년 이후 많은 구조적인 변화를 이루었다.

1978년에 호텔 수 130개, 객실 수 15,327의 한국 관광호텔산업은 1980년에 접어들어 과소비산업이라는 사회적 분위기에 의해 성장속도가 저조하였으나, 그후 '86 아시안게임과 '88 서울올림픽과 각종 국제적인 행사 등의 영향으로 1992년에는 3배 이상 증가하여 호텔수 431개, 객실수가 46,401실이 되었다. 우리나라의 호텔산업은 이러한 객실 수의 증가와 더불어 관광기반시설의 확충, 관광서비스의 국제화 수준을 위한 관광전문인력요원의 인력양성, 그리고 관광정책의 적극적인 뒷받침 등에 의해 계속적으로 발전하였다.

하지만 1997년 말 IMF한파로 인해 호텔산업에도 많은 어려움을 겪었으며, 이러한 상황과 더불어 국내 호텔산업은 서울지역과 기타 지역의 양극화 현상을 초래하였다. 서울지역은 국제적인 대규모 행사나 크고 작은 행사와 함께 호텔에 대한 수요가 충분한 반면, 지방의 호텔들은 주변시장의 열악함과 성수기, 비수기의 극심한 영업성과의 차이에서 많은 어려움을 가지고 있다.

제주지역 호텔의 경우 관광이 과거 단체관광객 위주의 보는 관광에서 가족단위로 체험하고 즐기는 휴양관광으로 변화하는 시대적 상황에 적절히 대처하지 못하고 비싼 여행경비 등으로 관광지로서 명성을 잃어감에 따라 관광객이 격감, 대부분 호텔이 심각한 경영난을 겪고 있으며, 부산 해운대 지역의 호텔들은 성수기와 비수기가 뚜렷이 구별되는 계절상의 특성으로 인해 한여름철 장사를 빼놓고는 고전을 면치 못하고 있다. 또한 부산시내의 호텔들은 대규모 롯데호텔의 개관 후 거의 영업을 포기한 상태인 일부 중소 호텔들이 생겨나고 있다.

그리고 경주지역 호텔들 역시 수용시설의 과다로 인해 지속적인 적자운영을 계속하고 있다. 특급호텔은 하루 관광권에 있는 부산 롯데호텔의 개관 후 관광객 격감으로 고전을 면하지 못하고 있다. 이러한 현상들은 그동안 국가발전이 서울을 중심으로 발전한 탓으로 서울과 지방 간 호텔의 양극화 현상이 가면 갈수록 심해지는 현상을 보이고 있다.

하지만 2000년 ASEM과 2001년 한국방문의 해를 성공적으로 치루었고, 2002년 한·일 월드컵, 2002년 부산아시안게임, 2003년 대구하계유니버시아드대회 등 대형 국제행사를 앞두어 IMF 이후 빠른 회복세를 보이며, 정부차원에서도 국제적인 대형행

◑ 표 6-2 2013년 전국관광호텔업 등록현황

(단위 : 개소)

구분	특1등급		특2등급		1등급		2등급		3등급		등급미정		계	
	업체	객실	업체	객실	업체	객실	업체	객실	업체	객실	업체	객실	업체	객실
서울	22	10,742	31	6,890	43	5,001	23	1,423	15	739	48	3,808	182	28,603
부산	7	2,626	4	659	15	1,371	11	487	11	1,519	2	108	50	6,770
대구	4	999	5	342	8	406	1	65	1	33	0	0	19	1,845
인천	3	1,020	6	1,042	1	94	12	553	12	552	16	736	50	4,357
광주	2	325	2	198	6	344	4	210	0	0	4	157	18	1,234
대전	1	174	2	394	7	427	2	60	5	237	2	113	19	1,405
울산	2	463	1	75	0	0	2	144	0	0	5	242	10	924
경기	4	1,072	6	1,047	23	1,909	18	933	22	1,226	26	1,376	99	7,563
강원	7	1,871	6	1,066	14	896	4	199	2	114	7	630	40	4,776
충북	1	328	1	180	14	1,017	1	30	4	137	2	77	23	1,769
충남	0	0	4	568	2	105	3	366	1	50	2	104	17	1,193
전북	1	118	3	459	6	413	9	435	5	189	2	97	26	1,711
전남	3	650	3	256	13	833	3	149	2	122	9	395	33	2,405
경북	5	1,627	4	691	14	805	9	484	8	400	8	315	48	4,322
경남	2	487	4	478	14	1,100	7	360	3	116	13	559	43	3,100
제주	11	3,447	4	463	12	1,070	4	247	1	95	31	2,142	63	7,464
계	75	25,949	86	15,168	192	15,791	118	6,145	92	5,529	177	10,859	740	79,441

자료 : 문화체육관광부(2013). 2013 관광동향연차보고서

주 : 등급미정은 신규등록업체 및 등록유효기간 만료업체로서 기준일 현재 등급이 유효하지 않은 업체

사에 부족한 숙박시설을 확충하기 위해서 다양한 방법 정책적인 지원을 계획에 신규 호텔사업을 적극적으로 검토하는 기업들이 늘어났다. 2010년 전국관광호텔은 630개소 68,583객실로서 2000년 이후 꾸준히 증가하여 왔고, 호텔 수와 객실 수의 증가세를 비교해 보면 2000년 이후 2010년까지 관광호텔 수와 객실 수는 각각 32.9%, 34.0% 증가하여 객실 수의 증가가 크게 나타나는 것으로 보아 신축 호텔의 규모가 커졌다는 것을 알 수 있다.

2013년 12월 말 기준으로 관광호텔업의 등록현황은 전국 740개 업체에 79,441실로 2012년에 비해 4,662실이 증가되었다. 이를 지역별로 보면 서울 182개 업체에 28,603실, 경기 99개 업체에 7,563실, 제주 63개 업체에 7,464실, 부산 50개 업체에 6,770실, 강원 40개 업체에 4,776실 순으로 등록되어 있다. 등급별로 보면 특1등급 75개 업체에 25,949실, 특2등급 86개 업체에 15,168실의 객실이 등록되어 있다.

이외에 1등급 191개 업체에 15,749실, 2등급 118개 업체에 6,145실, 3등급 92개 업체에 5,529실, 등급미정 178개 업체에 10,901실의 객실이 등록되어 있다.

호텔의 개념과 분류 ②

1. 호텔의 어원

호텔의 어원은 손님, 나그네라는 뜻을 가진 라틴어의 'hospes'에서 비롯되었으며, 여기에서 'hospitalis'(융숭한 대접)가 파생되었으며, 'hospitale'은 'hospitalis'의 중성형으로 순례자, 참배자, 나그네를 위한 숙소의 뜻을 지닌 말이다. 이 'hospitale'이라는 말에서 hospital, hostel, Inn 등으로 변천하여 오다가 오늘날의 전형적인 숙박시설인 Hotel로 발전한 것이다.

호텔의 원시적인 형태라 볼 수 있는 'Hospital'이라는 말은 현재에는 병원이라는 뜻으로 사용되고 있지만, 오래 전에는 두 가지 의미를 갖고 있었다. 그 하나는 여행자들이 휴식을 취하고 심신을 회복시킬 수 있는 간이숙박소로 제공되는 장소의 의미가 있었고, 또 하나는 여행에서 생긴 병자나 부상자, 또는 고아나 노인들을 쉬게 하고 간호하는 시설로서의 의미를 지니고 있다. 그 중에서 여행자의 숙박과 휴식의 장소로 설명되는 것이 오늘날의 숙박시설인 호텔로 발전한 것이고, 또 하나는 노인과 병약자, 그리고 고아들을 수용하는 자선시설로서의 의미가 오늘날의 병원으로 발전한 것이다.

Inn은 전치사 'in'과 관계가 있는데, 14세기 영어에 동사로 '숙박시킨다.'는 의미로 쓰여지다가 명사화되어 숙박시설이란 뜻을 지니게 되었으며, hostel 역시 Inn의 뜻으로 19세기 이후부터 사용되고 있는데, 현재에는 청소년을 위한 저렴한 숙박시설이란 뜻의 youth hostel로 사용되고 있다. 또한, 오늘날 환대산업(hospitality industry)이라고 하면 호텔, 레스토랑, 사교클럽 등을 의미하는데, 여기에는 '정중하고 예의바르게 일정한 격식을 갖추어 접대하는 장소'의 의미를 내포하고 있다.

2. 호텔의 개념

호텔의 개념에 대하여는 여러 문헌에서 찾아볼 수 있으나 그 뜻은 거의 비슷하게 표현하고 있으며, 사전적 정의, 법규적 정의, 학자 간의 정의로 구분하여 살펴보면 다음과 같다.

1) 사전적 정의

① 웹스터사전(Webster's 3th New International Dictionary)

웹스터사전에 의하면 호텔은 '대중을 위하여 숙식, 식사, 오락과 다양한 인적 서비스를 제공하는 건물이나 공공장소'로 정의하고 있다.

② 랜덤하우스사전(The Random House Dictionary)

랜덤하우스사전에서는 호텔은 '여행자에게 숙박을 제공하거나 식당, 회의실 등을 갖추어 일반대중에게 이용하게 하는 상업적 시설'이라고 정의하고 있다.

③ 관광사전(The Dictionary of Tourism)

관광사전에서는 '여행객이나 체재객들에게 빌려줄 목적으로 숙박시설을 제공하는 장소'라고 정의하고 있다.

2) 법규적인 정의

① 한국 : 관광진흥법

우리나라는 1961년 관광사업진흥법이 공포되어 시행되어 오고 있는데, 관광진흥법을 보면 호텔업이라 함은 관광객의 숙박에 적합한 시설을 갖추어 이를 관광객에게 제공하거나 숙박에 딸리는 음식 · 운동 · 오락 · 휴양 · 공연 또는 연수에 적합한 시설 등을 함께 갖추어 이를 이용하게 하는 업으로 정의하고 있다.

② 일본 : 국제관광호텔 정비법

일본의 호텔관계법령, 국제관광호텔 정비법에 의하면 호텔업이란 '외래객의 숙박에 적합하도록 서양식의 구조 및 설비로 만들어진 숙박과 음식을 제공하는 영업체'로 규정하고 있다.

이는 호텔의 기본적 개념 이전에 관광사업진흥을 목적으로 한 국가적 견지에서 규제요건을 설정한 개념이다.

③ 이탈리아 : 관광법

이탈리아 관광법에 의하면 호텔업이란 '일정한 관리하에 일반인에게 개방되어 있고 하나 이상의 건물 또는 일부분 내에 있는 객실에서 숙박을 제공하며, 경우에 따라서는 음식과 기타 부대서비스도 제공하는 수용시설'로 정의하고 있다.

④ 싱가포르 : 관광진흥조세징수법

싱가포르에서는 호텔의 개념을 관광진흥조세징수법에서 정의하고 있는데, 관광호텔이란 '장관이 관청에 게재함으로써 관광호텔로 선언한 호텔법 규정상의 호텔로 등록된 구역 내'로 정의하고 있다.

⑤ 영국 : 호텔소유자법

1956년 제정된 영국의 호텔소유자법에 의하면 호텔이란 '제공된 서비스와 시설에 대한 대가를 치를 수 있는 모든 여행자들에게 그들이 요구한다면 음식과 숙박시설을 제공하는 시설'로 정의하고 있다.

이 개념에서는 고객에게 숙식을 제공하는 것뿐만 아니라 고객의 재산의 보호책임, 공공의 건강과 안전규칙에 대한 순응, 그리고 높은 수준의 청결·위생의 유지가 전제되고 있다.

3) 학자 간의 정의

① 메들릭(S. Medlik)

메들릭은 '호텔은 일정한 대가를 받고 여행객이나 투숙객에게 숙소 및 식사를 제공하고 그 밖의 이용자에게 식음료나 부대시설을 제공하는 기업'으로 정의하고 있다.

② 제퍼리(J. P. Jefferies)

제퍼리는 '호텔은 일반대중에게 숙박시설을 제공하거나 한 가지 이상의 호텔서비스를 제공하는 것을 기본으로 하는 산업구조'로 정의하고 있다.

③ 김충호 교수

김충호 교수는 호텔은 '일정한 지불능력이 있는 사람에게 객실과 식사를 제공할 수 있는 시설을 갖고 잘 훈련되고 예절바른 종사원이 조직적으로 봉사하여 그 대가를 받는 기업'으로 정의하고 있다.

④ 송성인 교수

호텔업이란 '경제적으로 지불능력이 있는 불특정 고객에게 적합한 숙식과 기타 관련 부대시설의 재화와 인적 서비스를 제공하는 영리목적의 문화공간적 성격의 기업'으로 개념정리하고 있다.

⑤ 원융희 교수

원융희 교수는 호텔은 '영리를 목적으로 하며, 숙박과 부대시설, 무형적인 서비스가 부가되며, 일반인을 대상으로 휴식과 오락까지 제공되어지는 장소'로 정의하고 있다.

이상과 같이 호텔이란 숙박 및 기타 부대시설의 제공을 우선으로 하나 최근 들어 상업적 또는 기업적인 면이 추가되어 있음을 알 수 있다. 특히, 최근 호텔기업은 고객시장환경의 변화에 대응하여 휴식과 오락은 물론, 여가와 문화생활을 위한 지원사업에 이르기까지 공공장소로서의 다양한 기능을 수행하고 있다.

3. 호텔업의 기능

1) 전통적인 호텔의 기능

호텔은 고대사회에서나 중세기에도 존재하였고, 초기에는 사원에서 주막 또는 별장 등으로 변화해가면서 발전하여 왔다. 호텔사업은 일반대중을 고객으로 하고, 숙박과 음식 그리고 인적 서비스를 상품으로 한 현대기업에 있어서 신흥사업(新興事業)이라고 할 수 있다.

호텔은 여행자를 위하여 숙박과 식사를 제공하는 대중적인 숙박장소로서의 의미를 갖고 있었으나, 사회환경의 변화, 특히 소득의 증대, 여가의 증대, 교통기관의 발달, 정보의 증대, 소비자들의 가치관의 변화 등 제반환경의 변화에 따라 그 기능도 다양해지고 있다. 오늘날 호텔은 대규모의 현대적 시설과 서비스가 상품화되었다는 인식을 하게 되었고, 서비스의 기술혁신과 고도로 개발된 신규시설에 의존하게 되었다.

전통적인 호텔은 여행자에게 수면, 음식, 생명과 재산의 보호 등의 기본적인 기능을 갖고 있었으나, 관광객의 욕구가 다양해짐에 따라 호텔업의 기능도 여기에 대응하여 다기능호텔(Multi-role hotel)로 변모하게 되었다. 오늘날 호텔은 종래의 가정(home)의 기능에서 사회적, 문화적 역할을 강조하는 기능으로 확대 변화되어가고 있다.

2) 현대적인 호텔의 기능

오늘날의 호텔은 재래적인 기능이라고 할 수 있는 숙박과 식음료 제공의 기능 외에도 집회의 기능이나 스포츠 레저 및 상업적 서비스 기능과 건강관리, 비즈니스 기능까지 갖춘 종합적인 기능을 수행하고 있다고 作古貞義(さくこさたよし)는 주장하고 있다. 따라서 한마디로 간략하게 정의하면 호텔은 다목적인 상품제공 기능의 장소라고 할 수 있다.

이러한 다양한 호텔의 기능을 종합해 보면 다음과 같다.

① 숙박제공의 기능 : 숙박시설에 관련한 물적 서비스를 비롯한 인적 서비스와 정보적 서비스를 제공한다.

② 음식제공의 기능 : 음식물을 제공하는 외에 이에 따른 부수적인 인적·물적·정보적 서비스를 제공한다.

🕐 표 6-3 현대호텔의 공간서비스 기능

기 능	내 용
숙박기능	수면, 휴식
음식제공 기능	먹는 것, 마시는 것
집회공간 기능	모임, 대화
문화 서비스 기능	교육, 예술, 공예, 학습
스포츠 레저 기능	즐거움, 단련, 놀이
상업 서비스 기능	쇼핑, 패션, 생활정보 수집
건강관리 서비스 기능	건강의료, 헬스, 미용
비즈니스 기능	상담, 회의, 전시회, 비즈니스, 정보교환

③ 사교장소의 기능 : 호텔은 단지 숙식 서비스를 제공하는 기능뿐만 아니라 사교의 장소로서의 시설을 제공하고, 이에 따른 인적·물적·정보적 서비스를 제공한다.

④ 레크리에이션 기능 : 관광·레저·오락·휴양·보건의 장소로서의 시설과 이에 수반되는 인적·물적·정보적 서비스를 제공한다.

⑤ 비즈니스 활동 기능 : 상업적 비즈니스 활동의 장소로서의 기능과 이에 따른 제반 서비스를 제공한다.

따라서 호텔의 기능은 영리추구의 최우선 목적, 공공사회에 기여하는 공익성, 숙박시설을 포함한 제반시설의 현대화, 식사제공의 장소로서의 시설(각종 식당, 주방, 휴게실, 연회장 등), 사교 및 오락장소로서의 시설(로비, 오락실, 수영장 등), 비즈니스 활동장소로서의 시설(세미나실, 회의실, 전화, 전신이용 등), 지역 및 국가 사정에 따라 카지노 시설, 건강 및 휴식을 위한 장소로서의 시설(사우나, 골프장, 체력단련실, 테니스 코트, 조깅코스 등), 호텔이 위치한 지역의 종합적인 관광발전에 선도적인 역할 수행, 종합적인 여가시간 활용, 문화시설 및 사업활동을 제공할 수 있는 공간적 여건 및 분위기를 제공하여 즐거움과 안락함 등의 의미가 함축되어 있다.

현대호텔이 추구해야 하는 기능은 호텔의 제(諸)개념을 충족시키고, 각 호텔의 실정에 맞는 특성과 여건을 살려 효율적인 운영을 도모해야 하는 것을 전제로 삼아야 한다. 결국 현대의 호텔은 단순한 개인 생활, 개인사무실의 공간개념보다는 그 지역사회의 경제, 문화, 사회, 예술, 커뮤니케이션 등의 활용공간 기능을 갖게 되었으며, 호텔을 이용하는 고객층의 상품에 대한 가치기준의 욕구가 다양해짐에 따라 호텔산업도 환경변

화에 대응하기 위한 고급화, 개성화, 대중화, 편리화, 오락화와 더불어 다양한 서비스를
제공해야 할 것이다.

4. 호텔의 분류

호텔의 분류는 학자들마다 호텔의 구조, 입지, 규모, 숙박목적, 경영방식, 체재기간,
교통수단별, 특정호텔의 시장을 형성하고 있는 고객의 유형 등 다양한 방법에 의해서
분류하고 있지만, 일반적으로 입지에 의한 분류, 숙박목적에 의한 분류, 숙박기간에 의
한 분류, 요금지불방식에 의한 분류, 관광진흥법에 의한 분류, 경영형태에 의한 분류,
기타 숙박형태에 의한 분류 등으로 구분할 수 있다.

1) 입지조건에 의한 분류

(1) 메트로폴리탄 호텔(Metropolitan Hotel)

대도시에 몇 천실을 보유하고 있는 호텔군을 말한다. 대집회장, 연회장 등의 대규모
시설을 갖추고 있으며, 사업적으로 필요한 시설, 설비, 서비스가 완비되어 있다.

(2) 다운타운 호텔(Down Town Hotel)

도시 중심지에 위치한 호텔이다. 이것은 시티호텔(City Hotel)과 그 성격이 거의 같으며
비즈니스센터, 쇼핑센터 등이 있는 교통이 편리한 시가 중심지에 있으며, 사업가나 상
용, 공용 또는 도시에 오는 관광객들에게 많이 이용된다.

(3) 서버번 호텔(Suburban Hotel) – 교외호텔, 외곽호텔

도심에서 약간 벗어난 도심주변에 위치한 호텔을 칭한다.

(4) 컨트리 호텔(Country Hotel) – 산악호텔

교외나 산간에 위치한 호텔이며 계절에 맞는 각종 오락시설을 갖추고 고객을 유치

한다. 대체로 휴양지나 계절에 따라 즐길 수 있는 적합한 장소를 택하여 건설된 호텔을 말한다.

◎ 표 6-4 호텔의 분류

분류 방법	종류		
입지조건	• 메트로폴리탄 호텔(Metropolitan Hotel) • 다운타운 호텔(Down Town Hotel) • 서버번 호텔(Suburban Hotel) • 컨트리 호텔(Country Hotel) • 에어포트 호텔(Airport Hotel) • 시포트 호텔(Seaport Hotel) • 스테이션 호텔(Station Hotel) • 터미널 호텔(Terminal Hotel) • 하이웨이 호텔(Highway Hotel)		
숙박목적	• 상용 호텔(Commercial Hotel) • 컨벤셔널 호텔(Conventional Hotel) • 아파트먼트 호텔(Apartment Hotel) • 리조트 호텔(Resort Hotel)		
숙박기간	• 트랜지언트 호텔(Transient Hotel) • 레지덴셜 호텔(Residential Hotel)		
요금지불 방식	• 미국식 호텔(AP) • 유럽식 호텔(EP) • 대륙식 호텔(CP) • 수정식 미국요금제도(MAP)		
관광진흥법	• 관광호텔업 • 수상관광호텔업 · 한국전통호텔업 • 가족호텔업 • 호스텔업 • 소형호텔업 • 의료관광호텔업		
경영 형태	• 단독 경영호텔(Independent Operation)		
	• 체인 호텔 (Chain Hotel)	• 일반 체인(Regular Chain) • 경영협약체인(Management contract) • 프랜차이즈 호텔(Franchise Hotel)	
	• 리퍼럴 그룹(Referral Group)		
기 타	• 인(Inn) • 펜션(Pension) • 로지(Lodge) • 유로텔(Eurotel) • 국민휴가촌 숙사(국민숙사) • 민박 • 파라도(Parador)		

(5) 에어포트 호텔(Airport Hotel) – 에어텔

이것은 공항부근에 건설된 호텔이며 계속적인 발전을 하고 있다. 공항호텔이 번영하는 원인은 항공기의 증가에 따르는 승무원 및 항공여객의 증가와 기상관계로 예정된 출발이 늦어지는 경우 등 그리고 야간에 도착할 승객이 이용할 수 있는 편리한 점도 있어서 공항호텔의 이용도가 높아져 가고 있다.

(6) 시포트 호텔(Seaport Hotel)

여객선이 출입하는 항구부근에 위치한 호텔로서 배를 타고 여행하는 승객들이 이용하기에 편리하도록 시설되어 있어 여행자가 하선하여 다음 여행지로 떠날 배를 기다리는 동안 시포트 호텔을 이용하게 된다.

(7) 스테이션 호텔(Station Hotel)

철도역 앞에 위치한 호텔로서 기차를 타고 여행하는 승객들이 이용하기에 편리하게 시설되어 있는 호텔을 말한다.

(8) 터미널 호텔(Terminal Hotel)

공항 호텔, 시포트 호텔, 스테이션 호텔을 총괄해 터미널 호텔이라고 칭하거나 철도역이나 공항빌딩 등 터미널(교통 정유소)내에 위치한 호텔을 말한다.

(9) 하이웨이 호텔(Highway Hotel)

고속도로 연변에 건설된 호텔로서 주로 자동차로 여행하는 사람을 위한 시설이며 모텔이라고도 부른다.

2) 숙박목적에 의한 분류

(1) 상용호텔(Commercial Hotel)

도시 중심가에 위치한 호텔로서 주로 공용, 상용 등으로 왕래하는 사람이 많이 이용하며, 대체로 숙박객의 체재기간이 짧으며 요금도 저렴한 가격으로 이용할 수 있다. 상용호텔의 고객은 대부분이 회사원, 상공업자, 금융업자, 무역업자 및 사업의 목적으로 여행하는 사람들로 이루어져 있다.

(2) 컨벤셔널 호텔(Conventional Hotel)

주로 대규모 국제회의를 유치하여 회의에 참가하는 참가자가 주요고객이 되는 호텔을 말한다. 이와 같은 호텔은 회의장 내에 동시통역시설, 연회장 등이 잘 구비되어 있어야 한다.

(3) 아파트먼트 호텔(Apartment Hotel)

장기 체재객을 위한 호텔로서 정년퇴직 후에 연금으로 생활하는 사람이 대개 이런 호텔을 이용하게 된다. 여기에는 객실마다 자취설비가 되어 있어서 마치 아파트와 같은 인상을 주게 된다.

(4) 리조트 호텔(Resort Hotel)

관광지나 피서 피한지, 해변, 산간 등 보건휴양지에 위치한 호텔로서 숙박객들이 심신의 휴식을 갖도록 시설되어 가정을 떠나서도 가정적 분위기를 갖추고 있다. 리조트 호텔은 대부분의 고객이 관광과 휴양을 목적으로 찾아오는 호텔이기 때문에 리조트 지역은 물론 호텔 자체도 관광대상으로서 매력성과 유인성을 지니고 있어야 한다.

3) 숙박기간에 의한 분류

(1) 트랜지언트 호텔(Transient Hotel) – 단기체재호텔

교통이 편리한 장소에 위치해 있고 보통 1~2일의 단기 숙박객이 많이 이용하며, 교통의 편리성이 강하게 요구되는 장소라야 한다. 즉, 단기로 호텔을 이용하는 고객을 主대상으로 영업하는 호텔이다. 음식도 싸며 숙박객 이외의 외래객을 위한 커피숍이나, 카페테리아 같은 부대시설도 갖추고 있다.

(2) 레지덴셜 호텔(Residential Hotel) – 장기체재호텔

레지덴셜 호텔은 주택용(주거용)호텔로서 대체로 일주 이상의 체재객을 대상으로 한다. 신설지역에 파견되는 기술자 가족들의 일시적 주택으로 사용되거나 신임 외교관들의 관사가 건설되기까지의 1~2개월 동안 이용할 수 있는 호텔을 말한다.

레지덴셜 호텔의 고객은 월간 또는 주간 기준으로 임대하며 자기 집처럼 장기간 체류하는데, 주로 미국에서 많이 볼 수 있다. 스페인에서 이런 유형을 'apartment hotel'인 'aparthotel'이라 부른다.

4) 요금지불 방식에 의한 분류

(1) 미국식 호텔(American Plan Hotel : AP)

미국식 요금제도는 객실요금에 아침, 점심, 저녁식사 요금을 모두 포함하는 제도로 'Bed and Board'라고도 불린다.

유럽에서는 미국식 요금제도와 유사하게 'Full Pension' 또는 'Pension'이라고도 하는데 이 역시 객실요금에 3식이 포함되어 있는 요금제도라고 할 수 있지만, 컨티넨탈 브랙퍼스트(continental breakfast)는 제공되는 메뉴에 계란이 포함되지 않고, 아메리칸 브랙퍼스트(american breakfast)는 계란요리가 포함되므로 완전히 다르다고 할 수 있다. 즉, 제공하는 음식에 계란이 제공되는지 여부에 따라 다르다.

이 방식은 객실요금에 2食 또는 3食을 포함해서 판매하는 것으로 주로 호화여객선(cruise)이나 휴양호텔에서 적용된다.

(2) 유럽식 호텔(European Plan Hotel : EP)

유럽식 요금제도는 식사요금을 포함하지 않고 단지 객실요금만 지불하며, 식사나 기타 부대시설의 이용요금은 고객이 별도로 지불해야 한다. 따라서 고객이 자유로이 호텔상품을 선택할 수 있는 제도이다.

대체로 시내 중심가에 위치한 비즈니스(상용)호텔은 식사와 객실요금을 별도로 하는 유럽식 요금제도를 많이 채택하고 있는데 이는 인근에 식당이 많이 있는 경우에 유용한 정책으로 한국, 일본을 포함한 대부분의 아시아 국가들 대부분이 유럽식 요금제도를 채택하고 있다.

(3) 대륙식 호텔(Continental Plan Hotel : CP)

이 방식은 객실요금에 대륙식 아침식사(continental breakfast)를 포함한 요금이다. 미국식 아침식사와는 달리 제공되는 메뉴는 커피, 초콜릿·롤빵과 약간의 치즈를 제공하는데, 유럽에서 서서히 사라지고 있다.

또한 영국식 요금제도는 시리얼, 고기와 계란요리, 버터와 잼을 바른 토스트, 티(tea)나 커피를 제공하지만 주스는 제공하지 않는 요금제도이다.

(4) 수정된 미국식 호텔(Modified American Plan Hotel : MAP)

수정된 미국식 요금제도는 미국식 요금제도의 장점만을 채택한 요금제도로서, 고객으로 하여금 요금부담에서 일부를 덜어 줄 수 있다. 고객은 아침식사와 저녁식사만을 호텔에서 하고, 점심식사는 하지 않는다. 단지 3식 중에서 2식만 요금을 지불하는 제도이다. 이는 고객이 낮시간 동안에 관광이나 비즈니스 목적으로 호텔을 잠시 떠나 있는 시간이 많기 때문에 호텔 측에서 점심을 뺀 요금제도이다.

5) 관광진흥법에 의한 분류

우리나라 관광진흥법상의 관광사업의 종류 가운데 관광숙박업(2007.7.19. 개정)은 크게 호텔업과 휴양콘도미니엄업으로 구분하며, 특히 호텔업은 2014년 11월 28일 관광진흥법 시행령을 재개정하여 다음과 같이 세분화하였다.

(1) 호텔업

① 관광호텔업 : 관광객의 숙박에 적합한 시설을 갖추어 관광객에게 이용하게 하고 숙박에 딸린 음식·운동·오락·휴양·공연 또는 연수에 적합한 시설 등(이하 '부대시설'이라 한다)을 함께 갖추어 관광객에게 이용하게 하는 업(業)

② 수상관광호텔업 : 수상에 구조물 또는 선박을 고정하거나 매어 놓고 관광객의 숙박에 적합한 시설을 갖추거나 부대시설을 함께 갖추어 관광객에게 이용하게 하는 업

③ 한국전통호텔업 : 한국전통의 건축물에 관광객의 숙박에 적합한 시설을 갖추거나 부대시설을 함께 갖추어 관광객에게 이용하게 하는 업

④ 가족호텔업 : 가족단위 관광객의 숙박에 적합한 시설 및 취사도구를 갖추어 관광객에게 이용하게 하거나 숙박에 딸린 음식·운동·휴양 또는 연수에 적합한 시설을 함께 갖추어 관광객에게 이용하게 하는 업

⑤ 호스텔업: 배낭여행객 등 개별 관광객의 숙박에 적합한 시설로서 샤워장, 취사장 등의 편의시설과 외국인 및 내국인 관광객을 위한 문화·정보 교류시설 등을 함께 갖추어 이용하게 하는 업

⑥ 소형호텔업: 관광객의 숙박에 적합한 시설을 소규모로 갖추고 숙박에 딸린 음식·운동·휴양 또는 연수에 적합한 시설을 함께 갖추어 관광객에게 이용하게 하는 업

⑦ 의료관광호텔업: 의료관광객의 숙박에 적합한 시설 및 취사도구를 갖추거나 숙박에 딸린 음식·운동 또는 휴양에 적합한 시설을 함께 갖추어 주로 외국인 관광객에게 이용하게 하는 업

(2) 휴양콘도미니엄업

휴양콘도미니엄(Condominium)은 '관광객의 숙박과 취사에 적합한 시설을 갖추어 이를 당해 시설의 회원·공유자 기타 관광객에게 제공하거나 숙박에 부수되는 음식·운동·오락·휴양·공연 또는 연수에 적합한 시설 등을 함께 갖추어 이를 이용하게 하는 업'으로 정의할 수 있다.

관광숙박시설의 일종으로 호텔 또는 각종 휴양숙박시설의 장점을 골고루 발췌하여 가족단위의 레저시설을 즐길 수 있도록 특급호텔 수준의 시설을 갖춘 숙박시설이다.

콘도미니엄은 1957년 스페인에서 기존호텔에 개인의 소유개념을 도입하여 개발한 것이 그 시초이며 1950년대 이탈리아에서 중소기업들이 종업원 후생복지를 위해 회사가 공공투자를 하여 연립주택이나 호텔형태로 지은 별장식 가옥을 10여명이 소유하는 공공휴양시설로 개발한 것이 그 효시이다.

호텔숙박시설의 대체안으로서 콘도미니엄(콘도)은 남부 유럽과 미주대륙, 푸에르토리코에서 확산되기 시작하였고 1958년 푸에르토리코 정부는 콘도미니엄 소유권을 인정하였다. 미국에서는 1960년 콘도미니엄이 플로리다, 하와이, 캘리포니아, 콜로라도 등에서 처음으로 전개되었으며 1973년에 500개 이상의 콘도가 완성되었고 지금은 미국 전역과 카리브해 지역으로 확산되었다.

콘도미니엄의 문자상의 정의는 결합소유권(joint dominion)을 뜻한다. 이것은 공동주택이나 혹은 개인주택으로 개인이 소유하고 있으나 경영관리와 서비스의 단위는 콘도회사측에서 제공한다. 원래 콘도미니엄은 한 곳에 여러 유닛(unit : 숙박시설)을 한꺼번에 짓고, 관리는 콘도회사측이 공동경영하고, 각 단위는 분양하여 개별적으로 소유하는 주거단위를 지칭하였다. 소유주는 이것을 휴가기간 동안에 가끔 사용하고 나머지 기간은 휴가자에게 임대료를 받고 빌려준다. 콘도미니엄은 아파트식 숙박시설, 취사시설, 콘도단지 지역內나 가까운 장소에 레크리에이션 시설을 제공한다.

콘도미니엄은 다음과 같이 몇 가지 특징을 갖고 있다.
① 객실투자가에게 숙박시설만 제공될 뿐 식사제공이 전혀 없다.
② 콘도미니엄의 투자자금은 회원을 모집하여 충당한다.
③ 회원권 소유자와 관리회사의 경영이 완전히 분리되어 있다.
④ 콘도미니엄은 공동이용이므로 연간 사용일수가 정해져 있다.
⑤ 전매 또는 상속이 가능하며 객실일 경우 소유주가 아닌 일반객도 사용이 가능하다.
⑥ 오너 회원인 경우 1가구 2주택에 해당하지 않으며, 소유한 회원이 등기권을 행사할 수 있고 양도가 가능하다.
⑦ 1구좌로 체인화된 국내외의 콘도미니엄을 이용할 수 있다.
⑧ 공동제 회원은 등기를 필해야 하며, 관리비 이외에 재산세를 납부해야 한다.

6) 호텔등급에 의한 분류

호텔등급제도는 소비자들이 호텔을 선택할 때 매우 유용한 단서를 제공해 주고 있다. 호텔등급제도란 특정한 기준에 준하여 호텔들을 등급화하는 시스템을 의미하는데, 기본적으로 시설과 서비스에 대한 차이를 공식적인 등급화를 통해서 호텔을 차별화시키고, 호텔산업의 질적인 향상을 도모하는 데 있다.

호텔등급의 표식과 등급결정은 국가마다 차이가 있으며, 영국의 호텔등급제도는 영국관광청(VisitBritain), 스코틀랜드관광청(VisitScotland), 웨일즈관광청(VisitWales)과 민간소비자단체인 자동차협회(The Automobile Association)에서 시행하며, 호텔을 별 1개에서 별 5개까지 다섯 등급으로 구분하여 차등적으로 인증하고 있다. 또한 오스트리아, 체코공화국, 독일, 헝가리, 네덜란드, 스웨덴, 스위스 등 유럽 7개국은 2009년 12월 호텔등급에 대한 보편적 기준 확립을 위해 각 국가의 호텔등급체계 및 등급평가에 대한 동일한 기준을 적용하기로 결정하였으며, 호텔등급은 Tourist(1star), Standard(2star), Comfort(3star), First class(4star), Luxury(5star) 등 총 5개 등급으로 구분하고 있다.

미국 호텔에는 "AAA-Approved"란 팻말을 볼 수 있는데, 미국자동차협회(AAA ; American Automobile Association) 검사기준에 합격한 호텔임을 선전하는 문구이다. 다이아몬드 1개에서 5개로 분류되는 AAA의 호텔 등급은 세계적으로 그 권위를 인정받고 있으며, 다이아몬드 수가 많을수록 시설이나 서비스가 좋은 호텔이다. AAA 심의 전 충족시킬 항목과 실제 심사시의 목록은 아래와 같다.

◎ 표 6-5 미국 AAA 호텔등급 심사항목

심의 전 충족시켜야 할 최소 항목 분류표	실제 심사시 가이드라인 목록
• 운영 관리 스타일 (Management Style of Operation) • 외관 및 공용 공간 (Exterior and Public Area) • 손님 안전 (Guest Unit Security) • 소방 (Fire Protection) • 청결 및 정비 (House Keeping and Maintenance) • 객실 장식 및 분위기 (Room Deco and Ambiance) • 가구 (Furnishings) • 조명 (Illuminations) • 욕실 (Bathrooms) • 욕실 내부 (Fixtures) • 소모품 (Supplies)	• 외관 (Exterior) • 공용공간 (Public Areas) • 객실 (Guestroom) • 객실 쾌적도 (Guestroom Amenities) • 욕실 (Bathrooms) • 접객 서비스 (Guest Services) * 다이아몬드 4, 5개만 해당

자료: 한국관광공사 뉴욕지사, www.aaabiz.com/AdSales

한편 우리나라의 경우, 특1등급 · 특2등급 · 1등급 · 2등급 및 3등급으로 구분해 왔던 호텔업의 등급을 국제적으로 통용되는 5성급 · 4성급 · 3성급 · 2성급 및 1성급의 체계로 정비하는 내용으로 「관광진흥법 시행령」이 개정(대통령령 제25783호, 2014. 11. 28. 공포, 2015. 1. 1. 시행)됨에 따라, 호텔업 등급 표지를 무궁화에서 별 모양으로 변경하고, 호텔업 등급결정에 관한 이의신청 절차를 마련하는 등 변경된 호텔업 등급결정 제도의 시행에 필요한 사항을 정하고 있다.

현대 호텔산업은 다른 산업과 달리 외국인들이 주로 이용하고 국제적인 모임이나 회의 등의 장소로 사용되고 있는 시점에서 각 기업의 목적과 국가나 일반 대중의 공익에도 많은 영향을 미치고 있는 것은 타 기업과 다른 특징을 가지고 있다. 따라서 호텔종사원들은 법적인 해석 이전에 민간외교관으로서의 긍지와 사명감과 인간의 도의와 양심이 강조되는 공공성을 가지고 있으며, 경영적 측면, 운영적 측면, 시설적 측면 그리고 환경적 측면에서 독특한 특성을 지니고 있다.

⊙ 표 6-6 호텔 산업의 특징

구 분	내 용
사회적 측면	• 공공성
운영적 측면	• 서비스에 대한 중요성 • 협동업무의 중요성 • 질 높은 종사원의 작업여건 • 연중 무휴로 운영
경영적 측면	• 높은 인적 서비스 의존도 • 이동 및 재고의 불가능성 • 과다한 고정비의 지출 • 불안정한 수익률
시설적 측면	• 높은 최초 투자비 • 빠른 시설의 노후화 및 진부화 • 비생산적인 공공장소
환경적 측면	• 국내 · 외의 모든 환경변화 요소에 대한 민감한 반응

1. 운영상의 특성

1) 인적 요소의 중요성

호텔기업은 일반대중을 고객으로 하고 숙박과 음식을 제공하기 위한 인적 서비스와 물적 서비스로 구성이 된다. 호텔기업 상품은 객실, 식사, 음료, 부대시설 등과 같은 상

품이 있지만, 궁극적으로는 호텔에 대한 고객의 인식은 호텔에서 제공하는 무형의 인적 서비스에 의해 영향을 받는다.

다른 산업분야에서는 생산기능과 경영활동의 상당부분을 기계화하여 인적 요소를 감소하려는 경향이 있으나, 인적 서비스는 기계화 내지는 자동화가 불가능한 것이다. 또한 일반기업의 경우 반복적인 업무에 대해서는 대량생산의 기술방법 등을 도입하고 있지만 호텔의 인적 요소는 호텔산업에서는 영업성패와 직결이 된다고 하겠다. 따라서 호텔업에 있어서 종업원은 제공하는 상품에 대해 절대적으로 책임을 지게 될 뿐만 아니라 고객의 반응에 의해서 자신의 업무를 성취함으로써 나타나는 결과에 만족하는 특수한 업무형태를 갖고 있다.

2) 협동의 특성

호텔기업은 각 조직 내의 부서별 그리고 각 직무별 협력과 통합·조정이 긴밀하게 이루어지는 특성이 있다. 더욱이 개인이나 부서 간의 협력 필요성이 강조되는 것은 인간적인 제(諸)요소의 중요성을 감안할 때, 고객에 대한 측면뿐만 아니라 직원에게도 불가피한 것이며, 이러한 직무를 수행함으로써 조직의 목표인 이윤의 추구와 기업의 발전을 도모할 수 있는 것이다.

3) 연중무휴(無休)의 운영

호텔의 이용객은 집을 떠난 사람 또는 휴일을 즐기고자 하는 사람들이다. 호텔은 모든 손님이 숙박을 하고 있을 때에도 생명과 재산을 보호해야 하며, 고객수의 많고 적음에 관계없이 모든 기능은 24시간 움직여야 한다. 호텔기업은 다른 기업체와는 달리 연중무휴로 운영이 되는 특성으로 인하여 수입을 증대시킬 수 있는 제반여건을 갖추고 있다.

4) 종사원 근무환경의 우월성

호텔기업은 다른 어느 기업보다도 근무환경이 우수하다고 할 수 있는데, 청결한 환경이 최대의 상품이기 때문이다. 이러한 상품을 서비스로 제공해야 하므로 호텔종사원

은 항상 근무환경이 우수해야 하고, 또한 자연적으로 가장 훌륭하게 평가되는 조건이
된다.

2. 경영상의 특성

1) 기계화의 한계성

호텔기업은 인적 서비스의 판매가 중요한 상품으로 인식되고 있으며, 고객에 대한
서비스의 제공과 기업운영을 위한 내부통제, 대량의 사무처리와 의사소통이 필요하다.

오늘날 높은 인건비 지출의 억제를 위해 일부 호텔기능의 기계화를 촉진하여 반복적
인 노력을 어느 정도 해소하고 있는 경향이 있다. 특히 프론트(front)업무 중에서 일부를
기계화로 대체하는 것이 대표적인 실례이다. 그러나 호텔기업은 궁극적으로 인적 서비
스를 배제하고 호텔경영을 기대할 수 없기 때문에 기계화의 한계성은 명확한 것이다.

2) 호텔상품의 비이동성

호텔기업에서의 주된 상품은 일반적으로 객실과 식음료, 부대시설 그리고 서비스로
구성이 된다. 객실과 식음료, 부대시설은 유형적인 데 비해서, 서비스는 무형적인 상품
이다. 따라서 이러한 상품들은 일반적으로 고객이 직접 찾아와 구입해야 하므로 판매
원에 의해서 고객에게 견본으로 제시되는 상품과는 다른 점이 있다.

3) 호텔수입의 불안정성

호텔기업은 여행객을 주 대상으로 발전된 기업으로 계절적인 영향을 크게 받는다.
이는 여행현상과 비례하여 고객수의 증가와 감소현상이 나타나 기업운영의 불안정을
초래한다. 최근 휴가의 조정과 교통수단의 발달 그리고 지역사회의 새로운 소득계층의
호텔 이용으로 다소 극복되었으나, 리조트(resort)호텔은 성수기와 비수기의 격차로 인
하여 수입의 불안정 요소를 탈피하지 못하고 있다.

4) 고정비 지출에 의한 경영상 난점 가중

일반적으로 기업의 지출은 고정경비와 변동비로 구분이 되며, 호텔기업은 다른 기업에 비해서 높은 고정비를 감수해야 한다. 호텔의 고정경비로서 인건비, 전기료, 연료비 등은 고객의 숙박 유무와 관계없이 일정한 경비지출을 초래하기 때문에 경영상 애로요인이 된다.

호텔기업의 유동비율은 타 업종에 비하여 매우 저조하다. 이러한 요인은 업종의 특성상 고정비율이 높기 때문에 단기지불능력에서 모든 호텔의 유동비율이 매우 낮은 것으로 나타났다. 그러나 고정비율은 매년 감소하여 표준비율에 접근하면서 안정된 수준을 보이고 있으며, 부채비율도 감소하고 있다고 할 수 있다. 이러한 요인은 호텔기업의 시설투자시 부채보다는 자기자본에서 투자비용을 충당하고 있는 것에 기인한다.

5) 호텔상품의 생산과 소비의 동시성

일반기업에서의 상품은 오늘 판매하지 못하면 내일 판매할 기회가 있으며, 그 상품을 저장할 수가 있으나 호텔의 객실상품은 오늘 판매하지 못하면 영원히 판매할 수 없는 특성을 갖고 있다. 따라서 이러한 상품 및 서비스의 비저장성은 호텔업의 시설가동률이나 노동생산성을 저해하는 요인이 된다.

호텔상품의 생산과 소비의 동시성은 서비스의 소비행위가 발생할 때 서비스의 제공자가 함께 존재한다는 것을 의미한다.

6) 판매관리의 특성

호텔에서의 상품판매는 고객의 방문에 의해서 생산이 되고 판매되는데, 이는 고객에게 기본적으로 제공이 되는 상품, 즉 서비스는 호텔의 신용취급을 하는 범위 내에서 이루어진다. 고객에게 신용제공한도(line of credit)를 인정하고 다양한 서비스를 준비, 제공하는 것이 호텔기업이다. 고객의 투숙(check-in)은 호텔시설의 이용을 통한 신용제공의 시작이며 이용하는 시점에서 지불되는 경우도 많지 않다. 고객이 이용한 식당, 바(bar), 세탁비용 등을 퇴숙(check-out)까지 연기했다 지불할 수 있도록 인정하는 것이 그 예라고 할 수 있다.

또한 호텔에는 다양한 영업시설, 즉 식당, 로비라운지 등의 시설이 있으며, 영업활동은 각각의 분야에서 발생이 되기 때문에 판매시점에 대한 관리가 필요하게 된다. 따라서 상품과 서비스를 판매하는 호텔업은 타 산업에 비해서 운영방법과 고객에 대한 대금회수의 어려움이 있으며, 판매활동을 정확하게 하기 위해서 내부적인 회계시스템 및 기록 유지를 위해 부가적인 시스템을 필요로 하게 된다.

7) 운영관리의 다원성

경제의 발전, 사회환경의 변화, 관광여행의 대중화 영향으로 고객은 다양한 시설을 필요로 하게 되었다. 따라서 호텔의 업종도 복합적으로 운영되는 성격이 있으며, 객실, 식음료, 스포츠, 오락 등과 같은 상품을 판매하므로 경영관리상의 적용기법을 달리해야 한다. 또한 구성된 업종은 상권의 범주가 다르며, 호텔 이용고객의 변화에 따라 욕구를 충족시키기 위한 기본적 기능 외에 문화서비스, 유통서비스, 건강관리서비스, 정보교환의 장, 여가, 스포츠 등 다양한 기능의 상품개발이 요구된다. 호텔기업은 진입장벽과 출구장벽이 높아 대량판매의 이점에 불리하고 소매업 경영성격인 콘도 등과 같은 대체기업의 출현으로 경쟁력이 약화될 우려가 있다.

3. 시설상의 특성

1) 자본투자의 대규모성

규모의 투자를 필요로 하는 호텔은 다른 일반산업이 연차적으로 확장, 재투자를 할 수 있는 데 비해서, 호텔은 그 자체가 하나의 상품으로서 판매되어야 하는 특성이 있다. 따라서 호텔의 투자는 부분적, 연차적인 투자가 불가능하다.

2) 시설 노후화의 신속성 및 진부성(陳腐性)

호텔시설은 다른 상품과는 달리 고객의 이용 여부에 관계없이 부단히 훼손·마모되어 결과적으로 경영적 가치 내지 상품으로서의 이용가치를 감소시키게 된다. 일반적으

로 다른 시설들은 시설 자체가 부수적인 성격을 띠게 됨으로써 그 효용이 비교적 장기성을 갖는 데 비해서, 호텔시설은 하나의 상품으로 고객에게 제공되어야 하기 때문에 결과적으로 진부화의 성격이 강하다고 할 수 있다.

3) 비생산적 공공장소(Public space) 확보

호텔은 비생산적 공공장소를 필연적으로 갖추어야 하는데, 그 대표적인 것이 로비라운지 등과 같은 공공장소이다. 호텔을 개인사용의 기본시설과 공공의 이용을 전제로하는 공공장소의 2개 부분으로 구분할 때, 식당, 라운지 등은 생산적 요소인 데 비하여고액투자가 되는 로비 등은 비생산적 요소로서 비싼 지가(地價) 및 건축비를 감안했을때 호텔기업의 경영에서 비생산적인 부분이라 할 수 있다.

4. 환경상의 특성

1) 타 산업에 비해 높은 환경 민감성

오늘날의 경영환경은 매우 복잡하고 다양하며 그 범위도 확대되어 가고 있는 추세이다. 이러한 변화는 신속하고 복잡하게 진행되고 있기 때문에 경영활동에 매우 큰 영향을 미치고 있다. 따라서 기업이 존속하고 성장하려면 환경에 적응해야 하며, 경영환경과 기업과의 관계는 매우 중요하다.

호텔 경영환경에 영향을 주는 주요 요인으로는 호텔들 간의 경쟁심화, 기술과 정보의 발달, 고객의 욕구상승, 종사원의 직업의식 수준, 노동력 부족현상, 정치·경제·사회·문화 등의 외부환경의 변화이며, 호텔 경영에서도 이러한 환경변화에 대처하기 위한 노력이 더욱 증대되고 있다.

현재 관광호텔은 양적 팽창과 더불어 규모가 급속히 대형화되고 관리업무도 복잡·다양해지고 있다. 따라서 고객에게 최대만족을 제공하고 호텔기업의 이윤극대화와 공익사업으로서의 그 역할을 수행하고, 환경변화에 적응하기 위해서는 기술혁신, 경영기법개발이 절실히 필요하다.

이러한 호텔기업의 환경을 내부환경과 외부환경으로 구분하면 내부환경이란 특정기업의 조직분위기를 지칭한다. 일반적으로 외부환경은 조직에 직접적인 영향을 미치는 과업환경(Task environment)과 모든 조직에 공통적인 영향을 미치는 일반환경(General environment)으로 구분이 되며, 기업환경이란 기업의 내부 및 외부에서 기업이나 기업활동에 미치는 모든 영역이라고 하겠다.

호텔기업은 일반환경으로서 국내·외적인 경제, 법적·정치·사회·문화, 기술, 생태·자연환경과 관련된 일반환경에 많은 영향을 받아 왔다고 할 수 있다. 또한 과업환경으로 정부, 노동조합·종업원, 고객, 지역사회, 경쟁기업, 공급자, 금융업자, 주주 등의 이해집단들도 기업활동에 직접적인 영향을 미치는 환경이다.

호텔도 이윤을 추구하는 기업으로서 시설의 규모, 내용, 운영방법 등의 여러 가지 측면에서 많은 변화를 가져왔다. 종전의 호텔기업의 활동은 기업 내부적인 분야에 대한 많은 연구가 진행되었으나 제도 또는 조건이나 기업환경의 변화에는 많은 관심을 기울이지 못했다. 따라서 호텔기업도 내·외부 환경변화에 적절히 대응하는 방안을 강구해야 할 것이다.

2) 시장환경에 따른 경영의 이분화

시장환경의 변화, 즉 여행의 양·질적인 변화와 기술혁신, 노동시장의 변화, 소비자운동의 대두, 상품에 대한 기호의 다양화 등 기업을 둘러싸고 있는 환경의 변화에 대응하기 위해서는 세분화된 경영기법이 필요하게 되었다. 호텔상품의 다양화는 호텔상품의 품질관리, 내부적 인적자원관리, 기술도입, 호텔 운영방법의 개선 등의 직접적인 방법과 근로자의 인식변화, 고객의 상품에 대한 기호의 다양화, 기술혁신의 속도, 지역사회의 주민운동, 소비자운동의 대두 등과 같은 간접적인 방법에 대한 경영의 이분화를 설정하지 못했다.

현대사회의 다양한 환경요인이 상호 의존성을 바탕으로 복합적으로 표출되고 급속하게 변화하는 동태적 상황에서 증대되는 불확실성을 감소시키는 것은 쉬운 일이 아니다. 그러나 기업은 경영환경의 전체적인 양상을 보다 주의 깊게 분석하여 수많은 시행착오 속에서 나타나는 실패의 위험을 최소화시켜야 하며, 내부의 경쟁우위요소를 파악하여 이를 부각시키는 경영전략으로 활용해야 한다.

한국의 호텔산업은 유럽과 미국의 영향을 많이 받고 있으며 현대적인 상용호텔이면 미국호텔의 모방이 일반적인 경향이다. 따라서 대규모 호텔이 건설되면 경영기법 및 건축양식 등 모든 분야에 있어서 한국고유의 것을 살리지 못하고 외국의 경영기법을 모방하였다. 특히 1979년 후반 활발하게 건설된 호텔은 투자와 경영에 비교적 위험부담이 적고 안정적인 프랜차이즈(Franchise)경영과 경영계약 형식의 체인(Chain)화가 도입되었다.

한국의 호텔기업들이 가지고 있는 일반적인 경영방식은 호텔에 막대한 자본을 투자하여 단기간에 수익이 높은 사업으로 만드는 것이 기업의 최대 목적이므로 사업체를 경영관리할 수 있는 전문가를 고용하는 것이 시급한 문제로 여겨졌다. 즉, 외국인 선호 사상, 내국인의 불신풍조의 선입관으로 대형호텔이 건립되면 대부분 프랜차이즈경영 또는 체인호텔경영으로 경영권을 위임하는 형태로 발전하였다.

1. 체인호텔의 발전사

세계 체인호텔의 본격적인 발달은 1907년 리츠개발회사가 뉴욕시의 리츠칼튼(Ritz-Carton)호텔에 리츠라는 이름을 사용하는 프랜차이즈계약을 효시로 시작되었다. 이를 계기로 호텔산업의 발달과정에서 필연적으로 체인호텔의 운영은 급격한 발전을 가져오게 되었다. 1949년 힐튼 인터내셔날(Hilton International)이 미국 힐튼 본사로부터 독립된 자회사로서 군립하게 되었고 오늘날의 호텔경영의 개념을 설정한 창시자가 되었다. 이 회사는 1964년 12월 미국 외부(하와이 카할라 힐튼 제외)에서 힐튼호텔 운영의 독점권을 갖게 되었으며, 1967년에는 트랜스 월드 에어라인(Trans World Airline)의 자회사를 인수하게 되어 힐튼 인터내셔날은 1980년까지 30,000실에 80개의 체인호텔을 운영하였다.

이와 때를 같이하여 초창기에 하나의 조직이 경영하던 호텔들이 경영의 어려움을 타개하기 위해서 체인 및 프랜차이즈 경영방식에 활발하게 참여하게 되었다.

이러한 시대적인 요청에 따라 홀리데이 인(Holiday Inn), 쉐라톤(Sheraton), 라마다 인(Ramada Inn) 등이 각각 총 객실 10,000실 내외의 호텔 체인 및 프랜차이즈회사를 설립하게 되었다. 그러나 1970년대에는 단독기업으로서의 운영의 위험을 덜기 위해서 호텔

위탁경영계약이 프랜차이즈를 대신해서 성행하기 시작하였다. 1980년대에는 미국을 주축으로 세계 각국에 100개 이상의 호텔체인이 성행하였는데, 가장 많은 호텔체인을 가지고 있었던 것은 홀리데이 인(Holiday Inn)이었다.

우리나라의 경우는 뒤늦은 1969년 국제관광공사와 미국 아메리칸 에어라인(American Airline)의 합작투자(Joint Venture) 1천백만 불(50 : 50)로 처음으로 조선호텔을 건설하고 아메리카나 체인호텔(Americana Chine Hotel)로 처음 상륙했고, 현재 관광공사의 지분은 삼성으로, 아메리카나의 지분은 웨스틴 인터내셔날(Westin International)로 넘어갔다.

이 아메리카나 체인호텔을 시작으로 워커힐(Walker Hill)이 쉐라톤 홍콩(Sheraton Hong Kong)과 프랜차이즈 계약을, 프라자(Plaza)호텔, 도쿄호텔(Tokyo Hotel), 하얏트 리젠시(Hyatt Regency), 신라호텔 등이 체인(Chine) 내지 프랜차이즈경영을 하게 되었다.

2. 호텔의 경영형태

1) 단독경영호텔(Independent Operation)

단독경영의 호텔이란 개인이 하나의 호텔만을 운영하는 경우이거나 그룹사의 경우 호텔업에 투자를 하여 관리인으로 하여금 단독경영을 하게 하는 형태이다. 단독경영호텔은 체인호텔과 같이 경영기술 및 상호(상표)의 일치성이 없이 독자적인 경영기법 및 상호로 호텔을 운영한다.

우리나라의 단독경영의 대표적인 호텔은 롯데호텔로 호텔 스스로가 시장확대 및 경영기술 개발에 노력해야 되고 해외 선전비의 단독부담으로 많은 경비가 지출되나, 경영계약 비용, 또는 체인본부에서 부과되는 제 비용을 지불할 필요가 없어 비용절감의 이점이 있고 우리 고유의 경영기법을 개발할 수 있어 독창성을 발휘할 수 있다.

2) 체인호텔(Chain Hotel)

(1) 일반 체인(Regular Chain Hotel)

체인의 모회사가 소유권에 대한 지분을 보유하거나 혹은 주주로부터 호텔시설을 임차하여 운영하며, 체인의 본부는 경영만을 책임진다. 체인 본부는 산하 각 호텔에 체인

본부 고유의 동일성(상호, 상표, 표준화된 건축양식, 장식 등)을 의무적으로 적용하게 하여 경영에 반영시킨다. 경영상 모회사는 경영기법에 대한 지원, 현지 경영의 자문을 하여 준다. 체인의 규모가 클수록 시장을 개척하는 데 유리하여 체인 전체의 공동선전으로 광고선전 비용의 절감을 할 수 있어 유리하다. 그러나 개인 소유주나 투자기업의 발언권이 거의 없으므로 경영체제의 독립적인 독창성이나 고유성이 없고 경영에 대한 전반적인 제약을 받게 된다. 우리나라의 조선호텔 및 조선비치호텔, 신라호텔 등이 여기에 속한다.

⊙ 표 6-7 단독경영호텔의 장·단점

장 점	• 경영협약 비용 또는 체인본부에서 부과되는 제 비용을 지불할 필요가 없어 비용절감의 이점이 있다. • 고유의 경영기법을 개발할 수 있어 독창적인 경영기법을 개발하여 합리성을 기할 수 있다. • 시장변화에 신속히 대응할 수 있다. • 지역특성 및 문화를 서비스나 제품에 반영이 쉽다.
단 점	• 호텔 스스로가 시장확대 및 경영기술 개발에 노력해야 한다. • 해외 판촉활동에 따른 많은 경비가 지출된다. • 소비자의 지명도가 낮다. • 국제적 정보수집에 어려움이 많다.

(2) 경영협약 체인(Management Contract Chain Hotel)

경영협약에 의해서 호텔의 전반적인 경영을 책임지는 것으로, 계약자는 호텔의 경영을 감독하고 실제로 운영하도록 되어 있으나, 경영회사는 자본 또는 운영자본까지도 투자하지 않으며 위험이나 손실에 대해서도 책임을 지지 않는다.

계약회사는 특허계약 수수료와 특허권 사용료를 받아들이는 사업이다. 이것은 호텔 소유주 측이 호텔경영을 전문으로 하는 체인회사에 의하여 호텔의 이미지를 고양시키기 위한 것이며 또한 호텔의 전문적 경영을 의뢰함으로써 일정한 대가를 지불하는 소유주와 계약된 회사가 이익을 서로 분배한다고 할 수 있다. 이러한 계약조건에 의하여 본사는 체인 고유의 시스템을 통하여 전문화된 경영기법 및 판촉의 전문적 기술을 사용하여 계약된 호텔을 효과적으로 운영하여 이윤을 얻도록 하고, 일정 조건, 목표를 달성했을 때 일정 이익에 대해 대가(Pee)를 받는다. 본사는 이윤의 달성조건에 의하여 이윤 배당액과 세액을 받음으로써 호텔을 위한 마케팅의 노력은 소유자 측의 마케팅 노력의 중요성과 같다. 이런 점에서 단독경영호텔의 경우보다 비용 및 경영기법에서 효과적이다. 우리나라에서는 힐튼과 하얏트 호텔 등이 여기에 속한다고 본다.

이러한 체인경영방식의 장·단점을 살펴보면 다음 표 6-8과 같다.

◎ 표 6-8 체인호텔의 장·단점

장 점	• 대량 구입으로 인한 원가 절감 • 전문가의 양적, 질적 활용 • 공동광고, 판촉활동에 의한 효과 • 예약의 효율적 활용 • 계수관리의 적정화 • 자금조달이 용이 • 영업규모의 거대화로 기술개발이 용이 • 소비자로부터 높은 지명도
단 점	• 수수료(Royalty)의 과다한 지급 • 회계제도상의 불리한 조항 • 자본주는 지분에 대한 배당에 국한 • 경영 참여에 제한 • 자본주에게 계약 내용상 최소한의 수익이 보장되어 있지 않음 • 자본주에게 계약 파기권이 없음 • 부당한 인사 • 재고 및 사장품목의 발생 • 인건비 및 기타 경비의 과다지출 • 현지 사정을 잘 이해 못한 경영진의 파견으로 잘못된 의사결정이 우려됨 • 현지 직원과 파견된 경영진과의 갈등이 존재 • 국가적 차원에서 볼 때 외국인 노동력의 유입으로 외화 유출 • 독립된 개별호텔에 비해 높은 임금을 지불함에 따른 사회적 긴장초래

3) 프랜차이즈 체인(Franchise Chain Hotel)

프랜차이즈란 「특허권 사용」이란 뜻으로 이 경우의 호텔은 체인본부로부터 체인에 가입한 다른 일반체인의 호텔과 같이 동일한 상호를 걸고 동일한 양식의 건물에서 같은 방식의 경영을 하고 있기 때문에 외관상으로 구별을 할 수 없다. 이 유형의 체인호텔은 계약된 호텔이 계약된 프렌차이즈 회사와의 운영상의 모든 계약조건과 시설의 요건을 구비하는 한 일반적인 호텔의 이점을 이용할 수 있으며 호텔의 경영권은 체인본부의 간섭을 받는 것이 아니라 위의 조건의 이점과 자문을 받으면서 운영이 되는 형태이므로 자본의 도입관계는 없으며 경영의 독립성이 유지되는 형태이다.

프랜차이즈 협력하에서는 본사는 기술적 경영자문에 응해야 하며 경영전문 분야의 전문화된 기술용역을 제공할 의무를 지니나 경우에 따라 상대적으로 기본적인 용역대가 이외에 특별대가를 요구하기도 한다. 그러나 한 가지의 단점은 프랜차이즈본사는 그 자신이 소유하고 있는 호텔의 판촉을 우선적으로 하고 그 외의 판촉은 가맹호텔로부터 일정한 대가(fee)를 받아 판매촉진 업무를 공동으로 행한다. 이 프랜차이즈의 경우는 본부의 경영지도력과 가맹사의 자발성의 조화가 이루어져야 한다. 우리나라에서 이 경우의 호텔은 쉐라톤 워커힐 호텔이 대표적인 경우라 하겠다.

4) 리퍼럴 그룹(Referral Group & Affiliated System)

체인과 프랜차이즈 그룹의 발전과 인기가 상승하게 됨에 따라 단독경영형태의 호텔들은 그들과 대항하려면 재정적인 측면에서 제반 경비의 과다한 지출로 경쟁에서 위협을 느끼게 되었다. 단독경영의 호텔들은 단일성 혹은 경영의 독립성과 소유권을 유지하고자 하였으나, 체인호텔들의 성장으로 고객을 잃게 되고 그들의 전문화된 시장개척 및 예약제도 때문에 점차 불리한 경영환경에 놓여지게 되는 것이다. 재정적 측면에서 볼 때 단독경영의 호텔들은 해외선전사무소의 유지와 시장(Market Shire)을 확보하기 위한 광고활동 등에 대한 비용을 감당할 수 없게 되었다. 이러한 이유로 단독경영호텔 소유자들은 외국의 유사 그룹 호텔들과 상호 협력하에 공동선전, 판매정책 및 예약서비스 등의 획일화를 위한 조직을 갈구하여 그들로 하여금 유사그룹의 상호 및 서비스를 모토(Motto)로 하는 조직을 만들게 되었다. 그리하여 각 호텔은 외국의 유사그룹의 호텔과 상호 협력하에 공동선전 및 유사그룹의 담합으로 공동의 기금을 창출하여 각각의 독립적 판매, 즉 독립경영을 유지하며 동시에 새로운 정보를 교환하고 판촉활동과 예약서비스를 하게 되었다. 리퍼럴에 의한 호텔경영에서는 단독경영의 호텔과 마찬가지로 각 호텔의 독립적 경영이 완전히 보장되며 체인이나 프랜차이즈 등의 계약경영형태에서 파생되는 장점들도 가질 수 있다.

이러한 리퍼럴 그룹의 형태로 성공한 그룹을 보면 HRI Properties, SRS-Hotels, Preferred Hotel, JMA Hotels, MRI Hotels 등이 있다. 이와 같이 리퍼럴(Referral)계약호텔 그룹들은 이제 거대한 체인호텔들과 경쟁을 할 수 있게 되었다. 현재 SRS(Steigenberger Reservation Service)시스템의 경우 140여개가 넘는 주도급 국제호텔들을 가지고 있다. 이들은 강력한 공동예약망을 형성하기 위해 공동기금으로 수많은 해외예약사무소를 설치하고 있다. 그러나 많은 호텔들은 이러한 리퍼럴그룹에 대처하기 위하여 단독경영호텔들에게 체인이나 프랜차이즈의 가입 없이 일정한 대가(Fee)를 받고 단독경영호텔들에게 상기한 바와 같은 서비스를 제공해 주기도 한다. 이러한 형태의 예로는 "Sheraton Referral Hotel", "Affiliated With International", "Various Airline Affiliation", "Regent Marketing" 등이 있다.

3. 세계 체인호텔의 동향

우리나라보다 호텔 문화에 있어서 훨씬 앞서 있는 선진국의 호텔세계화는 매우 광범위하게 활성화되어 있고 전파되어 있다. 호텔세계화 초기에는 몇몇 대규모 호텔그룹만으로 형성되었으나 현재는 대부분의 호텔기업들이 나름대로 세계화전략을 구축하여 서로 경쟁하는 가운데 성장하고 있는 추세이다. 보통 이러한 호텔이 세계화에 대한 척도로는 호텔 체인화에 근거하는 것이 일반적이다.

왜냐하면 호텔체인이란 기업경영에 있어서 규모의 확대와 경영효율의 증진을 위해서 둘 이상의 호텔기업들이 협약에 의해 하나의 조직체로서 운영되는 형태이고, 그래서 한정된 장소와 수요의 범위의 한계를 초월할 수 있기 때문이다. 따라서 세계 체인호텔회사의 동향과 대표되는 국제호텔기업의 사례들을 알아본다.

1) 세계 체인호텔의 동향

호텔은 경영의 형태에 따라 단독경영호텔(Independent Hotel)과 체인경영호텔(Chain Hotel), 임차경영호텔(Leased Hotel), 자본제휴호텔(Joint Venture Hotel), 리퍼럴그룹호텔(Referral Group Hotel) 등으로 나누어질 수 있는데, 최근에는 경영상의 이점과 고객의 요구에 대한 대응으로 체인화 경향이 세계적인 추세가 되고 있다. 체인경영호텔의 경우 대량구입으로 인한 원가절감, 전문인력의 활용, 광범위한 마케팅의 전개, 적정한 계수관리 등을 통해 합리적이고, 효율적인 경영을 할 수 있다는 장점이 있다. 또한 고객들이 호텔을 선택하는 데 있어서 브랜드에 대한 인지도는 큰 영향을 미치게 되므로 독자적으로 운영되던 호텔들도 위탁경영이나 프랜차이즈 협약 등을 통해 국제적인 호텔 기

업에 합류하는 사례가 증가하고 있다. 세계적인 호텔산업 컨설팅 회사인 MKG 그룹의 2011년 국제적 호텔기업과 브랜드 순위분석 표 6-9, 표 6-10에 따르면 인터컨티넨탈, 홀리데이 인 등의 브랜드를 운영하는 IHG 그룹이 객실운영 규모에서 1위를 차지하고 있으며, 각 기업들은 기존 호텔 객실의 리노베이션이나 새로운 콘셉트의 호텔 브랜드 개발 등을 통해 경쟁력을 키우고, 북미나 유럽 등 이미 포화상태가 된 기존의 시장에서 벗어나 중국이나 중동, 남미 등의 새로운 시장 개척으로 세계적인 네트워크를 형성해 가고 있다.

◎ 표 6-9 국제적 호텔기업 순위(2011년 1월 기준)

순 위	그 룹	호텔 수	객실 수
1	Intercontinental Hotels Group	4,437	647,161
2	Hilton Worldwide	3,689	605,938
3	Wyndham Hotel Group	7,152	605,713
4	Marriott Worldwide	3,446	602,056
5	Accor	4,229	507,306
6	Choice Hotels	6,142	495,145
7	Starwood Hotels & Resorts	1,041	308,700
8	Best Western	4,015	307,155
9	Carson Hospitality	1,078	165,061
10	Hyatt Hotel Corporation	423	120,806

자료: Database MKG Hospitality, 2011.3

◎ 표 6-10 국제적 호텔 브랜드 순위(2011년 1월 기준)

순 위	브랜드	그 룹
1	Best Western	Best Western
2	Holiday Inn	Intercontinental Hotels Group
3	Marriot Hotels	Marriot International
4	Comfort Inn	Choice Hotels
5	Hilton Hotels	Hilton Worldwide
6	Holiday Inn Express	Intercontinental Hotels Group
7	Hampton Inn	Hilton Worldwide
8	Days Inn	Wyndham Hotel Group
9	Sheraton Hotels	Starwood Hotels & Resorts
10	Super 8 Motels	Wyndham Hotel Group

자료: Database MKG Hospitality, 2011.3

(1) 힐튼 호텔(Hilton Hotel)

1919년 콘래드 힐튼(Conrad N. Hilton)이 텍사스 주 시스코에서 모블리 호텔(Mobley Hotel)을 인수하여 그 호텔을 기본으로 회사를 설립하였고, 힐튼 호텔 앤 리조트는 힐튼 월드와이드(Hilton Worldwide)의 호텔 브랜드 중 하나로서, 2011년 1월 기준으로 84개국에 3,700여개의 호텔과 600,000여개의 객실을 보유하고 있다. 호텔을 새로 건축하기보다는 기존의 시설을 저가로 매입하여 개조하거나 경영협약을 통해 국제적 사업체로 발전하였다. 호텔 내에 아케이드상가를 본격적으로 도입하고 개성 없는 대형 식당을 세분화하여 다수의 전문 레스토랑으로 만드는 등 호텔 공간을 최대한 활용하여 수입의 극대화를 추구하였다. 힐튼 월드와이드는 럭셔리 호텔 2개(WALDORF ASTORIA, CONRAD)와 풀서비스 호텔 3개(Hilton, Double Tree, Embassy Suites Hotel), 중저가 호텔 4개(Hilton Garden Inn, Hampton, Homewood Suites, Home2)와 1개의 리조트(Hilton Grand Vacation)브랜드를 보유하고 운영 중에 있다.

◎ 표 6-11 힐튼 월드와이드(Hilton Worldwide) 호텔 브랜드

구 분	힐튼 호텔 브랜드	호텔 및 객실 수
럭셔리호텔 (Luxury)	• WALDORF ASTORIA • CONRAD	• 호텔 : 23 • 호텔 : 17
풀서비스 호텔 (Full Service Hotel)	• Hilton • Double Tree • Embassy Suites Hotel	• 호텔 : 540, 객실 : 191,000 • 호텔 : 250 • 호텔 : 201, 객실 : 48,590
중저가 호텔 (Select Service Hotel)	• Hilton Garden Inn • Hampton • Homewood Suites • Home2	• 호텔 : 515, 객실 : 70,000 • 호텔 : 1,800, 객실 : 168,000 • 호텔 : 309, 객실 : 33,000 • 호텔 : 6
리조트	• Hilton Grand Vacation	• 호텔 : 12

자료: 문화체육관광부(2012). 세계호텔산업의 동향과 미래연구

(2) 인터콘티넨탈 호텔(Intercontinental Hotel)

인터콘티넨탈 호텔 그룹(Intercontinental Hotel Group)은 글로벌 호텔 기업으로서 1946년 최초의 인터콘티넨탈 호텔을 설립하였고, 영국에 본사를 두고 있으며, 현재 전 세계 100여개 나라에 4,500여개의 호텔을 보유하고 있다. 인터콘티넨탈 호텔 그룹의 대표적

인 브랜드로는 InterContinental, Crowne Plaza, Hotel Indigo, Staybridge Suites, Holiday inn, Holiday inn Express, Candlewood Suites로 7개의 호텔 브랜드를 보유하고 운영 중에 있다. 특히 그린경영을 위해 탄소차감계를 구입하기보다는 혁신적 기술발전을 선택하여 탄소와 에너지 감소를 위한 노력을 기울이고 있으며 이러한 노력으로 미국 그린빌딩 위원회(USGBC)로부터 LEED(USGBC가 만든 자연친화적 빌딩 건물에 부여하는 친환경인증제도)인증을 받았다.

표 6-12 인터콘티넨탈 호텔 그룹(IHG) 호텔 브랜드

구 분	인터콘티넨탈 호텔 그룹 브랜드	호텔 및 객실 수
럭셔리호텔 (Luxury)	• Inter Continental	• 호텔 : 171, 객실 : 58,429
풀서비스 호텔 (Full Service Hotel)	• Crowne Plaza • Hotel Indigo	• 호텔 : 388, 객실 : 106,155 • 호텔 : 38, 객실 : 4,548
중저가 호텔 (Select Service Hotel)	• Staybridge Suites • Holiday inn • Holiday inn Express • Candlewood Suites	• 호텔 : 188, 객실 : 20,762 • 호텔 : 1,241, 객실 : 227,225 • 호텔 : 2,075, 객실 : 191,228 • 호텔 : 228, 객실 : 28,253

자료: 문화체육관광부(2012). 세계호텔산업의 동향과 미래연구

(3) W호텔(W Hotel)

W호텔은 스타우드 호텔 앤 리조트 월드와이드(Starwood Hotels and Resorts Worldwide, Inc)의 럭셔리 부티크 호텔 브랜드이다. W호텔은 젊은 계층을 타깃으로 1998년 뉴욕에 처음 설립되었고, 설립 초기에는 스타우드 호텔이 기존에 보유하고 있던 호텔과 병합을 통해 W호텔을 설립하였으나, 차후에는 50여개의 호텔을 설립하면서 브랜드를 확장하였다. 스타우드(Starwood Lodging)는 북미 지역에 각기 다른 이름으로 운영되는 몇 개의 호텔을 소유한 회사였으며 1994년 웨스틴 호텔(Westin Hotel Company)을 매입하고 1998년 ITT 쉐라톤으로부터 Sheraton과 Four Points, The Luxury Collection 브랜드를 인수하면서 세계적인 호텔기업으로 발전하였다. 전 세계적으로 1,000여개의 호텔과 300,000여개의 객실을 보유하고 있으며, 스타우드 호텔 앤 리조트 월드와이드사는 호텔과 리조트, 스파, 레지던스 등 9개의 브랜드를 운영하고 있다.

표 6-13 스타우드 호텔 그룹(Starwood Hotel and Resorts) 호텔 브랜드

구분	스타우드 호텔 그룹 브랜드	호텔 및 객실 수
럭셔리호텔 (Luxury)	• St. Regis • The Luxury Collection	• 호텔 : 97, 객실 : 19,400
풀서비스 호텔 (Full Service Hotel)	• Sheraton • Westin • W Hotel • Le Meridien	• 호텔 : 401, 객실 : 141,500 • 호텔 : 181, 객실 : 71,200 • 호텔 : 38, 객실 : 11,200 • 호텔 : 100, 객실 : 26,700
중저가 호텔 (Select Service Hotel)	• Four Points by Sheraton • Alfort • Element by Westin	• 호텔 : 158, 객실 : 27,400 • 호텔 : 46, 객실 : 6,800 • 호텔 : 10

자료 : 문화체육관광부(2012). 세계호텔산업의 동향과 미래연구

(4) 이비스 호텔(Ibis Hotel)

이비스는 세계 5위의 호텔그룹인 프랑스의 아코르(Accor) 산하 중저가 호텔 브랜드로 유럽의 대표적인 중저가 호텔 브랜드이다. 이비스 호텔은 48개국에서 총 900개 호텔을 운영하고 있으며 유럽을 중심으로 브랜드 마케팅을 전개하고 있다.

표 6-14 아코르(Accor) 호텔 브랜드

(단위 : 개, 실)

구분	아코르 호텔 브랜드	호텔 수	객실 수
Upscale (10%)	Sofitel	112	28,887
	Pullman	60	17,685
	MGallery	48	5,553
Midscale (34%)	Novotel	394	74,117
	Mercure	725	89,260
	Suite Novotel	29	3,620
	Adagio	88	9,710
	Unbranded hotels	29	5,298
Economy (36%)	all seasons	149	13,110
	ibis	933	113,077
	Etap Hotel	437	37,297
	Formule 1	85	9,167
	HotelF1	243	18,213
Economy United States(20%)	Motel 6	1,028	99,438
	Studio 6	66	7,282

자료 : 문화체육관광부(2012). 세계호텔산업의 동향과 미래연구

이비스 브랜드의 매출은 아코르 그룹 전체 매출 59억 유로 중 약 18%를 차지하고 있으며, 한국에서는 2003년 이비스 앰배서더 서울을 시작으로 명동과 수원, 부산의 총 4개 호텔을 운영 중에 있다.

한편, 프랑스에서 1967년 설립된 S.I.E.H. 호텔이 쟈크 보렐인터내셔널의 Catering & Service Voucher회사와 합작으로 1983년 탄생한 아코르 그룹은 전 세계 137개국에서 4천여 개의 호텔체인을 보유하고 있으며, 소피텔, 노보텔, 풀만, 이비스 등 12개의 호텔 브랜드를 보유·운영 중에 있다.

2) 국내 호텔산업의 동향

(1) 국내 호텔업 육성을 위한 정책방향

관광진흥법에 따른 관광숙박업은 호텔업과 휴양콘도미니엄업으로 구분되며, 호텔업은 관광호텔업, 수상관광호텔업, 한국전통호텔업, 가족호텔업, 호스텔업, 소형호텔업, 의료관광호텔업으로 구성되어 있다.

2007년에는 과거 호텔업에서 휴양콘도미니엄업과 달리 공유제 분양 또는 회원모집을 할 수 없도록 규정(가족호텔업에 한해서는 회원모집을 허용)하였던 것을 2006년 2월 2일 이후 사업계획승인을 받은 모든 호텔업에 대하여 회원모집을 허용함으로써 호텔업의 경영효율화를 도모하였고(관광진흥법 시행령 개정/2007.11.13), 2008년에는 2006년 2월 2일 이전에 사업계획의 승인을 받은 관광호텔업, 수상관광호텔업 및 한국전통호텔업에 대해서도 회원모집을 허용하였으며(관광진흥법 시행령 개정/2008.8.26), 2009년에는 배낭여행객 등 개별 관광객의 숙박시설로 호스텔업이 추가(관광진흥법 시행령 개정/2009.10.7)되었다.

2012년에는 외래관광객 2천만명 시대를 대비한 관광숙박시설 확충기반을 조성하고, 국내 관광산업의 경쟁력을 획기적으로 강화하기 위한 제도적 기반을 구축하기 위한 「관광숙박시설확충을 위한 특별법」을 제정·시행하였다(제정/2012.1.26). 2013년에는 숙박시설의 다양성 부족문제 해소를 위하여 중저가·부티크 호텔 확충 기반을 마련하기 위한 소형호텔업과 의료관광활성화를 위한 의료관광호텔업을 신설하였다(관광진흥법 시행령 개정/2013.11.29).

정부는 「관광진흥법」에 규정되어 있는 관광숙박업 외에 전통한옥 관광자원화, 국민여가캠핑장 조성 등 다양한 숙박공간 확충사업을 추진하여 가족단위의 관광수요에 부응하고 있으며 향후에도 지속적으로 쾌적하고 저렴한 가족단위 관광숙박시설을 확충해 나갈 계획이다.

(2) 국내 호텔산업의 트렌드

외국인 입국자 수가 2008년 이후 매년 10% 이상의 양호한 성장세를 이어온 데 반하여, 서울지역 특1급 호텔 객실공급은 2000년 이후 12년간 2,000실 내외로 제한적이었다 (2000년 8,184실 → 2012년 10,366실, 증가율 26.7%, 동 기간 외래방문객 증가율 109.3%).

2011년과 2012년 각각 쉐라톤서울 디큐브시티호텔(269실), 콘라드서울호텔(434실)이 개관된 데 이어 2014년 2월에는 동대문 JW메리어트호텔(170실)이 그랜드 오픈을 하였다. 그러나 제한된 입지조건과 과중한 초기투자비용 등으로 서울지역 특1급 호텔의 공급은 향후에도 크게 증가되기는 어려울 것으로 보인다.

서울 및 부산 특1급호텔의 객실영업효율성은 글로벌 금융위기에도 불구하고 외국인 입국자 수 증가와 제한된 공급, 고환율 기조에 힘입어 2006년 이후 꾸준히 향상되었다. 2011년과 2012년을 기점으로 서울과 부산호텔 객실가동률은 다소 둔화되고 있으나, 판매단가 인상에 힘입어 객실영업 효율성은 개선추세를 유지하였다.

그러나 원화강세와 상대적으로 숙박의 편의성이나 안정성을 중시하는 일본인 관광객 수요의 위축, 대체 숙박시설의 증가 등으로 2013년에는 서울, 부산지역 특1급호텔 객실영업 효율성은 대체로 저하된 것으로 파악된다. 엔저기조와 중국인의 저가 숙박시설 선호, 비즈니스호텔 등 대체 숙박시설의 공급증가 등을 감안할 때, 특1급 호텔 객실영업효율성은 당분간 다소 둔화양상을 보일 것으로 예상된다.

이에 따라 2000년대 이후 외국계 체인호텔의 국내 중저가호텔 시장 진입이 활발하게 진행되고 있으며, 이러한 중저가 체인호텔의 진입이 국내 호텔시장의 변화를 유도하고 있다.

2001년 베스트웨스턴의 진입을 시작으로 2003년 이비스, 2007년 도요코인 등의 호텔이 진출하였다. 이처럼 중저가 체인호텔의 진입이 활발한 이유로는, 기존의 특급호텔이 높은 가격에도 불구하고 낙후된 시설로 고객 만족도를 충족시키기에는 한계가 있고, 신축된 중저가 호텔은 편리하고 쾌적한 시설을 낮은 가격에 제공하고 대부분 교통이 용이한 도심에 위치하고 있기 때문에 국내외 여행객에게 각광받으며 시장의 규모를 점차 확대하고 있다. 우리나라에 진출한 중저가 체인호텔은 다음과 같다.

① 베스트웨스턴(Best Western)

단일 브랜드로서는 세계에서 가장 규모가 큰 브랜드이며 국내에서는 '베스트웨스턴 뉴서울(2001년)'을 시작으로 총 9개의 호텔을 운영하고 있다. 베스트웨스턴은 차별화된 서비스를 통한 고객만족 제고를 실현시키고 있는데 그 내용으로는 무료 시외·시내 전화(30분 미만), 최소 50%의 금연 객실, 최소 10%의 객실에 킹사이즈 베드 제공 및 면도세트, 샴푸, 생수 등 비치 등을 내용으로 하는 '베스트 리퀘스트' 서비스 제공과 다양한 보상 프로그램, 중저가 호텔로는 최초로 선불 여행카드 시스템 도입 등을 통한 서비스 차별화를 들 수 있다.

② 이비스(Ibis)

세계 5위의 호텔그룹 아코르(Accor, 프랑스) 산하의 중저가호텔 브랜드로 아코르 그룹의 전체 매출 59억 유로 중 약 18%를 차지하고 있으며, 주로 유럽을 중심으로 하였으나 최근 아시아와 남미, 중동 등으로 시장을 확장하고 있으며, 국내에는 '이비스 앰배서더 서울(2003년)'을 시작으로 현재 총 4개의 호텔을 운영하고 있다. 이비스 호텔은 고객만족 제고를 위한 세심한 서비스를 제공하고 있는데, 고객의 편의 극대화를 위한 효율적 공간 이용 및 소음, 조명 등의 세심한 관리와 고객의 불만사항을 15분 내에 해결하고 이를 해결하지 못하면 해당 서비스를 무료로 제공하는 '15분 만족 개런티 프로그램'을 시행하고 있다.

③ 도요코인(Toyoko-Inn)

1986년 일본에서 시작되었으며, 숙박에 특화된 중저가 호텔체인으로 현재 일본 최대의 중저가 호텔로 자리매김하고 있다. 도요코인은 '안심·쾌적·청결'을 바탕으로 '역과 가까운 숙소'를 기본 콘셉트로 하고 국내에서는 '도요코인 부산역(2008년)'을 시작으로 현재 총 6개의 호텔을 운영하고 있다. 또한 고객의 다양한 욕구 충족을 위한 차별된 서비스를 제공하고 있는데, 서비스 내용은 4가지 타입의 방을 제공하고 있으나 50% 이상은 싱글룸으로 제공하고 있고, 전문 요리사가 아닌 일반 주부가 준비하는 무료 조식을 통해 친근하고 편안한 서비스를 제공하고 있다.

◎ 표 6-15 국내 진출 체인호텔 현황

호텔 브랜드	본사 소재국	국내 호텔 수	주요 서비스
베스트웨스턴	미국	9개	베스트 리퀘스트 서비스, 선불 여행카드
이비스	프랑스	4개	15분 만족 개런티 프로그램
도요코인	일본	6개	가정식 조식 무료제공

자료: 문화체육관광부(2012). 세계호텔산업의 동향과 미래연구

Chapter **07**

관광교통업

New Principle of Tourism Business

Chapter
07 관광교통업

① 관광과 교통업

1. 관광교통업의 개념

교통(traffic)이란 인간의 의사소통과 인적 교류 및 물적 유통과정에서 장애요소로 작용하는 거리적 공간을 단축시키는 데 필수적인 장소적 이동을 뜻한다. 그리고 교통시설(traffic facilities)은 관광의 본질적 요소 가운데 하나인 이동을 담당하는 것으로 관광과의 밀접한 불가분의 관계로 발전해 왔다.

관광의 대중화는 교통시설 및 교통수단의 발달과 근대적 교통업의 성립을 전제로 하여 실현되었다고 말할 수 있다. 그러므로 교통업은 관광사업 가운데서 중심적 위치를 차지하고 있을 뿐만 아니라, 관광개발에 있어서도 중요한 위치를 점하고 있다.

또한, 거리적 공간의 극복에 소요되는 시간과 비용 간의 관계가 교통기관의 능률을 나타내는데, 소요시간으로 표시되는 능률을 교통능률(거리/속도 = 소요시간으로 표시), 그리고 비용으로 표시되는 능률을 경제능률(운임/거리 = 소요비용으로 표시)이라 한다.

교통능률을 결정하는 요소는 운송수단이다. 따라서 항공기의 교통능률이 가장 높은 반면, 선박이 가장 낮다고 볼 수 있다. 그러나 교통수단의 이용시에는 경제능률도 고려하여야 하므로 양자는 교통수단의 일반적인 개념에서 상반적인 관계가 있다고 하겠다.

여행객의 경우 출발지에서 목적지까지 도달하는 데 소요되는 총 소요시간과 비용을 비교해 봄으로써 이용교통수단을 선정하게 되는데, 교통수단의 발달은 목적지까지의 도착시간을 얼마나 단축시켰으며, 이용에 지급되는 비용도 상대적으로 얼마나 저렴하게 만들었느냐에 달려 있다 해도 과언이 아니다.

관광사업은 여러 가지 산업의 총체 또는, 복합산업으로서의 성격을 띠고 있기 때문에 다른 관광산업과 함께 발전해 왔고, 특히 통신·교통산업의 발전은 관광사업을 오늘날 근대산업으로 크게 발전시키는 데 기여하였다. 다시 말해서 관광지 또는 관광자원이 아무리 완벽하게 개발되어 있다 하더라도 교통수단이나 교통시설이 안전하고 조직적으로 정비되어 있지 못하다면 결국 관광사업의 발전은 저해되고 말 것이다.

따라서 교통운송업이란 '교통수단을 이용하여 사람과 재화를 장소적으로 이동시키는 운송서비스를 상품으로 하여 이를 고객에게 판매하고, 이윤을 추구하는 기업'으로 정의할 수 있으며, 교통수단이란 '공간의 거리를 극복함으로써 사람·상품·정보를 전달하는 수단 또는 기술'로 정의할 수 있다.

여기서 말하는 운송상품은 일정한 공간을 고객에게 제공하여 사람이나 재화를 운송하는 것을 목적으로 하지만, 운송 그 자체만으로는 상품을 형성할 수 없으므로 여기에 인적인 서비스가 추가되어야 비로소 운송상품으로서의 가치를 발현한다. 또한, 서비스란 판매를 위해 고객에게 제공되거나 제품의 판매에 부수되어 발생하는 효용과 만족이라 이해할 수 있으나, 교통운송업에서의 서비스는 엄격하게 말해서 그 자체가 무형상품이며, 움직이는 공간 형태를 빌어 여행객에게 판매하는 특성을 가지므로 약간의 제품과 부수적인 서비스가 부가된 서비스상품이다.

그러한 측면에서 운송상품이 갖는 특성은 다음과 같다.

첫째, 가시적인 물질형태를 취하지 않으면서 인간의 욕구나 산업체 각 분야의 제반 필요사항을 충족시켜 주는 용역(用役/service)이다.

둘째, 생산과 소비의 동시성으로 상품을 보존할 수 없으며, 오직 공간이라는 재고만 존재하므로 재고관리를 위한 예약생산이 강조된다.

셋째, 물적 형태를 취하는 유형상품과는 다르므로 고객에게 시간적, 장소적 유효성을 증대시킴으로써 상품의 질을 높일 수 있다.

넷째, 고정비의 비율이 높은 반면, 조업도의 증가에 따른 단위당 고정비의 감소, 즉 평균비용이 감소된다.

요약하면 운송상품은 그것의 생산, 구매 그리고 이용과 평가는 즉시성을 갖게 되며, 승객과 기업 간의 상호작용이 상품의 품질에 영향에 미치고, 공간과 인적 서비스의 결합이 적절할 때 상품의 유효성이 극대화될 수 있음을 이해하게 된다.

2. 관광교통업의 기본적 성격

(1) 무형재 및 즉시재

일반 유형재는 일정한 형상과 존속기간을 가지며, 그 생산과 소비는 각각 상이한 장소와 시간에 행해진다. 그러나 운송상품은 해당 운행편에서 모두 소화되지 않으면 생산성은 소멸된다. 즉, 생산과 소비가 동시에 일어나며, 저장도 불가능하므로 무형성과 즉시성을 갖는다 하겠다.

그러므로 운송상품 및 운송서비스는 교통수요에 적절히 대처할 수 있는 적정규모의 운송시설과 수단이 존재해야 한다.

(2) 수요의 편재성

교통이 혼잡한 시간, 평상시 혼잡한 지역 등 교통수요의 시간적, 지역적으로 커다란 파동을 일으키는 수요의 편재성이 있다.

특히, 교통수단은 통근과 같은 별도의 목적을 위해 교통수단을 이용하는 이른바 파생수요(derived demand : 도착지에서 예정된 활동이 목적이고, 교통은 그를 위한 수단일 때 쓰는 말이다. 이 경우에 교통수요는 도착지에서 활동하는 본원적 수요로부터 파생된 수요가 된다)와는 달라서 관광 그 자체가 목적으로 되어 있는 본원적 수요(element demand)이기 때문에 수요의 탄력성이 매우 크다.

따라서 관광교통은 소득의 탄력성도 크고, 다른 한편으로는 경기변동에 영향도 받기 쉽다.

그러나 일반적으로 특정상품에 대한 수요는 처음에는 사회적·문화적인 성격을 띠게 되나 점차 소비관행으로 정착되며, 필요에 따라 전환되는 것이 통례이다.

(3) 자본의 유휴성

교통수요가 시간적, 지리적으로 편재성을 갖는 것은 성수기를 제외하면 적재력이 항상 남아 돌아간다는 것을 의미하므로 이는 곧 자본의 유휴성이 크다는 것을 의미한다.

도로·운반용구·동력이라는 교통수단을 구성하는 3대 요소를 생각해 볼 때 교통사업의 총비용 가운데 차지하는 감가상각비, 고정인건비, 고정적 유지·관리비, 수리비 등의 이른바 고정비의 비율이 높고, 조업도의 증가에 따른 단위당 고정비의 감소가 강하게 작용하므로 조업률이 높은 만큼 평균비용이 감소되는 특성을 갖고 있다.

(4) 독점성과 외부경제의 내부화

일정한 노선을 확보하고 있는 교통사업은 대개 독점형태의 성격을 가지며, 또한 지역적인 독점성을 가지고 있기 때문에 역주변의 토지매매로 이익을 올리거나, 터미널에 백화점을 건설·운영함으로써 교통수요를 창출하는 등 외부경제를 내부화할 수 있다 (예 터미널 주변에 예식장 신설 등). 그리고 적절한 대체교통수단이 없을 때에는 운임이 불합리하게 높더라도 해당 교통기관을 이용하지 않을 수 없다.

교통사업은 이와 같은 독점의 폐단이 크기 때문에 교통사업에 대한 통제문제는 사회문제로 논의되고 있고, 또 공공성과 공익성의 유지라는 차원에서 정부나 지방관서의 엄한 통제를 받는다.

3. 관광교통업의 발전에 따른 편익

(1) 시간적 거리의 단축

인간의 이동에는 절대적인 거리가 문제시되는 것이 아니라 왕복에 소요되는 시간의 문제가 중요하다. 그러므로 관광교통업은 여행객이 목적지에서 도착과 출발지로 귀환하는 데 소요되는 시간을 최소화하려 한다.

이러한 의미에서 교통기관의 발달이 준 시간적 거리의 단축은 관광대중화의 실현을 촉진시킨 동시에 숙박비와 식음료대의 절감으로 부수적인 효과를 발생시킨다고 할 수 있다.

(2) 경제적 거리의 감소

교통수단의 발달에 따른 대량운송능력은 운임저하현상을 유도할 수 있고, 이용객이 증가되면 이용객 1인당의 요금을 높게 책정하지 않아도 교통운송업은 운영될 수 있다. 이러한 현상은 순환적으로 영향을 주어 운임저하를 유도하고, 이는 다시 이용객 촉진을 시키는데, 이러한 현상을 경제적 거리의 감소라고 한다.

이 경제적 거리의 감소효과는 시간적 거리의 단축효과와 함께 작용하여 오늘날의 관광대중화 현상을 도래시킨 한 요소가 되었다.

2 철도운송업

1. 철도운송업의 개념

철도는 아직까지 많은 나라에서 여행객들이 즐겨 이용하고 있는 교통기관으로, 유럽에서의 철도여행은 해외여행객들에게 인기가 높다. 여행객은 차창을 통해 전개되는 깊은 계곡과 맑은 호수, 그리고 오래된 성곽을 바라보면서 편안히 여행할 수 있고, 또 국가들이 인접해 있어 이용하기 간편하여 그야말로 유럽의 참모습을 철도여행을 통해 경험할 수 있게 된다. 이체(ICE)와 떼제베(TGV)로 대표되는 고속전철운행과 함께 유럽 24개국의 1등차를 기간 내에 융통성 있게 이용할 수 있는 편리함과 경제성을 가진 유레일패스(Eurail pass)의 운행은 해외여행객들에게는 매력이 아닐 수 없다. 이에 따라 유럽을 여행하는 우리나라 해외여행객들도 철도를 이용, 여유 있게 여행하는 경향이 증대되고 있어 여행사의 종사원은 유럽철도, 특히 유레일패스 취급에 관한 정확한 업무지식이 요구된다.

2. 국내의 철도운송업

1899년 9월 18일 제물포~노량진 간에 33.2km의 경인철도를 개통한 이후, 철도는 국내 관광산업을 주도하는 중요한 교통수단으로 자리 잡았다. 1970년에 철도운송업의 국내여객 수송분담률이 4.5%에서 1980년 5.0%, 1990년 4.5%, 2000년 6.0%에서 2009년 기준 8.0%로 도로(74.%)와 지하철(17%)에 비해 낮은 상황이지만, 자동차중심의 교통수단이 사고, 혼잡비용, 대기오염 등의 문제가 악화되면서 근본적인 한계를 드러내면서 우리나라를 비롯한 세계 각국은 환경친화적이며, 수송효율이 우수한 철도운송업의 육성에 적극 나서고 있다. 2004년 4월 1일 개통된 고속열차인 KTX는 서울에서 부산까지의 소요시간을 2시간 40분으로 앞당겨 전국을 반나절 생활권으로 바꾸었고, 개통 5년 8개월 만인 2009년 12월 이용객이 2억명을 돌파하는 교통혁명을 이끌었다.

인바운드 관광객 1,400만명을 기록한 국내 관광산업의 활성화를 위해 철도운송을 기반으로 한 지자체와의 연계 시티투어 상품개발은 물론 선박연계 및 해외상품, 계절요인을 반영한 상품, 문화예술 축제와 연계한 상품 등을 개발하고 있으며, 지방자치단체, 여행업체가 참가하는 관광협력 세미나, 신상품 경진회를 개최하는 등 지역의 축제와 연계관광체제 구축, 국내관광 활성화를 위한 신상품 개발을 위해 노력하고 있다.

외국인 관광객의 수요창출과 문화관광 진흥에 기여하고자 개발된 KR패스는 외국인 전용으로 판매되고 있으며, 외국인 관광객의 국내관광 편의를 도모해 왔다. 이용방법은 해외 판매처 또는 코레일 홈페이지에서 KR패스 교환권 구입 후, 국내 지정처(모든 철도역)에서 KR패스로 교환한 다음 일정기간 동안 모든 열차(수도권 전동열차, ITX청춘, 관광열차 제외)를 구간이나 횟수 제한 없이 자유롭게 이용할 수 있어 외국인 관광객의 이동편의를 증진시켜 수도권 중심의 인바운드 관광시장을 지역단위 관광으로 분산시키고 있다.

◉ 표 7-1 외국인전용 철도상품 현황

(단위 : 명, 백만원)

상품명	인 원	매출액
KR PASS	27,060	1,745
KR & Beetle Pass	485	39
한일공동승차권	2,651	61
계	30,196	1,845

자료: www.korail.com
주: KR & Beetle Pass: 일정기간 한일 간 선박을 1회 왕복하고, KR패스를 이용, 한국철도를 승차구건이나 횟수에 관계없이 자유롭게 이용할 수 있는 외국인전용 선박연계 통합패스

KR패스는 1999년에 세계 최초로 철도이용권의 인터넷 발매 시스템을 도입하였으며 2007년 코레일 영문홈페이지를 통해 전용사이트를 개설하였고, 이로 인해 전 세계에서 KR패스 교환권(e-Ticket)의 온라인 예매가 가능해졌다. 향후 KR패스의 이용편의 향상을 위해 제휴 호텔 숙박비, 관광시설 입장료, 해외로밍 서비스 등의 할인제공 등 부가서비스를 지속적으로 계획하고 있다.

국내관광 및 지역경제 활성화를 위하여 전국 5권역 철도관광벨트 구축사업을 추진하고 있다. 5개 관광벨트는 O-train과 V-train을 통해 백두간의 풍광을 마음껏 즐길 수 있는 '중부내륙벨트'를 시작으로, 풍성한 남도문화와 해양레저를 콘셉트로 한 '남도해양벨트', 세계 유일의 분단상징에서 세계적 생태보고로 새롭게 부각되고 있는 비무장지(DMZ)를 중심으로 한 '평화생명벨트', 지역적 특성을 살린 다양한 축제와 체험행사가 풍성한 '서해골드벨트', 한국근대화의 원동력 울산, 포항의 산업시설과 신라 천년고도 경주의 역사유적이 조화를 이룬 '동남블루벨트'로 구성된다. 2013년 4월, 중부내륙순환열차 O-train과 백두대간협곡열차 V-train의 운행으로 시작된 중부내륙철도 관광벨트는 그동안 지리적인 폐쇄성과 석탄산업의 쇠퇴로 인해 낙후되어가던 지역을 국내 철도관광의 중심지로 변화시켰다.

○ 표 7-2 전국 5대권역 철도관광벨트 구축사업 현황

구 분	테마설정	개발구간	관광열차
중부내륙벨트	강원·충북·경북순환, 천혜의 백두대간	서울(수원)-제천-태백-영주	O-train
		영주-분천-철암	V-train
	정선 아리랑, 5일장	제천-민둥산-아우라지	A-train
남도해양벨트	남도의 멋과 맛, 문화유산과 해양레저	부산-여수엑스포 서대전-광주송정	S-train
평화생명벨트	DMZ 평화와 생태, 안보역사	서울-도라산 청량리-백마고지	DMZ-train
서해골드벨트	서해 낙조, 갯벌, 근대문화의 낭만	천안-익산-전주	G-train
동남블루벨트	일출, 산업근대화, 신라문화	부산-포항	B-train

자료: www.korail.com

중부내륙벨트에 이어 9월에 개통한 남도해양열차 S-train은 남도의 맛과 멋, 문화의 향기를 느낄 수 있는 관광전용열차로 하동, 순천, 여수, 보성 등 남해안권의 주요 관광지를 경유한다. 다례실, 이벤트실, 카페실 등의 특색있는 테마객실로 구성되었으며 하동, 북천, 득량, 보성역 등 관광테마역도 조성되어 관광객을 맞을 준비를 하고 있다. 특히 남해안권의 다양한 축제, 꽃 등과 연계된 다양한 패키지 상품을 구성하여 관광객들에게 볼거리와 즐길거리를 제공하고 있다. 뒤이어 평화생명벨트 DMZ-train, 서해골드벨트 G-train, 동남블루벨트 B-train 등 국내관광 활성화를 위한 5대 철도관광벨트 구축사업이 계속 진행 중에 있다. 그 밖에도 와인시네마, 바다열차, 에코레일 자전거열차 등 고객의 다양한 욕구를 충족시키기 위하여 관광전용객차를 개발하여 한층 고급화된 철도관광상품을 개발·운영하고 있으며, 2008년 11월부터는 최고급 호텔급 숙박시설을 갖춘 관광전용열차 '레일크루즈 해랑'을 운행하여, 철도관광의 새로운 장을 열었다. 최근에는 계절별, 지역별로 문화축제, 이벤트열차 등 열차의 멋과 낭만을 느낄 수 있는 관광상품을 출시하여 많은 호응을 얻고 있다.

3. 해외의 철도운송업

1) 유럽의 철도운송업

산업혁명 이후, 철도운송업이 발전한 유럽에서는 유럽 24개국(그리스·네덜란드·노르웨이·덴마크·독일·루마니아·룩셈부르크·불가리아·벨기에·스웨덴·스위스·스페인·슬로베니아·아일랜드·오스트리아·이탈리아·체코·크로아티아·포르투갈·프랑스·핀란드·헝가리·터키·슬로바키아)의 국유철도를 정해진 기간 동안 횟수에 관계없이 무제한 이용할 수 있는 유레일패스가 매우 유명하다. 유레일패스는 국유철도뿐만 아니라, 일부 사설철도·버스·선박도 무료나 할인으로 탈 수 있는 1등 정기승차권을 의미한다.

유레일패스는 장거리 국제급행요금도 포함되어 있기 때문에 유로시티 등의 열차에도 특별요금 없이 승차할 수 있다. 다만, 좌석 지정의 예약수수료와 침대·간이침대 요금은 별도로 지불한다. 유효기간은 발권일로부터 3개월에서 6개월까지 있으며, 어린이(4~11세)는 성인요금의 반액으로 탑승할 수 있다. 종류로는 다음과 같은 것이 있다.

① 유레일패스(연속적 사용)는 정해진 기간 동안 제한 없이 연속적으로 사용하는 패스

이며, ② 유레일플렉시패스(선택적 사용)는 패스 첫 개시일로부터 2개월 동안 지정된 날짜만큼 선택적으로 사용하는 패스이고, ③ 노멀패스(1등석)는 1인 이상이 개별 기차여행을 할 수 있는 패스이며, ④ 세이버패스는 2명 이상 5명까지의 승객이 같은 일정으로 기차를 타고 여행하는 조건으로 제공되는 저렴한 패스이고, ⑤ 유스패스(2등석)는 첫 탑승일을 기준으로 만 26세 미만의 여행자를 위한 패스이다. 유레일패스는 출발 전에 자국(自國)에서 구입해야 한다.

2) 미국의 철도운송업

국유철도가 없는 미국에서의 철도 네트워크는 사철회사로 구성되어 있다. 제2차 세계대전 이후 항공이나 자동차 수송의 등장으로 미국의 철도여객 수송량은 감소하고 있지만, 1960년대에 여객수요 감소가 가속되면서 많은 철도회사가 여객영업의 폐지를 단행하게 되었다. 이후 철도여객 수송을 유지하기 위해 각 지역의 철도회사의 여객수송 부문을 통합한 전국 일원적인 조직으로 암트랙(Amtrak)이 설립되었으며, 암트랙은 미국 철도여객수송공사로서 현재 미국 정부와 다수의 민간기업의 합작출자에 의해 운영되고 있다. 1971년 5월 본격적인 도시 간 철도 서비스를 시작하여 현재 미국 전역에 걸쳐 500개 이상의 도시를 연결하는 광역 운송망을 구축하고 있으며, 미국뿐만 아니라, 해외 여행객들부터 호응을 얻고 있으며, 미국을 대표하는 관광상품으로 평가받고 있다.

미국전역 45개주에 걸쳐 보스톤, 워싱턴, 미시간 등 대도시를 포함한 약 500개 이상의 도시를 연결하는 35,000km가 넘는 노선을 운행하는 광역철도운송서비스로 미국 내 지역별 총 6종류의 패스, 미국과 캐나다를 여행할 수 있는 2종류의 패스를 운영하고 있다.

암트랙은 북동 회랑선과 캘리포니아 주의 3개의 노선을 제외한 전 노선에 침대차와 좌석차로 구성되어 있으며, 열차에 따라서는 비즈니스석, 식당차(다이나), 라운지, 카페, 짐차, 합조차로 편성되어 있다. 또한 저소득층과 철도 마니아를 비롯해 시간에 여유가 있는 여행객과 장년층과 노년층이 많이 이용하고 있다.

암트랙 패스는 15일 또는 30일 기간 내에 해당 구간 열차를 탑승횟수 및 정차역의 제한 없이 반복적으로 이용 가능하며, 개인 또는 단체 배낭객들에게 적합 주요 관광지 연결노선과 기차역 간 연결 서비스를 제공하고 있다. 또한 외국인 여행객에게는 각종 할인요금과 편리한 이용조건 등이 제공되고 있다.

현재 암트랙의 북동 회랑선의 경우, 암트랙의 주요 노선에 속하지만 버스 및 항공과 경쟁을 하고 있으며, 캘리포니아 주 3개의 노선의 경우(캐피탈 코리드, 산요아킨스, 퍼시픽서프 라이너), 경영적자에 불구하고 폭넓은 고객층으로 일정한 규모의 승객수를 확보하고 있다.

🔍 해상운송업 ③

1. 크루즈의 개념

해상운송업의 대표적인 운송수단인 크루즈 여행은 숙박, 식음료 등 편의시설과 스포츠, 레크리에이션, 쇼핑 등 위락시설을 갖춘 대형 선박에서 관광을 목적으로 해상을 순회하며, 선상 활동과 기항지 관광활동을 포함하는 관광의 유형으로서 크루즈 관광은 기항지 관광활동을 포함하는 특성상, 항만을 보유하고 있는 지역의 관광정책 영역으로 부각되고 있다. 한국관광공사에서는 크루즈관광을 운송보다 순수 관광목적의 선박 여행으로서 숙박, 음식, 위락 등 관광객을 위한 시설을 갖추고 수준 높은 관광을 제공하면서 수려한 관광지를 안전하게 순항하는 여행으로 정의하고 있다. 즉, 크루즈 여행이란 유람선을 이용한 독특한 관광여행으로 정기운항 여객선이 아닌 선박회사가 포괄요금으로 관광객을 모집하여 운항하는 것으로 위락 여행객에게 다수의 매력적인 항구를 방문하는 해안 항해여행을 의미한다. 결론적으로 운송의 개념에 호텔의 개념을 포함한 여행형태라고 할 수 있다.

2. 크루즈의 유형과 선상서비스

1) 크루즈의 유형

운항하는 장소에 따라 내륙의 호수, 하천을 이용하는 내륙크루즈와 바다를 이용하여 관광지 해안을 순항하는 해양크루즈로 나누고, 활동범위에 따라 국내 영해만을 운항하는 국내크루즈와 국내와 국외를 순회 유람하는 국제크루즈로 구분하며, 대양관광 크루즈(ocean cruise), 여가관광 크루즈(leisure cruise), 하천관광 크루즈(river cruise), 전세관광 크루즈(charter cruise)로 구분할 수 있다.

또한, 크루즈의 운항유형에 따라 항만 크루즈, 도서순항 크루즈, 파티 크루즈, 레스토랑 크루즈, 장거리 크루즈, 외항 크루즈 등으로 구분할 수 있다.

표 7-3 크루즈의 유형

구 분		내 용
장 소	내륙 크루즈	• 내륙의 호수와 대규모 하천을 운항하는 유람선
	해양 크루즈	• 바다를 운항하면서 관광목적지를 순항하는 유람선
범 위	국내 크루즈	• 해양법상 국내영해만을 운항하는 유람선
	국제 크루즈	• 자국 내 또는 외국의 항구를 순회 유람하는 유람선
형 태	항만 크루즈	• 주요 항구를 중심으로 그 주변에서 행해지는 유람선으로 미국 및 영국, 프랑스, 독일 등에서 가장 성행하는 형태 • 좌석수가 50~100개 정도에 해당하는 소형선박으로 두시간 내외 항해
	도서순항 크루즈	• 정기적인 일정에 의해 운영되므로 이용되는 당일 또는 1박 2일 그 이상의 일정을 자유로이 선택하여 경관이 아름다운 섬들을 순회하며, 섬에 있는 호텔에서 숙식을 하고 주요 활동으로는 해변일주, 수상스키, 낚시 등을 즐김
	파티 크루즈	• 일종의 전세선박으로 각 단체의 요구사항에 따라 다양하게 운영하며, 운항코스 및 서비스 내용에 따라 가격이 다름
	레스토랑 크루즈	• 점심 또는 저녁식사를 주로 하는 가족, 친구 등의 만남의 시간을 마련하는 것으로 음악, 영화 등이 곁들여짐. 전세형식이 아니라 유람선이 계획한 항로, 서비스 등 프로그램에 따라 개인적으로 표를 사서 타게 됨. 실제 운영에 있어서는 파티 유람형과 레스토랑 유람형을 겸용하는 것이 일반적
	여가관광 크루즈	• 대형선박을 보유한 유람관광 회사에서 운영하고 있으며, 선상쇼핑, 각종 파티의 매력 등으로 이용객 증가추세
	대양관광 크루즈	• 대서양과 같은 대양을 건너는 외항 여객선이 오랜 항해기간의 무료함을 달래기 위해 마련한 오락시설과 행사, 이벤트 등이 발전하여 선상활동과 중간 기착지의 풍물 관광을 주목적으로 운항하는 관광유람선

자료: 이재곤(2003). 국내 크루즈관광 상품 개발방향에 관한 연구. 관광경영학연구.

크루즈 여행의 초기 유람선은 가정적인 분위기를 선호하는 여행객들로 인하여 소규모 선박이 인기가 있었지만, 현재는 크루즈의 규모가 하나의 종합 레저타운으로 성격이 변화하고 있으며, 점점 대형화되고 있다. 시설 측면에서도 지상 특급호텔 수준 이상의 각종 시설을 가지고, 여행지로 이동할 때마다 번거로움 없이 한 곳에 체류하면서 각종 서비스를 제공받을 수 있는 특성으로 인해 여행객들로부터 많은 호응을 얻고 있다. 즉, 낮에는 기항지에서 세계의 유명한 휴양지와 자연경관이 뛰어난 지역의 관광을 하는 관광적 요소를 가지고 있고, 목적지까지 이동하는 시간에는 선상에서 각종 엔터테인먼트를 즐기며 여가시간을 활용할 수 있다. 또한 크루즈에서는 다양한 여행일정과 서비스 및 선상 프로그램을 체험할 수 있다. 크루즈 관련 주요 시설은 기반시설, 선상시설로 분류할 수 있다.

◉ 표 7-4 크루즈 관련 주요 시설

구 분	중분류	세부 시설
기반시설	항만시설	전용 터미널, 하역시설, 승하선 시설, 해난구조 체재 시설, 편의시설, 주차시설 등
	비항만시설	공항 · 교통시설과 관광객 수용 숙박 · 관광 · 관광안내, 편의서비스 시설
선상시설	실 외	수영장, 골프장, 테니스코트
	실 내	피트니스 센터, 라운지, 무도장 및 가라오케, 유흥공간, 카지노, 야외식당, 수영장, 회의장, 식당

자료: 한국관광학회(2010). 관광학총론. 백산출판사.

2) 크루즈 선상서비스

(1) 바와 라운지 서비스(Bars and Lounges)

대부분의 모든 크루즈들은 하나 이상의 바와 라운지를 가지고 있다. 많은 경우에 각각은 다른 분위기를 연출한다. 예를 들어 조용한 피아노 바, 디스코, 영국식 주점(British Pub). 그러나 대부분 배가 항구에 정박하는 때에는 바는 개방되지 않는다. 술을 마실 수 있는 최소한의 나이는 항상 선장의 공고문에 나오지만 보통 18세가 기준이며, 술을 마실 수 있는 최소한의 나이에 대한 개념을 가지고 있지 않은 나라도 많다. 알코올 음료는 크루즈 요금에 포함되지 않지만, 크루즈에서는 면세로 술을 살 수 있기 때문에 알코올 음료의 가격이 육지보다는 비교적 저렴한 편이다. 한편, 바텐더나 와인 스튜어드(Wine Stewards)에게 팁(대개 15%)을 주는 것은 자유이나 감사의 표시로 서비스를 받을 때 주는 것이 좋다.

(2) 카지노

대부분의 크루즈에서는 카지노를 제공한다. 규모가 작은 카지노는 단지 슬럿트 머신만을 제공할 수도 있지만, 규모가 큰 카지노는 슬럿트 머신(Slot machines), 블랙 잭(Blackjack), 룰렛(Roulette), 크랩(Craps)을 일반적으로 제공한다. 또한 배가 항구에 정박할 때는 카지노가 열리지 않고, 단지 바다 위에서만 열린다. 각 기항항은 승객들이 항구의 카지노, 바, 숍 등을 이용하기를 원한다. 술 마실 수 있는 최저나이와 같이 갬블링을 할 수 있는 최저나이도 선장에 의해 공고되나 보통 18세이다. 일반적으로 갬블링 비용은 크루즈 요금에 포함되지 않는다.

(3) 오락(Entertainment)

크루즈에서는 낮 시간에 승객이 원하는 곳에 참가할 수 있도록 다양한 활동이 제공된다. 예를 들어 스키트사격(Skeet shooting), 골프, 빙고 등이 크루즈 요금과는 별도의 요금으로 제공된다. 또한 댄스클래스, 에어로빅, 카드, 게임, 사교모임과 같은 다른 낮 시간의 활동은 무료로 제공된다.

많은 크루즈들은 항해 중에 영화를 상영하는 영화관을 가지고 있으며, 저녁에 무대 공연이 제공된다. 이곳에서는 밤을 주제(French Cabaret, English Pub, Caribbean Steel band 등)로 하거나 라스베이거스의 스타일을 본딴 브로드웨이 작품들을 운영하고 있으며, 영화와 무대쇼는 모두 크루즈 요금에 포함된다.

(4) 미용서비스(Hair Salons)

대부분의 크루즈는 남녀 헤어살롱을 가지고 있다. 승객들은 선실에서 전화로 예약하거나 선실 스튜어드를 통해 예약할 수 있으며, 비용은 일반 헤어살롱에 비해 상당히 저렴한 편이다. 서비스를 받을 때 헤어스타일리스트(hair stylist)에게 15%의 팁을 주는 것이 좋다.

(5) 사우나와 마사지(Sanna and Massage)

크루즈 승객들은 단순히 전화 예약을 통해 마사지를 즐길 수 있다. 마사지 요금은 일반적인 요금보다 저렴하며, 15%팁을 주는 것이 일반적이다. 몇몇 크루즈에서는 사우나와 함께 예약을 받고 부과요금이 붙는다.

(6) 세탁(Laundry)

일주일 이상의 크루즈는 세탁서비스를 제공하며 가격은 일반적인 요금보다 매우 낮다. 선실 스튜어드는 세탁물을 운반해주며, 세탁물을 운반하는 선실 스튜어드에게 매번 팁을 줄 필요는 없다.

(7) 도서관(Library)

많은 크루즈, 특히 장거리 항해를 하는 크루즈는 도서관을 제공한다. 도서관에 책을 돌려놓을 때 도서관 보조자에게 1달러내지 2달러의 팁을 주는 것이 일반적이다.

(8) 의료서비스(Medical Services)

모든 크루즈는 적어도 한 명의 의사를 둔 진료소를 갖추고 있다. 크루즈에서 제공되는 의료서비스는 배멀미에서부터 골절상과 같은 대부분의 응급 상황을 다룰 수 있다. 의사를 방문하는데 드는 평균비용은 25에서 40달러이다.

(9) 쇼핑(Ship's Shops)

면세(수입면세) 쇼핑을 많은 크루즈에서 즐길 수 있다. 해로드면세점은 Queen Elizabeth Ⅱ에 매장을 가지고 있다. 쇼핑시설에서는 아스피린에서 다이아몬드에 이르기까지 다양한 물품을 제공하며 가격은 매우 합리적이다. 많은 크루즈 승객들은 배 안에서 프랑스의 향수, 오스트리아의 크리스탈, 스위스의 초코렛, 아이리쉬의 레이스 그리고 다른 국제적인 명품들을 구입할 수 있다.

3. 크루즈의 발전과정

1960년대 초 제트 항공기의 본격적인 도입과 함께 1970년대의 보잉사의 대형여객기의 출현은 산업혁명 이후의 장거리여행의 총아였던 선박여행의 발전에 큰 위협이 되었다. 이후 선박업계에서는 계절휴가여행 때 부분적으로 유람선이 운영되었으며, 특히 카리브와 지중해는 일조시수가 적은 북유럽의 공업국 국민들의 향일성(sunlust)을 추구하는 태양숭배론자들에게 좋은 반응을 일으켰다. 이러한 시기와 환경의 변화와 함께 이들을 함께 충족시킬 수 있는 크루즈사업이 본격적으로 발전하게 된 주요한 요인은 다음과 같다.

◉ 표 7-5 크루즈 발전과정

연 도	내 용
1960년대	• 제트기 출현이 대중관광에 이용되면서 크루즈와 항공여행이 결합되어 크루즈관광사업 발전에 기여 • 1~4 만톤의 여객선박이 크루즈 선박으로 이용됨 • 크루즈 선박의 출발 및 크루즈 관광 항로구역은 주로 카리브해, 지중해에 집중 • 크루즈 관광이 고비용, 노년층만을 위한 여행이라는 잘못된 인식으로 크루즈 산업발전에 장애요인으로 등장
1970년대	• 크루즈 선박이 단순히 여객수송수단이 아니라, 선상에서 여가활동의 공간으로서 크루즈관광에 대한 인식 변화 • 항공산업의 급속한 발전으로 카리브해가 주요 크루즈 선박의 출발 및 크루즈관광구역으로 부각 • 크루즈 여행기간이 7~14일로서 3~4곳의 기항지를 연계한 다양한 크루즈 관광상품개발로 크루즈 관광수요 창출
1980년대	• 1970년대 중반 이후 경제불황으로 인해 정체(1976~1980) • 크루즈상품의 적극적인 마케팅활동과 항공/해상관광이 결합하여 크루즈 관광산업이 발전하기 시작함 • 알래스카, 버뮤다, 유럽 등이 주요 크루즈 관광지역으로 추가 • 3~4일의 단기 크루즈 상품의 등장
1990년대	• 주요 휴가활동의 하나로 크루즈 관광 정착 • 연안관광 등을 통해 대다수가 크루즈 관광을 간접경험 • 고소득층에서 중산층까지 크루즈 관광 확대
2000년대	• 다양한 크루즈상품 출시/개발 • 연령에 상관없는 크루즈 대중화 시대 도래

자료: www.lottetour.com.

최·신·관·광·사·업·론

① 새로운 상품개발에 의한 적극적인 고객유치로 이용 대중화 실현

② 크루즈 여행 일수의 다양화

③ 포괄여행상품으로의 판매

④ 쾌적성, 안락성 향상을 도모한 선박건조 기술의 발달

⑤ 고객욕구 만족도 제고를 위한 시설확대

⑥ 계절에 맞추어 세계각국의 유명관광지를 순항하는 부정기적인 유람선의 운영으로 가동률을 높여 채산성을 크게 제고시키는 한편, 이용의 변화를 도모

⑦ 특별한 목적이나 주제별 크루즈여행의 형성(theme cruise/special interest cruise)

4. 국내외 크루즈산업의 현황

크루즈산업은 연평균 8%의 성장률을 나타내며, 세계에서 가장 빠르게 성장 하는 고부가가치 관광산업으로 21세기 유망산업으로 평가받고 있다. 국제 크루즈 관광시장은 1991년~2012년 연평균 약 8% 성장률을 지속하여, 1991년 크루즈 관광객 4,168천 명에서 2012년 20,335천 명으로 증가하였다. 2013년 크루즈 관광시장은 2012년보다 3.2% 증가한 20,976천 명으로 예측되고 있으며, 총 수입은 4.8% 증가한 362억 달러로 전망되고 있다. 향후 크루즈 관광시장은 약 3%의 성장률을 지속하여 2015년 22,290천명, 2017년 23,694천명으로 예측되고 있다.

1) 해외의 현황

크루즈 시장은 북미와 유럽을 중심으로 형성되어 왔지만, 최근 아시아 지역 관광산업의 복합화 및 고급화에 따라 향후 아시아지역 크루즈 관광시장의 성장 가능성이 전망되고 있다. 즉, UNWTO(2012)는 동아시아·태평양 지역의 아웃바운드 시장이 빠른 성장세를 나타내며, 1995년~2020년간 누적 연 성장률 6.5%를 나타낼 것으로 예측하고 있으며, 2013년 크루즈 시장은 북미(60.5%), 유럽(27.0%), 아시아(6.5%) 순으로 전망하고 있다.

표 7-6 2013년 크루즈 관광시장 점유율

지 역	점유율
북 미	60.5%
유 럽	27%
아시아	6.5%
남 미	2.9%
뉴질랜드	2.9%
중동 · 아프리카	0.2%
계	100%

자료: Cruise Market Watch(2013). Worldwide Cruise Passengers by Source.

최근 중국의 빠른 경제성장과 함께 중산층을 중심으로 해외여행에 대한 욕구가 증가하고 있으며, 시장 성장세가 지속되고 있다. 2011년 기준, 7,025만명이 해외여행을 다녀온 것으로 조사되고 있으며, 중국 크루즈 관광시장의 빠른 성장과 잠재력을 바탕으로 해외 주요 크루즈 선사는 천진과 상해를 모항으로 하는 크루즈 관광상품을 운영하기 시작하였으며, 중국 크루즈 관광객 증가로 이어지고 있어지고 있다. 2010년을 기점으로 로얄 캐리비안(Royal Carribean)과 스타 크루즈(Star Cruise), 코스타 크루즈(Costa Cruise) 등 세계 주요 크루즈선사가 중국 천진과 상해를 모항으로 운항을 시작하고 있으며, 2012년 중국 하이난에 본사를 둔 중국 국적의 크루즈 헤나 크루즈(HNA Cruise)가 설립되었으며, 천진을 모항으로 한국의 인천과 제주를 기항하는 노선을 운항하고 있다. 현재 크루즈를 통해 중국을 출입국한 관광객 수는 2006년 16만명에서 2012년 312.5% 증가한 66만 명으로 집계되어 중국 크루즈 관 광시장의 성장이 가시화되고 있다(조사: UNWTO, 2013).

2) 국내의 현황

부산항과 제주항을 중심으로 성장한 국내의 크루즈산업은 2014년 현재 크루즈를 이용해 69만명의 관광객이 국내에 입국하고 있으며, 최근 한류관광 수요에 따른 중국인 관광객의 증가로 인천항에 기항하는 크루즈선도 증가하는 추세에 있다. 특히 부산항은 국내 크루즈선이 기항하는 주요 항만 중, 제주항 다음으로 방문객이 가장 많았는데 2008년 29척, 3만2000명 규모에서 2014년 9월말 기준 82척 19만3000명으로 크게 증가했다. 그러나 부산항의 경우 항만보안을 이유로 크루즈 터미널 부두 내 관광버스 입차를 금지했고 부두 밖 외부주차장에서 대기하도록 변경해 승하선 절차가 복잡, 승객의

불편이 발생하고 있다. 또한 인천항은 크루즈 관광객이 증가하는 추세지만 크루즈 전용부두가 없기 때문에 크루즈선이 화물부두에 입항하고 있는 실정이다.

중국 크루즈 관광시장의 성장과 함께 방한 외래 크루즈 관광시장은 2008년~2012년간 기항횟수 3배, 관광객 수는 5배 수준으로 급성장하였으며, 향후 시장 규모는 지속적으로 증가할 것으로 예측되고 있다.

한편, 인천항 입항 크루즈선은 2008~2012년에 변동이 있었지만, 2011년 일본 대지진의 영향으로 부산의 대체기항지 시장을 선점한 결과, 인천항의 기항 횟수가 급증하고 있다. 특히 2013년 중국 크루즈선의 정기 입항으로 국내 주요 크루즈시장으로 성장하고 있으며, 부산항은 2010년 세계적 크루즈 선박인 코스타크루즈가 부산항을 기점으로 한·중·일 크루즈 노선을 운영하면서 급성장하고 있다. 제주항은 2008년부터 2012년까지 연평균 기항횟수 19.7%, 관광객 수 46.5%로 꾸준히 증가하고 있다.

표 7-7 주요 항구의 크루즈 기항횟수 및 관광객 수(2008년~2013년)

(단위 : 항차, 명)

연도	인천항		부산항		제주항	
	기항횟수	관광객 수	기항횟수	관광객 수	기항횟수	관광객 수
2008	6	3,529	29	32,484	39	30,523
2009	15	9,102	33	26,244	37	38,147
2010	13	7,365	77	106,312	49	55,243
2011	31	30,141	42	59,238	69	64,995
2012	8	7,492	135	180,475	80	140,496
2013	96	155,469	112	-	178	-

자료: 문화체육관광부(2013). 관광동향에 관한 연차보고서

5. 크루즈산업의 발전방안

1) 경쟁성있는 선상프로그램의 개발

선상프로그램은 크루즈상품의 가치를 평가하는 중요한 요소이다. 경쟁사와의 경쟁에서 한국의 크루즈사가 갖추어야 될 가장 중요한 경쟁요소가 독특한 선상프로그램에 성공의 열쇠가 달려있다. 이러한 크루즈관광상품의 프로그램 개발방향은 우선적으로 동양의 신비로운 체험을 서구의 관광객들이 느낄 수 있는 체험형 오락거리를 중심으로

실행가능성이 있는 것을 우선적으로 기획하여야 한다.

특히, 동양 3국의 문화의 유사성과 차별성을 명확히 하기 위하여 표적시장과 국가의 문화적 특성을 고려하여 프로그램의 소재의 선택에 숙고하여야 한다.

이러한 프로그램의 전반적인 고려사항은 여행자 유치가 가능하고 수익효과가 극대화될 수 있도록 원형에 너무 집착하지 말고 재편성을 신중히 고려하여 개발에 임하여야 한다. 이러한 관점에서 한국형 크루즈 관광상품의 프로그램개발 측면의 우선 고려사항을 정리하면 다음과 같다.

① 상품의 매력성(동양의 신비한 체험)
② 상품의 실행가능성과 추진의 용이성
③ 상품의 대표성(표적시장, 상품소재, 국가의 특색)
④ 상품의 사업성(수익효과, 여행자 유치)

또한, 구체적인 한·중·일 표적시장에 대한 세부적인 중점 프로그램 개발방향은 3국의 문화적 공통점과 차이점이 상호 보완될 수 있도록 기획하는 것이 장기적으로 서구의 관광객들을 유치할 수 있고, 서구의 우월한 크루즈 선진회사와의 경쟁에서 이겨나갈 수 있는 방안이 될 것이다. 이러한 중점개발방향은 아래와 같다.

① 한중일 민족성의 특성에 적합한 상품의 선정
② 한중일 각국의 우상을 이용한 인적친화상품의 개발(방송매체의 스포츠계의 스타 등)
③ 과거의 문화와 새로운 문화적 체험이 조화를 이룰수 있는 부분을 선택함
④ 동서의 신구문화가 자연스럽게 접촉할수 있도록 기획함

2) 효과적인 운항일정의 개발

한반도 3면이 바다로 이루어져 있고 대륙과 해양을 연결하는 지리적 입지로 인해 외견상으로는 크루즈사업의 환경적 여건으로는 최상의 조건을 가지고 있다고 볼수 있다.

그러나 기술적인 면에서는 수심이나 조석간만의 차이 전용터미널의 미개발 등의 문제도 안고 있다. 비교적 단기간의 시설보완으로 크루즈선의 접안이 가능한 항구를 중심으로 연계항로를 개발하여야 한다. 이러한 항구로는 과거에 크루즈선의 접안 경험이 있고 국내시장조건이 양호한 항구로는 부산항과 제주항, 인천항 그리고 최근에 금강산 크루즈를 운항중인 동해항 등이 우선적인 기점항구로 선정할 수가 있다.

또한, 일반적으로 크루즈선에 의한 수입은 경유항으로서 보다는 출발지 혹은 최종목적지로서 개발되어야 더욱 효과를 올릴 수가 있다. 이제까지 외국의 크루즈 관광코스를 보면 일본이나 홍콩, 중국에 비하여 한국의 항구가 정기적으로 포함된 드물었다. 따라서 한국을 중심으로 항로가 개발되기 위해서는 한국의 항구와 기존의 외국의 항구가 서로 연계된 운항코스를 개발하여 상호 크루즈운항에 필요한 조건이나 시설의 개발이 이루어지고 이를 지속적으로 홍보하고 가능하다면 한국의 크루즈선사가 이를 실험적으로 정기운항하여야 한다.

3) 시설확보차원에서 크루즈전용 여객터미널의 건설

크루즈선의 유치를 주요 관광정책으로 실시하고 있는 싱가포르나 홍콩의 경우 크루즈선박이 이용할 수 있는 전용터미널 시설을 갖추고 있다. 특히 싱가포르의 경우 최근 항공터미널과 유사한 매우 쾌적한 크루즈전용 터미널을 건설하고 외국의 크루즈선을 유치하는데 많은 노력을 기울이고 있다.

그러나 한국의 경우 주요항구인 인천이나 부산항의 경우 크루즈선박의 전용터미널이 없고, 선적확보의 어려움이 따라 크루즈선사의 입장에서 기항의 불편함을 호소하고 있는 실정이다.

4) 간편한 입·출항 수속절차

크루즈선은 그 특수성에 비추어 많은 국가에서 입·출항 절차를 간소화하거나 출입국수속을 선박에서 사전에 실시하는 등의 많은 편의를 제공하고 있다. 입항 전에 출입국관리 및 세관에서 요원을 사전 탑승시켜 사전수속서비스 및 승객전체에 대한 선박운영자와의 수속의 일괄처리를 실시하여 국가의 좋은 이미지를 부각시키고 선박과 승선객 모두에게 기항시간을 단축시켜주어 시간을 여유 있게 활용할 수 있도록 해주는 것이 세계적인 관례이다.

한국의 경우 주변의 경쟁국인 일본, 홍콩, 싱가포르에 비하여 이러한 서비스 인프라를 더욱 확장하여 경쟁국가보다 더욱 편리한 행정서비스를 제공하여야만 한다. 이러한 이유는 크루즈관광객의 기항시간이 낮으로만 한정되어 있고, 인천이나 부산항의 경우 상습적인 교통체증을 감안하면 반드시 필요한 경쟁요소이기 때문이다.

1. 항공운송업의 개념

항공운송업은 타인의 수요에 응하여 항공기를 사용하여 유상으로 여객 또는 화물을 운송하는 사업을 의미한다. 즉, 항공운송업은 어느 한 지점에서 다른 한 지점으로 여객이나 화물을 수송해주고, 그 대가로 요금을 징수하여 수익을 추구하는 영업행위로 그 주체가 바로 항공사인 것이다. 또한 항공운송업은 이용자들에게 시간의 절약, 편리함, 안락함, 안전함 등 여러 장점을 제공함으로써 지구촌을 일일 생활권으로 변화시켰으며, 항공운송 초기단계에 이용자가 특정계층에 한정되었지만, 현재는 타 교통수단과 마찬가지로 일반대중이 이용하는 교통수단으로 그 기능을 하고 있다.

현재 국내의 항공운송업은 정기항공운송사업, 부정기항공운송사업, 항공기사용사업, 항공기취급업, 상업서류송달업, 항공운송총대리점업, 도심공항터미널업 등의 형태로 운영되고 있다.

2. 항공운송업의 종류

항공운송업은 운송의 정기성, 운송대상, 운송지역을 기준으로 분류해 볼 수 있다. 그러나, 실제로는 여러 가지의 형태가 조합을 이루어 하나의 항공사업으로 전개되는 경우가 많이 있다. 일반적인 항공운송업의 종류는 다음과 같다.

1) 정기항공과 부정기항공

(1) 정기항공운송업

정기항공운송업은 미리 정해진 특정의 지점간을 일정한 일시(운항 요일과 운항시간)를 정하여 여객과 화물을 운송하는 사업을 말하며, 공표된 스케줄에 따라 항공기를 정기적이며, 규칙적으로 운항한다. ICAO에서는 '공중에 개방되고 또한, 공표된 시간표에 따라 정기적으로, 그리고 빈번히 실시하는 항공업무'를 정기항공운송업의 조건으로 정의

하고 있다. 한편, 정기항공운송업은 공공성이 아주 강하기 때문에 운송수요에 관계없이 미리 정해진 운항스케쥴에 따라 운항해야 하며, 정확한 발착시간의 유지와 확실하고 안전한 운송이 요구된다. 또한, 정기편 항공사는 경영상의 이유로 임의로 운항을 중지하거나, 노선에서 철수할 수 없으며, 사업계획도 임의로 변경할 수 없다.

(2) 부정기항공운송업

부정기항공운송업은 원칙적으로 노선이나 스케쥴의 제한을 받지 않고, 수요의 요구에 따라 운항이 가능한 지역에는 어디든지 운송을 하는 대신에, 정기항공운송과 같은 공공적 성격은 거의 없으며, 완전히 채산성 위주로 운영하게 된다. 그러나, 실제 운영에 있어서는 여러 가지 규제가 가해지고 있다. 특히, 국제선의 경우에는 정기항공의 보호를 위하여 이용자격, 편수, 구간, 시간대 및 이용 공항 등에 대하여 많은 제한을 받는다.

정기 및 부정기항공운송업은 운항의 정기성, 이용자에 대한 운송의 공개성, 높은 좌석 이용률로 인한 운임차이의 세 가지 점에서 양자의 차이를 찾아볼 수 있다. 즉, 정기항공운송업의 경우에는 정기성이 항공운송업의 신뢰도와 이용도를 결정하는 중요한 요인으로 작용하는 데 비하여, 부정기항공운송업은 운항시간표를 공표하여 정시발착을 해야 할 의무가 없고, 또한 이용대상을 일반 대중에게 공개할 의무가 없으며, 이용자의 자격에 제한을 두고 있다.

특히, 정기항공운송업은 일반적으로 연간 평균 좌석이용률을 55~65%를 전제로 운임을 설정하는 데 비해, 부정기항공운송업은 80~90% 이상의 이용률을 전제로 운임을 설정하기 때문에 그 운임이 정기항공보다 훨씬 저렴할 수밖에 없다. 또한, 정기항공운송업의 경우, 경쟁하는 모든 항공사가 각국 정부나 IATA가 인가한 동일운임을 적용하여 판매하는데 비하여, 부정기항공운송업의 경우에는 경제성을 최우선적으로 고려하기 때문에 좌석을 증가시켜, 보다 많은 여객을 운송하는 것이 중요하며, 운임의 저렴성이 경쟁에 있어서 중요한 결정요인이 된다.

2) 국내항공과 국제항공

항공운송업은 운송지역을 기준으로 국내 또는 국제항공운송업으로 분류된다. 자국의 영역내에서 항공기를 사용하여 여객, 화물, 우편물을 유상으로 운송하는 것이 국내

항공운송업이며, 2개국 이상의 영역간에 운송하는 것이 국제 항공운송업이다.

(1) 국내항공운송업

국내항공운송업은 자국의 항공법에 의하여 규제되며, 항공운송업을 경영하고자 할 경우에는 정부의 면허를 받지 않으면 안 된다. 그러나, 국제항공운송업은 각국의 항공법 및 양국간에 체결된 2국간 항공협정에 의해 이루어진다.

(2) 국제항공운송업

국제항공운송업은 항공기의 대형화, 고속화 및 안전성의 향상, 세계 경제의 고도성장과 교류의 증대를 배경으로 급성장하고 있으나, 관계국간 항공권익의 교환을 전제로 한, 항공협정을 체결함으로써 비로소 항공사는 사업을 개시할 수 있으며, 동시에 각국이 자국 항공사에 대한 보호주의적 입장을 견지하는 경향이 강하다는 점에서 상당한 제약을 받는다.

3. 항공운송업의 발전과정

1) 민간항공의 창조기(1900-1920)

이 시기는 항공기의 실용화와 상업 항공운송의 기반을 마련하는 창조기에 해당한다. 이 시기에 있어서 항공기는 운송기라기보다는 비행선의 역할에 머물렀으며, 일정한 노선과 스케줄을 정하여 비행선으로 여객이나 화물을 운송하는 현대적 개념의 정기 항공운송은 1910년부터 독일의 Delga사가 개시하였다.

한편, 제 1차 세계대전 이후, 군용기를 개조하여 우편 운송기 또는 여객기로 이용하였으며, 이 과정에서 각국은 상업항공의 발전에 대한 중요성을 인식하게 되었고, 항공운송업의 육성책을 경쟁적으로 도입하였다. 이를 바탕으로 1920년대 말에는 자국의 주요 도시에 정기 항공노선의 개설과 함께 국제선 항공운송에도 관심을 확대해 나갔다.

2) 항공운송업의 구축기(1921-1945)

1920년대 이후, 약 20년간은 세계적으로 항공운송을 획기적으로 발전시킨 시기에 해

당된다. 미국에서는 항공사들이 설립되었으며, 제 2차 세계대전 종료 이후, 대대적인 항공기의 개량·발전과 함께 항공로 및 항공기 유도시스템의 개발, 기상관측 기술의 발전 등, 항공운송업과 직접 연관되는 분야의 급격한 발전이 이루어졌으며, 이 시기의 항공사들은 국가의 지원없이도 경영이 가능한 수준의 경영기반을 구축하였다.

이 시기에는 팬암, 트랜스 월드, 스위스항공, 에어 프랑스, 아메리칸항공, 유나이티드 항공, 영국항공 등이 설립되었다. 또한, 국제 항공운송에 있어서 민사 책임과 항공권, 기타 서식의 국제적 통일을 목적으로 한, 바르샤바조약과 항공기에 의한 제 3자의 손해에 관한 로마조약이 체결되었다.

3) 항공운송업의 정착기(1946-1958)

이 시기에 세계 각국은 제 2차 세계대전 이후, 제트 엔진의 개발과 함께 민간 상업용 항공기의 개발에 집중하여 대형기의 개발과 실용화를 이루었으며, 민간 항공운송업은 채산성을 확보할 수 있게 됨으로서, 장거리 여객들이 항공기를 이용하게 됨에 따라, 일대 전환기를 가져 오게 되었다. 특히, 항공기의 안전성이 부각되어 승객들의 신뢰감이 확대되었고, 운송체계도 본격적인 대량 운송체제에 돌입하게 되었다.

4) 항공운송업의 도약기(1959-1975)

이 시기에 항공운송업은 소위 '제트시대'를 맞이하면서, 제 1차 석유파동이 있기까지 비약적인 발전을 이룰 수 있었다. 이로써 항공운송의 운송력이 획기적으로 증대되었고, 대형 항공기의 출현으로 원가절감과 항공운임 저하로 인해 항공여행이 대중화되었다.

5) 항공운송업의 전성기(1976-현재)

1970년대 중반의 제 2차 석유파동으로 인해 세계 경제의 성장이 둔화되었으며, 1978년 미국의 규제완화 조치가 국제시장에 파급효과를 가져옴으로써 시장경쟁의 심화와 수익성의 악화현상이 동시에 나타나게 되었다. 이와 같은 경제적·정치적 변화를 계기로 항공운송업은 고도 성장기로부터 저성장 시대로 전환되었다. 특히, 9.11 테러사건과 미국의 서브 프라임 사태로 인한 금융위기 이후, 전 세계적인 항공시장의 불황으로 인해 서구지역의 항공사들이 많은 어려움을 겪고 있으며, 저가 항공사들의 출현으로 인해 메이저 항공사들이 침체를 겪고 있는 상황이다. 그러나, 각 항공사들의 적극적인 경영합리화와 공격적인 마케팅 전략을 통해, 현재 안정 기반을 구축하였고, 항공수요의 증가와 세계 경제의 호전으로 안정적인 성장기에 이르게 되었다.

6) 항공운송업의 발전 요인

항공운송업의 역사는 항공기의 발달과 더불어 시작된다. 1903년 12월 17일 미국의 라이트(Wright) 형제가 12마력 가솔린 엔진을 장착한 비행기로 하늘을 난 이래, 인류는 마치 날개를 달고 살아가는 환상에 젖었고, 지금은 제트엔진의 대형 점보 제트여객기가 개발·운항됨으로써 항공여객시장을 크게 확대시키게 되었다.

이처럼 항공운송업이 프로펠러기에서 제트기로 비약적인 발전을 함에 따라, 항공운송업의 최대 특징인 스피드화가 실현되었고, 이에 부수적으로 기체의 대형화로 쾌적성이 크게 향상되었으며, 또한, 항속거리도 크게 증대하여 장거리 비행을 가능케 하였다.

이와 같은 항공기의 발달은 항공운송업이 국내와 국제간에 교통의 주역으로 등장하게 된 주요 요인이 되었다. 세계 총 해외 여행량의 95% 이상과 국내 아웃바운드(outbound) 여행객의 98% 이상이 항공기를 이용한다는 통계자료는 교통수단중에서 항공이 차지하고 있는 위치를 잘 설명해 주고 있다. 이처럼 국내와 국제간 여행 그리고 물적유통 과정에서 항공기가 주요 운송수단이 되게 한, 항공기의 대형화와 제트화는 특히 다음과 같은 이유로 더욱 가속화되었다. 항공운송업의 발전요인은

첫째, 각국의 산업발전에 따른 경제성장으로 운송력의 증대와 신속화가 요청되었다.

둘째, 국제사회의 다원화와 국가간에 교역이 증대하자, 인적교류가 더욱 확대되었다.

셋째, 신규 항공시장의 개발과 국제 관광량 증대에 따른 항공수요에 대응할 수 밖에 없었다.

마지막으로, 쾌적성과 안락성을 추구하는 고객의 욕구에 적극 부응하고, 개량된 성능의 운송서비스 제공으로 승객을 적극적으로 유치하기 위해서는 기종 현대화는 물론, 대형화 및 고속화가 불가피하였기 때문이다.

4. 항공운송업의 현황

항공운송업은 가장 중요한 장거리 교통수단으로서 국제 관광산업의 발전에 크게 이바지하고 있다. 과거 항공운송시장 환경은 '규제와 보호'가 중요시되었지만, 세계화·자유화·민영화의 큰 축을 중심으로 '경쟁과 협력'에 의한 시장원리가 강조되고 있으며, 최근 항공자유화 및 항공사간의 전략적 제휴, 지역간 통합운송시장의 확산으로 다양한 형태의 경쟁구도가 형성되고 있다.

세계 항공시장 전망보고서(2013년)에 따르면 향후 20년간 세계항공 교통량이 년 4.7% 증가(아태지역 5.5%)할 것으로 예측되고 있다. 국내의 경우, 2015년 현재, 국제유가 하락으로 인한 국내외 여행수요 증가와 급증하고 있는 중국 관광수요로 인해 2014년도 연간 항공교통량이 지난해 대비 7% 증가한 62만 대(일평균 1,715대)를 기록하면서 사상 최대의 실적을 기록하고 있다.

1) 국내 항공운송업의 현황

국내의 항공운송업은 내수부진과 경기회복 지체, 세월호 참사 영향 등에 따른 소비심리 위축과 단체여행 감소 등에도 불구하고, 원화절상과 함께 내국인 출국자 증가, 한국드라마 인기 등 한류영향으로 인한 중국 및 동아시아 방한수요 증가, 저비용항공사의 해외 근거리 운항 확대 및 내외국인 제주노선 관광수요 확대 등의 영향으로 연간 8천만명 시대를 개막하였다.

국제선의 경우, 항공사의 항공기 추가도입과 노선 및 운항확대, 한국 드라마 인기에 힘입은 중국과 동아시아 방한수요 증가 등으로 국제선 여객은 전년대비 11.4% 증가한 5,678만 명으로 역대 최고실적을 기록하고 있다.

국내선의 경우, 저비용항공사의 국내선 공급 확대, 대체휴일제 시행, 제주노선 관광수요 증가 및 항공사 마케팅 활성화로 인한 여행수요 증가 등으로 2,465만 명을 기록하면서 전년대비 10.3% 증가한 수치를 기록하고 있다. 한편, 제주노선(83.7% 비중)은 대구, 광주, 무안 등 노선개설 및 운항확대, 제주관광을 위한 중국인 국내선 이용 증가, 시간대별 항공요금 할인 등 항공사 마케팅 활성화 등으로 여행객이 증가하면서 실적이 전년대비 13.2% 증가하였지만, 내륙노선(16.3% 비중)은 항공사의 운항감편, KTX 등 대체교통수단 이용 등으로 전년대비 2.8% 감소한 것으로 나타났다.

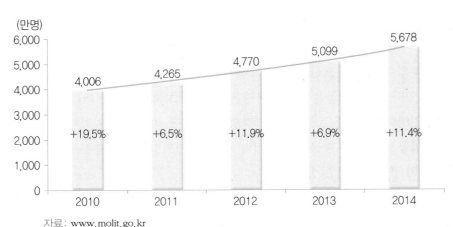

자료: www.molit.go.kr

◎ 그림 7-1 국제선 여객추이

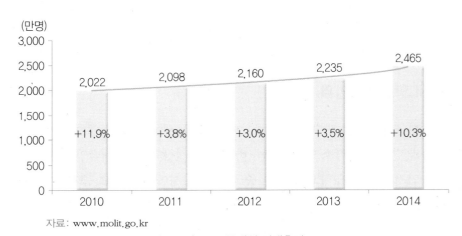

자료: www.molit.go.kr

◎ 그림 7-2 국내선 여객추이

한편, 대형국적사의 유상여객 및 탑승률은 5.0%, 1.2%p 증가한 반면, 저비용항공사의 유상여객 및 탑승률은 15.9%, 1.5%p 증가하면서 항공 분담률의 경우, 대형 국적사는 49.3%, 저비용항공사는 공급석 확대와 실적증가로 전년대비 2.5% 상승한 50.7%를 기록하고 있다. 저비용항공사의 분담률은 34.7%('10년)에서 41.4%('11년), 43.8%('12년), 48.2%('13년), 50.7%('14년)로 급증하고 있다.

공항은 운항이 확대된 대구(39.6%)·제주(12.7%)·광주공항(11.4%) 중심의 실적증가가 두드러졌고 김포공항도 전년대비 9.8% 성장했지만, 인천공항은 환승전용내항기 실적 감소와 함께 전년대비 15.4% 감소한 것으로 나타났다.

◎ 표 7-8 국내 항공사의 운영현황

(단위: 명, 출발여객)

구 분		공급석		유상여객		탑승률(%)		
		2013년	2014년	2013년	2014년	2013년	20114년	전년 대비
대형 국적사	대한항공	9,927,822	9,806,893	6,960,631	6,891,634	70.1	70.3	0.2%p
	아시아나	6,274,742	6,930,115	4,615,744	5,264,761	73.6	76.0	2.4%p
	소계	16,202,564	16,737,008	11,576,375	12,156,395	71.4	72.6	1.2%p
저비용 항공사	에어부산	3,179,816	3,631,645	2,440,194	2,853,999	76.7	78.6	1.8%p
	이스타항공	2,044,979	1,992,154	1,826,964	1,809,556	89.3	90.8	1.5%p
	제주항공	3,187,041	3,721,035	2,867,111	3,398,380	90.0	91.3	1.4%p
	진에어	2,073,729	2,428,212	1,831,784	2,233,400	88.3	92.0	3.6%p
	티웨이항공	1,989,066	2,446,158	1,810,942	2,195,808	91.0	89.8	-1.3%p
	소계	12,474,631	14,219,204	10,776,995	12,491,143	86.4	87.8	1.5%p
총 계		28,677,195	30,956,212	22,353,370	24,647,538	77.9	79.6	1.7%p

자료: www.molit.go.kr

◎ 표 7-9 국내 공항의 운영현황

(단위: 명, 출발여객)

구 분	제주	김포	김해	광주	대구	청주	인천	울산	여수
2012년	8,612,329	7,552,395	2,539,179	673,893	477,207	569,868	291,659	257,812	310,868
2013년	9,169,686	7,843,155	2,553,033	648,264	467,800	569,757	328,309	234,042	239,943
2014년	10,338,699	8,608,881	2,723,109	722,245	652,877	607,324	277,891	225,861	219,378
'14/'13(%)	12.7	9.8	6.7	11.4	39.6	6.6	Δ15.4	Δ3.5	Δ8.6

자료: www.molit.go.kr

한편, 2015년에는 중국과 동아시아 지역 등 단거리 항공수요의 지속적 확대 및 수출입 화물증가 등으로 항공운송산업이 성장세를 지속할 것으로 전망되고 있다. 즉, 2015년 항공여객은 신규항공기 추가 도입 및 운항증가, 신규노선 취항 확대, 중국·대만·동남아 지역 등 신흥국의 소비여력 확대 및 한류영향에 의한 방한 수요 지속, 외국인 제주여행객 증가, 저비용항공사의 성장, 공급 및 경쟁 확대에 의한 가격부담 감소 등으로 국제·국내여객 모두 증가세가 지속될 것으로 예상되고 있으며, 국제선 여객은 '15년 9% 이상 증가할 것으로 전망되고 있다.

2) 해외 항공운송업의 현황

1978년 미국의 카터 대통령이 '규제완화법(Airline Deregulation Act)'에 서명함으로써 새로운 항공운송의 시대를 열게 되었다. 이 같은 조치는 항공시장 진입과 운임, 노선개설 등 전반적인 시장활동을 경쟁원리에 따라 항공사가 자율적으로 결정하도록 하는 계기가 되었다. 규제완화 조치에 따라 대표적인 규제기구이던 민간항공위원회(CAB)가 1984년 해체됨으로써 본격적인 항공운송업의 자율경쟁체제가 시작되었다.

미국의 규제완화 조치는 이후, 유럽각국의 항공정책에 큰 영향을 주었으며, 가속화된 시장경쟁과 항공사간 인수·합병의 결과로 거대화되고, 보다 경쟁력이 강화된 미국의 항공사들과 경쟁압력에 직면하게 된, 세계 각국은 기존의 보호 및 규제중심의 정책에서 벗어나 새로운 대응을 모색하게 되었다. 그러나, 경쟁적으로 변화하고 있는 국제항공시장에서 생존하기 위해서는 미국과 같은 규제완화 조치가 불가피한 것으로 인식되기 시작하였다. 각국의 항공사들도 미국의 주요 항공사들이 누리고 있는 경쟁우위를 상쇄하기 위하여 타 국적 항공사와의 지분교환, 공동마케팅, 운송분야에서의 협력체계 구축과 기술교환 등 제휴를 비롯한 다양한 전략들을 모색하기 시작하였다. 또한, 미국의 규제완화정책 실시 이후, EU에 이어 캐나다·호주·일본·한국을 비롯한 동남아시아 국가들도 정도의 차이는 있지만, 미국의 경험을 바탕으로 각종 규제의 완화와 철폐를 통해 자유화 정책을 채택하기 시작하였다.

최근 항공운송업의 대형화와 세계화 추세가 급진전되고 있는 주요 요인은 최신 컴퓨터시스템의 발달에 의해 전산 단말기의 공용(CRT sharing), 연대수송(interlining) 등으로 사업의 범세계적인 운영이 가능하게 되었고, 미국의 항공 규제완화 정책이 전 세계적으로 파급되었으며, 이에 대응한 EU의 시장통합 및 역내 항공자유화에 대비하여 항공사가 체제정비를 하고 있고, 노선확장 등 기업성장을 위해서 각국 항공사간의 다국적인 제휴 필요성이 증대되었기 때문이다.

항공사간의 제휴는 대형 항공사를 중심으로 한 블록화 현상으로 나타나고 있다. 즉, 1997년 북미의 United Airline, Air Canada, 독일의 Lufthansa, 태국의 Thai Int'l 등이 연합하여 'Star Alliance'가 결성되어, 현재 국내의 Asiana를 비롯하여 28개 항공사가 가입되어 있고, 1999년 2월에는 영국의 British Airways, 북미의 American Airline, Canadian Airline, 호주의 Qantas, 홍콩의 Cathay Pacific Airways 등이 가입하여 'One world'라는 초대형 연합체를 출범시켰다. 또한, 2000년 6월에는 국내의 Korean Air를 비롯하여 미국의 Delta, 프랑스의 Air France, 멕시코의 Aero Mexico, 이탈리아의 Alitalia, 체코의 Czech Airlines 등이 가입한 'Sky Team'이 출범되었다. 그 밖의 군소 항공사도 나름대로 제휴를 모색하고 있어 항공업계의 새로운 형태의 전략적 제휴가 정착되고 있다.

◎ 표 7-10 항공수요(여객) 현황

구 분	2007	2008	2009	2010	2011	연평균
전체	5.8	5.4	5.1	4.8	4.6	5.1
유럽내	5.6	4.9	4.8	4.5	4.2	4.8
아시아지역내	6.6	6.7	6.1	5.5	5.6	6.1
북대서양	4.4	4.5	4.5	4.3	3.9	4.3
북미-중미	4.1	4.3	4.2	4.3	4.1	4.2
유럽-아시아	7.1	7.4	7.4	6.0	6.0	6.6
유럽-아프리카	6.7	5.6	5.6	5.1	4.8	5.6
중동-아시아	10.1	8.2	7.7	6.6	6.3	7.8
태평양 중북부	5.5	5.7	5.4	5.2	5.1	5.4
유럽-중동	6.6	6.4	6.1	5.6	5.6	6.1
북미내	2.9	3.8	3.9	3.7	3.6	3.6

자료: 국토교통부(2011). 국제항공분야정책추진현황 자료

(1) 미 국

미국은 1979년 국제시장 자유화를 선언한 이후, 자유화 정책을 지속적으로 추진하고 있다. 이는 미국이 국제시장에서 주도적인 위치를 차지하겠다는 의지로서 극심한 경쟁에서, 시장을 장악한 소수의 대규모 항공사들이 넓은 국제시장을 점유함으로써, 국제항공시장에서 미국의 역할을 강화하여 이익을 확보하기 위한 목적을 가지고 있기 때문이다.

자유화정책의 성공적 추진을 위해 미국은 규모의 확대와 세계화를 위해서 가장 먼저 제휴전략을 추진하였다. 제휴전략은 우선적으로 외국의 항공수요를 국내에서 구축된 네트워크에 연결함으로써 시너지 효과를 얻을 수 있어, 넓은 외국 시장에 미국의 항공사가 동참하여 국제선 시장에서 위상을 강화하고자 한 것이다. 이러한 제휴전략의 효과를 확고히 하기 위한 방안으로 독점금지 예외허용을 고안하여 상대 국가와 양국간의 자유화를 얻고자 하였다.

한편, 복잡한 국제항공시장에서의 이런 급격한 변화는 정책입안자들로 하여금 딜레마에 빠지도록 하고 있다. 즉, 경쟁강화를 목적으로 하는 미국의 국제선 자유화 추진은 공항자원의 극심한 제약조건으로 어려웠지만, 제휴의 강화, 독점금지 예외허용, 양국 간 자유화 등의 세 축과 더불어 세계시장에 커다란 영향을 미치고 있다.

(2) 유 럽

미국 항공업계에 비해 비교적 규모가 적은 유럽 국가들이 미국과 자유화 협정을 체결하는 것은 독일, 프랑스와 같은 상대적으로 규모가 큰 국가들의 시장을 공유하기 위해서 이다. 그 결과, 유럽시장의 40%가 미국과의 자유화 협정을 체결하고 있는 상황이다. 이로 인해 EU는 시장통합의 물리적·기술적·재정적 장애를 제거하기 위한 목표로 1985년 단일 유럽법안을 제정하여 가격결정, 특정 노선으로의 복수운항 허용, 공급력 공유 등과 같은 일련의 조치들을 항공활동 영역에 적용하였다.

또한, 1992년부터는 할인운임 및 일반운임 설정에 있어서 이중불인가방식이 적용되어 항공사의 자유재량의 폭을 확대시켰으며, 최근 항공운송업계에서 큰 관심을 불러일으킨 유럽의 역내 항공시장 단일화는 엄격한 규제속에서 성장하여 온 유럽 항공업계가 미국 항공업계의 시장진출 자유화에 대응하여 추진한 것이다.

한편, 항공시장의 자유화 정책은 경영의사결정을 정부나 다른 항공사의 결정에 의존하지 않고, 시장변화를 감안하여 탄력있는 대응력을 강화할 수 있다는 장점을 가지고 있다. 유럽에서도 미국과 같은 경쟁력을 갖춘 항공사들의 공격에 대응하지 못하는 항공사들은 몰락하고 있는 실정이며, 틈새시장을 공략하는 신규 항공사들의 다양한 시장진입이 진행되고 있어서 항공사들의 추진전략을 통제할 수 있는 법적 제도가 시급한 실정이다.

역내시장 단일화 이후, 역외시장에 대한 교섭권의 단일화를 추진하였지만, 유럽 항공업계의 비용은 미국 항공사들보다 2배 이상 높아 경쟁력이 낮은 상황이며, 유럽통제관제시스템의 일원화, 지상조업의 자유화, 컴퓨터예약시스템의 원가구조 개선 등으로 경쟁력을 강화시켜여야 할 시점에 있다.

(3) 일 본

일본의 항공사들은 현안의 항공정책과제로서 슬롯(slot)배분 방법, 슬롯의 유동화, 정

책노선 대응, 가격규제에 대한 문제를 해결하고자 노력하는 중이다. 독점화의 우려는 있지만, 슬롯배분 방법측면에서 경쟁입찰제 도입이 주장되고 있으며, 슬롯의 유동화를 촉진시킬 필요가 있음을 제시하고 있다. 또한, 채산성보다는 공익차원에서 운영하는 정책노선의 운영 또한 경쟁입찰제를 도입하려는 움직임이 있고, 가격규제에 대해서는 시장의 원리와 소비자 욕구에 의해 가격결정이 이루어져야 하므로 상·하한선의 폐지가 거론되고 있다.

일본 항공사들의 이러한 움직임은 경쟁환경을 고려하여 자사에 유리한 의견을 제시하고 있지만, 각 항공사들 모두를 만족시킬 수 있는 항공정책을 수립하는 것은 매우 어려운 상황이다.

5. 항공운송업의 향후 전망

국제 항공운송분야에 있어서 두드러진 동향은 미국의 주도하에 진행되고 있는 항공자유화 및 이에 대한 유럽과 아시아의 대응이라고 할 수 있다. 미국은 1978년 규제완화 정책발표 이후 항공운송산업에의 진입, 운임 및 공급 등을 항공사가 자유로이 결정하도록 하였고 이에 따라 고도의 경쟁력을 갖춘 대형항공사들의 등장으로 세계항공운송시장을 주도하게 되었다. 이러한 미국항공산업의 이익을 대변하기 위하여 미국정부는 항공자유화협정을 적극 추진하고 있으며, 2005년부터 EU는 포괄적 항공자유화 협정체결 절차를 진행중에 있다. EU의 경우 1997년 4월 역내 항공자유화를 실현하여 회원국간 자유로운 항공사의 설립, 운임 및 공급력의 자유로운 설정, 7자유 및 8자유운송 등을 허용하고 있다. 일본, 대만 등도 국제항공운송시장에 타항공사의 진입을 허용하는 등 규제완화를 통한 경쟁지향적인 항공정책을 추진하고 있다.

향후 항공운송업은 항공자유화, 규제완화라는 국제적 추세에 따른 거대항공사의 등장, 이를 통한 세계 항공운송시장의 재편은 거대 항공사간의 전략적 제휴라는 현상으로 특징 지울 수 있다. 즉, 좌석교환, 편명공유, 공동마케팅 및 판매 등의 영업협력을 통하여 시장 점유율을 높이고 경쟁력을 제고함으로서 궁극적으로 항공사의 영업이익을 제고할 목적으로 세계 유수항공사간 전략적 제휴가 적극 추진되고 있다.

1) 항공운송의 자유화

세계 항공운송업의 환경은 1970년대 말, 미국에서부터 시작된 규제완화를 계기로 서서히 항공사에게 폭 넓은 자율권을 보장해 주는 방향으로 전개되어 오고 있다. 미국의 항공산업 진입규제 완화이후, 1국 1항공사 원칙 포기 및 항공 자유화, 다자간 경쟁시장 원리의 채택 등 자유화 추세를 보이고 있다. 또한, 엄격한 규제로 묶였던 국제항공운송도 양자간 또는 지역적 항공자유화 협정이 속속 체결되면서 경쟁체제로 전환되고 있다. 이러한 국내 및 국제 항공운송의 자유화는 시장진입 규제의 완화, 운임결정의 자율화, 운항회수 규제의 철폐 등 항공운송업에 시장원리를 도입함으로써, 각 사업주체간 경쟁을 격화시키고 있다. 향후, 항공운송의 자유화는 WTO의 서비스교역에 관한 일반 협정에 의존하기 보다는 양자간 또는 지역적 항공협정을 통해 지속적으로 이루어질 것으로 전망된다.

2) 항공운송업의 초국적화

항공운송서비스도 일정 국가들간 국경을 초월하여, 국내처럼 자유롭게 교역이 이루어지는 항공운송업의 초국적화가 진행되고 있다. 즉, 일정 지역을 중심으로 경제적 이해를 같이 하는 국가들이 지역 항공협정의 체결을 통하여 항공운송에 대한 규제를 완화 또는 철폐함으로써 역내 항공운송서비스 교역의 자유화를 적극 도모해 나가고 있다. 이미 북미, 남미, 아시아, 중동, 아프리카, 오세아니아 등, 최근 10여년간 세계 8개 지역에서 지역 항공협정이 체결되었으며, 미국-EU간에도 대서양 공동 항공시장의 결성이 추진되고 있다. 이러한 항공운송서비스 교역의 자유화는 WTO내에서도 논의되고 있다. 즉, 항공기 수리 및 정비, 항공운송서비스 마케팅, 컴퓨터예약시스템의 3개 분야에 대한 다자화가 규정되어 있으며, 화물운송, 부정기운송 등의 여타 분야에 추가적 적용여부가 검토중에 있다.

또한 EU와 북미간 항공자유화 확대로 대형항공사간 제휴 강화, 동북아를 비롯한 지역간 통합항공운송시장 추진 및 항공여건의 변화, 비즈니스와 소규모 관광증가에 따라 저비용항공사(LCC)에 대한 수요가 지속적으로 증가하고 있다.

항공운송업의 초국적화는 항공운송업내 양자간 또는 지역적 자유화의 확산과 더불어 지속적으로 진행되어 나갈 것으로 보인다. 이러한 초국적화는 이미 항공사간 다양

한 형태의 전략적 제휴를 통하여 이루어지고 있어, 향후 전 세계적 항공운송 노선망은 각 대륙의 대표 항공사들로 구성된 몇 개의 항공사간 제휴그룹에 의해 구축될 것으로 보인다.

3) 항공사 및 공항의 민영화

세계 항공업계는 책임경영과 운영효율을 통해 경쟁력을 제고하기 위하여 항공사와 공항의 민영화를 도입하는 경향을 보이고 있다. 즉, 세계 항공업계는 민영화를 통하여 투자재원 마련에 민간기업이나 지방자치단체를 참여시킴으로써 책임경영을 정착시키는 동시에 시장원칙에 따른 경쟁원리를 도입함으로써 항공사나 공항의 운영에 대한 효율성을 제고시켜 나가고 있다.

이러한 항공운송업의 민영화는 수익 극대화를 위한 자율경쟁체제를 갖추게 되면서, 단순히 기본적인 항공서비스를 제공하는 차원을 넘어 대고객 서비스의 질을 향상시키고 있다. 이러한 상황에서 민영 항공사는 수익성을 제고하기 위한 전략의 하나로 대 고객서비스의 질을 높여 시장규모를 확대하고자, 국내외 항공사들과 치열한 경쟁을 벌이고 있으며, 공항들도 기본적 서비스이외에 공항의 터미널과 부지를 활용하여 다양한 서비스를 제공함으로써 수익성을 제고해 나가고 있다.

특히, 최근 공항에서는 첨단 과학기술을 도입하여, 공항기능의 효율화를 도모하는 동시에 건축적 측면에서는 지역사회의 특성을 반영하여 이용객의 편리성과 안전성, 공간배치의 유동성, 그리고 복합 교통시설로서의 시너지 효과를 높이기 위하여 노력하고 있다. 또한 허브공항 선점을 위한 아·태지역 공항간 경쟁이 심화되고 있으며, 운영 효율성을 위해 지방과 민간참여 비중이 증가하고 있다. 한편, 일본은 신규 수요창출을 위한 "Asia Gateway" 전략을 추진하고 있으며, 중국은 2020년까지 97개 공항건설 계획을 추진하고 있다.

4) 항공산업관련 기술의 발달

정보통신기술의 발달, 초대형 항공기의 개발 및 상용화, 위성항행시스템의 구축 등으로 대표되는 항공산업 분야에서 새로운 기술의 진전은 항공운송시장을 재편시키는 커다란 요인으로 작용할 것으로 보인다. 또한, 인터넷을 기반으로 한, 정보통신술의 발달은 모든 업종에서 기업의 경영전략을 변화시키고 있으며, 이의 활용정도는 기업의 성패를 좌우하는 요인으로 작용하고 있다. 항공운송업체들은 이러한 변화에 맞추어 일괄적인 정보기술전략의 실행과 인터넷시대에 맞는 네트워크를 구축하고, 생산성·이윤창출 등의 증대를 위한 효과적 도구로서 정보통신기술을 적극적으로 활용하고 있다. 또한, 최대 600명 정도가 탑승할 수 있는 세계 최대의 항공기인 A-380이 운항되고 있으며, 이러한 초대형 항공기의 등장은 일시에 많은 승객을 장거리로 실어 나름으로써 항공운송의 효율화에 크게 기여할 것으로 기대된다. 그렇지만 이러한 초대형 항공기를 수용할 수 있는 공항시설의 구축, 안전문제 등은 풀어야 할 과제로 남아 있다.

이외에도 항공관련 고부가가치 산업인 항공정비업, 항공기 임대업 등 항공관련 산업의 확대가 예상되고 있으며, 이에 따라 세계 항공정비산업은 2008년 55조원에서 2018년 84조원의 시장으로 성장이 예상되고 있다. 특히 신종항공기 출현, 인공위성을 융합한 항행기술 개발 등으로 향후 항공 및 공항 운영체계에 획기적인 변화가 예상되고 있다.

5) 저가 항공사의 시장참여와 기존 항공사들과의 경쟁 심화

2000년 이후, 항공운송시장의 일련의 환경변화는 항공사들의 수익성을 악화시킴에 따라 새로운 비즈니스 모델의 저가 항공사들이 시장에 참여하게 되었다. 유럽과 미국에서 꾸준한 성장세를 보인 저가항공은 지난해 아시아·대양주에서만 7개사가 합세하면서 시장 점유율이 수직상승중이다. 또한, 미국의 9·11테러사건 이후, 항공수요가 급감하자, 미국과 유럽의 메이저 항공사도 항공료를 대폭 할인하는 상품을 내놓는 등 가격경쟁은 더욱 치열하게 전개되고 있다. 현재 미국을 비롯한 대부분의 국가에서 저가항공사를 운영하고 있으며, 그 중 대표적인 항공사인 사우스웨스트, 라이언에어, 이지젯 등이 성공적으로 운영되고 있으며, 특히, 미국의 하와이, 중국의 하이난도, 일본의 오키나와 등과 같은 대부분의 섬 지역에서 저가항공이 발달되어 있다.

한편, 영국, 이태리, 스페인, 체코, 독일, 포르투칼 등 유럽 각국의 저가 항공사들은 특정 도시를 베이스 공항으로 지정하고, 인근 국가 또는 유럽 전역을 운항 중에 있다. 이들 저가 항공사들은 비용절감을 위해 인터넷 예약은 기본이며, 항공권도 인터넷으로 발권하고 있다. 미국 저가 항공시장의 개척자인 사우스웨스트는 1971년 설립되어, 지난 30여 년간 단한번의 적자도 없이 지속적으로 저가 항공시장을 공략해, 현재 미국에서 네 번째 규모의 항공사로 성장했다. 이밖에 제트블루, 에어트랜, 아메리카 웨스트

등이 미국의 저가 항공시장을 주도하고 있다. 한편, 대부분의 메이저 항공사들이 적자를 면치 못하고 있을 때 이들 저가항공사는 흑자를 기록하고 있다. 아시아ㆍ태평양지역에서는 1988년 일본의 JAL Express를 선두로 호주, 태국, 뉴질랜드, 필리핀, 말레이시아, 인도네시아, 싱가포르 등 20여개 이상의 항공사가 운영중이며, 10여 개 항공사가 설립 추진중에 있다.

저가 항공사는 각국의 규제적 환경에 따라 전략 및 시장 점유율에 다소간의 차이는 있지만, 최근 저가 항공사의 등장은 항공운송산업 자체를 저비용 구조로 변화시키고 있다. 이러한 추세는 기존 항공사들이 구조조정을 통하여 시장의 상황변화에 적절하게 대응하지 못하는 경우, 기존 항공사의 생존까지도 위협할 것으로 보인다. 또한, 저가 항공사는 공항 사용료나 항공기 구매비용을 낮추어 종전의 철도나 도로를 이용하는 고객을 유인하고 있으며, 최근에는 기존 항공사의 고객 상당 부분을 유치하고 있는 실정이다.

이처럼 저가 항공사는 주요 고객층을 관광객에서부터 비즈니스 승객에 이르기까지 다양하게 흡수하기 위해 상당한 노력을 기울이고 있다. 또한, 인프라의 공급 및 이용측면에서도 큰 변화를 보이고 있다. 그동안 혼잡하지 않은 제2 혹은 제3의 공항을 주요거점으로 삼았던 저가 항공사들은 자사가 이용하는 공항을 해당 도시의 주요 게이트웨이로 부각시키고 있으며, 오히려 어려움을 겪고 있는 공항들을 확장하는 계기도 마련해주고 있다.

한편, 저가 항공사와 기존 항공사들과의 경쟁의 초점은 비용측면에서 기존 항공사들이 저가 항공사의 강점에 맞설 수 있는 체질개선을 할 수 있느냐에 달려있다. 향후, 이용객들의 항공운송서비스에 대한 인식 변화에 부응하는 틈새시장을 겨냥한 저가 항공사들의 시장참여는 더욱 활성화될 것으로 전망된다.

6) 항공안전 및 환경규제의 강화

(1) 항공안전 강화

항공안전을 강화하기 위한 프로그램이 다각적인 측면에서 수립되어 운영되고 있다. 우선 항공사고의 중요한 요인 가운데 하나인 조종사 등의 인적 실수를 예방하기 위하여 인적요소 프로그램이 전 세계적으로 강화되어 지속적으로 추진되고 있다. 특히,

ICAO는 10년 계획으로 수립하였던 인적요소 프로그램을 연장하여 추진하고 있으며, 각국의 문화와 실정에 적합하고, 다양한 조종사 교육훈련도 개발하여 실시하고 있다.

또한, 항공기 운항의 안전을 국제적으로 확보하기 위한 노력의 일환으로 항공안전정보 및 데이터의 공유도 확산되고 있다. 즉, 조종사 등의 인적 실수를 예방하는데 효과가 있는 것으로 입증된 CRS(Confidential Reporting System)를 도입하는 국가가 증가하고 있으며, GAIN(Global Aviation Information Network)을 이용한 세계적인 항공안전 정보공유시스템이 구축되고 있다. 이외에도 항공기 공중충돌 및 CFIT(Controlled Flight into Terrain) 사고를 예방하기 위하여 TCAS(Traffic Alert & Collision Avoidence System), GPWS(Ground Proximity Warning System) 등 첨단 안전장비의 운용이 확대되고 있다.

(2) 항공보안 강화에 따른 비용 증대와 효율성 저하

한편, 9 · 11테러 이후, 항공보안이 전 세계적으로 항공운송업계의 주요한 관심사로 대두되는 가운데, 이에 대한 효과적이고, 적절한 대책이 요구되고 있다. 최근, 미 의회 감사담당부서인 회계감사원(GAO)이 작성한 항공보안과 관련된 테러대비 태세에 관한 보고서에 의하면, 비인가자의 항공관련 컴퓨터시스템에 대한 접근, 공항접근 관리의 취약성, 여객 및 수하물에 대한 부적절한 검색 등이 문제점으로 지적되고 있다. 국내에서도 9 · 11테러사태 이후, 미연방항공청의 요청에 따라 미주노선에 한해 여객기 탑승구 앞에서 추가로 실시했던 휴대수하물 검색을 전 국제노선으로 확대하였고, 모든 국적항공기에 보안승무원을 의무적으로 탑승시킴으로써 보안활동을 강화하였다. 그러나, 이와같은 항공보안의 강화는 보안비용 증가로 연결되어 항공사의 경쟁력을 약화시킬 수 있다. 또한, 소비자의 불편증가로 비즈니스 승객 감소에 의한 수익성 저하와 위험인지에 의한 부담감 증가로 현재의 Hub & Spoke에 의한 환승체계의 효율성을 저해할 가능성이 높다.

(3) 환경 및 소음에 대한 규제 강화

최근, 환경보호에 대한 관심이 높아지면서 각국은 항공기 엔진의 배기가스 배출로 인한 대기오염과 항공기 소음에 대한 규제를 강화하는 방향으로 정책을 펴나가고 있다. 또한, 세계 각국들은 항공기 엔진 배기가스로 인한 대기오염을 줄이기 위하여 이에 대한 부과금이나 유류세의 도입을 추진하고 있다. 이러한 환경과 소음에 대한 규제강화는 운항비용은 물론 운항시간까지 큰 영향을 미치기 때문에 항공기 구입 등 항공사의 영업전략을 수립하는데 빼놓을 수 없는 중요한 요인으로 작용하고 있다.

이러한 추세에 맞추어 ICAO에서는 환경보호 강화를 위하여 부과되는 각종 요금은 세금이 아닌 부가금 형태로 부과하도록 권고하는 환경세에 관한 정책선언을 채택한 바 있다. 국내에서도 ICAO위원회의 권고를 받아들여, 2002년부터 국내선 공항에 이·착륙하는 항공기의 소음정도에 따라 기종별로 착륙료의 15~30%씩 차등 부과하는 소음부담금 등급을 5등급에서 6등급 체계로 변경시켰으며, 공항소음 대책 특별기구를 설치·운영하고 있다.

최근, 세계 항공시장의 동향은 아·태 항공시장의 급성장을 예고하고 있으며, 아·태 항공시장은 2020년까지 연간 4천억 달러의 시장으로 급속히 성장하여, 세계 항공시장의 43%를 점유할 것으로 전망되고 있다. 이러한 배경하에서 지방공항의 시설활용과 발전방향을 검토하는 것은 매우 의미있는 일이라고 할 수 있다.

Chapter **08**

외식업

New Principle of Tourism Business

Chapter

08 외식업

New Principle of Tourism Business

① 외식업의 개요

1. 외식업의 개념

산업화가 진행됨에 따라 우리의 식탁에도 그 영향이 미치게 되었다. 과거에는 식자재 생산에서부터 조리까지 모든 것이 가정에서 이루어졌다면, 오늘날에 와서는 식자재 생산 부분부터 점차 가정에서 외부로 자리를 내주게 되었다.

외식업이 등장하게 된 배경을 살펴보면 경제적으로 사람들의 생산력이 증가하고 그에 대한 소득수준이 증가함에 따라 단순히 허기를 채우는 것을 넘어 음식을 통해 새로운 것을 경험하는 과정으로써의 외식 형태가 생겨나기 시작했다. 또한, 사회·문화적으로 핵가족화에 따른 식생활 패턴의 변화 및 교통의 발달로 인한 이동의 용이성 등으로 인해 외식산업이 대두되기 시작하고 볼 수 있다.

한편, 외식업은 음식이나 음료 등을 조리하여 동일한 장소 또는 그 내부나 외부에서 소비되도록 제공하는 업종을 말한다. 외식업은 크게 음식을 제공하는 식당에서부터 음식을 포장만 하여 판매하는 포장판매업(take-out), 포장하여 가정까지 배달하는 배달판매업(delivery), 포장 및 배달이 어려운 음식을 직접 조리하여 가정이나 특정 장소에서 제공하는 출장 외식업(catering) 등이 있다.

국내의 외식산업은 숙박업과 그 출발을 같이 하였다. 주로 여관(旅館)이라고 불리던 곳은 숙박업과 함께 주막형태의 식당업도 겸하고 있었다. 그러나 19세기 후반부터 그 경계가 나뉘게 되고, 차츰 산업화가 진행됨과 동시에 외식산업 역시 발달하게 되었다. 1970년대의 산업화는 외식산업에 있어서 서구화 바람을 일으켰으며, 1980년대에 들어와서는 그 행보가 본격적으로 진행되었다. 맥도날드, 버거킹 등 서구 유명 패스트푸드 업체가 들어오기 시작했고, 국내 업체와 치열한 경쟁을 치루기도 하였다. 1980년대 국민소득의 증가와 함께 외식산업 역시 발전하였다. 특히 고급스럽고 깨끗한 분위기의 매장시설과 친절하고 독특한 서비스를 내세운 패밀리 레스토랑이 상륙하였고, 그 영향에 따라 한식 역시 브랜드화되기 시작하였다.

2. 외식업의 특성

외식업의 특성을 살펴보면 서비스산업, 환대산업, 관광산업 등이 가지고 있는 특성들을 가지고 있다.

그 특성을 살펴보면 외식업은
① 서비스 지향적인 산업
② 점포의 위치를 중시하는 입지산업
③ 노동집약적 산업
④ 독점점 기업이 탄생하지 않는 산업
⑤ 체인화가 용이한 산업
⑥ 소자본으로도 쉽게 접근할 수 있어 신진대사가 심한 산업
⑦ 산업화와 공업화가 어렵고 느린 산업
⑧ 소비자의 기호가 강하게 영향을 미치는 산업
⑨ 타산업에 비해 다양한 업종과 업태가 공존하는 산업
⑩ 자금회전이 빠른 산업
⑪ 모방이 쉬워 차별화가 어려운 산업

⑫ 상품의 구성이 복잡한 산업

⑬ 식습관에 대한 소비자의 기호가 보수적이기 때문에 상품(메뉴)의 라이프 스타일이 비교적 긴 산업이라는 특성을 가지고 있다.

그러나 위에 언급한 13가지의 외식사업의 특성을 다음과 같이 보다 구체적으로 설명할 수 있다.

(1) 시간과 장소적 제약을 받는 산업

외식업이 서비스 산업적 성격을 갖는 내용을 검토해 보면 서비스가 생산 및 소비가 동시에 이루어지는 성격을 가지고 있기 때문에 시간적·장소적 제약이 존재한다는 점이다. 생산과 소비가 동시에 행해진다는 것은 생산하는 사람과 소비하는 사람이 같은 장소에 있다는 것을 의미한다. 서비스를 배달하는 방법에 따라 서비스를 분류해 보면 표 8-1과 같이 고객이 서비스 기관으로 오느냐, 서비스 기관이 고객에게 가느냐, 아니면 다른 매개물을 이용해서 거래하느냐, 서비스를 한 개의 단일점포, 혹은 여러 개의 점포를 통해서 배달하느냐 여부로 분류할 수 있다.

이러한 관점에서 레스토랑의 서비스는 장소적인 제약을 받을 수밖에 없다. 장소적 제약이란 고객이 특정 서비스를 받기 위해서는 서비스 조직(예 레스토랑)으로 직접 오거나, 서비스 조직이 고객에게로 가야하기 때문에 수요자와 공급자가 비교적 가까운 장소에 입지를 정하지 않으면 안 된다.

또한 생산과 소비의 동시성의 특성으로 인하여 서비스배달 시스템이 지역적으로 광범위할 수가 없다. 즉, 구매자가 서비스 시설로 가거나, 서비스 수행자가 구매자에게로 와야 하기 때문이다. 그 결과 서비스 배달 시스템의 성패는 지리적으로 서비스 조직이 얼마나 가깝게 위치하느냐에 달려있다.

표 8-1 서비스 배달방법에 의한 분류

고객과 서비스 조직과의 상호작용	서비스 지점	
	단일입지	복수입지
고객이 서비스 조직으로 감	극장, 미용소, 레스토랑	버스, 패스트 푸드
서비스 조직이 고객에게 감	잔디관리, 택시, 방역	우편배달, 긴급차수리
원거리에서 떨어져 거래함	신용카트, 지역 TV방송	방송네트워크, 전화회사

자료: 최덕철, 서비스 마케팅, 학문사, 1995, p. 69

특히 편의성과 간편성을 추구하는 고객의 입장에서는 가장 간편하고 편리한 방법으로 그들이 원하는 욕구를 충족시키기를 바란다. 그 결과 특정한 서비스를 받기 위해서 고객이 서비스 조직으로 가야하는 경우(테이크 아웃, 레스토랑)와 서비스 조직이 고객에게로 가는 경우(택배, 식재배달)로 분류되는 서비스 조직은 입지를 우선으로 고려한다. 특히, 상품의 주문에서 배달까지의 서비스 유통경로가 비교적 짧은 레스토랑의 경우 입지의 중요성이 더욱 강조된다.

최근 들어 자가용이 보급되고 통신수단이 발달되면서 소비자와 다소 떨어진 도시 근교나 한적한 유원지에 입지를 정하는 전문 레스토랑과 카페 등은 입지를 덜 고려하는 경우도 있지만 일반적으로 입지는 가장 중요한 고려대상이 된다.

(2) 노동집약적 성격을 가진 산업

서비스산업에서도 노동을 대체할 수 있는 기계화된 자본설비를 사용하고 있다. 그러나 판매원의 매장에 대한 적정 배치나 배달문제 때문에 생산부분에 비해 노동집약적 성격이 강할 수밖에 없다. 또한 일반 서비스 노동에 수반하는 고정성은 기계화나 정보화로 경감 또는 완화할 수 있지만 고급 서비스 또는 특수 서비스의 경우는 현실적으로 기계화가 곤란하다.

또한 서비스 생산자는 계절과 시간에 따라 동일한 템포로 생산활동을 할 수 없기 때문에 수요에 따라 생산을 집중시킬 수밖에 없다. 서비스산업에서는 설비 및 인원의 수용능력에 한계가 있기 때문에 계절과 시간에 따라 생산을 자유로이 조절하기는 곤란하며, 이런 문제는 서비스산업의 노동집약적 특성과 연관성이 있다.

(3) 짧은 분배체인과 시간범위

외식업에서는 원재료가 최종상품으로 바뀌는 과정이 빠르다. 그리고 최종 상품이 현금화되는 과정도 빠르다. 타 상품에 비하여 분배체인과 시간범위가 비교적 짧아 같은 장소에서 보통 2시간 안에 또는 수분 내에 상품이 생산되고 판매되고, 소비되는 특성을 가지고 있다.

(4) 영세성 · 과밀성 · 저생산성

일반적으로 외식업에서는 서비스산업과 마찬가지로 생업적이고 영세한 가내노동에 많이 의존하며, 비교적 참여가 손쉬워 경기 변동에 따른 부침이 심하다.

국내의 외식업은 2012년 기준, 종사자 수 4인 이하 사업장이 전체의 87.5%를 차지하는 반면, 20인 이상의 사업장은 0.6%에 불과하다. 이는 외식업이 가족경영 형태나 생계형 중심의 영세한 산업구조임을 의미하는 것이다. 특히 진입장벽이 낮고 퇴출장벽이 높아 전문경영 노하우 없이도 누구나 쉽게 시작할 수 있으며, 겨우 생계를 유지하는 점포가 대다수임에도 불구하고 폐점을 하지 않는 경우가 대부분이다. 이와 같은 외식업의 특성으로 인해 빈번한 휴·폐업과 재창업을 반복하고 있는 다산다사형 산업구조를 가지고 있다.

이와 같은 원인은 국내의 외식업을 구성하고 있는 외식사업체들이 자본과 경영면에서 영세하기 때문이다. 특히 전체 외식업체의 50% 이상을 차지하고 있는 한식의 경우가 현대화된 대형점의 비중이 낮고 생계형·가족형이 주류를 형성하고 있기 때문이다.

반면 한국에 상륙한 해외 유명 패스트푸드와 패밀리 레스토랑의 경우는 다점포화와 대형화를 추구하고 있어 생계형·가족형이 주류를 형성하고 있는 한식과 양극화 현상도 심화되고 있다.

3. 외식업의 경영형태

외식업의 경영형태는 외식업의 성패에 중요한 영향을 미친다. 우선 외식업은 초기 투자자본과 업종형태에 따라 그 성격을 달리 하고 이것이 외식업의 성공을 판가름한다.

1) 직영운영

직영운영 형태는 운영자 본인이 임대하거나 소유한 건물이나 장소에서 직접 외식업을 운영하는 형태를 말한다. 그러므로 외식업에서 발생된 이익뿐 아니라, 손실에 대한 책임도 운영자 본인이 지게 되어 있다. 또한 운영자 주체가 초기 투자단계에서부터 운영까지 책임을 지고 있기 때문에 운영자의 의도대로 운영될 수 있는 장점이 있다. 그러나 규모가 커질 경우 통제가 불가능해지고, 적절한 통제가 이루어지지 않을 경우 실패의 위험이 크다. 따라서 외식업 운영 초기 단계에서 많이 발생되는 형태이며, 이후 가맹이나 인수, 위탁형태로 발전할 가능성도 가지고 있다.

2) 위탁운영

위탁운영 형태는 자본을 가지고 있는 개인이 의지를 가지고 운영능력이 뛰어난 외식기업에 경영을 위임하거나, 외식기업이 다른 외식기업에게 경영을 위탁하는 형태를 의미한다. 투자자는 외식업에 필요한 자본, 시설, 장소 등을 제공하며, 경영자는 제공된 투자를 기반으로 외식업을 경영하기 위한 모든 권한을 가지게 된다. 그러므로 경영자는 투자자의 대리인으로서의 역할을 하게 되며, 외식업에서 발생하는 문제에 대한 책임은 투자자인 소유주가 지게 된다.

일단 위탁운영 형태에서 소유주는 노하우를 지닌 경영자에게 위임함으로써 자본대비 안정적인 운영할 수 있는 반면, 높은 초기 투자비용을 감수해야 하는 단점이 있다. 경영자 측면에서는 초기에 투자비용이 적고 위험 요소에 대해 회피할 수 있다는 장점이 있지만, 경영에 대해 노하우가 없는 소유주가 경영에 대해 관여할 수도 있으며, 타인의 자금으로 운영되기 때문에 운영의 혁신성이 떨어진다.

3) 가맹운영

가맹운영 형태는 프랜차이즈(franchise) 운영방식으로서 가맹사업자와 가맹계약자간의 신뢰를 기본으로 한다. 프랜차이즈의 정의는 가맹 사업자(franchisor)가 다수의 가맹계약자(franchisee)에게 자기의 상표, 상호 등을 사용하여 자기와 동일한 이미지로 상품판매, 용역제공 등 일정한 영업활동을 하도록 하고 그에 따른 각종 영업의 지원 및 통제를 하며, 가맹 계약자는 가맹 사업자로부터 부여받은 권리 및 영업상 지원의 대가로 경제적 이익, 즉 가입비와 정기납입경비(로열티)를 지급하는 계속적인 거래관계를 의미한다. 프랜차이즈 계약에는 상품과 서비스, 상품의 질, 가격 운영사항 등을 포함할 뿐만 아니라, 개점일시, 계약 기간, 재계약 전반에 관한 사항을 명시한다.

가맹운영 형태의 특징은 검증된 가맹사업자를 통해 상품과 경영 제반에 필요한 사항을 제공받기 때문에 그 사업에 대한 전문성이 없더라도 사업을 시작할 수 있는 장점을 지니고 있다. 그러나 가맹사업자가 추구하는 상품과 동일한 형식의 운영 방식을 유지해야 하기 때문에 가맹점주의 독립적인 운영에 제한을 받을 수 있다는 단점이 있다.

4. 현대 외식문화의 특성

시대가 변화함에 따라 사람들의 식생활도 바뀌게 되고, 그에 따라 외식 문화도 바뀌게 되었다. 점점 외식 문화에 있어서도 음식 자체의 의미뿐만 아니라 하나의 문화로써 가치를 지니게 되었다. 현대 외식 문화의 특징을 살펴보면 다음과 같다.

1) 인스턴트화

현대인들은 늘 시간에 쫓기는 바쁜 생활을 하기 때문에 때로는 식사를 하기위해 소비되는 시간도 절약하려고 노력하는 경향이 있다. 특히 여성의 사회 참여도 증가에 따라 식사준비에 소요되는 시간을 아끼려는 시도가 많아지고 있다. 간단하게 식사를 해결하려는 사람들이 늘어나면서 간편하게 조리 할 수 있는 냉동식품, 가공식품, 반조리 식품 등을 선호하는 경향이 높아지고 있다. 이와 함께 외식업에서는 가정식 대용식품 (HMR: Home Meal Replacement)이 활성화되고 있다. 우리나라에서 대표적인 HMR 제품으로는 샐러드, 샌드위치, 레토르트 식품(Retort Food) 등을 꼽을 수 있다.

본래 인스턴트 음식이 서구에서 진행된 만큼 서구 음식 위주로 인스턴트화가 진행되었으나, 최근에는 한식 역시 인스턴트화가 진행되고 있다. 대량 생산된 음식으로 집에서 직접 만들던 수고도 덜어줄 뿐 아니라 비용 역시 절감해주고 있다. 이러한 인스턴트 식품은 집에서 간편한 식사를 즐길 수 있게 할 뿐 아니라 여행과 같은 여가 생활에 있어서도 도움을 주고 있기 때문에 여가나 관광 측면에서도 의미가 크다고 하겠다.

2) 배달음식의 증가

우리나라 사람들은 배달음식에 익숙해져 있다. 배달이라고 하면 가장 일반적인 중국 음식에서부터 피자, 치킨, 족발 등 다양한 영역으로 확대되어가고 있다. 최근에는 단순히 한 끼 식사에 대한 배달뿐만 아니라 일주일치 식단 전체를 전문 영양사가 작성, 조리된 식사를 매일 배달해주는 업체까지 생겨나고 있다. 전화나 클릭 한 번에 음식이 배달되어 오기 때문에 싱글족과 편리함과 간편함을 추구하는 사람들의 증가로 인하여 배달 음식은 점점 증가할 전망이다.

3) 건강식 선호

외식업의 비중이 늘어남에 따라 단순히 한 끼 식사를 때우는 것으로 끝나지 않고 건강도 함께 지키기를 원하고 있다. 그에 따라 건강에 좋은 식품이나 자연식품을 선호하는 경향이 늘어나기 시작하였다. 특히 과거에 비해 고혈압, 당뇨, 비만과 같은 성인병이 증가함에 따라 음식으로써 건강을 찾고자 하는 인식이 증폭되었다.

최근 광우병 또는 조류 독감과 같은 문제가 출현함에 따라 식재료의 원산지 뿐 아니라 유기농 식품에 대한 관심이 높아지고 있다. 이는 음식을 통해 건강을 찾고자하는 의식 뿐 아니라 여유를 가지고 먹는 '진정한 식사'를 즐기고자 하는 사람들이 늘어나고 있다는 증거라고 할 수 있다.

4) 요리의 취미화

식사를 하기 위해 간편한 방법을 선호하는 사람도 많아진 반면 식사하고 준비하는 과정 자체를 즐기는 사람도 늘어나고 있다. 즉 음식을 단순히 먹고 마는 것으로 끝나지 않고 요리 자체를 여가활동으로 인식하고 즐기는 사람들이 늘어나고 있다. 특히 현대사회에서 인터넷과 같은 통신 기기의 발달은 자신만이 가지고 있는 요리나 음식에 관한 정보들을 더욱 더 쉽게 공유할 수 있는 공간을 마련해주었다.

요리의 취미화는 단순히 음식 만들기 뿐 아니라 음식을 먹는 것 자체도 여가화 하는데 기여 하였다. 일반인들도 미식가에 버금갈 정도의 실력을 가지게 되었고, 많은 사람들이 한 끼라도 맛있고 질 좋은 음식을 먹기 위해 노력을 아끼지 않게 되었다. 그에 따라 수많은 요리 동호회가 인터넷 등에서 활동을 하고 요리 코디네이터나 푸드스타일리스트 등의 신종 직업들이 연예인 못지않은 인기를 누리고 있다. 음식에 관한 관심이 요리에 대한 인식을 바꾸었고 동시에 요리에 대한 전문적이고 지속적인 관심을 일으켰다. 이러한 변화가 가능한 이유는 요리가 단순히 식사의 개념으로써 배를 채우기 위한 생리적인 욕구를 채우기 위한 '노동으로서의 요리'가 아닌 '재미를 위한 요리'로 개념이 변화하고 있기 때문이다. 그렇기 때문에 요리가 점점 창의력과 아이디어로 개발되어야 할 가능성 있는 분야로 인정받기 시작했다는 뜻이 될 것이다.

배가 고프기 때문에 생리적 현상으로써 음식이 아닌 음식 자체가 즐거움이 되고 즐길 거리가 되면서 음식 만들기를 취미로 하기도 하고 그에 따른 도구나 기구들이 속 속들이 개발되며, 학원이나 업체들이 발달되면서 외식업계의 새로운 장을 열기도 하 였다.

5) 브랜드 선호: 프랜차이즈 레스토랑

현재 국내 외식업에 있어서 프랜차이즈 레스토랑이 급성장하고 있다. 특히 연령이 어릴수록 브랜드 레스토랑을 선호하는 경향이 강하므로 신세대에서 시작된 프랜차이 즈 레스토랑 붐은 가족 단위의 기성세대까지 확산되고 있다.

서구에서 이미 검증된 경영전략과 프로그램을 가지고 있는 외국계 프랜차이즈는 국 내 외식업에 충격을 주는 계기가 되었을 뿐 아니라 외식업 발전에 큰 영향을 주는 계기 가 되었다. 주로 다양한 메뉴, 분위기와 서비스, 편리성을 기조로 하여 고객층을 확대 해가고 있다. 이러한 현상은 한식업계에도 영향을 미쳐 한식 프랜차이즈가 최근 급성 장하고 있다.

6) 퓨전 푸드

퓨전이란 말은 '섞는다'에서 비롯된 것으로 본래는 음악에서 사용되었다. 여러 음악 형식을 섞어서 색다르게 변형시키는데서 유래된 것으로 현재는 음악 외에 여러 장르에 서 쓰이고 있다. 퓨전음식의 유래는 1980년도의 미국에서 시작되었다. 기름기 많은 서 양 음식에 대한 반발로 담백하고 식물성의 동양 음식에 대한 관심이 증폭되고 이에 따 라 동양 음식을 서양식 취향으로 바꾼 것에서 시작되었다.

국내에서 주로 고가의 식당을 중심으로 시작되었으나, 현재 거의 모든 음식에서 퓨 전 스타일을 찾아볼 수 있다고 해도 과언이 아니다. 퓨전 음식은 정통이라는 형식에 얽 매이지 않고 자유롭게 동서양의 음식을 조합할 수 있으며 그 변형 가능성이 무한하기 때문에 앞으로 발전할 여지가 풍부하다고 볼 수 있다.

1. 해외의 외식업 현황

외식업을 포함한 세계 식품시장은 정보통신(IT), 자동차, 철강 산업보다 규모가 크고, 성장가능성이 아주 높은 중요 산업 중 하나로서 지속적인 성장을 하고 있다. 즉 2009년 기준, 세계 시장규모는 식품산업 4.9조 달러에 비해 정보통신 3.5조, 자동차 1.6조, 철강 0.5조 달러로 나타나고 있다.

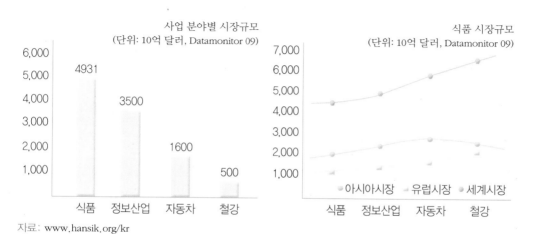

자료: www.hansik.org/kr

⊙ 그림 8-1 식품시장의 규모

특히 2013년 세계 외식시장 매출액은 2조 7천억달러로 2018년까지 5.78%의 연평균 성장률을 기록, 2018년에는 3조 5,756억달러에 이를 것으로 전망되고 있다. 세계 외식 시장은 지속적인 성장세를 보일 것으로 예측되고 있으며, 인구학적 요인의 변화와 건 강에 대한 관심증대, 건강한 삶의 추구 등의 영향을 받을 것으로 보인다. 또한 경제성 장에 따른 가처분 소득의 증가로 인해 외식에 대한 소비자의 수요는 지속적으로 증가 할 것으로 예상된다.

외식업의 고객 수는 5,956억 명이며, 2018년까지 연평균 5.6% 증가하여, 2018년에는 7,810억 명에 이를 것으로 전망되고 있다. 지역별로 살펴보면 아시아·태평양 지역이 2013년 기준 세계외식업의 약 45%를 차지하고 있으며, 그 뒤를 이어 아메리카와 유럽,

중동 및 아프리카 지역으로 나타나고 있다.

세계의 외식업은 산업의 성숙단계로 접어든 유럽과 북미의 저성장 선진시장과 인도, 중국 등 막대한 인구와 높은 경제성장률을 기록하고 있는 아시아 · 태평양 지역의 고성장 신흥시장으로 양분되는 모습을 보이고 있다. 그러나 식품안전과 높은 위생수준을 유지하기 위한 비용증가로 인해 이들 지역의 외식업 성장에 저해요인으로 작용할 것으로 예측되고 있다.

자료: Technavio(2014). Global Food Service Market 2014-2018.

⊙ 그림 8-2 지역별 외식시장 규모와 비중(2013년 기준)

2. 국내의 외식업 현황

1) 외식업의 발전과정

국내에 있어서 외식업의 발전은 한국 고유의 전통음식에 기반을 두면서 현대문명의 발달과 더불어 변천을 거듭해 왔다. 따라서 국내 외식업의 성장배경을 논할 때 사회 · 문화 · 경제, 그리고 기술적인 요인 등이 언급된다.

(1) 해방이후 ~ 50년대

1945년까지 서울의 음식점 수는 160여 개 점포로 추정된다고 한다. 해방과 함께 한반도는 혼돈의 시대였다. 게다가 1950년 6 · 25전쟁으로 먹는다는 것은 삶의 최고의 가

치가 되어버렸던 시대였다. 전쟁 중에는 꿀꿀이 죽, 부대찌개가 등장했으며, 전쟁이 끝나고 식생활에는 설탕, 밀가루, 미원, 껌, 연탄 등이 등장하기 시작했다. 특히 연탄의 등장은 식생활의 혁명이었다.

이러한 상황에서 외식을 한다는 것은 대부분의 일반 국민들로서는 상상조차 할 수 없는 일이다. 그러나 50년대까지는 주막이나 주식점, 목로주점 등의 전통음식점 형태가 하나둘 생겨나기 시작하여 한국외식사업의 태동기를 맞이하게 되었다. 하지만 일반인들의 식생활 유형은 전적으로 가내주도형으로 집에서 먹거리를 해결하는 시대였다.

(2) 1960년대

회복가속화 시대로 특징지어지는 1960년에는 화폐개혁과 경제개발 5개년 계획, 1963년에는 국토건설종합계획이 수립된 시기이다.

1950년대 후반부터 시작된 영양개선운동은 어떻게든 먹고 살아남아야 한다는 절박감에서 출발한 국가적인 총력전이었다. 밀가루 예찬론, 혼·분식장려운동, 유휴산지 개간, 국민절제운동, 양곡수급 계획발표 등이 이러한 사실을 잘 설명하고 있다.

서민들의 삶은 고달프고, 너나 할 것 없이 살기 힘들었다. 1962년 8월 태풍 노라와 함께 가뭄이 겹쳐 1962년도는 최악의 흉년을 기록한 한 해였으며, 1963년 2월 미국으로부터 원조양곡이 도입되었다.

이렇게 대량으로 먹게된 밀가루 음식은 주로 쌀과 보리에 의존했던 우리 밥상을 크게 바꾸어 놓았다. 대대로 먹던 밥과 국을 대신해 국수와 빵 같은 밀가루 음식이 밥상 한 귀퉁이를 차지하게 된 것이다.

또한, 관혼상제시 과소비를 억제하기 위해 가정의례준칙이 1969년에 만들어졌으며, 정부주도로 진행된 밀 문화에 보급은 서구식 영양학에 근거했다. 모든 음식에 가치는 칼로리로 재단됐고, 오랜 체험을 통해 이룩한 우리 음식 문화의 가치는 사장됐다.

1963년에는 라면의 효시인 삼양라면이 최초 시판되었고, 1964년에는 오늘날 맥주전문점의 효시인 비어홀이 탄생했다. 1966년에는 코카콜라가 국내에 상륙했으며, 1968년에는 전기밥솥이 최초로 선을 보였던 시기이다.

그리고 GNP 100~210불의 1960년대 한국의 외식업계는 1950년대와 마찬가지로 식생활의 궁핍기이자 침체기였다. 영세한 음식점 및 노상 잡상인들이 대거 출현했던 시기이기도 하다. 또한 밀가루의 유통과 함께 들어선 게 제과점이다. 1945년 고려당과 함께

1967년 강남에는 뉴욕제과가 탄생했다. 그러나 우리는 1960년대까지는 식량부족으로 배고픔 시대를 경험했다.

(3) 1970년대

1960년대의 노력의 결실로 GNP 248~1,644불로 성장했으며, 1970년 서울 강남개발계획이 발표됐으며, 경부고속도로가 개통되면서(70년 7월 7일) '1일 생활권'이라는 말이 유행했다. 1972년에는 새마을 운동이 전국을 휩쓸었으며, 우리 입맛에 서구화가 가시화되었다.

1977년에는 수출 100억불 달성과 1970년대 식생활관련 최대 변수는 도시가스의 도입으로 연탄시대를 마감한 것이다. 먹거리 메뉴에는 야구르트, 케찹, 마요네즈, 생수, 과즙탄산음료, 1962년에 시판금지 되었던 쌀막걸리의 부활, 전자렌지, 커피자판기, 생맥주, 롯데리아와 같은 햄버거 하우스가 최초로 등장했다.

특히, 1979년 7월은 국내 프랜차이즈 1호 점인 지금의 대학로 샘터빌딩에서 '난다랑'이 오픈 되어 국내 외식업계에 일대변혁이 일어난다. 그리고 10월에는 롯데리아 1호 점이 소공동에 들어섬으로써 서구식 외식시스템의 시발점이 되었다.

(4) 1980년대

개인소득과 생활향상, 버블(bubble)시대로 특징 지어지는 1980년대는 한국 외식사업의 전환기로 볼 수 있다. 1981년 수출 200억불을 돌파, 1985년에는 자동차 100만대를 돌파, '86 아시안 게임', '88 서울 올림픽'이 개최되었다. 1980년대 초부터 외국의 유명 체인호텔과 외국계 패스트푸드점이 대거 한국에 상륙했으며, 1983년에는 주문식단제가 처음 실시되기도 했다.

육류섭취량이 급격히 증가한 것은 GNP가 2000불을 뛰어 넘은 1980년대부터라고 한다. 1970년대 1인당 하루 40g이던 것이 1985년 200g으로 뛰었고, 대형 갈비집들이 우후죽순격으로 늘어난다.

특히 1980년대는 음식업계에 해외 프랜차이즈의 국내 진출로 외식업계에 태풍의 핵이 나타났다. 물밀듯이 들어오는 해외 프랜차이즈 브랜드들이었다. 국내 자생브랜드들도 우후죽순격으로 생겨났다. 하지만 부작용도 있었다. 체인업체들의 난립으로 점포 늘리기에만 급급한 업체들이 생겨났기 때문이다. 자연적으로 프랜차이즈의 기본인 가

맹점 사후관리는 뒷전이었다.

그리고 80년대 들어서면서 ○○가든, ○○갈비 등의 고깃집들이 도처에 생겨났다. 이런 음식점들은 주로 큰방을 구비하고 있는 것이 특징인데, 가족식뿐 아니라 잔치, 회식, 친목모임의 장소로 널리 이용되었다. 또한 이 무렵 춘천막국수나 닭갈비, 아구찜, 보리밥 등 지방 사람들이나 서민들이 먹던 향토음식들이 별미음식으로 상품화되어 서울로 진출하였다. 승용차 보급률이 높아지고 답사문화가 대중화되면서 향토 음식은 그 지역의 관광상품으로 개발되었다.

결국 1980년대는 더 맛있고, 더 간편하고, 더 고급스러운, 그리고 더 새로운 식품을 추구했던 시대였다고 말할 수 있다.

(5) 1990년대

1990년대가 한국 외식사업의 본격적인 성장기에 해당된다. 성장의 주역을 꼽는다면 단연 패밀리 레스토랑이다. 레스토랑은 연인들끼리, 귀한 사람들과 최고 만남의 장소였다. 하지만 커피전문점, 돈가스전문점 등 전문화시대를 맞이하면서 일반 레스토랑은 사향업종으로 변해갔다.

1990년대 들어서면서 레스토랑은 새로운 옷으로 치장하고, 우리 앞에 나타났다. 이른바 외국계 패밀리레스토랑이다. 음식업계에서는 외국계 패밀리레스토랑을 고품격 신 업태의 출현으로 받아들였다. 80년대의 아담한 레스토랑이 아니었다. 점포 평수가 최소한 50-60평 이상이었으며, 자연적으로 사업의 주체는 대기업의 자본이다.

외국계 유명 패밀리 레스토랑과 피자집, 패스트푸드 레스토랑은 이제 일반화되어 있으며, 최근 들어 호텔과 같은 수준의 전문레스토랑들이 차츰 늘어나는 추세에 있고, 강남을 중심으로 퓨전 음식이 유행하고 있다. 또한 고급 원두커피전문점들의 수가 늘어나고 있다.

그리고 한식을 중심으로는 건강지향적인 음식과 향수를 유발하는 향토 전문 음식점들이 늘어나고 있는 추세이다. 그래서 식당 간판에도 옛날, 할머니, 고향 같은 말을 많이 볼 수 있다.

(6) 2000년대

2000년에 들어서면서 외식산업은 한국 경제의 발전과 사회 문화의 변화로 급격한 성장기와 경쟁체제에 돌입하게 된다. IMF를 극복하고 본격적 소득 2만불 시대와 주5일 근무제, 각급 학교의 주5일제의 시행으로 여가생활이 확대되고 외식생활의 활성화를 가지고 오게 되어 2011년 외식산업의 시장규모는 68조원에 이르러 2001년도에 비하여 2배 가까이 성장하였다. 하지만 이러한 시장의 양적 규모의 성장에 비교하여 질적인 성장은 아직도 미흡한 단계이다. 특히 과도한 외국 프랜차이즈 기업의 시장지배와 대기업 중심의 시장편향은 국내 외식산업의 성장에 한계를 나타내고 있다. 그리고 환경문제와 관련한 지역 농산물 소비확대와 탄소배출 감소 등의 문제가 앞으로 외식산업 발전에 해결해야 할 문제로 대두되고 있다.

2) 외식업 현황

국내의 외식업은 1980년대 서울올림픽이 개최되고 본격적으로 해외자본이 유입되면서 발전하기 시작하였다. 특히, 여성의 사회진출에 의한 맞벌이 부부의 증가, 주5일제 시행, 국민소득 증가, 식생활의 서구화 등의 영향으로 빠르게 발전하였다.

2012년 기준, 국내 외식업의 연간 매출액은 63조 1,195억원으로 전년대비 5.8% 성장하였다. 사업체 수는 전년대비 2.6% 성장한 451,338개, 종사자 수는 3.5% 증가한 134만 7,209명으로 나타났다. 이는 국내 경기하락에 따른 실업률 증가와 베이비부머 은퇴 등, 임금노동자들이 비자발적으로 자영업시장에 진입함에 따라 가족경영 형태의 음식점이 증가했기 때문이다.

◎ 표 8-2 외식업의 사업체 수, 종사자 수 및 매출액 변화

(단위: 개, 명, 백만원)

구 분	사업체 수	종사자 수	매출액
2006	420,817	1,174,545	42,905,284
2007	423,628	1,214,358	47,917,210
2008	420,708	1,213,326	51,941,895
2009	421,856	1,233,084	56,120,621
2010	425,856	1,248,545	55,527,218
2011	439,794	1,301,278	59,637,095
2012	451,338	1,347,209	63,119,481

주: 주점 및 비알코올음료업 제외
자료: 통계청(2014). 도소매업 조사, 경제총조사

　국내의 외식업은 2012년 기준, 종사자 수 4인 이하 사업장이 전체의 87.5%를 차지하는 반면, 20인 이상의 사업장은 0.6%에 불과하다. 이는 외식업이 가족경영 형태나 생계형 중심의 영세한 산업구조임을 의미하는 것이다. 표준산업분류에 따른 업종별 현황을 살펴보면, 한식음식점은 29만 5,348만개로 전체의 65.4%를 차지하고 있으며, 이중에 종사자 수 4인 이하 사업장의 비중이 89.3%로 소규모 사업장의 비중이 높은 것으로 나타났다. 반면 서양식 음식점 종사자 수 4인 이하 사업장의 비중이 68.4%로 한식 음식점과는 다른 양상을 보이고 있는데, 이는 식생활의 서구화와 대기업의 서양식 패밀리 레스토랑 운영 등의 영향 때문인 것으로 판단된다.

　매출액 측면에서는 한식 음식점업과 기타 음식점업은 각각 35조 1,784억, 14조 1,285억으로 전체 외식업 매출액의 55.7% 22.4%를 차지하는 것으로 나타났다. 2006년과 비교시, 중식, 서양식 음식업 등의 사업체 비중은 감소한 반면, 기관 구내 식당업, 일식, 기타 외국음식점의 비중은 증가하였다. 이는 식품소비 패턴의 다양화와 외식 선호현상, 국내 거주 외국인 증가 등으로 민족고유의 전통음식에 대한 수요가 증가하였기 때문인 것으로 분석된다.

표 8-3 표준산업분류에 따른 외식업 사업체 수, 종사자 및 매출액 현황(2012년 기준)

(단위: 개, 명, 십만원)

구 분		사업체 수	종사자 수	매출액
일반 음식점업	한식 음식점업	295,348	813,743	351.784
	중식 음식점업	21,680	75,417	30,106
	일식 음식점업	7,211	32,952	21,697
	서양식 음식점업	9,175	63,067	34,470
	기타 외국식 음식점업	1,503	7,518	3,582
	계	334,917	992.697	441,638
기관 구내 식당업	기관 구내 식당업	6,955	42,342	47,003
출장/이동음식업	출장 및 이동음식업	496	2,388	1,269
기타 음식점업	제과점업	14,799	60,532	39,698
	피자, 햄버거/유사음식점업	13,711	73,708	34,236
	치킨 전문점	31,139	37,868	26,586
	분식/김밥 전문점	45,070	96,113	30,071
	그외 기타 음식점업	4,251	11,741	10,694
	계	108,970	309,782	141,285

주: 주점 및 비알코올음료업 제외
자료: 통계청(2014). 도소매업 조사

3) 외식업의 문제점

IMF체제 이후 외식업은 많은 변화를 가져오고 있고, 앞으로는 더욱 무서운 변화를 예고하고 있다. 이런 시대일수록 외식업은 경쟁력을 요구하는데 이런 상황에서 국내 외식업의 문제점을 살펴보면 다음과 같다.

표 8-4 외식사업의 성장요인

요 인	설 명
경제적 요인	• 경제성장과 국민소득 증대 • 수입자유화 및 글로벌화 • 대내외적 경쟁력 강화
사회적 요인	• 여성의 사회진출 증가 • 건강, 레저, 여가의 관심고조 • 새로운 가치관 대두 • 핵가족화 및 도시형 생활의 확대 • 신세대 및 뉴패밀리층의 출현 • 고령화, 마이카시대 등
문화적 요인	• 문화적인 의식 성장 • 식생활의 서구화 및 서구식 음식문화의 도입 • 식속, 간편, 단순, 자기만족적인 의식 고조
기술적 요인	• 포장기술의 발달 • 고속조리기구 및 설비의 발달 • 해외 유명브랜드와 기술제휴(신기술 학습) • 체인시스템의 보급 확산 • 과학화 및 전산화 등 자동화시스템의 도입

(1) 외식업 종사자의 프로정신 부족

국내 외식업계를 바라볼 때 가장 큰 문제점은 종사자들의 질적 수준 미흡과 함께 정신자세의 안일함이다. 더욱이 극심한 경기불황으로 인해 거의 모든 업체들이 어려움을 겪고 있는 실정에서는 더욱 그렇다.

경영합리화의 일환으로 지출을 줄이기 위해 직원을 감원해야 하고, 이에 따라 외식종사자들의 실업문제가 업계에 심각한 문제로 대두되었다. 국내 외식업계의 현실을 감안한다면 이 같은 현상은 오랜 기간 지속될 것으로 보여진다. 이런 상황에서 종사자들

의 정신자세는 중요한 작용을 한다. 정신자세는 곧 근무자세이며, 프로정신을 의미한다. 외식업소에서 음식을 만들든, 영업에 종사해 고객에게 서비스를 하든 얼마나 자긍심을 가지고 맡은 일에 충실하며 책임감을 갖고 매사에 열심히 일하는가 이다.

이처럼 외식업 종사자는 프로정신을 발휘하여 각자의 일에 자부심을 갖고 자신 있게 일할 때 외식업의 전망은 밝아질 것이라고 본다.

(2) 외식업 경영주의 불황 대처능력 부족

경기불황이 지속되면 될수록 신선하고 파격적인 마케팅 전략이 요구된다. 고객의 트렌드를 정확히 분석하고 이들의 욕구를 충족시키는 방법으로 판촉전략이 전개될 때 효과는 극대화된다. 분명한 사실은 고객이 놀랄 만큼 파격적이고 기발해야 한다는 사실이다.

그러나 국내 외식업계는 90년대 들어 서서히 불황의 조짐을 보이고 있다. 이러한 현상의 가장 큰 원인은 최근 우리 경제가 안고 있는 총체적 침체현상을 들 수 있다. 이러한 경기침체의 여파로 대부분의 외식업체는 객단가가 크게 떨어지고, 외식업체수의 증가로 내점 고객수 역시 크게 줄어드는 2중고에다 식자재, 인건비 등 원가비중 또한 크게 상승하는 3중고에 직면해 있다.

그럼에도 불구하고 현재의 외식업 경영주들은 불황을 예견하지 못함은 물론이고, 시대적 변화에도 적응해 나가지 못하고 있다고 지적받고 있다. 많은 산업이 시대적 흐름에 따라 변화하고 있지만 최근 국내 외식업계만큼 빠르게 변화하고 있는 업계도 드물다.

따라서 국내 외식업계 경영주들은 불황에 대처할 수 있는 능력을 키워야 한다고 보며, 지금과 같은 불황에서는 음식업의 기본인 상품력, 즉 음식의 맛(Quality), 서비스(Service) 그리고 청결(Cleanliness)을 중심으로 타 업체와 비교해 우위에 있는가를 재점검해 볼 필요가 있다.

(3) 과다투자의 경영구조

최근 들어 외식업체 개업비용이 만만치 않다. 앞서 세워진 인근 업소보다는 규모도 시설도 크고 훌륭해야 한다는 외형적 비교의식만 가지고 투자하는 습성이 지금과 같은 고비용 투자를 만들어 낸 근본원인이고, 또 다른 고비용은 기존 업체들의 경영구조이다. 대부분 외식업체가 사용해온 유통구조나 인적 구성을 가지고는 안 된다는 말이다.

이러한 국내 외식업계에서 해결해야 할 당면과제는 초기투자와 경영상의 뿌리 박힌 고비용 저효율의 높은 벽을 깨는 데 있다. 고비용 저효율의 벽을 넘기 위해서는 현재의 경영구조를 과감히 바꾸어야 한다. 먼저 인건비를 줄이고, 이를 위해서는 직원에 대한 교육을 통해 직원들의 자세를 바꾸는 것이다. 그래서 이들로 하여금 자발적으로 구조조정에 참여하는 자세를 심어준다면 외식업체의 고비용 저효율이라는 가장 큰 난제는 해결되리라 본다.

(4) 세무정책의 비합리성

만일 법이 정한 대로 세금을 다 내고 영업을 한다면 90% 이상의 업소가 문을 닫아야 한다고 말하고 있다. 현재 식당이 부담해야 하는 세금은 일반사업자의 경우 매출액 중 부가가치세 10%는 공통된 사항이며, 업종 업태 혹은 규모에 따라 적용되는 소득세 표준율에 의한 매출의 약 5% 정도를 합해 총 매출액의 15% 정도를 세금으로 납부해야 한다.

1998년 6월에 국세청은 식당 등 일부 업종을 지정, 부가가치세 신고시 중점관리한다고 발표했고, '98년 1기 부가세 확정신고'시에는 중점관리업소에 대해서는 과세자료를 정밀 분석, 불성실 신고가 드러날 경우 세무조사를 실시해 탈세액을 추징할 방침이라고 강력한 의지를 밝혔다.

이제 세무정책도 현실화가 필요하다고 보며, 세계 어느 나라에서도 찾아볼 수 없는 10%의 높은 세액은 처음부터 잘못 되었다는 것이 공통된 지적인 만큼 관계당국은 잘못된 법이라면 당연히 시정해야 한다고 본다.

(5) 음식가격 정책

점점 고급화 · 다양화되어 가는 소비자들의 식문화와 하루가 다르게 치솟는 식자재 가격, 인건비 등 원가상승 요인은 무시한 채 음식가격만 동결하면 된다는 식의 안일한 발상으로 음식문화의 퇴보를 초래하고 있다.

수년간 서민 물가억제정책이라는 미명 아래 음식가격을 동결하고 감시하면서 현실을 무시한 위생정책으로 강압적인 행정력을 동원할 필요는 없다고 본다. 음식가격에 대한 당국의 예민한 반응은 근본적으로 바뀌어야만 한다.

(6) 개성 없는 '따라하기' 영업방식

외식업계의 가장 큰 병폐 중 하나는 개성 없는 따라하기식 영업방법을 지적하고 있다. 남이 가격을 내리면 나도 어쩔 수 없이 내리고, 경쟁업소가 새로운 메뉴로 조금만 영업이 잘되면 이에 뒤질세라 같은 메뉴 혹은 비슷한 메뉴를 출시하는 따라잡기식 영업이 일반화되어 있다.

외식업계에 만연되어 있는 따라하기식 영업스타일은 업종의 단명화는 물론이고, 꾸준한 보완과 개발을 통한 장기적 전략을 불가능하게 하는 가장 큰 원인으로 지적할 수 있다. 이러한 행태는 대형업소보다는 소형업소에서 많이 나타난다. 이는 적은 투자로 아류작을 만들기 쉽다는데서 그 원인을 찾을 수 있는데, 외식업에 참여한다면 만연된 따라하기식 영업 스타일로는 결코 성공할 수 없다는 사실을 인지해야 한다.

4) 외식업의 개선방안

외식사업의 문제점을 극복하고, 우리나라 외식사업이 건전하게 발전하기 위해서는 다음과 같은 개선방안이 요구된다.

첫째, 경영자의 의식변화가 필요하다는 점이다. 외식사업 종사원의 직무만족에 영향을 미치는 인간관계 요인 중에서 동료와의 관계보다는 상사와의 관계가 훨씬 큰 영향을 미치고 있어, 현실적으로 국내의 자생 브랜드는 영세성과 소규모의 형태를 벗어나지 못하고 있는 실정이어서 경영인이 곧바로 현장에서 종사원과 대면하는 시간이 많은 것이 현실이다.

그러므로 경영자 자신이 종사원과 항상 수평의 상태에서 대화를 할 수 있는 분위기를 조성하여야 한다. 그리고 투명하고 합리적이며 타당성 있는 운영으로 종사원들에게 믿음을 주어야 한다. 또한 인센티브나 시간 외 근무수당, 퇴직금과 공정한 상여금 등 소득의 재분배 등을 보장하여 종사원들에게 직무만족에 대한 큰 동기를 부여할 수 있어야 한다.

둘째, 종사원의 의식구조 변화가 요구된다. 외식업체 종사원들이 직업을 통해 만족을 느낄 수 있게 하기 위해서는 점포 내 자신이 맡고 있는 분야에 대한 지속적인 교육훈련을 통하여 충분한 지식을 습득하게 하고, 이를 업무에 적용시켜 갈 수 있는 시스템이 필요하다. 이와 같은 인재개발 시스템은 종사원의 창의력 개발 및 기업의 업무성과에 기여할 수 있게 될 것이다.

셋째, 근무형태의 개선이 요구된다. Y세대 혹은 N세대 등으로 불리어지는 종사원들은 적합한 시간 내에서 최선을 다하고 나머지 시간은 재충전과 노동생활의 질 향상을 위해 가족이나 주위와 함께 지내고자 하는 인간본연의 친교의 욕구가 강하다. 여성근로자의 비중이 유난히 높은 외식산업의 특성상 장시간 근무는 종사원의 직무 스트레스를 가중시키는 큰 요인 중의 하나로 지적되고 있다.

따라서 영업과 조리를 구분하지 않는 인적 구성으로 인한 과중한 업무량을 분산시키거나 비타임에 교대로 근무함으로써 휴식을 취할 수 있는 조직을 운영하거나 고도로 훈련된 아르바이트 인력을 적절히 활용하는 것은 원가에서 인건비의 절감뿐 아니라 현재 근무하고 있는 종사원들의 사기를 높이는 데 크게 기여할 것이다.

넷째, 종사원 복리후생에 적극적인 지원이 필요하다. 종사원들에게 많은 갈등문제(현 직장에서의 안정성, 복리후생)가 있는 것으로 볼 때 이제까지는 많은 기업들이 수입에만 의존하여 직원에 대한 복리후생적인 면이 다소 소홀하지 않았는가 생각된다. 외식업은 다른 사업에 비해 직원의 영향력이 강하게 미치는 사업이다. 그래서 인적 사업이라는 표현까지 한다. 번성하는 업소들 대부분이 장기 근무직원이 많다는 사실은 이를 잘 입증해 주고 있다.

직원의 사기를 북돋워 주는 방법이 급여를 많이 주는 일만은 아니다. 물론 타 업소에 비해 현저한 차이를 둔다면 문제는 생기겠지만 이보다 인간적인 예우이다. 얼마나 인격적인 대우를 하는가에 따라 직원들은 업소에 관심을 갖게 되고 정열적으로 일하게 되는 것이다.

다섯째, 작업환경의 개선이 요구된다. 외식산업 종사원은 음식을 취급하는 사람으로서 위생개념에 철저를 기할 수 있는 환경이 조성되어야 하고, 각종 위험시설의 산재로 인해 작업상의 안전장치가 중요하다. 그러나 현실적으로는 작업환경이 불량하고 개선이 이루어지지 않아 쾌적한 근무환경이 형성되지 않고 있는 실정이며 각종 안전에 대한 위험도 상존하고 있다. 따라서 외식업체 업장 내에서 종사원들의 미팅 룸, 휴식공간, 샤워장 같은 시설뿐만 아니라 안전 및 구급시설, 조명, 배기·환기시설, 난방·냉방장치 등이 필요하다.

3. 패스트푸드업의 개요

1) 패스트푸드업의 개념 및 의의

패스트푸드업은 미국에서 발생한 편의식품(Convenience Food)으로 현대의 식품산업기술의 발전에 힘입어 급속히 발전한 외식산업의 한 업태이다. 동일한 질과 서비스, 청결성을 특징으로 신속한 서비스, 편의성, 저렴한 가격으로 음식을 제공하는 업체를 뜻한다.

또한, 신속하게 조리되어 손님에게 빠른 시간 내에 제공될 수 있는 식품인 패스트푸드가 '속성 조리식품', '간이식품' 등으로 불리기도 하며, 인스턴트 식품(Instant Food)과 혼돈되기도 한다. 그러나 패스트푸드는 약간의 조리와 가공이 필요한 식품이라는 것이 인스턴트 식품과 다른 점이라고 할 수 있겠다.

일반적으로 말하는 패스트푸드의 범위는 햄버거·핫도그·프라이드 치킨·샌드위치·피자·도넛·면류·김밥 등이며, 차츰 보다 다양한 형태로 발전하여 외식산업을 구성하는 하나의 업태인 패스트푸드업으로 발전하고 있다. 이와 같은 패스트푸드는 ① 표준화, ② 신속성, ③ 청결성, ④ 간편성, ⑤ 저렴성 등과 같은 특성을 가지고 있다.

기존의 전통 음식점들은 영세성으로 인해 고객에게 제공되는 서비스나 음식의 맛, 분량 등에 대한 통일성과 균일성이 없었다. 그러나 패스트푸드점은 체인형태나 프랜차이즈 시스템(Franchise System) 등과 같은 혁신적인 선진경영기법으로 운영되기 때문에 기존의 전통 음식점의 형태를 탈피할 수 있다. 즉, 대량생산체계에 의한 규모의 경제로 저렴한 가격에 표준화된 제품을 신속하게 제공할 수 있게 된 것이다.

일반적으로 외식산업은 입지산업, 인적 서비스산업, 독점기업이 지배하지 않는 산업, 소비자의 기호에 의해 영향을 받는 산업, 체인화가 용이한 산업이라고 그 일반적인 특성을 언급하기도 한다. 특히 생산과 소비가 동시에 일어난다는 동시성으로 말미암아 입지성이 중요시되고 있으며, 서비스가 강조되는 산업이 외식산업이다.

2) 발전과정과 현황

패스트푸드업은 1955년 미국의 일리노이주의 데플레인즈에서 맥도날드가 개점한 이래로, 실용적이고 합리적이며, 편리성을 추구하는 미국인들에게 패스트푸드 시장은 다른 나라에 비해 빠른 속도로 성장할 수 있었다. 게다가 앞서가는 선진 식품가공기술과 경영기법 등이 세계를 지배할 수 있는 견인차 역할을 할 수 있었다고 한다.

위와 같은 조건과 환경에서 미국의 패스트푸드업은 고도의 성장을 거듭해 1960년대에는 연평균 30%의 성장률을 보였다. 그러나 경쟁이 치열했던 1970년대에는 연평균 18%의 신장률을 보여 국내시장보다는 세계시장 개척에 많은 힘을 쏟기 시작하였다. 그 결과 1980년대부터는 유럽, 일본, 동남아시아의 자본이 다국적기업의 형태로 미국 외식산업에 참여하기 시작하여 미국의 패스트푸드 시장은 세계화될 수 있었다고 한다.

이와 같은 조건에서 패스트푸드는 지속적으로 성장할 수 있었는데 그 요인을 그림 8-3과 같이 도식화할 수 있다.

일본의 경우는 미국에 비해 상대적으로 늦게 패스트푸드업이 태동하였지만, 일본 외식산업의 본격적인 산업화 내지는 기업화단계는 1960년부터라고 한다. 동경올림픽을 계기로 외식산업화에 대한 기틀이 잡혔고, 1965년 이후 미국의 체인이론을 도입하고 미국의 외식기업과의 제휴가 활발해졌다. 그 중 대표적인 것이 KFC의 일본 상륙이며, 이어 1971년에는 현재 일본 패스트푸드 산업의 매출 1위를 자랑하는 맥도날드와 미스터도너츠, 던킨도너츠 등 미국의 유명 브랜드가 도입되었다. 또한, 1980년대에는 주방시스템의 자동화, 식재공장 건설 붐, 종합네트워크 및 점포종합관리 시스템 구축 등 성숙한 외식산업의 합리화를 꾀하게 되었다. 그리고 프랜차이즈 시스템의 가속화와 대기업들이 신규로 외식산업에 진출해 전통음식을 위주로 하는 패스트푸드 프랜차이즈 기업들이 나타나기 시작했다고 한다.

자료: 조병민(1996), 부산지역 패스트푸드 이용자의 소비성향에 관한 연구,
동아대학교 경영대학원.

그림 8-3 패스트푸드의 성장요인

국내에서는 일본을 통해 패스트푸드업이 도입되었다. 1979년에 롯데리아를 시작으로 현재는 해외 유명 브랜드와 국내 자생브랜드 등 수많은 업소가 패스트푸드를 고객에게 제공하고 있다. 그러나 조직과 규모, 경영면에서 체계를 갖춘 업소의 수가 제한적이며, 나머지는 영세성을 면치 못하고 있는 실정이기 때문에 그 시장 규모를 정확하게 파악하기란 거의 불가능하다. 그 결과 비교적 조직과 규모면에서 체계를 갖춘 인지도가 높은 자생브랜드와 한국에 상륙한 외국의 외식브랜드를 중심으로 패스트푸드업의 발전과정을 전개하고 있는 실정이다.

1979년 롯데리아가 국내에 처음 선보인 이후 '86 아시안게임과 '88 서울올림픽 게임을 계기로 패스트푸드업은 많은 발전을 할 수 있었다. 패스트푸드 시장의 발전배경으로 많이 언급되는 요인을 다음과 같이 정리할 수 있다.

첫째, 국민소득의 증가에 따른 가처분소득 증가로 인한 외식유발 동기를 들 수 있다.

둘째, 시장개방의 여파로 외국의 유명 패스트푸드 브랜드가 국내시장에 정착한 것도 하나의 요인이다.

셋째, 핵가족화, 맞벌이 부부의 증가로 여성의 사회진출의 증가를 들 수 있다.

넷째, 생활방식 변화에 따른 문화적 요인을 들 수 있는데 간편식 위주의 패스트푸드 증가에 따라 식생활 패턴의 서구화를 들 수 있다.

다섯째, 식품가공기술과 유통기술의 혁신을 들 수 있다.

여섯째, 고객인식의 변화를 들 수 있는데, 고객이 음식점을 단지 음식을 먹기 위한 장소만이 아닌 대화와 여가의 장소로 인식하고 있다는 점을 들 수 있다.

이와 같은 요인들을 도식화한 것이 그림 8-4이다.

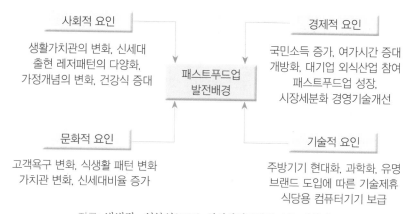

자료: 박병렬·임붕영(1995), 외식사업주방관리론, 대왕사.

그림 8-4 패스트푸드업의 발전배경

그러나 전반적으로 패스트푸드업계는 과다한 출혈경쟁으로 인한 원가상승, 자금난 등 악재들을 겪고 있어, 내부 경비절감 등을 통한 원가 줄이기, 저가정책 및 새로운 메뉴 출시, 가맹점 위주의 중심상권으로의 출점 등으로 경영의 합리화를 꾀하고 있다. 또한 매출 확대 방안으로 브랜드별 고유 타깃층 이외 신규고객 공략과 고객층 확대 등의 새로운 마케팅 전략에 심혈을 기울이고 있다.

3) 향후 전망

외식산업, 특히 패스트푸드 시장은 여러 가지 면에서 과거와는 다른 양상을 띠고 있다. 이러한 현상의 가장 두드러진 특징은 고객층의 변화와 고객욕구의 변화를 들 수 있다.

20세기 핵심 소비계층이었던 베이비붐 세대의 2세들이 10~20대의 성년이 되었고, 이들의 가치관 내지는 식생활 패턴이 그들의 부모세대와는 전혀 다른 모습을 보이고 있다. 즉, 개성화, 개인화, 탈획일화, 일탈화로 대표되는 신세대의 외식에 대한 욕구가 근본적으로 변화되고 있다.

패스트푸드를 포함한 외식시장에 대해 막대한 자금력과 조직력을 갖추고 있는 대기업의 진출이 두드러짐에 따라, 기존의 패스트푸드 시장환경에 큰 변화가 예상되고 있다.

대기업을 외식시장에 참여하도록 유인하는 요인을 보면 외식산업이 다른 산업에 비하여 경영 노하우의 장벽이 낮고, 투자자본이 적게 들기 때문이다. 또한 현금업종이라는 매력이 크게 나타나고 있으며, 인적 자원관리가 비교적 용이하기 때문이다. 또한 소비자의 생활양식이 세분화, 다양화, 개성의 강조, 소비욕구 충족에 대한 기대가 증가하고 있으며, 소비자의 행동양식이 세대별로 다양화되고 있다. 그 결과 각 계층별로 지향하는 시장 또한 점점 세분화되어 갈 것이고, 미래의 패스트푸드업은 소비자의 욕구를 충족시킬 수 있는 마케팅 전략에 입각한 경영이 뒷받침되어야 할 것이다.

New Principle of Tourism Business

주제공원

New Principle of Tourism Business

Chapter

09 주제공원

New Principle of Tourism Business

1 주제공원의 개요

1. 주제공원(Theme Park)의 역사와 발전과정

현대사회에서는 여가활동에 대한 관심의 증대로 다양한 형태의 여가활동들이 나타나고 있는데, 그 중에서도 주제공원은 남녀노소 모두가 즐길 수 있는 가족단위의 놀이공간으로 각광을 받고 있다.

주제공원(Theme Park)의 역사는 초기에 어뮤즈먼트 파크(Amusement park)의 발달과 함께 이루어졌다고 볼 수 있으며, 그 시초는 1661년 개장한 영국의 보크스 홀 가든(Bockes Hall Garden)이다. 이곳은 영국 귀족의 정원이었는데, 대중의 정치적 불만과 생활의 불안을 해소하기 위한 시책으로 시민에게 개방되어, 유희시설과 정원시설이 합쳐진 유원지의 형태로 조성되었으며, 그후 유럽각지로 전개되었다.

근대적 의미의 어뮤즈먼트 파크는 유럽형 주제공원의 원형인 17C의 플레저 가든

(Pleasure Garden)과 1843년에 개장한 덴마크의 티볼리 가든(Tivoli Garden)을 들 수 있는데, 단지 이 시기는 귀족들의 부의 축적으로 인한 개인소유의 정원과 파크랜드가 형성되었을 뿐이었다.

이러한 흐름이 1973년 오스트리아의 빈에서 박람회가 개최됨으로써 비로소 테마파크에서의 즐거움과 감동을 인식시키기 시작했다. 1983년 파리박람회에서 회전목마와 대관람차가 등장하는 등 18C에는 역사적 유원지, 전통적인 공원에 놀이시설, 연주장, 동·식물원 등의 구경거리를 제공하는 레저단지 수준의 공원으로 발전하게 되었다.

한편 미국에서도 비슷한 역사가 있는데, 19C 초의 뉴욕의 맨해튼 섬에 있었던 '존의 숲(Jone's Wood)'으로 18만 6천평의 토지에 사격장, 당구장, 볼링장, 당나귀타기 등으로부터 게임, 오락, 댄스, 그리고 춤추는 곳과 유명한 맥주가든이 있어 뉴욕시민에게 친근하게 다가갔다. 1860년대 경에는 뉴욕의 확대 발전에 따라 없어지고, 오락성이 강한 코니아일랜드와 도시공원으로서의 센트럴파크(Central Park)와 같은 성격이 완전히 다른 2개의 시설물로 나뉘어져 계속되어왔다. 그리고 1920년대에 '서부개척시대'의 테마로 미국 로스앤젤레스 교외의 부에나 공원에 노츠 베리 팜(Knott's berry Farm)을 탄생시켰다. 이름대로 노츠가가 경영하는 딸기농장으로 거기서 만들어지는 노츠딸기잼은 세계적으로 유명하다.

현대적 의미의 주제공원은 디즈니랜드의 등장인 1950년대 중반부터라고 할 수 있는데, 1955년에 미국 캘리포니아에서 새로운 가족공원의 개념으로 탄생된 획기적인 형태의 디즈니랜드와 그후 플로리다의 월트 디즈니월드가 개장되면서 본격적인 주제공원의 시대가 열렸다고 할 수 있다. 1955년 7월 17일 개장한 디즈니랜드의 구상은 지극히 단순하여 사람들에게 행복과 지식을 부여하는 기회를 제공하는 것이다. 이것은 100여년 동안이나 미국시민의 유원지였던 코니아일랜드가 영화산업의 등장으로 점차 열악한 환경으로 변모되어, 황폐해지고 비뚤어진 환락공원으로 전락하는 과정에서 월트 디즈니가 자신의 만화세계를 제3차원의 세계로 표현한 데 기인한다.

주제공원을 본격적으로 활성화시킨 디즈니랜드는 기획단계에서부터 월트 디즈니(Walt Disney)가 공원 전체의 통일성을 위하여 주제를 사용할 것을 주장하여, 탑승물이나 관람물이 독특한 역사적, 문화적 그리고 세계 각국의 풍물들을 통과할 때 고객들이 더 즐거움을 느끼게 된다고 생각함으로써, 주요거리(main street)를 비롯하여 5개 지역으로 구분하여 건설하였다.

그 이후 월트 디즈니는 3,300만평의 디즈니월드(Disney World, 1971)를 개원하였으며, 일본에서는 오리엔탈랜드(Oriental Land)가 디즈니 프로덕션(Disney Production)과 계약을 체결하여 동경에 동경 디즈니랜드(Tokyo Disney Land)를 1983년에 개원하였다. 이 동경 디즈니랜드가 성공을 거두자, 유럽쪽에서도 또 다른 디즈니랜드가 생겨나게 되었는데, 프랑스 파리의 유로 디즈니랜드(Euro Disney Land)가 그것이다.

국내에서는 1909년 일제 강점기 때의 창경원을 효시로 1973년 어린이 대공원이 설립되었고, 1977년 용인에 자연농원이 식물원, 동물원, 기타 유희시설을 도입함으로써, 점차 주제공원의 모습을 갖추게 되었고, 1988년에 서울랜드가, 1989년에 롯데월드가 개장하면서 본격적인 주제공원의 전성기를 맞이하게 되었다.

🕐 표 9–1 연도별 주제공원 설립과정

연 대	유 럽	미 국	일 본	한 국
1600년대	1661 보스크 홀 가든			
1700년대	1760 플레저랜드			
1800년대	1843 티볼리공원 (덴마크) 1873 빈만국박람회 (세계 최초 대형오락놀이 시설 등장)	19세기 초 존스의 숲 (뉴욕) 19세기 후반 코니아일랜드 1861 센트럴파크		
1950년대		1955 디즈니랜드	부급(富急)하이랜드 소산(小産)유원지	
1970년대		1971 디즈니월드 (올랜도)		1974 한국민속촌 1976 용인자연농원
1980년대			1983 동경디즈니랜드	1985 경주월드 1987 서울드림랜드 1989 롯데월드
1990년대	1992 유로디즈니랜드		1992 하우스텐보스	1994 엑스포과학공원 1995 대구우방 타워랜드 1996 용인자연농원 → 에버랜드 1996 캐리비안베이

자료: 신현주(1997), 「주제공원의 이미지 통합 전략」, 경기대 대학원 석사학위 논문 참고.

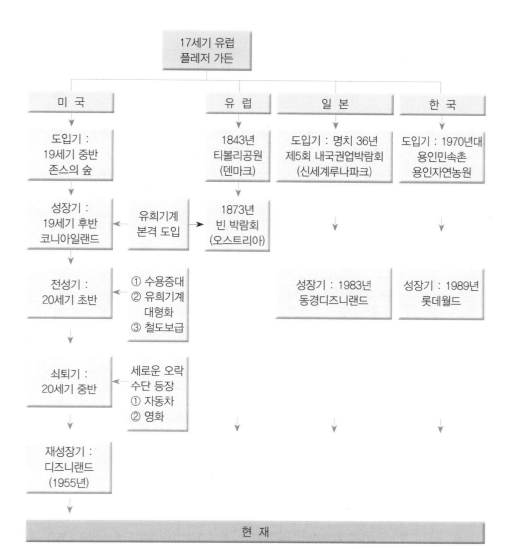

자료: 국제산업정보연구소(1992), 주제공원 개발방향과 수업

⊙ 그림 9-1 주제공원의 발전과정

2. 주제공원의 개념

일반적으로 주제공원은 중심주제(main theme) 또는 연속성을 갖는 몇 개의 주제하에 설계되며, 매력물(attraction)의 도입, 전시(exhibition), 놀이(entertainment) 등으로 구성, 중심주제를 실현하도록 계획된 공원이다.

⊙ **표 9-2** 주제공원에 대한 개념

연구자	개 념
카메론 (J.Cameron)	만국박람회로부터 오락공원(Amusement Park), 정부가 지역박람회, 박물관, 동물원 등 사회 문화적 특성을 지녔거나 기타 비영리적 시설의 관광산업(The Visitor Attraction Industry)
밀맨 (A.Milman)	주제공원은 상업적으로 운영하는 대규모 오락공원으로 특정 주제를 제공하는 통합된 매력물
맥니프 (J.McEniff)	일반적으로 환대와 즐거운 경험을 주기 위해 다양한 놀이시설과 매력물을 제공하고, 음식과 기념품을 판매하는 곳
보겔 (H.Vogel)	티켓이나 음료수를 판매하는 사업이 아니라 즐거운 경험을 판매하는 사업
ULI (The Urdan Land Insititute)	특별하게 창출된 환경과 분위기 속에서 운영되는 가족위주의 오락공원(Amusement Park)으로서 주제공원을 정의하고 그 속에서는 독특한 역사적 배경물, 과거역사 속의 형태로 복원된 마을, 유서 깊은 철길, 전문박물관, 전문쇼핑센터 등이 있으며 가장 인기 있는 것은 주제가 있는 놀이시설공원(Ride Park)
톨키드슨 (G.Torkidson)	모험, 환상 그리고 쾌적함과 친밀한 분위기라는 주제를 기초로 한 하루 일정의 건전한 가족단위 관광활동을 제공하는 곳
프레이어 (W.Freyer)	관광객에게 새로운 형태의 여가를 제공해주는 인공적인 공원
표성수·장혜숙	주제를 중심으로 실체화된 세계를 보여주는 것을 주제공원이라 하고, 탈 것을 중심으로 다양한 내용의 놀이시설을 갖추고 방문객을 맞는 놀이공원
김성혁	주제를 설정하고 이를 중심으로 한 전시장, 탑승물, 쇼핑, 레스토랑 등으로 구성되어 있는 곳
이연택	스릴, 환상, 그리고 깔끔함과 친밀한 분위기라는 주제에 하루종일 건전한 가족여흥을 제공하는 곳
신현주	특정한 주제를 중심으로 주제의 상호 연관적 기능 제고가 가능하도록 연출·운영된 가족위주의 창조적 놀이공간으로서 각종 볼거리, 놀거리, 먹을거리 등과 이에 필요한 다양한 서비스를 통하여 즐거운 경험을 제공해 주는 문화적 체험의 공간

자료: 이봉석 외(1998), 관광사업론, p.265에서 논자 재구성

주제공원과 관련된 명칭에 따라 주제공원의 개념을 살펴보면 랜드(lond)라는 명칭이 자주 사용되는데, 이 랜드라는 단어는 유원지, 동물원, 식물원, 스포츠센터, 문화시설이 복합적으로 설치된 것에 따라 이것들은 포괄적으로 취급한다.

또한, 주제공원은 인위적 요소인 놀이 위주의 공원이라는 의미로 Amusement park 라고도 한다. 이에는 특정한 주제와 관련된 명칭으로 워터파크(Water park), 마린파크

(Marine park) 등이 있으며, 그들만의 세계란 의미로 월드(World)라는 용어도 사용된다. 미국에서는 일정한 주제를 가지고 관광자에게 꿈을 제공하는 식의 놀이공원을 주제공원으로 보고 있으며, 유럽에서는 현대적인 각종 놀이시설, 오락시설 등을 총칭하는 대형 놀이공간을 의미한다.

이상의 정의에서 주제공원의 개념을 크게 2가지로 구분하여 설명할 수 있다.

첫째, 좁은 의미에서 주제공원은 놀이시설을 주요 주제로 한 주제놀이공원이라고 할 수 있다.

주제놀이공원(theme amusement park)은 1955년 미국 디즈니랜드의 개장으로 탄생되었는데, 근원은 고대 그리스나 로마시대에 사람들이 모여 게임을 즐기거나 음악, 춤, 서비스 등을 즐기던 시장이 되고, 이후 17세기 경 유럽시장에서 시장의 매력요소로 탑승물이 등장하게 되어 많은 이들이 즐기게 되었는데, 이러한 시설과 공간형성이 오늘날 주제놀이공원 형성의 기원으로 볼 수 있다.

둘째, 광의의 측면에서 주제공원은 단순한 오락시설뿐만 아니라 모험과 환상·과학에 관련된 각종 놀이시설을 포함한 넓은 개념의 주제놀이공원으로서 하나 또는 두 가지 이상의 뚜렷한 주제하에서 문화·올락·여가선용 등의 목적을 적극적으로 달성하기 위해 조성된 공원으로 정의할 수 있다.

한국관광공사의 발표(관광정보 1995. 1, 2)를 보면 '종종 그 자체가 목적지가 되어 다양한 경험을 할 수 있는 곳'으로 정의하였으며, 주제공원의 역사와 기존의 정의에 비추어 볼 때 주제공원의 개념은 다음과 같은 내용을 포함한다.

① 놀이공원으로 유래 발전한 것으로서 놀이공원적 성격이 강하며 박물관, 박람회, 기타 문화적 시설을 무시한 영리적·비영리적 시설 모두를 포함한다.

② 특별한 주제를 가진다.

③ 특이성, 청결성, 정돈성, 안전성 등을 철학으로 하여 흥미있고 환상적인 분위기를 연출한다.

④ 표적시장의 폭이 넓다. 즉, 특정 연령층을 대상으로 하지 않고, 노인, 어린이 모두를 포함한 가족시장을 표적시장으로 한 가족 여흥의 장소이다.

국제산업정보연구소 RED 컨설틴 그룹은 「테마파크의 개발 방향과 수법」(1992. 5)에서 테마파크, 즉 주제공원을 다음과 같이 정의하고 있다.

그림 9-2 흥분과 감동을 수용하는 공간 개념도

① 어느 특정의 테마를 설정하여 그 테마에 따라 환경과 Amusement 시설과 이벤트를 설정하고, 분위기를 조성하여 전체를 구성해 운영하는 레저를 위한 공원의 한 형식

② 발생하는 흥분과 감동을 수용하는 것이 가능한 거대한 패션공간으로 정의하고 있다.

3. 주제공원의 특성

주제공원의 특성으로는 8가지로 이야기할 수 있다.

① 통합성 : 특성주제에 기초를 두고 전체를 하나로 통합하여 통일적으로 연출 운영한다.

② 문화성 : 방문지역 · 국가의 문화적 특성을 중심으로 주제가 설정 · 구성된다.

③ 개성 : 주제마다 고유의 정체성(identity)을 지니고 있어 주제별로 차별성을 강조한다.

④ 재미성 : 기본적으로 전제되는 요건으로서, 방문객들이 항상 흥미롭게 즐길 수 있도록 재미성을 부여하는 각종 놀이와 이벤트 등을 제공한다.

⑤ 비일상성 : 일상적인 공간과 차단된 가운데 일정기간 동안 상상과 즐거움의 세계인 비일상적 환경을 조성한다.

⑥ 체험성 : 즐겁고, 인상적이고, 감동을 체험할 수 있는 기회가 다양하게 제공된다.

⑦ 이미지 : 특성 있는 주제로서 주제공원의 이미지를 방문경험이 없는 이용객들이

나 방문경험이 있는 이용객들에게 부여하고, 이로써 지속적인 방문동기와 선택성을 유발시킨다.

⑧ 복합성 : 놀이에서 휴식, 그리고 다양한 이벤트의 연출, 여러 상업시설의 설치 등으로 복합적 형태를 지니고 있다.

4. 주제공원의 구성요소와 분류

1) 구성요소

일반적인 주제공원의 기본 구성요소로는 8가지로 나타낼 수 있다.

① 탑승시설 : 탑승물은 속도감, 비행감을 느끼거나 주위의 전경을 관람하기 위해 이동, 회전, 선회하는 유기시설을 총칭하여 말하며, 또한 어린이들의 체력 향상을 위한 놀이시설의 설치장소로 라이드(ride)로 규정하고 있다.

② 관람시설 : 스크린이나 기타의 장소에 나타나는 영상 및 이에 준하는 시각적 효과를 관람하거나 스스로 참여하여 즐길 수 있는 시설의 총칭을 말한다.

③ 공연시설 : 캐릭터, 캐스트 등이 출연하여 주제에 합당한 연주와 쇼를 통하여 생동감 넘치는 공원으로 만드는 행위 및 공간을 말한다.

④ 식음료시설 : 단지 유형시설로써 요리나 음료가 제공되는 것이 아니고, 인간의 서비스가 부가되기 때문에 식음료 서비스 산업이라고 말하기도 한다.

⑤ 특정상품판매소와 게임시설 : 그 공원의 상징이 되는 캐릭터상품이며, 방문자들이 게임을 통하여 만족을 느끼게 하는 장소를 말한다.

⑥ 고객편의시설 : 공원을 방문한 고객에게 하루를 유쾌하게 생활할 수 있도록 하는 최대한의 편의와 안전을 위한 시설이다.

⑦ 휴식광장 : 각종 놀이시설의 보완적 시설로서 방문객들이 휴식을 취할 수 있는 시설이나 공간이다.

⑧ 지원관리시설 : 공원방문객의 각종 활동이나 시설이용상의 편의를 도모하기 위한 지원관리시설이다.

이와 같은 여덟 가지 구성요소 중 어느 한 가지라도 빠지게 된다면 주제공원으로서의 성격을 상실하게 될 것은 자명한 사실이다. 모든 프로그램에 있어서 고객을 먼저 생각하고, 고객의 입장을 이해할 수 있는 고객위주의 마케팅적인 사고방식과 독특한 이벤트가 복합적으로 운영된다면 그 주제공원은 성공된 공원으로 더욱 발전할 수 있을 것이다.

2) 분 류

(1) 공간별 분류

주제공원의 공간별 분류는 자연주제형, 자연활동형, 도시주제형, 도시활동형 4가지로 구분한다. 자연이나 도시를 대상으로 주제와 활동으로 구분하여 정적 · 동적 활동을 주된 내용으로 하고 있다.

① 자연주제형(자연공간 × 주제형) : 자연 그대로를 감상하는 형으로 동 · 식물원, 수족관, 바이오파크 등이 있다.

② 자연활동형(자연공간 × 활동형) : 자연을 주제로 하지만 관광자의 적극적인 참여활동을 중심으로 하는 형으로 자연휴양지형 공원, 바다 · 고원 · 온천형 · 공원 등이 있다.

③ 도시주제형(도시공간 × 주제형) : 관람 중심의 도시문화 공간형으로 외국문화촌, 민속촌, 과학공원 등이 있다.

④ 도시활동형(도시공간 × 활동형) : 관람과 활동 중심의 활동형으로 도시휴양지형 공원, 농촌휴양지형 공원, 오락공원, 수공원 등이 있다.

(2) 주제별 분류

주제공원의 주제별 분류에 따라 사업자는 경영방식과 입지, 표적고객 등을 결정해야 하고, 관광자는 관심분야의 주제공원을 방문함으로써 만족을 얻으려 한다.

① 인간사회의 민속을 주제로 하는 형태

• 개발방법 : 어느 시대, 어느 지역을 특정짓는 민가나 건축물 또는, 분위기를 재현하여 민속적, 문화적, 시대성을 표현한다.

• 개발콘셉트 : 민가 · 건축, 민속 · 공예, 예능, 외국의 건축 · 풍속

• 개발사례 : 민속촌, 하우스 텐 보스(일본, 나가사키) 등

② 역사의 단면을 주제로 하는 형태

- 개발방법 : 역사적 내용과 인물에 중점을 두고 환경과 상황을 재현하는 것으로 구성한다. 이 경우 지역에 연관된 소재가 많고, 사실과 가설의 조화를 도모하는 형태로 개발되고 있다.
- 개발콘셉트 : 신화 · 건설, 고대유적, 역사사건 · 인물 등
- 개발사례 : 독립기념관, 전쟁기념관, 유구촌(오키나와 전통문화) 등

③ 지구상의 생물을 주제로 하는 형태

- 개발방법 : 생물의 본래 생식하는 환경을 재현하면서, 그를 중심으로 정보, Collection, 실연쇼 등으로 구성한다.
- 개발콘셉트 : 동물, 새, 고기, 바다생물, 식물 등
- 개발사례 : 63빌딩 수족관, 오션파크(홍콩), 씨랜드(싱가포르), 씨월드(캘리포니아), 서해낙원 시가이어(나가사키, 해저화석) 등

④ 구조물을 주제로 하는 형태

- 개발방법 : 구조물의 높이, 크기, 거대 조형이나 건축물, 구조물의 미니어처의 재미가 화재와 흡입력이 된다. 외관의 인상과 내부공간으로부터의 조망 및 내부공간의 이용과 연출이 중요하다.
- 개발콘셉트 : 건물, 타워, 기념물, 거대상, 미니어처, 성 등
- 개발사례 : 서울타워, 에사시후지하라(헤이안시대 건축물) 등

⑤ 산업을 주제로 하는 형태

- 개발방법 : 지역의 산업시설이나 목장 등을 개방, 전시하고 체험시키는 형태를 취한 것으로 체재, 재방문이 가능하다.
- 개발콘셉트 : 광산유적, 지역산업, 전통공예, 목장, 산업시설 등
- 개발사례 : 태백 석탄박물관, 삼양농장, 포항제철, 골드파크(가고시마, 금광시설) 등

⑥ 예술을 테마로 하는 형태

- 개발방법 : 영화세트나 미술작품의 야외 갤러리 정원 및 음악 이벤트 등을 환경으

로서 이용한다.

- 개발콘셉트 : 음악, 미술, 조각, 영화, 문학, 만화 등
- 개발사례 : 부산국제영화제, 영화마을, 동경 디즈니랜드(만화), 시네마월드(가나가와, 영화) 등

⑦ 놀이를 주제로 하는 형태

- 개발방법 : 스포츠 활동과 건강을 아이템으로 하는 것으로 레저풀, 어뮤즈먼트 머신, 모터 등을 도입하여 시설을 구성한다.
- 개발콘셉트 : 스포츠, 레저풀, 게임, 어뮤즈먼트 머신, 자동차 등
- 개발사례 : 드림랜드, 서울랜드, 애버랜드 등

⑧ 환상적인 창조물을 주제로 하는 형태

- 개발방법 : 동화나 애니메이션 캐릭터를 중심으로 이야기의 일부를 재생하거나 SF 세계, 가공의 동물, 로버트의 세계 등을 주제로 하여 비일상성에 중점을 둔 구성을 한다.
- 개발콘셉트 : 캐릭터, 사이언스픽션, 동화, 민화, 서커스 등
- 개발사례 : 롯데월드, 디즈니랜드(미국, 일본) 등

⑨ 과학과 하이테크를 주제로 하는 형태

- 개발방법 : 우주, 통신, 교통, 에너지, 바이오테크놀리지 등 현재 과학기술의 모습을 정보와 전시하거나, 우주체험의 시뮬레이션을 도입해 우주 및 과학의 체험의 장을 구성한다.
- 개발콘셉트 : 우주, 로버트, 바이오, 통신, 교통, 컴퓨터 등
- 개발사례 : 대전 EXPO 과학공원 등

⑩ 자연자원을 주제로 하는 형태

- 개발방법 : 관광단지나 위락단지 내에 온천, 코아시설, 스포츠시설 등을 복합시켜 체재형 파크로서 구성한다.
- 개발콘셉트 : 자연경관, 온천, 공원, 폭포, 하천 등

• 개발사례 : 에버랜드, 보문관광단지, 벳부온천 등

⑪ 주제를 복합하는 형태

• 개발방법 : 거대한 부지, 시설 속에 다른 주제를 복합시키면서 전개한다. 전체의 이미지 조성과 종합적인 테마조성이 필요하다.

(3) 형태별 분류

① 환경재현형
② 정보전시형
③ 문화형
④ 자연공원형
⑤ 가상모험 · 체험형
⑥ 이벤트형

세계 주요국의 주제공원 현황 ②

1. 미 국

미국은 주제공원의 종주국이라고 할 수 있을 만큼 주제공원이 잘 개발되어 있다. 61 개국에 3,400여 회원사를 가지고 있는 IAAPA에 따르면, 미국에 약 600여 개의 크고 작은 주제공원과 놀이공원이 있으며, 2억 6천만명의 방문객으로 약 50억 달러의 매출액을 나타내고 있는데, 이는 전 세계의 약 63%에 달하는 수치이다. 앞에서 기술한 바와 같이 주제공원의 원조는 캘리포니아 Anaheim의 디즈니랜드이다. 그 이전에도 1923년에 개원한 사이프러스 가든(Cypress Gardens)과 1924년에 개원한 노츠 베리 팜(Knott's Berry Farm) 등이 있었지만, 시험적인 것에 불과했다. 미국에는 현재 50여 개소의 주제공원이 있으며, 그 중 네 곳은 디즈니랜드 이상의 규모이다.

통계의 의하면, 1970년에는 3천만명이, 1976년에는 약 7천만명이, 1977년에는 약 8천만명이 주제공원을 방문한 것으로 나타났으며, 1981년에 5~6%가 줄었으나 1984년에는 약 9천만명이 방문하였다.

이제 미국에 있어서 주제공원은 거의 성숙기에 도달했거나 포화상태라고 보아지며, 1976년 이래 새로운 주제공원이 나타나지 않고 있다. 미국의 주요 주제공원을 살펴보면, 표 9-3과 같다.

구체적으로 디즈니랜드의 사례를 들어 살펴보면, 1955년 캘리포니아의 애너하임(Anaheim)에 설립되어 현재 약 80에이커의 면적을 보유하고 있는 대규모 공원이다. 공원은 시설배치면에서 방사형 접근법에 기초하고 있다. 우선 주진입로가 있고, 중앙의

◈ 표 9-3 미국 4대 주제공원 현황

회사명	주요 사업	주제공원명
Walt Disney Co.	• 주제공원 • 대중매체 : 영화, TV, 각종 미디어 • 캐릭터 판매	• 플로리다 : 월트 디즈니 매직킹덤, 월트 디즈니 EPCOT, 월트 디즈니 MGM스튜디어 • 캘리포니아 : 디즈니랜드 • 기타 : 동경 디즈니랜드, 유로 디즈니랜드
Bush Entertainment	주제공원전문	• 플로리다 : 부시가든, 다크 컨티넨트, 보드워크, 앤 베이스볼, 사이프러스 가든 • 버지니아 : 부시가든, 올드 컨트리 • 펜실베니아 : 세서미 스트리트 • 씨월드 4개소
Six Flags	주제공원전문	• 뉴저지 : 그레이트 어드벤처 • 캘리포니아 : 매직마운틴 • 텍사스 : 오버 텍사스 • 일리노이 : 그레이트 아메리카 • 조지아 : 오버 조지아 • 메릴랜드 : 패우 브랜트 • 미주리 : 미드 아메리카, 애드머럴 • 플로리다 : 어들랜티스
Kings Entertainment	주제공원전문	• 오하이오 : 킹스 아일랜드 • 버지니아 : 킹스 도미니온 • 캘리포니아 : 그레이트 아메리카 • 노스캐롤라이나 : 캐로위즈 • 기 타 : 호주 원더랜드, 캐나다 원더랜드

자료 : IAAPA, "International Association of Amusement Parks and Attractions," Theme Park Report, 1995.

탑을 중심으로 주위에 각각의 개별 주제를 가진 랜드(land)들이 위치하고 있다. 각 랜드는 내부적으로 개방되어 있으며, 방문객들은 한 매표소만을 통과하도록 구성되어 있고, 운송수단은 주로 모노레일(monorail)이나 패들 스티머(paddle steamer) 등이 이용된다. 공원은 각 주제를 가진 지역들이 근접해 있으며, 이들은 크게 어드벤처랜드(Adventureland), 물쇼를 볼 수 있는 프론티어랜드(Frontierland), 베어컨트리(Bear Country), 신데렐라 성을 포함한 판타지랜드(Fantasyland), 투모로우랜드(Tomorrowland) 등으로 구분되어 불린다. 각 지역은 탈 것(ride)이라는 기본적인 주제를 포함하는 다양한 형태로 방문객들에 제공되며, 각 지역은 주제에 따라 상이한 특성을 갖도록 구성되어 있다. 예를 들어, 어드벤처랜드(Adventureland)는 모험과 환상을, 프론티어랜드(Frontierland)는 향수(nostalgic)를 고유의 이미지로 한다.

이들은 서로 같은 지역에 인접되어 있으면서도 전혀 다른 이미지를 갖는다. 또 디즈니랜드 운영에 있어서 중요한 이상 중의 하나는 보수, 수리, 청결유지 등과 중앙통제시스템에 의한 생동감 있는 매력물의 제공으로, 이것이 디즈니랜드의 신선함과 매력을 유지시키는 역할을 하고 있다.

1) 미국의 주제공원 주요 유형

(1) 스튜디오 투어(영화를 주제로 한 주제공원)

이 분야의 선두주자는 캘리포니아주 로스엔젤레스 시내의 유니버설 스튜디오(Universal Studio Tour)를 들 수 있다. 이는 미국 대형 영화사인 MCA사가 영화촬영소 시설을 활용하여 건설한 시설로서 영화제작소개, 영화촬영세트 등을 소재로 하고 있다. 장내에는 조스, 킹콩 등 인기있었던 유명한 영화 촬영장을 재현하여 테마파크 중에서도 대단히 좋은 반응을 얻고 있다. 다른 테마파크와 달리 스튜디오 투어(Studio Tour)는 테마 설정이 비교적 용이하고, 어떠한 영화를 선택하느냐에 따라 테마가 결정된다고 볼 수 있다. 오락수단으로서 영화의 지위가 높고 영화산업의 역사가 깊은 미국에서 영화를 테마로 한 테마파크는 주제공원의 테마로 가장 적당하다는 평가를 받고 있다.

(2) 스페이스 파크(Space Park)

스페이스 파크(Space Park)의 모델이 되고 있는 곳은 미국 앨라배마주의 스페이스 캠프(Space camp)이다. 이 곳은 로켓 발사, 비행귀환 시뮬레이션, 무중력 실험, 모형 로켓 제작, 스페이스 스테이션 플래닝(Space Station Planning) 등을 주제로 구성되어 있고, 전 세계 각국에서 수강자를 모집하고 있다. 우주 로켓 기지 인근에 있는 나사(NASA) 소유의 스페이스 센터(Space center)에서는 우주 로켓 등의 기기, 설비의 전시, 우주개발에 관한 기록영화 소개, 조립 공장, 발사대 견학 등이 이루어지고 있다.

(3) 팩토리 파크(Factory Park)

공장시설 주변에 견학시설, 소개시설, 체험시설, 판매시설, 놀이시설, 숙박시설 등을 일체적으로 정비하는 것을 말한다. 펜실베니아주 허쉬파크(Hershey-Park)가 이러한 테마파크로 호평이 나 있다. 이곳은 미국 최대의 과자공장인 Hershey사가 운영하고 있기 때문에 초콜릿 공장을 중심으로 초콜릿월드(초콜릿 생산소개시설, 공장라인모형 견학), 초콜릿파크(놀이동산) 외에 미술관, 체육관, 캠프장, 골프장, 호텔, 학교, 교회 등도 설치되어 있는 종합적인 지역활성화 사업이다. 버드와이저 등으로 유명한 맥주회사인 부쉬 컴퍼니(Anhoiser Busch Company)가 경영하는 'Busch Garden's Dark Continent' 공원은 17세기 미국을 테마로 하여 유원지, 각 국가별 테마공간, 사파리 스타일의 동물원 등을 보유하고 있다. 처음에 공장 종업원의 복리시설이었던 것을 서서히 확장한 것이기 때문에 공원 내에 견학공장도 갖고 있다. 이러한 테마파크는 공장과 테마파크를 연결함으로써 다양한 효과를 얻을 수 있다. 즉, 공장측에서는 공장주변의 환경과 조화를 도모하여 기업과 산업의 이미지를 향상시킬 수 있고, 테마파크측에서는 공장이 갖고 있는 제품, 시설, 노하우를 테마로 하여 활용할 수 있으며, 지역측에서는 주민과 공장의 융합을 도모할 수 있고, 이러한 시설정비를 통해 보다 양호한 사회자본이 정비될 수 있는 이점 등이 있다.

(4) 쇼핑센터와 놀이시설을 조합한 시설(Festival Market Place)

한국의 롯데월드와 함께 캐나다의 웨스트 에드몬트 몰엔판타지 랜드(West Edmonton Mall/Fantasy Land)가 대표적이다. 웨스트 에드몬트몰(West Edmonton Mall)은 캐나다 서부 지방도시인 에드몬드에 건설된 복합형 쇼핑센터로서, 쇼핑센터, 호텔, 오락시설, 인공파도 수영장, 길이 10m의 잠수함에 의한 호저탐사가 가능한 직경 130m의 인공호, 열대성 동식물원, 골프장 등이 있다. 이 시설은 쇼핑센터와 놀이시설을 통합한 독특한 테마로 압도적인 규모의 집적으로 개장 이래 세계의 주목을 받고 있다.

2) 미국 주제공원의 최근 동향

(1) 가상현실 주제공원 개발

'가상현실'을 메인 테마로 설정한 테마파크는 아직까지 없는 가운데, 테마파크의 선두주자인 미국의 디즈니사가 플로리다주의 올랜도와 시카고에 가상현실 테마파크인 'Disney Quest'를 세울 계획이다. 'Disney Quest'는 디즈니사의 마법과 고도의 상호작용 기술을 접목시켜서 나이에 상관없이 모든 고객들이 모험을 만끽할 수 있도록 해주는 새로운 개념의 공간이다. 고객들은 가상공간 속에서 뗏목을 타고 급류타기를 할 수도 있으며 선사시대로 들어가 공룡을 사냥할 수도 있고, 시뮬레이터 안에서 자신이 직접 디자인한 롤러코스터도 탈 수 있다. 또한 특수 마스크를 쓰고 디즈니 만화영화의 악당과 싸울 수도 있다. 'Disney Quest'에서는 디즈니의 다양한 인기 캐릭터와 장소를 고도의 기술로 재현함으로써, 실제처럼 경험할 수 있어 고객들은 이야기 속으로 들어가거나 이야기 속의 일부분이 되는 모험을 떠나게 된다. 일단 'Disney Quest'에 들어서면 4개 엔터테인먼트 지역의 교차로인 벤처포트가 나타난다. 4개의 엔터테인먼트 지역은 이국적인 고대의 장소를 탐험하는 버추얼 어드벤처랜드인 'Explore Zone', 게임기술로 챔피언과 대항하게 되는 영웅들의 결투장인 'Score Zone', 예술적 자기표현과 발명을 하는 이매지니어링 스튜디오인 'Create Zone', 고전적인 놀이시설(탈 것)들과 게임을 즐길 수 있는 유원지인 'Replay Zone'이다. 올랜도의 디즈니월드 리조트는 1998년, 시카고는 1999년 공사에 착수하며, 향후에는 미국의 여타 도시와 미국 외부에도 개장할 예정이다.

(2) 주제공원 내 숙박시설 건축

최근 145억 달러라는 사상 최고의 영업이익을 기록하고 있는 미국 호텔업계는 여유자산을 다른 사업에 투자하고 사업을 확대하기 위해 테마파크와의 제휴를 추진하고 있다. 이러한 제휴는 테마파크사, 호텔, 고객 모두에게 긍정적인 영향을 줄 것으로 평가받고 있다. 고객의 입장에서는 호텔브랜드만 봐도 가격이나 서비스의 질을 알 수 있으므로 숙박시설 선정이 쉬워지고, 또한 호텔업체에서 제공하는 전문적인 숙박서비스를 받을 수 있게 된다. 테마파크사의 경우는 호텔업체와의 협력을 통해 보다 저렴한 비용으로 보다 나은 숙박서비스를 고객에게 제공할 수 있다. 또한 호텔업체의 경우에는 새로운 시장 및 고객층을 개척하게 되는 것이다.

테마파크 내 호텔 도입의 성공가능성은 월트 디즈니의 예에서 확인할 수 있다. 월트 디즈니 월드 리조트는 이미 1971년부터 테마파크 내 호텔을 운영하고 있는데, 그 매출액이 운영수익 중 상당한 비중을 차지하고 있기 때문이다. 그리하여 월드 리조트의 경우 초반에는 2개 호텔로 시작했으나 현재는 16개의 테마 리조트 단지를 운영하고 있는데, 디즈니사에 의하면 이러한 숙박시설은 단순히 잠을 자기 위한 시설이 아니라 엔터테인먼트를 즐기기 위한 테마파크의 연장이라고 말하고 있다. 지금까지 미국에선 테마파크는 계절성을 띠고 있어 1년에 100일 정도만 활발한 이용이 이루어지므로, 숙박시설을 세우기보다는 오히려 외부의 숙박시설을 이용하게 하는 것이 수지에 맞다고 판단해 왔었다. 그러나 최근 2박 이상의 장기여행과 주말여행이 계속 증가하는 등의 관광동향이 변화하고 있어 이와 같은 테마파크 내의 숙박시설 건립붐이 발생하고 있는 것으로 분석된다.

현재 미국 내에서 테마파크에 숙박시설을 서두르고 있는 곳으로는 부쉬 엔터테인먼트사, 월트 디즈니사, 시더 포인터사, 유니버셜 스튜디오사 등이 있다.

2. 유 럽

유럽은 미국과는 달리 주제공원이 적은데, 이러한 이유는 첫째, 1년 중 절반이 겨울철이어서 햇볕을 볼 수 있는 기간이 짧고, 둘째, 국민성, 여가의식이 미주지역과 다르기 때문이다.

영국의 첫 번째 주제공원은 레저 스포츠 회사에 의해 개발된 처트시(Chertsey)의 'Thorpe Water Park'로, 이것은 수상스키와 같은 물에서의 활동과 'Bluebird', 'Viking long ship'과 같은 것들이 주제로 되어 있다. 그 외에 세계 유수의 성공적인 주제공원으로 덴마크 코펜하겐의 티볼리 가든(Tivoli Garden)을 들 수 있다.

코펜하겐의 중심부인 중앙역 근처와 시청 사이에 위치하고 있는 티볼리 가든(Tivoli Garden)은 19세기 초 전통적 유럽 위락공원(pleasure park)의 인기를 반영한다.

티볼리 가든(Tivoli Garden)은 덴마크인들이 그들의 자유헌법을 이룩하고 산업적 성장이 인기 있는 환대시설에 대한 욕구를 만든 그 시대에 조지 카스텐센(Georg Castensen)에 의해 건립되었다. 입지는 오늘날까지 그 원형이 남아 있는 고대 성곽을 포함하고 있으며, 지금의 호수는 도시성곽에 흐르는 해저로부터 끌어온 것이다.

개원시 공원의 중앙 건물은 공연장이었다. 그후 1874년 차이니즈 피콕 극장(Chinese Peacock Theatre)이 개장되었고, 1900년에 파고다 타워(Pagoda Tower)가 건립되었다. 티볼리 가든(Tivoli Garden)은 결국 시의회의 소유하에 들어와 운영, 유지되게 되었으며, 1900년대 초의 건물 중 현재까지 남아 있는 것은 바자르(Bazaar) 등과 같은 무리쉬 스타일(Moorish Style)의 건물로 대부분의 건물들은 1944년에 파괴되고, 새로운 건축물과 시설이 공원의 특성과 규모를 유지하게끔 재건된 것이다. 1956년에 새로운 공연장이 개장되었고, 어린이 놀이터가 1958년에 완공되었다. 티볼리 가든(Tivoli Garden)은 유럽인들의 감각에 의해 디자인되었으며, 도시인들이 복잡하고 시끄러운 생활환경을 떠나 여가생활을 즐길 수 있는 장소로 발전되어 왔다.

1992년 파리 근교에 유로 디즈니의 개장으로 인해 주제공원이 산업으로 주목되기 시작했다. 유로 디즈니는 단순히 놀이의 장을 넘어서 도시기능의 중핵적인 역할을 담당하는 데 그치는 것이 아니라, 더 나아가 관광사업의 거대한 경제효과를 수반한다는 것, 또한 EC통합 차원에서 전 유럽의 관광객을 모을 수 있는 유효한 수단이 되고, 무엇보다도 사람들에게 꿈과 희망을 준다는 것에 의해 소비를 유발시켜 기업수익과 연결된다는 취지하에 설립되었다.

유로 디즈니랜드는 프랑스 파리의 동쪽 32km 지점에 위치하고 있으며, 총면적 1,934헥타르의 광활한 대지에 각종 오락·휴식시설을 갖춰 '미국식 오락성'을 만끽할 수 있도록 설계된 '유럽 속의 미국땅'이다. 파리 근교에 자리하고 있어 접근성이 용이하기 때문에 유로 디즈니랜드는 휴일이나 평일을 가리지 않고 몰려드는 가족단위 관광객들로 성황을 이루고 있다.

3. 일 본

소화 58년(1993년)을 일본 주제공원의 원년으로 본다. 1983년 4월 동경 디즈니랜드, 동년 7월 나가사키 오란다 마을이 개장되면서 주제공원의 개념이 정착화되기 시작했다. 그 이전에도 주제공원적 성격을 띤 공원이 몇몇이 있었고, 그 후 1986년에도 원더랜드(日光江戸村)가 주제공원적 성격을 띠고 있어 주제공원의 영역에 포함시켜도 무리가 없을 것으로 본다.

전국 중고생들을 대상으로 실시한 앙케이트 조사에서 가장 가보고 싶은 곳이 동경 디즈니랜드(Tokyo DisneyLand)라고 할 정도로 일본의 여가관까지 바꾸어 놓은 매력은 다음과 같다.

① 다른 공원에서 전혀 볼 수 없는 기본 개념(concept)의 명쾌함
② 디즈니랜드의 이벤트에서 일본적인 섬세함을 가미한 독특한 이벤트를 개최해 나감으로써 보다 많은 고객을 몇 번이나 오게 할 수 있는 최대의 무기
③ 물건사기를 즐긴다는 것보다는 선물사기를 좋아하는 일본인의 심리를 적중한 캐릭터 상품의 성공
④ 단순한 레크리에이션 사업만으로는 성장한계가 있다고 보고, 동경 디즈니랜드는 발전(develop)기능을 이용하여 유명한 호텔들을 끌어들이며 주변을 관광단지화 하는 지역을 형성해가고 있다는 점이다.

1993년 개장된 미야자키의 시가이어 역시 2천억 엔 이상의 투자규모로서 '오시안돔'으로 이름 붙인 인공 돔에 설치된 해변은 연중 상온을 유지하여 해수욕을 즐기려는 관광객들을 유인하고 있다. 45층의 대형호텔에는 컨벤션 센터와 해안가를 끼고 골프장이 2개소 마련되어 있어 최적의 휴식공간이 마련되어 있다.

한편, 일본에서는 주제공원에 상장대기업의 신규참가가 이루어지고 있다. 동경 디즈니랜드의 성공은 내용은 물론이거니와 거대투자가 가져다주는 규모의 이점이 방문객을 유인하는 매력으로 등장하여 성공한 결과이므로, 이러한 성공은 자본주의의 논리를 증명한 것이다.

일본의 주제공원은 주제를 크게 4종류로 분류하고 있는데,
첫째, 영화나 만화를 배경으로 한 주제를 선택한 동경 디즈니랜드,

◎ 표 9-4 일본의 주요 주제공원 주제별 분류현황

분류	명칭	소재지	주제내용
외국 풍물	하우스 텐 보스	나가사키	네덜란드 풍경
	네덜란드촌	나가사키	네덜란드 풍경
	돈구리촌	사가	남프랑스 농장
	몽골촌	나가사키	몽골 풍결
	아시아파크	구마모토	아시아 건조물 · 유적
	그리크왕국	홋카이도	중세독일 풍경

분류	명칭	지역	내용
외국 풍물	캐나디언월드	홋카이도	캐나다 풍경
	마린파크 닉스	홋카이도	북유럽의 고성과 수족관
	노보리세츠 중국정원	홋카이도	중국청왕조의 별장·정원
	도호큐 뉴질랜드촌	이와데	뉴질랜드 목장 풍경
	대리석촌	군마	영국 고성·석조건축물
	다와라호 스위스촌	아키다	스위스 풍경
	크로넨베르크	군마	독일 농촌·목장 풍경
	러시아촌	니카타	러시아 미술관·교회
	리틀월드	아이치	세계의 민가 재현
	스페인촌	미에	스페인 풍경
	볼트유럽	와카야마	지중해 항구 풍경
역사물	히고몽가도	사가현	에도시대 나가사키 풍경
	유구촌	오키나와	오키나와 전통문화
	에사시후지하라	이와데	헤이안시대의 건축물
	아키다후루사토촌	아키다	향토문화
	메이지촌	아이치	메이지시대의 건축물
	이세전국시대촌	미애	전국시대 풍경
영화·만화형	유구의 바람	오키나와	대하드라마 스튜디오
	웨스틴촌	도치키	서부극 풍경
	닛코 에도촌	도치키	역사드라마 세계 재현
	도쿄 디즈니랜드	도쿄	디즈니랜드 세계
	세사미 플레이스	도쿄	세사미 스트리트 캐릭터 등
	도에이영화촌	교토	역사드라마 공개촬영 등
	겐지월드	이와데	작가 미야자와 겐지의 이상향
	시네마월드	가나가와	영화스튜디오
학습체험·첨단시설	스페이스월드	기타규슈	우주비행사 훈련시설
	이리타포세린	사가	세계 주요 도자기 전시
	서해낙원시가이어	나가사키 미야자키	해저화석의 숲, 인공돔식 해안
	골드파크	가고시마	금광시설
	마인랜드	아키다	옛 광산의 갱도 박물관
	호소쿠라마인파크	미야키	옛 광산 및 지구 풍경
	도부 월드스퀘어	도치키	세계 유명건축물의 미니어처
	나무코언더랜드	도쿄	게임센터
	월드부루요코하마	요코하마	실내풀장의 테마파크
	조이 폴리스	요코하마	참가체험형 게임센터
	레오마월드	가가와아시아	유리성·유적 등
	마인드 피아	에히메	구리광산·사금채굴 체험
	퓨로랜드	도쿄	실내 주제공원

둘째, 외국풍물을 주제로 한 하우스 텐 보스,

셋째, 첨단과학을 활용한 학습체험의 주제,

넷째, 역사를 주제로 하였다.

③ 우리나라 주제공원의 문제점 및 전망

1. 우리나라 주제공원 현황

우리나라는 1970년대 한국민속촌과 용인자연농원 등이 처음 조성되면서 본격적으로 테마파크 시장이 형성되기 시작하였고, 1980년대 서울랜드, 롯데월드, 1990년대 엑스포와 우방타워랜드(현재 이월드) 개방 및 에버랜드의 확장으로 활성화시기를 맞게 되었다. 현재 세계 50대 테마파크에 우리나라는 에버랜드(9위), 롯데월드(15위), 서울랜드(47위) 등 3개의 테마파크가 포함되어 있어서 일본에 이어 아시아에서 두 번째로 큰 시장을 형성하고 있다. 최근에는 한류 열풍과 드라마·영화를 주제로 한 테마파크가 등장하고, 지역경제활성화를 목적으로 지역의 문화, 인물, 자연, 특산품을 활용한 단일주제의 테마파크 사업과 함께 정부와 광역자치단체에 의한 대규모 관광단지개발 및 레저기업도시 프로젝트 등 다양한 테마파크 사업이 추진되고 있다.

우리나라의 주제공원은 개장 연도를 기준으로 토지가격을 제외한 투자규모에 따라 크게 3가지로 분류해 볼 수 있다.

첫째, 시민들을 위한 소규모공원(투자 규모가 50~70억원),

둘째, 어린이와 청소년을 위한 탈거리 위주의 라이드공원(투자 규모가 200억원 내외),

셋째, 특정개념(concept)을 가진 대규모의 주제공원(투자 규모가 450~1,300억원)이다.

또한, 주제공원개발은 관광개발과 연관 중복되어 있으며, 3가지 유형이 있다. 먼저, 도시계획법에 의한 유원지, 관광진흥법에 의한 관광지와 관광단지, 자연공원법에 의한 공원으로 구분되는데, 이 중에서 공원개발은 보전적 차원에서 추진되고 있어 주제공원

식의 개발과는 상당한 차이를 나타내고 있으며, 관광지와 관광단지의 경우는 지금까지 공영개발방식에 의한 토지 위주의 개발로 추진되었다. 관광단지개발의 활성화차원에서 민간기업은 부분적으로 참여하였으며, 종합·전문휴양업을 통한 개발도 추진되었다. 우리나라 주제공원은 주로 유원지형의 개발이었으나, 일부는 관광지나 관광단지, 종합휴양업방식으로 개발되었다.

관광진흥법 시행령 제2조(관광사업의 종류)에서는 유원시설업(테마파크)의 종류를 '종합유원시설업', '일반유원시설업', '기타 유원시설업' 세 종류로 분류하고 있다. 첫째, '종합유원시설업'은 유기시설 또는 유기기구를 갖추고 이를 관광객에게 이용하게 하는 업으로, 대규모의 대지 또는 실내에서 안전성 검사대상 유기기구 6종류 이상을 설치·운영하는 업을 말한다.

둘째로 '일반유원시설업'은 유기시설 또는 유기기구를 갖추고 이를 관광객에게 이용하게 하는 업으로, 안전성 검사대상 유기기구 1종류 이상을 설치·운영하는 업을 뜻한다. 셋째로 '기타 유원시설업'은 유기기설 또는 유기기구를 갖추고 이를 관광객에게 이용하도록 하는 업으로, 안전성 검사대상이 아닌 유기기구를 설치·운영하는 업을 말한다.

전국의 유원시설업체는 2010년 12월 말 기준으로 총 241개소이고, 이중 종합유원시설업체는 37개소, 일반유원시설업체는 143개소, 기타 유원시설업체는 61개소였다. 시도별로는 경기도에 44개소가 위치해 가장 많았고 다음으로 강원도(31개소), 전남(21개소), 부산(17개소) 순으로 나타났다. 주요 테마파크업체들의 시설을 보면, 부지면적은 삼성에버랜드가 24만평으로 가장 넓고 '한국민속촌'이 3만평으로 가장 좁다. 놀이기구는 서울랜드가 45개소로 가장 많고 '한국민속촌'이 13개소로 가장 적다.

연간 입장객 수가 50만명을 넘어서고 있는 12개 테마파크를 대상으로 살펴본 결과 서울·경기 수도권 지역에 에버랜드, 롯데월드, 서울랜드, 한국민속촌의 4개 시설이 위치해 있는 것으로 나타났다. 경상도 지역에도 경상북도의 이월드, 경주월드 그리고 경상남도의 부곡하와이랜드, 통도환타지아의 4개의 시설이 위치하고 있다. 그 외에 인구수가 많은 대도시인 대전 2개, 전주와 광주에 각각 1개씩 있으나 수도권 대비 입장객수는 크게 뒤처지고 있다. 한편 강원도, 제주도에는 연간입장객 50만명 이상의 대규모 테마파크는 존재하지 않는 것으로 나타나고 있다.

지역	업체명
수도권	에버랜드
	롯데월드
	서울랜드
	한국민속촌
대전	대전꿈돌이랜드
	대전동물원
경상도	이월드
	경주월드
	통도환타지아
	부곡하와이랜드
전라도	금호패밀리랜드
	전주드림랜드

주: 연간 입장객 수 50만명 이상 업체
자료: 하나금융연구소(2008). 국내 레저산업 현황 및 성장성 전망

⊙ 그림 9-3 테마파크 지역별 현황

그리고 입장객 수가 50만명을 넘는 12개 사를 대상으로 한 국내 주요 테마파크의 입장객 수는 수도권에 위치한 3개의 테마파크 입장객 수가 1,811만 명으로 전년도보다 3.1% 증가했으나, 지방 소재의 8개 테마파크 입장객 수는 650만 명으로 3.8% 감소한 것으로 나타났다. 즉, 2012년 기준으로 보면 서울 및 수도권 근교의 테마파크인 에버랜드와 롯데월드의 입장객 수가 전체 테마파크의 입장객 수의 약 60%에 이르고 있는 것으로 조사되고 있다. 이와 같이 대규모 테마파크가 서울·경기 수도권 지역 및 대도시에 집중된 이유는 테마파크가 일정수준 이상의 관람객 수가 확보되어야 수익성 유지가 가능하다는 특성을 지니고 있기 때문이다.

국내 테마파크의 경우 해외 유명 테마파크와는 달리 리조트시설이 잘 갖춰져 있지 않아 대부분의 입장객이 하루일정으로 방문하는 경우가 대부분이다. 이에 따라 테마파크는 관람객을 확보하기 위해서 인구수가 많고 교통이 편리한 수도권 및 대도시 지역으로 집중되고 있는 것으로 분석된다.

업체별로 보면, 근교형 테마파크인 에버랜드의 입장(캐리비안베이 입장객 수 포함)객 수가 816만명으로 가장 많았고, 다음이 도심형 실내 테마파크인 롯데월드(669만명), 서울랜드(212만명), 한국민속촌(112만명) 순으로 나타났다.

표 9-5 국내 주요 테마파크 입장객 수 추이

(단위 : 천명, %)

테마파크명	2008년	2009년	2010년	2011년	2012년
에버랜드	8,070	7,820	8,614	8,346.9	8,162.4
롯데월드	8,448.5	4,440.2	5,416.8	6,081.8	6,696.2
서울랜드	1,876.6	1,726.7	1,746.1	2,065.5	2,128
한국민속촌	1,337.2	965	1,112.1	1,081.1	1,125.7
수도권 계 (증감률)	15,732.3 (13.8%)	14,911.9 (-5.2%)	16,934 (13.6%)	17,575.3 (3.8%)	18,112.5 (3.1%)
이월드	1,802.4	1,506.5	1,534.9	1,355.7	1,493.4
경주월드	1,150	1,206	1,432.9	1,438.2	1,450.9
대전오월드	938	950	1,177	1,134	1,210.6
전주동물원	830	801.9	749	664.2	791.8
금호패밀리랜드	661.7	625	676.8	587.9	482.9
통도환타지아	609	537	629.4	518.3	467.7
대전꿈돌이랜드	742	661	608.8	556.6	170.5
부곡하와이랜드	671	459	545.9	500.6	429.6
지방 계 (증감률)	7,404.1 (7.5%)	6,746.4 (-8.9%)	7,354.8 (9%)	6,757.5 (-8.1%)	6,497.5 (-3.8%)
전국 합계 (증감률)	23,136.4 (11.7%)	21,658.2 (-6.4%)	24,288.7 (12.1%)	24,332.8 (0.2%)	24,609.9 (1.1%)

자료: 박현지(2014). 테마파크 서비스 스케이프가 방문객 체류시간에 미치는 영향

2. 국내 주제공원의 문제점

우리나라 주제공원산업을 중심으로 살펴본 문제점은 다음과 같다.

1) 자금규모의 열세

자금투자 규모면에서 주제공원은 장치산업으로 분류되는데, 이것은 주제공원건설에 소용되는 자금의 투자가 많이 들고, 이외에 전자·기계설비 등 관련산업의 통합성을 필요로 하고 있다. 현재 우리나라 경우에는 주제공원의 개장연도 기준으로 투자액을 살펴보면, 최저 450억원에서 최고 1,300억원이 투자되었다.

그러나 같은 기간에 대형시설투자가 진행된 미국업체들은 1건의 시설개발 평균비용

으로 100만 달러를 소요했고, 1983년에 올랜드 디즈니월드에 개장된 EPCOT 시설투자비가 총 12억 달러임을 감안하면, 한국의 주제공원 자금투입 규모는 미국 대형업체 수준에 비해 훨씬 떨어지는 편이다.

특히, 일본은 1987년부터 종합보양법 실시로 스포츠·레저시설 등 8개 시설은 리조트지역 정비차원에서 공사비의 50%를 관련업체에 저리이자율로 융자해 주고 있는 반면, 우리나라는 관광여가분야에 대한 10대 재벌 등의 여신규제를 하고 있어 대기업들의 주제공원 개발투자에 장애가 되고 있다.

2) 상권의 지역성에 한계

주제공원은 일반적으로 광역산업이라기보다는 지역산업의 특성을 갖고 있다. 이러한 근거는 주제공원 방문객 중 70~80%가 자동차로 2~3시간 내에 도달할 수 있는 주제공원 주변지역에 거주하는 사람들임을 알 수 있다.

일본 동경 디즈니랜드의 경우 주제공원 방문객 수의 60% 이상이 관동지역에 거주하고 있는 것으로 나타났다.

우리나라의 경우 인구의 2/3가 수도권에 거주하고, 이들을 목표시장으로 한 주제공원이 70%가 수도권에 자리잡고 있으므로, 좁은 국토면적과 인구의 도시집중이 높은 나라에서는 접근성이 용이한 대도시 중심으로 주제공원이 조성될 수밖에 없다.

그러나 미국의 경우 국토가 넓고, 인구가 많고 분산되어 있으므로 1970년대부터 대도시지역을 벗어나 오대호 등 접근성은 다소 떨어지지만 상대적으로 지가가 싸고, 자연환경이 양호한 휴양지역을 중심으로 한 광역상권의 주제공원을 개발하여 지역성을 극복하고 있다.

3) 기본개념과 다양한 주제

기본개념이 명확하고, 일관성을 유지할 수 있는 운영시스템을 갖추고 있는 미국의 주제공원산업은 방문객을 기준으로 하며, 세계 주제공원 시장의 73%를 점유하고 있다. 이러한 높은 점유율은 오락을 지향하는 미국민의 오락지향성을 전제로 할리우드를 중심으로 한 영화산업, 즉 디자인·미술·음악·조명·의상 등 주제공원에 요구되는 많은 분야에 영화산업이 적극적으로 활용되고 있기 때문이다.

반면 미국보다 30년 늦었다고 자체 평가하고 있는 일본은 기본개념의 개발능력이 부족하여 대부분 미국의 기본개념을 도입하고 있는 실정이다.

영화산업의 기반도 약하고, 오락을 상품으로 연결하여 산업화하는 데 기술과 인력이 부족한 우리나라 주제공원업계는 기본개념과 다양한 주제개발이 부족하여 주로 입지 선행형 개발을 하고 있다. 현재 엑스포 과학공원, 용인민속촌 등 일부지역을 제외하고는 주제성이 부족하고, 주제공원의 운영에 있어서도 관련주제와 일관성을 유지하고 있지 않을 정도로 기본개념이 불명확하며, 향후 개선하여야 할 중요한 부문이다.

3. 향후 전

1) 지역발전을 도모하는 기반산업으로 육성

주제공원의 여러 가지 입지여건 중 가장 중요하게 고려하는 점이 배후시장의 여건이다. 영국의 관광청에서는 배후시장 여건을 자동차로 2시간 이내에 약 1,200만명의 인구가 밀집한 지역이거나, 유명한 관광지를 중심으로 1시간 이내의 거리에 위치하며, 5백만명 이상의 인구가 2시간 이내의 거리에 거주해야 한다고 하였다. 주제공원 방문객의 70~80%가 자동차로 2~3시간 내에 도달할 수 있는 주제공원 주변지역에 거주하는 사람들이며, 우리나라의 경우 인구의 2/3가 수도권에 거주하고, 이들을 목표시장으로 한 주제공원의 70%가 수도권에 자리하고 있는 것으로 그 예를 찾을 수 있다.

그러므로 주제공원은 주변 지역민을 주요 방문객으로 하는 지역사업이다. 따라서 주제공원의 입지는 대부분 수요발생 규모가 큰 대도시나 유명관광지 등을 중심으로 위치해야 하며, 지역특성과 방문객을 중심으로 한 주제개념하의 놀이시설과 각종 부대시설 등을 구성하여야 한다.

2) 대형화 추구

주제공원은 대규모 자본과 부지가 요구되는 자본집약적 산업이다. 이것은 주제공원 건설에 소요되는 자금의 투자가 많이 들고, 이외에 전자·기계설비 등 관련산업의 통합성이 필요하다. 현재 우리나라 경우에는 주제공원의 개장연도기준의 투자액을 살펴보면, 최저 450억원에서 최고 1,300억원이 투자되었다. 그러나 같은 기간에 대형시설투자가 진행된 미국업체들은 1건의 시설개발 평균비용으로 100만 달러를 소요했고, 1983년에 올랜드 디즈니월드에 개장된 시설투자비가 총 12억 달러임을 감안하면, 한국의 주제공원 자금투입 규모는 미국 대형업체 수준에 비해 훨씬 떨어지는 편이다. 특히, 일본은 1987년부터 종합보양법 실시로 스포츠 · 레저시설 등 8개 시설을 리조트지역 정비 차원에서 공사비의 50%를 관련업체에 저리이자율로 융자해 주고 있는 반면, 우리나라는 관광여가분야에 대한 10대 재벌 등에 여신규제를 하고 있어 대기업들의 주제공원 개발투자에 장애요인이 되고 있다. 주제공원은 시설규모의 대형화뿐만 아니라 대형주제공원을 건설하고 운영하는 것이 기업경영 측면에서나 관광객 측면에서 모두 긍정적인 효과를 발생시키고 있으므로 발전은 계속 지속될 것으로 전망된다.

3) 주제의 다양화

최근 다양한 주제개발 붐이 조성되고 있는 일본은 외국문화, 환상, 전통역사, 뮤지컬 등 사회적 요구에 부응하는 다양한 주제공원을 개발하고 있다.

한편, 영화산업의 기반도 약하고, 오락을 상품으로 연결하여 산업화하는 데 기술과 전문인력이 부족한 우리나라 주제공원업계는 기본개념과 다양한 주제개발이 부족하여 주로 입지선행형 개발을 하고 있다. 현재 엑스포 과학공원, 용인민속촌 등 일부지역을 제외하고는 주제성이 부족하고, 주제공원의 운영에 있어서도 관련주제와 일관성을 유지하고 있지 않을 정도로 기본개념이 매우 불명확하다. 관광형태의 변화에 따라 참여관광을 유도하고 있으며, 주제공원의 시설도 이러한 측면에서 고려되어지고 있고 개성화, 동적화 등과 더불어 사회문화 측면의 교육적 효과가 큰 프로그램 등이 많이 연구개발 되어야 한다.

4) 가족단위중심의 주제공원

인구구조 변화에 따른 가족단위중심의 주제공원이 부상할 것이다. 앞으로의 주제공원시설들은 어느 한 계층을 목표로 하기보다는 모든 계층을 포함한 종합적이고 체계적인 가족중심의 주제공원이 대규모로 개발되어져야 할 것이고 연령층에 대한 특정주제를 부여할 경우에는 소규모의 주제공원으로 개발되어야 할 것이다.

표 9-6 2013년 상위 25위 세계 테마파크 입장객 현황

순위	테마파크명	입장객 수(천명)		
		2012년	2013년	증감률(%)
1	디즈니 매직킹덤(미국 레이크 부에나비스타)	17,536	18,588	6.0
2	도쿄 디즈니랜드(일본 도쿄)	14,847	17,214	15.9
3	디즈니랜드(미국 캘리포니아 애너하임)	15,963	16,202	1.5
4	도쿄 디즈니씨(일본 도쿄)	12,656	14,084	11.3
5	엡콧(미국 레이크 부에나비스타)	11,063	11,229	1.5
6	디즈니랜드파크(프랑스 파리)	11,200	10,430	-6.9
7	디즈니 애니멀킹덤(미국 레이크 부에나비스타)	9,998	10,198	2.0
8	디즈니 할리우드 스튜디오(미국 올랜도)	9,912	10,110	2.0
9	유니버셜 스튜디오 재팬(일본 오사카)	9,700	10,100	4.1
10	디즈니랜드 캘리포니아 어드벤처(미국 캘리포니아 애너하임)	7,775	8,514	9.5
11	아일랜드 어브 어드벤처(미국 올랜도)	7,981	8,141	2.0
12	오션파크(홍콩)	7,436	7,475	0.5
13	홍콩 디즈니랜드(홍콩)	6,700	7,400	10.4
14	롯데월드(한국 서울)	6,383	7,400	15.9
15	에버랜드(한국 경기도)	6,853	7,303	6.6
16	유니버셜 스튜디오 올랜도(미국 올랜도)	6,195	7,062	14.0
17	유니버셜 스튜디오 할리우드(미국 LA)	5,912	6,148	4.0
18	나가시마 스파 랜드(일본 구와나)	5,850	5,840	-0.2
19	시월드(미국 올랜도)	5,358	5,090	-5.0
20	유로파 파크(독일 루스트)	4,600	4,900	6.5
21	월트디즈니 스튜디오 파크(프랑스 파리)	4,800	4,470	-6.9
22	시월드(미국 샌디에고)	4,444	4,311	-3.0
23	티볼리 공원(덴마크 코펜하겐)	4,033	4,200	4.1
24	에프텔링(네덜란드 노르트브라반트)	4,200	4,150	-1.2
25	요코하마 핫케이지마파라다이스(일본 요코하마)	4,050	4,419	2.4
합계		205,445	214,978	4.3

자료: TEA(2013). global attractions attendance report 2013.

Chapter 9_ 주제공원

카지노사업

New Principle of Tourism Business

Chapter
10 카지노사업

New Principle of Tourism Business

1 카지노의 개요

1. 카지노의 역사

카지노(casino)란 도박·음악·쇼·댄스 등 여러 가지의 오락활동을 즐길 수 있는 '작은 집'을 뜻하는 카사(casa)에서 유래하여 르네상스 시대에는 귀족이 소유하였던 사교용·오락용 별장을 의미하기도 하였다.

카지노는 원래 17~18세기 중세유럽의 귀족사회에서 사교의 한 수단으로 태동되어 소규모의 클럽형태로 운영되기 시작하였다.

18~19세기에는 프랑스와 독일에서 전성기를 맞이하였으나, 대부분의 국가에서는 도박의 문제로 금지하였다.

19세기에는 회원제 카지노가 유럽 각국에서 번창하면서 전 세계에 확산되기 시작하였으며, 제2차 세계대전 후에는 공공자금 조달의 목적으로 해변·온천관광지 등을 중심으로 발전하기 시작하였다.

현재와 같이 하나의 산업으로 발전하게 된 것은 1930년 미국 네바다주에서 경제 대공황을 극복하기 위한 수단으로 카지노사업을 상업적 성격으로 육성·발전시켜 미국이 카지노의 중심지로 등장했다.

라스베이거스 카지노산업은 초기에는 조직범죄단(마피아)의 주된 산업으로 운영되어오다가 1970년대에 정부의 강력한 정책으로 축출되어 현재는 대부분 순수한 카지노 전문업체가 운영하고 있다.

이러한 라스베이거스 카지노는 80년대까지 소수 고액 베팅자를 위주로 한 경영방식을 채택해 왔으나, 심각해지는 경영악화를 타개하기 위한 대책으로 테마파크화, 대형화 등을 추진하여 왔다.

한국의 경우 1967년 인천의 올림포스 호텔 카지노가 그 시초이며, 1961년 제정된 '복표발행 현상 기타 사행행위 단속법'에 의거 그 법적인 근거가 마련된 이후 6년이 경과한 후였다.

이후 주한 외국인의 여가선용을 위하여 1968년 워커힐에 카지노가 설립한 것을 계기로 발전하기 시작하였으며, 도입 초기에는 명확한 법률이 미비한 틈을 타 이용고객의 대부분을 내국인이 차지하는 등 본래의 취지와 어긋난 경우도 있었으며, 사회적 폐해가 심하여 1971년 내국인의 입장을 금지시켰다.

1980년대까지는 서울, 부산, 제주, 강원, 인천 등지에서 각각 1개씩 운영되어 왔으나, 1990년대 들어서 개방화 물결을 타고 집중 허가되어 2014년 5월 기준으로 총 17개 업체가 운영되고 있다. 특히, 1995년 강원도 폐광지역 개발 특별법이 통과되어 정선군 고환읍의 관광산업 육성과 지역경제 활성화, 고용증대 등을 목적으로 내국인이 출입 가능한 카지노가 2000년 10월에 개관되어 성업 중에 있어 카지노사업 발전에 새로운 전기가 마련되고, 카지노사업 유치를 희망하는 지방자치단체들은 형평성을 주장하여 각기 새로운 카지노사업 유치에 주력하고 있다. 2004년도에는 제주특별자치도에 관광산업에 5억불 이상의 투자를 할 경우 투자자에 카지노허가권이 주어졌고, 관광레저형 기업도시에는 5,000억원 이상의 투자자에게 카지노 조건부 허가방침을 발표하였다. 2006년도에는 정부출자로 한국관광공사 자회사인 그랜드코리아레저㈜ 세븐럭 3개 지점이 개장하면서 정부주도의 외국인카지노 운영이 본격적으로 실행되었다. 특히, 2006년 7월에는 제주특별자치도에 한하여 그간 중앙정부의 권한이었던 외국인전용 카지노허가권을 이양하는 등 카지노산업에 대한 정책변화가 2000년대에 들어 꾸준히 진행되었다. 2013년도에는 한국방문 외국인 관광객 1,217만명 가운데 270만명(22.2%)이 카지노를 방문한 것으로 나타났다. 2013년 한국의 카지노 매출은 25억 달러(약 2조 6,540억원)로서, 지난해 총 450억 달러(약 47조 7,720억원)를 벌어들인 마카오와 55억 달러(약 6조원)의 매출을 기록한 싱가포르에 비해 아직은 미미한 수준이며, 여전히 한국의 카지노산업은 많은 도전과 과제를 남기고 있다.

2. 카지노사업의 개념

1) 사전적 개념

① 백과사전에는 '음악 · 댄스 · 쇼 등 여러 가지 오락시설을 갖춘 도박장'이라고 의미를 부여하고 있고,
② 옥스퍼드 사전에는 카지노를 'Gambling과 다른 즐거움을 주는 공공의 방이나 건물'이라고 정의하고 있으며,
③ 웹스터 사전에는 'Gambling에 사용되거나 사교적인 모임에 사용되는 건물이나 방'이라고 의미를 부여하고 있다.
④ Gambling과 Gaming 사전에는 'Game이나 다양한 행사를 할 수 있는 건물이나 넓은 방'으로 Card room과 비슷하다고 정의를 내리고 있다.

2) 법률적 개념

1994년 8월 이전에는 사행행위 등 규제 및 처벌 특례법 제2조에서 카지노산업을 사행위 영업으로 규정해서 카지노업 및 투전기업은 '특정한 기구 등을 이용하여 우연의 결과에 따라 특정인에게 재산상의 이익을 주고 다른 참가자에게 손실을 주는 행위 등을 하는 영업'이라고 정의하였다.

그리고 동법 제5조 제3호에서 카지노업은 외국인을 상대로 하는 오락시설로서 외화획득에 필요하다고 인정되는 경우라고 허가요건을 정하였다.

그러나 1994년 8월 3일 관광진흥법의 개정으로 법 제3조 제1항, 제4조에서 관광사업의 종류로서 카지노를 '전용 영업장을 갖추고, 주사위, 트럼프 등 특정한 기구를 이용

하여 우연의 결과에 따라 특정인에게 재산상의 이익을 주고, 다른 참가자에게 손실을 주는 행위를 하는 업'으로 정하고 카지노 영업장에 입장하는 자는 외국인 또는 해외이주법 제2조의 규정에 의한 해외이주자를 포함한다고 규정되어 있다.

3) 관광적 개념

카지노산업은 관광산업의 발전과 같이 관련이 되어 있고, 특급호텔 내의 부대시설로서 외국인 관광객에게 Game, 오락, 유흥을 제공하여 체류기간 동안 Game의 짜릿함과 즐거운 여행시간을 맛보게 하고 관광경비 지출을 증대시키는 사업이다.

또한, 카지노산업은 외국 관광객을 대상으로 외화 획득, 국가 재정 수입 확대, 지역 경제 활성화, 고용 증대의 효과를 가져오는 관광산업이다.

최근의 세계 각국들은 외화 유출이 많아지고 관광 활성화 정책을 이루기 위하여 외화 유출 방지, 외화 획득, 세수 확대, 국가경제 활성화, 관광시설 확대 등을 위하여 카지노산업 허가 및 활성화에 적극적인 정책을 펼치고 있고 우리나라도 강원도 폐광지역 경제 활성화를 위하여 정선군 고환읍에 강원랜드 카지노를 개장하여 성공적으로 지역 경제 활성화와 고용 증대 지방세수 확대 등에 큰 효과를 보고 있다.

3. 카지노사업의 효과

1) 긍정적 효과

(1) 세수 확보 및 증대

지하에서 불법으로 이루어지고 있는 도박이나 해외 카지노 원정을 위한 자금 등을 카지노 도입 및 운영을 통해 제도권 내로 흡수하여 세수를 증대시킬 수 있다는 특성을 지니고 있는 사업이다.

(2) 외화 가득률

카지노사업의 외화 가득률은 우리나라의 대표적인 수출산업인 자동차 산업, 섬유,

가죽 등 의류 산업, TV, 세탁기 등 가전제품 산업, 반도체 산업과 동종의 관광산업인 숙박업, 요식업, 문화·오락 서비스업에 비하여 높은 산업이다.

카지노에 입장하는 고객 일인당 외화 소비액은 약 430달러로 이는 컬러 TV 3대의 수출 효과와 같으며, 카지노에 외국인 관광객 12명이 유치된다면 고급 승용차 한 대의 수출 효과와 같다. 외화 가득률을 살펴보면 카지노는 93.7%이고, 승용차는 79.5%, TV는 60%, 반도체는 39.9%로 여타 산업에 비해 높은 가득 효과가 있음을 알 수 있다.

(3) 외화유출 방지

카지노를 도입하지 않은 경우나 우리나라처럼 도입은 하되 내국인은 출입금지시킬 경우 외국 카지노의 이용을 통한 외화유출 문제가 발생한다.

현재 카지노를 도입한 거의 모든 국가들이 추구하는 목표로 카지노사업은 이처럼 외화획득보다는 외화유출 방지가 본질적인 산업이다.

(4) 관광 등 관련산업 발전에 기여

카지노 이용객은 게임뿐만 아니라 일반적으로 골프·레저·쇼핑 등도 함께 즐길 수 있어 여행업·골프장업·면세점업 및 관광토산품업 등 관련산업과의 연관효과가 큰 산업이다.

특히, 호텔업은 카지노 고객의 객실·식음료·유흥시설 등의 부대시설 이용으로 혜택을 가장 많이 보는 산업 중의 하나이다.

(5) 고용창출효과

카지노산업은 다른 산업에 비해 고용창출효과가 크며 일정한 시설만 갖추면 연중무휴로 영업할 수 있는 순수 인적 서비스 상품이다. 고용승수를 분석해보면 수출산업인 섬유, 가전, 반도체, 자동차 산업에 비해 고용효과가 훨씬 높으며, 특히 타 관광산업과 비교해도 3배 이상의 높은 고용효과를 가지고 있는 것으로 나타났다.

2) 부정적 효과

(1) 사행심 조장

인간의 다양한 오락활동 중 도박은 중독성이 심하고, 특히 카지노 게임은 그중 중독성과 도박성이 가장 큰 것으로 조사되었다.

또한, 순식간에 부를 획득하거나 잃을 수 있기 때문에 국민들에게 사행심과 한탕주의의 발상을 조장해 국민정서를 해치고 근로의욕을 저하시킬 수 있다.

따라서 선진국 국민들은 카지노를 하나의 고급 오락으로 간주, 합리적인 게임을 즐길 수 있는 반면, 여건이 성숙하지 않은 국가에서는 부의 축적 수단으로 잘못 이해되어 사회적으로 물의를 일으키는 경우가 허다하다.

(2) 가족공동체 파괴

카지노 도입 운영지역의 경우 자살률 · 이혼율 · 매춘 · 아동학대 · 소년가장 등 가족공동체의 파괴비율이 높게 나타났다.

1997년 PAGE에 따르면, 미국 내 카지노 도입 도시는 그렇지 않은 도시보다 이혼율이 2.5배에 이르며, 최대 카지노 도시인 네바다주는 자살률 · 청소년 고등학교 자퇴율 · 자동차사고 사망률 · 학대에 의한 아동 사망률이 최고라는 사실을 밝혀내었다.

미국의 경우 도박중독(Gambling Addiction)만 다루는 학문이 있으며, 도박을 반대하는 조직도 종교단체를 중심으로 전역에 분포되어 있다.

(3) 지역 및 국가 이미지 저해

도박으로 돈을 버는 저급한 곳이라는 이미지가 부각될 가능성이 많은 것이 카지노사업이다.

라스베이거스의 경우, 전체 미국 국민의 이미지는 좋지 않은 것으로 나타났으며, 필리핀의 경우도 카지노로 인해 국가 이미지가 실추된 대표적인 국가이다.

(4) 외교적 갈등

호주가 1990년대 들어 카지노를 본격 육성하자 인접국인 뉴질랜드는 자국민의 호주

카지노 원정을 방지하기 위해 불가피하게 카지노를 도입하였다.

한국의 경우도 자국 내 카지노가 없는 일본인 고객이 대부분이지만 일본 국민의 피해가 사회문제화될 경우 외교적 문제가 될 소지가 있다.

한국 카지노의 이용객 중 일본인이 50~70% 정도인데, 최근 카지노로 인한 일본인들의 개인파산 · 가정파탄 · 일본 폭력조직의 고리대금업 문제 등이 자주 언론에 보도되고 있는 실정이다.

2 우리나라 카지노사업

1. 카지노사업의 발전과정

1) 1960년대

① 1961년 11월 '복표발행현상 기타 사행행위 단속법' 제정으로 카지노 설립의 법적 근거 마련
② 1962년 9월 동법의 개정된 사항에 외국인 상대로 하는 오락시설로서 외화획득에 기여할 수 있다고 인정될 때에는 이를 허가할 수 있다는 설립근거 마련
③ 1967년 인천 올림포스호텔 카지노 최초 개설
④ 1968년 주한외국인과 외래관광객 전용 레크리에이션시설로서 서울 워커힐호텔 카지노 개장
⑤ 1969년 6월 동법의 개정으로 카지노의 내국인 출입을 허용하였던 것을 금지, 외국인만을 대상으로 영업을 하게 함.

2) 1970년대

① 1971년 속리산 관광호텔 카지노 개장
② 1975년 제주 칼호텔 카지노 개장

③ 1978년 파라다이스비치호텔 카지노 개장
④ 1979년 경주 코오롱호텔 카지노 개장

3) 1980년대

① 1980년 설악 파크호텔 카지노 개장
② 1985년 제주 하얏트호텔 카지노 개장

4) 1990년대

① 1990년 제주 그랜드호텔, 서울 홀리데이인호텔, 오리엔탈호텔, 서귀포 칼호텔 카지노 개장
② 1991년 3월 동법이 '사행행위 등 규제법'으로 개정
③ 1991년 5월 경찰법(법률 제4369호) 제정으로 카지노의 허가 등 관련업무 시·도지사에서 지방경찰청장으로 이관되었으며, 2개 이상의 시·도에 걸친 영업 등에 대하여는 내무부장관에서 경찰청장으로 이관됨.
④ 1991년 제주 신라호텔 카지노 개장
⑤ 1994년 8월 관광진흥법에 의한 관광사업의 한 종류가 됨.
⑥ 1994년 말 행정개편으로 관광주무부서가 건설교통부에서 문화관광부로 이관됨에 따라, 카지노사업도 문화관광부의 허가·운영·지도·감독 등을 맡게 됨.

5) 2000년대

① 2000년 10월 강원 카지노 개장
② 2005년 1월 세븐럭카지노서울강남점, 세븐럭카지노힐튼호텔점세븐럭, 카지노부산롯데호텔점
③ 2006년 7월에는 제주특별자치도에 카지노허가권 도지사위임 조항 신설
④ 2010년 7월 경주지역 카지노 대구로 이전
⑤ 2012년 2월 폐광지역 카지노 특별법 2025년으로 시한연장

2. 우리나라 카지노사업의 특징

(1) 카지노 운영 측면

현행 「관광진흥법」상 허용되고 있는 카지노업의 영업 종류로는 블랙잭, 룰렛, 바카라, 빅힐, 다이사이, 포커, 카지노워, 슬롯머신, 비디오게임 등 9종류가 운영되고 있으며, 테이블게임 시설 중에서는 바카라가 가장 많고 다음으로 블랙잭, 룰렛 순으로 많이 운영되고 있다. 그리고 우리나라의 카지노는 대부분 호텔의 부대영업장으로서의 성격이 강하게 나타나고 있는데, 카지노 이용객들은 그 호텔의 객실이나 식음료업장, 기타 부대시설을 이용하기 때문에 호텔의 추가적인 매출을 증가시키고 임대형식의 카지노 사업체는 임대료를 호텔측에 지급하고 있다.

(2) 카지노 매출 측면

조세의 경우 국세, 지방세와 함께 영업이익에 상관없이 매출의 10%를 '관광진흥개발기금'으로 징수하며, 내국인 출입 카지노도 법인세 차감 전 이익금의 25% 이내에서 '폐광지역개발기금'을 징수하여 관광진흥과 지역개발에 활용하게 되어 있다.

⊙ 표 10-1 국내 카지노업에 대한 조세비율(2013년 기준)

세금	국세	개별소비세(카지노 매출의 4%)를 포함하여 총 매출 대비 산정
	지방세	법인세 대비 산정 ※레저세(매출액의 10%) 신설 예정
기금	관광진흥개발기금	매출액의 10%
	폐광지역개발기금	법인세 차감 전 이익금의 25%
	중독예방치유부담금 (강원랜드만 부과)	카지노 매출의 0.5%

자료: (사)한국카지노업관광협회 내부자료

(3) 카지노 고객 측면

국내 카지노는 미국, 마카오, 말레이시아 등과는 달리 단체관광객보다는 베팅 규모가 큰 단골고객인 초청고객(VIP 고객) 위주의 영업을 하고 있으며, 이들의 비중이 매출액의 85%를 차지하고 있다.

카지노에서는 항공료, 호텔숙박비, 식음료비 등 많은 비용을 부담하여 고객을 초청하고 있으며, 평균 1인당 250만원 정도 소요되고 연중 수차례의 각종 이벤트를 개최하여 고객관리를 하고 있다. 국적별 이용고객을 세분화하면, 일본인이 전체 70%를 점유함으로써, 1차 표적시장이고, 중국계(대만인, 홍콩인, 중국인)는 전체시장의 23%를 점유함으로써 2차 표적시장으로 구분되어지고 있다. 이는 비교적 거리가 가깝고 문화가 서로 유사한 인근 동양지역이 전체의 90% 이상으로 우리나라 카지노산업의 주요시장으로 자리잡고 있다.

연령층을 세분화해보면, 30대와 40대가 전체의 72%를 차지하고, 50대는 14%, 20대는 11%를 차지하고 있으며, 직업별로 보면, 기업인 및 회사원이 전체의 70%, 전문직 및 판매서비스직은 17%, 공무원 및 기술직은 8%를 차지하고 있다.

◎ 표 10-2 카지노 고객의 표적시장

시장세분화 기준	표적시장	비율(%)
국적별	1차 시장 : 일본인	70
	2차 시장 : 대만인, 홍콩인, 중국인	23
	3차 시장 : 미국인, 유럽인	7
연령별	1차 시장 : 30대 및 40대	72
	2차 시장 : 50대	14
	3차 시장 : 20대	11
직업별	1차 시장 : 기업인(자영업 및 회사원)	70
	2차 시장 : 전문직 및 판매서비스직	17
	3차 시장 : 공무원 및 기술직	8
동기별	1차 시장 : 관광	66
	2차 시장 : 상용	18
	3차 시장 : 회의, 친지방문, 공용	11

자료: 이정철, 신철호(2008), 한국 카지노산업의 발전방안

(4) 수요의 비탄력성

우리나라 카지노산업은 매출규모나 이용고객의 증감이 공급규모와는 상관없이 변동하는, 즉 공급대비 수요가 비탄력적인 특성을 보이고 있다.

이는 우리나라 카지노산업의 대상고객이 외국인전용 카지노인 경우 순수 외국인만으로 제한되어 수요의 기반이 한정되어 있는데서 그 요인을 찾을 수 있다.

표 10–3 국내 카지노업체 현황 ('14. 5월 기준)

시·도	업소명 (법인명)	허가일	운영형태 (등급)	대표자	종사원수 (명)	'13 매출액 (백만원)	'13 입장객 (명)	전용영업장 면적(㎡)
서울	워커힐카지노 【(주)파라다이스】	'68.03.05	임대 (특1)	이혁병	1,002	424,824	493,935	3,178.36
	세븐럭카지노 서울강남점 【그랜드코리아레저(주)】	'05.01.28	임대 (컨벤션)	임병수	822	284,972	418,275	6,059.85
	세븐럭카지노 밀레니엄서울힐튼점 【그랜드코리아레저(주)】	'05.01.28	임대 (특1)	임병수	537	182,849	981,195	2,811.94
부산	세븐럭카지노 부산롯데점 【그랜드코리아레저(주)】	'05.01.28	임대 (특1)	임병수	308	78,997	218,199	2,532.60
	파라다이스카지노부산 【(주)파라다이스글로벌】	'78.10.29	임대 (특1)	이혁병	318	75,347	93,157	2,283.50
인천	인천카지노 【(주)파라다이스세가사미】	'67.08.10	임대 (특1)	최종환	378	88,243	52,481	1,311.57
강원	알펜시아카지노 【(주)코자나】	'80.12.09	임대 (특1)	심양보	24	1,386	12,209	689.51
대구	인터불고대구카지노 【(주)골든크라운】	'79.04.11	임대 (특1)	김영철	206	14,941	90,088	3,473.37
제주	더케이제주호텔카지노 【(주)엔에스디영상】	'75.10.15	임대 (특1)	진재철	211	21,421	46,142	2,359.10
	제주카지노지점 【(주)파라다이스】	'90.09.01	임대 (특1)	이혁병	205	56,241	54,210	2,756.76
	신라카지노 【(주)마제스타】	'91.07.31	임대 (특1)	서준성	182	25,217	38,726	2,886.89
	로얄팔레스카지노 【(주)풍화】	'90.11.06	임대 (특1)	윤 온	165	13,338	24,520	1,353.18
	롯데호텔제주카지노 【(주)두성】	'85.04.11	임대 (특1)	이혁병	204	50,142	39,507	1,205.41
	더호텔엘베가스카지노 【(주)지앤엘】	'90.09.01	직영 (특1)	조성해	130	13,278	60,087	2,124.52
	하얏트호텔카지노 【벨루가오션(주)】	'90.09.01	임대 (특1)	여운판	168	16,467	47,765	803.30
	골든비치카지노 【(주)골든비치】	'95.12.28	임대 (특1)	정희태	130	20,816	36,819	2,280.79
	16개 업체(외국인 대상)		직영:1 임대:15		4,990	1,368,479	2,707,315	38,110.65
강원	강원랜드카지노 【(주)강원랜드】(내국인 대상)	'00.10.12	직영 (특1)		3,631	1,279,032	3,067,992	12,792.95
	17개 업체(내·외국인 대상)		직영:2 임대:15		8,621	2,647,511	5,775,307	50,903.60

주: 관광기금 부과 매출 기준
주: 종사원수 : 세븐럭강남(본사포함), 강원랜드(리조트 전체)
자료: 문화체육관광부(2014). 카지노현황

특히, 카지노산업의 외화획득 규모나 이용고객의 증감에 영향을 끼치는 주요 요인은 외국인전용의 특성에 따라 원화가치의 증감, 즉 환율의 변동에서 찾을 수도 있으며, 또한 국내외 정치적 환경에 기인하기도 한다.

카지노사업의 경영 ③

1. 카지노사업 관련정책

1) 우리나라 허가 및 시설기준

(1) 허가관련법규

카지노업의 허가와 관련된 법규는 관광진흥법, 경제자유구역 지정 및 운영에 관한 특별법, 기업도시개발특별법, 제주특별자치도 설치 및 국제자유도시 조성을 위한 특별법, 새만금사업 추진 및 지원에 관한 특별법, 폐광지역 개발 지원에 관한 특별법이 있다. 본서에서는 관광진흥법에서 규정하고 있는 카지노업 허가에 대해 살펴보고자 한다.

관광진흥법 제21조에 카지노업 허가요건을 규정하고 있으며, 이에 대한 세부내용은 관광진흥법 시행령 제27조에서 규정하고 있다.

관광진흥법 제21조에 의거한 허가요건은 다음과 같다.

① 문화체육관광부장관은 제5조 제1항에 따른 카지노업(이하 '카지노업'이라 한다)의 허가 신청을 받으면 다음 각 호의 어느 하나에 해당하는 경우에만 허가할 수 있다.

1. 국제공항이나 국제여객선터미널이 있는 특별시·광역시·도·특별자치도(이하 '시·도'라 한다)에 있거나 관광특구에 있는 관광숙박업 중 호텔업시설(관광숙박업의 등급 중 최상 등급을 받은 시설만 해당하며, 시·도에 최상 등급의 시설이 없는 경우에는 그 다음 등급의 시설만 해당한다) 또는 대통령령으로 정하는 국제회의업 시설의 부대시설에서 카지노업을 하려는 경우로서 대통령령으로 정하는 요건에 맞는 경우

2. 우리나라와 외국을 왕래하는 여객선에서 카지노업을 하려는 경우로서 대통령령으로 정하는 요건에 맞는 경우

② 문화체육관광부장관이 공공의 안녕, 질서유지 또는 카지노업의 건전한 발전을 위하여 필요하다고 인정하면 대통령령으로 정하는 바에 따라 제1항에 따른 허가를 제한할 수 있다.

이러한 카지노사업의 허가기준은 최상등급의 호텔카지노, 국제회의시설, 선상카지노에 따라 기준이 다르게 적용되고 있는데, 관광진흥법 시행령 제27조에 의거한 세부사항 허가요건은 다음과 같다.

① 법 제21조 제1항 제1호에서 '대통령령으로 정하는 국제회의업 시설'이란 제2조 제1항 제4호 가목의 국제회의시설업의 시설을 말한다.

② 법 제21조 제1항에 따른 카지노업의 허가요건은 다음 각 호와 같다.

1. 관광호텔업이나 국제회의시설업의 부대시설에서 카지노업을 하려는 경우

가. 해당 관광호텔업이나 국제회의시설업의 전년도 외래관광객 유치실적이 문화체육관광부장관이 공고하는 기준에 맞을 것

나. 외래관광객 유치계획 및 장기수지전망 등을 포함한 사업계획서가 적정할 것

다. 나목에 규정된 사업계획의 수행에 필요한 재정능력이 있을 것

라. 현금 및 칩의 관리 등 영업거래에 관한 내부통제방안이 수립되어 있을 것

마. 그 밖에 카지노업의 건전한 육성을 위하여 문화체육관광부장관이 공고하는 기준에 맞을 것

2. 우리나라와 외국 간을 왕래하는 여객선에서 카지노업을 하려는 경우

가. 여객선이 2만톤급 이상으로 문화체육관광부장관이 공고하는 총톤수 이상일 것

나. 삭제 <2012.11.20.>

다. 제1호 나목부터 마목까지의 규정에 적합할 것

③ 문화체육관광부장관은 법 제21조 제2항에 따라 최근 신규허가를 한 날 이후에 전국 단위의 외래관광객이 60만명 이상 증가한 경우에만 신규허가를 할 수 있되, 다음 각 호의 사항을 고려하여 그 증가인원 60만명당 2개 사업 이하의 범위에서 할 수 있다.

1. 전국 단위의 외래관광객 증가 추세 및 지역의 외래관광객 증가 추세

2. 카지노이용객의 증가 추세

3. 기존 카지노사업자의 총 수용능력

4. 기존 카지노사업자의 총 외화획득실적

5. 그 밖에 카지노업의 건전한 발전을 위하여 필요한 사항

(2) 허가절차

카지노업의 허가를 받으려는 자는 카지노업 허가신청서에 다음 서류를 첨부하여 문화체육관광부장관에게 제출하여야 한다.

1. 신청인(법인의 경우에는 대표자 및 임원)의 성명·주민등록번호를 기재한 서류

2. 정관(법인만 해당한다)

3. 사업계획서(카지노영업소 이용객 유치계획, 장기수지 전망, 인력수급 및 관리계획, 영업시설의 개요 포함)

4. 타인 소유의 부동산을 사용하는 경우에는 그 사용권을 증명하는 서류

5. 법 제21조 제1항 및 영 제27조 제2항에 따른 허가요건에 적합함을 증명하는 서류

(3) 시설기준

관광진흥법 시행규칙 제29조(카지노업의 시설기준 등)의 규정에 의한 시설기준은 330제곱미터 이상의 전용 영업장, 1개 이상의 외국환 환전소, 제35조 제1항에 따른 카지노업의 영업종류 중 네 종류 이상의 영업을 할 수 있는 게임기구 및 시설, 그리고 문화체육관광부장관이 정하여 고시하는 기준에 적합한 카지노 전산시설을 갖추어야 하며, 여기서 문화체육관광부장관이 고시하는 기준에 적합한 전산시설은 다음과 같다.

1. 하드웨어의 성능 및 설치방법에 관한 사항

2. 네트워크의 구성에 관한 사항

3. 시스템의 가동 및 장애방지에 관한 사항

4. 시스템의 보안관리에 관한 사항

5. 환전관리 및 현금과 칩의 수불관리를 위한 소프트웨어에 관한 사항

2) 미국 네바다주

미국 네바다주의 경우 '게이밍 기업 지역'으로 지정된 곳에 한하여 카지노를 허가하고 있으며, 1992년에 제정된 법에 의하여 라스베이거스와 리노 등에서는 리조트호텔이

아닌 곳에는 더 이상의 카지노면허 발급을 금지하고 있다.

(1) 일반기준

게이밍 당국은 허가지침을 준수하여 다음 항목들을 사정하여 부적합할 시 허가신청을 발려한다.

① 신청인의 인격
② 운영자금 조달방법
③ 운영자의 사업능력
④ 영업장소의 적합성
⑤ 영업장소의 소유권
⑥ 복수면허 허가기준
⑦ 심사과정 중 행위

(2) 신청인의 인격

① 폭력, 도박 그리고 도덕적으로 비열한 행위를 포함하는 중죄 또는 경범죄 선고 여부
② 합당한 법 준수 의식의 결여를 나타내는 해명되지 않은 구속 여부
③ 좋은 성품, 정직성, 성실성 증명 불투명
④ 과거의 카지노 경영 유경험
⑤ 조직범죄 연루 또는 가입
⑥ 부적격한 사람들과의 제휴
⑦ 과거의 불법적인 게이밍 운영 허가자
⑧ 공중위생, 안전, 도덕, 질서 그리고 국가와 산업의 일반 복지에 대하여 위협하는 행위
⑨ 네바다주 또는 게이밍 산업에 대한 불신을 반영하는 행위

뉴저지주의 경우 네바다주와 비슷하고 총 업체 수를 13개로 제한하고 있으며, 선상 카지노 위주로 운영되는 미시시피주도 총수를 제한하고 있다.

기타 주의 경우 카지노 도입시 공청회, 주민 찬반투표를 시행한다.

3) 프랑스

① 신청한 영업장소가 지정된 휴양지나 도시가 아니면 불가
② 1휴양지 1카지노 원칙 적용
③ 대도시 반경 100킬로미터 이내 금지
④ 카지노를 위한 건물이 사전에 확보되지 않으면 불가
⑤ 커미션에 의해 신청인뿐만 아니라 신청인이 추천한 경영팀에 대한 성품과 경제적인 상태에 대한 완벽한 배경조사 시행
⑥ 카지노 도입시 지역주민 공청회 시행

4) 영 국

① 신청인이 영국 내 거주자이거나 법인인 경우가 아니면 불가
② 게이밍이 공정하고 적절히 수행될 것인가 여부에 대한 조사 결과 부적격시 불가
③ 카지노가 무질서나 혼란 없이 잘 운영될 수 있는지 여부에 대한 의문시 불가
④ 게이밍 보드에 의해 신청인과 신청서에 카지노 매니저로 적시된 사람의 성품, 평판, 재정적 상태에 대한 조사 부적합시 불가

5) 포르투갈

① 법에 명기된 바대로 관광진흥을 위한 의무사항들을 이행하겠다는 동의가 없으면 불가
② 허가동의서에 서명하기 이전 3년간 투자계획의 30%가 완료되지 않으면 불가
③ 회사 자본의 최소 60%가 특정 지명인에 의해 출자되지 않으면 불가
④ 회사 자본의 60%가 포르투갈인 소유가 아니면 불가

6) 스페인

① 카지노 운영 신청자가 정부가 특별히 관광진흥을 위해 요구할 경우와 규모의 콤프 서비스를 제공할 수 있는지 여부에 대한 조사시 불합격이면 불가

② 인구 30만명 이상 도시 불가

③ 외국 자본 투자시 비율은 25% 이내일 것

7) 뉴질랜드

① 신청인의 전과가 있으면 불가

② 도덕적 과실로 인한 사회봉사처분이 있으면 불가

③ 기타 카지노 운영과 관련한 행동으로 인한 징계가 있으면 불가

④ 신청인의 재정적 능력 미달 혹은 과거 파산의 경력이 있으면 불가

8) 기 타

① 벨기에 : 총 업체 수를 8개로 제한

② 덴마크 : 총 업체 수를 10개로 제한

③ 기타 유럽 제국 : 해변, 온천 등 관광 리조트 단지 내로 제한

④ 호주 : 외국 자본 비율 38% 이내, 1지역 1개소 독점권 부여로 경영 안정 및 세금으로 공익 도모는 물론, 인터넷 카지노를 세계 최초로 허가하였다.

2. 카지노 운영형태

우리나라의 카지노 경영형태는 현재 크게 두 가지 경영방식으로 설명할 수 있는데, 첫째는 소유직영방식(ownership management)이고, 둘째는 임대방식(lease management)으로 나눌 수 있다.

1) 소유직영방식(ownership management)

이 방식은 호텔이 카지노를 직접 소유하고 경영하는 형태이며, 국내에서는 호텔과 카지노가 법인명과 대표이사가 같은 경우이나 경영은 서로 다른 조직과 총지배인을 두고 운영하는 경우를 말하며, 현재 국내에서는 인천 올림포스호텔 카지노, 부산 파라다이스비치호텔 카지노, 제주 홀리데이인호텔 카지노, 제주 오리엔탈호텔 카지노가 여기

에 해당된다.

소유직영방식의 매출액을 살펴보면, 부산 파라다이스비치호텔 카지노와 홀이데이인 호텔 카지노의 경우는 전체 매출액 중에서 카지노 수입이 약 60%를 차지하였고, 올림포스호텔 카지노의 경우는 약 80% 이상을 차지하였다.

2) 임대방식(lease management)

이 방식은 토지 및 건물의 투자에 대해 직접적으로 참여하지 않고 제3자의 건물을 계약에 의하여 임차하여 카지노사업을 경영하는 형태이며, 국내에서는 카지노사업자가 호텔 건물의 일부분을 임대하여 일정액의 임대료를 호텔 사장에게 지불하는 것을 말한다. 이에 해당되는 카지노는 워커힐 카지노, 제주 신라 카지노, 제주 하얏트 카지노, 제주 칼올림포스 카지노 외에 5개 업체가 있다.

임대방식의 매출액을 살펴보면, 워커힐 카지노는 전체 매출액 중에서 카지노 수입이 약 60%를 차지하였다.

3. 국내외 카지노의 수익 현황

1) 국내 카지노 수익 현황

국내에는 2014년 5월말 현재 외국인대상 16개의 카지노와 내·외국인대상 1개의 카지노가 영업 중이며, 지역별로는 서울 3개, 부산 2개, 인천 1개, 강원 2개, 대구 1개, 제주 8개로 분포되어 있다. 총 17개의 업체 중 강원랜드의 2013년 매출액은 약 1조 2천 8백억원 정도로 나머지 16개 업체의 매출액 약 1조 3천 7백억원과 비슷한 수치를 나타내고 있다.

관광객 1인당 평균 카지노 이용금액을 살펴보면, 2013년에 카지노를 방문한 관광객이 카지노에서 사용한 금액은 평균 약 80만원이며, 매출액 상위 10개의 업체 중 '파라다이스인천 카지노'에서 관광객 1인당 약 160만원을 소비하는 것으로 나타났다. 내국인도 출입 가능한 강원랜드를 제외한 외국인전용 카지노 9개 업체의 평균 지출액은 837,538원으로 나타났다.

표 10-4 국내 카지노 매출액 현황(상위 10개 업체)

업소명	2013 매출액(백만원)	2013 입장객(명)
강원랜드카지노	1,279,032	3,067,992
파라다이스워커힐카지노	424,824	493,935
세븐럭카지노 서울강남점	284,972	418,275
세븐럭카지노 힐튼호텔점	182,849	981,195
파라다이스 인천 카지노	88,243	52,481
세븐럭카지노 부산롯데호텔점	78,997	218,199
파라다이스카지노 부산	75,347	93,157
제주카지노지점	56,241	54,210
롯데호텔제주카지노	50,142	39,507
신라카지노	25,217	38,726

자료: 문화체육관광부(2014), 2014 카지노현황

그리고 2013년도 카지노 종사원 1인당 카지노에서 벌어들인 수익은 약 2억 8천만원으로, 매출액 상위 10개의 업체 중 '파라다이스워커힐카지노'에서 카지노 종사원 1인당 약 4억 2천만원 수익을 내는 것으로 나타났다.

표 10-5 국내 카지노 관광객 소비금액 및 종사원 수익금

업소명	2013 매출액(백만원)	2013 입장객(명)	종사원 수(명)	1인당 소비금액(원)	종사원1인당 수익금(백만원)
강원랜드카지노	1,279,032	3,067,992	3631	416,895	352
파라다이스워커힐카지노	424,824	493,935	1002	860,081	424
세븐럭카지노 서울강남점	284,972	418,275	822	681,303	347
세븐럭카지노 힐튼호텔점	182,849	981,195	537	186,353	341
파라다이스 인천 카지노	88,243	52,481	378	1,681,428	233
세븐럭카지노부산롯데호텔점	78,997	218,199	308	362,041	256
파라다이스카지노 부산	75,347	93,157	318	808,817	237
제주카지노지점	56,241	54,210	205	1,037,465	274
롯데호텔제주카지노	50,142	39,507	204	1,269,193	246
신라카지노	25,217	38,726	182	651,165	139
합계	254,586	545,768		795,474	285

자료: 문화체육관광부(2014), 2014 카지노현황

2) 국외 카지노 수익 현황

2013년 카지노 총수익(레스토랑, 숙박시설 등 총수익 포함)을 기준으로 상위 10개의 업체 중 5개는 미국의 카지노 업체이고, 3개 업체는 홍콩의 카지노 업체로 나타났다. 미국 5개 업체의 총수익 합계는 약 400억 달러이며, 홍콩 3개 업체 총수익 합계는 약 250억 달러이다.

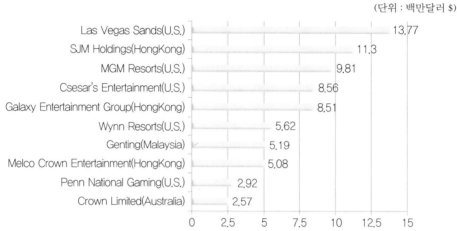

자료: Statista, Casino companies ranked by revenue worldwide in 2013

◎ 그림 10-1 2013년 세계 카지노업체 순위(총수익 기준)

2013년도 미국의 카지노 게임 매출 총액은 약 400억 달러로 서부와 중서부는 2012년 도에 비해 성장하긴 하였으나 그 폭이 미미하게 나타났다. 하지만 미국은 2004년부터 2013년까지 매년 300억 달러가 넘는 수익을 얻고 있다.

◎ 표 10-6 미국 지역별 카지노 총수익(2011~2013)

(단위 : 백만달러 $)

구 분	2011	2012	2013	전년대비 증감률
서부	11,952	12,430	12,714	2.3%
중서부	7,059	7,637	7,822	2.4%
남부	6,809	6,843	6,754	-1.3%
북동부	11,183	11,729	11,705	-0.2%
계	37,003	38,639	38,995	0.92%

자료: UNLV, United States Commercial Casino Revenues 재구성

그리고, 마카오는 2014년 10월까지 약 380억 달러의 수익을 얻은 것으로 나타났다. 2013년에는 약 450억 달러의 수익을 얻으며 2012년도에 비해 약 20%의 수익을 창출하였다. 그러나 시진핑 주석이 부패와의 전쟁을 선언하며 마카오는 2014년 6월부터 수익이 줄고 있는 것으로 나타났다.

표 10-7 마카오 카지노 월간 총수익(2012~2014)

단위: 백만파타카(MOP)(1.03MOP = 1HKD = 0.13$(14.11.04 기준)

구 분	2012	2013	2014	전년대비 증감률
1월	25,040	26,864	28,739	7.0%
2월	24,286	27,084	38,007	40.3%
3월	24,989	31,336	35,453	13.1%
4월	25,003	28,305	31,318	10.6%
5월	26,078	29,589	32,354	9.3%
6월	23,334	28,269	27,215	-3.7%
7월	24,579	29,485	28,415	-3.6%
8월	26,136	30,737	28,876	-6.1%
9월	23,866	28,963	25,564	-11.7%
10월	27,700	36,477	28,025	-23.2%
11월	24,882	30,179	-	-
12월	28,245	33,460	-	-
계	304,138	360,748	303,966	

자료: Gaming Inspection and Coordination Bureau Macao SAR, Monthly gross revenue from games of fortune 재구성

 카지노 장비와 주요 게임의 유래

1. 카지노 장비

1) 카 드

(1) 카드의 기원

카드의 기원에 대하여 여러 가지의 학설이 있는데, 동양에서 유래되어 유럽으로 전

해졌다는 설이 유력하다.

첫째, 미국 보스톤(Boston) 박물관에서 소장되어 있는 1세기 경 중국의 골패가 카드 원형의 기원이라는 설이다. 고대 중국인들은 점을 치거나 의사를 결정할 때 돌, 뼈, 나무 조각, 동물의 이빨 등을 사용했는데, 이것이 골패에서 카드로 변형되었다는 설이다.

둘째 역시 중국 기원설로 8세기 당나라 때 종이가 발명이 되어 종이돈을 사용하여 놀이를 하였는데, 이 지폐에는 황제, 와비, 장수 등이 그려져 있었으며, 각각의 지폐마다 다른 가치를 부여하여 놀이를 하는 것이 실크로드를 통해 서양으로 전해졌다는 설이다.

셋째, 인도 기원설로 장기가 인도에서 발명되어 장기가 카드로 발전하여 유럽에 전해졌다는 설이다.

넷째, 10세기 경 사라센(Saracen)과 아랍(Arab)인들의 점성술에 사용하는 카드가 유럽에서 전해져 유래되었다는 설이다. 15세기 이탈리아 역사학자 Angelo에 의하면 1379년 사라센(Saracen) 사람들이 사라센 나이브(Saracen naib)라는 게임을 이탈리아(Italy)의 비테르보(Viterbo)라는 지역에 전했다는 기록이 있다. 아랍(Arabic) 문자의 나바브(Nabab)라는 의미는 예언을 뜻하며, 점성술에 사용했을 것으로 추측할 수 있다.

다섯째, 이집트(Egypt) 기원설은 18세기 프랑스의 신비주의 학자 쿠르 데 재블링이 주장한 학설로 서양 카드의 옛날 형태인 타로(tarot)의 태양, 달, 악마 등을 그린 22장의 카드가 오늘날의 카드로 발달했다는 설이다.

이상의 기원설을 볼 때 동양에서 발생한 카드는 11~13세기에 유럽으로 전파되어 유럽국가들에 의하여 14세기부터 발전되기 시작하였다고 볼 수 있다.

(2) 카드의 발달

오래된 형태의 카드는 타록(tarok-독일), 타로(tarot-프랑스), 타로키(tarocchi-이탈리아)로 불러졌으며, 22장의 아토우(atout)와 56장의 카드를 합쳐 78장이 한 Deck으로 되어 있다.

아토우는 1에서 21까지 숫자가 붙어 있는 그림과 광대가 그려진 한 장으로 이루어져 있었다. 그림은 연대에 따라 다르지만 마술사, 연인, 전차, 여신, 수레바퀴, 악마, 해, 달 등 인간 갖가지 욕망과 행동을 나타낸 그림이었으며, 광대가 그려진 또 한 장의 그림 카드는 조커(Joker)의 원조로 추정된다.

다른 56장의 카드는 칼, 곤봉, 성배, 화폐의 4가지 수트(Suit)로 나누어져 있었으며, 1

에서 10까지의 숫자와 왕, 여왕, 기사, 병사의 그림 카드로 되어 있었다. 칼은 왕과 귀족, 곤봉은 농부, 성배는 성직자, 화폐는 상인의 상징으로 중세의 사회 계급을 표시하였다. 이는 다시 심장, 방울, 나뭇잎, 떡갈나무 열매로 변했으며, 프랑스에서 심장, 떡갈나무 열매, 칼, 마름모 형으로 변했다.

14세기 말에서 15세기 초에 프랑스에서 56장이 1데크(deck)가 되었으며, 1425년경 영국에서 52장의 카드를 사용하였다. 인쇄술이 발명되기 전에는 손으로 그렸기 때문에 가격이 비쌌으나 독일에서 목판인쇄가 시작되어 싼 가격에 대량 공급시대가 열렸다.

카드의 빨강과 검정은 프랑스에서 처음 시작되었으며, 카드의 그림으로 등불, 꽃, 새, 물고기, 칼, 도자기 등이 시대의 변화에 따라 다르게 나타났다. 15세기 독일에서는 추상적인 뜻에서 왕관, 빛, 침구, 보물상자 등을 나타내는 카드를 만들기도 하였다.

(3) 카드의 의미

카드의 검은색과 빨간색은 달과 해를 상징하고, 북과 남을 의미하기도 한다. 네 가지 무늬는 춘하추동(春夏秋冬) 사계절을 의미하기도 하며, Spade는 밭을 갈 때 사용하는 삽, 가래의 농기구를 뜻하며, 농산물을 상징하기도 한다.

클로버(Clover) 혹은 클럽(Club)은 가축의 먹이로서 가축 혹은 육식을 의미하며, 하트(Heart)는 남 · 녀 간의 사랑, 인간관계의 애정 표현으로 마음, 애정을 표시하며, 다이아몬드(Diamond)는 농경사회의 결혼과 재물, 인간의 영원한 번성을 뜻하기도 한다.

카드의 52장은 1년의 52주를 상징하고, 무늬당 13장을 1에서 13까지 합하면 91이 되고 91에서 4를 곱하면 364가 되며, 여기에 조기(Joker)를 보태면 365, 즉 일년 365일로 정확히 맞아떨어진다. 또한, 네 가지 무늬는 환제나 지도자를 상징하기도 하는데, 스페이드(Spade)는 다비아(Davia)(Hebrew 왕), 다이아몬드(Diamond)는 줄리어스 시저(Julius Caesar), 클로버(Clover)는 알렉산더(Alexander), 하트(Heart)는 샤를마뉴(Charlemagne)(서기 768~820 Franks 군주)이며, 유럽 쪽에서 생산되는 카드를 보면 네 가지 무늬 위에 D, J, A, C로 표시되어 있는 경우를 볼 수 있다.

2) 주사위

주사위도 카드와 마찬가지로 옛날부터 여러 나라에서 사용해 왔던 것으로 생각되며,

주사위의 기원을 살펴보면 다음과 같다.

첫째, 이집트(Egypt)를 들 수 있다. 주사위는 이집트의 피라미드에서도 출토되었으며, 동물의 뼈를 깎아 놀이에 사용하였고, BC 2000년 경 이집트를 시작으로 그리스, 로마 등 유럽 각국으로 전래되었다는 설이다.

특히, BC 49년 줄리어스 시저(Julius caeser)가 루비콘 강을 건너 로마로 진격할 때 "주사위는 던져졌다."고 한 유명한 일화도 있다.

둘째, 인도 기원설이다. 인더스 문명기의 것으로 추정되는 1의 대면이 2, 3의 대면이 4, 5의 대면이 6으로 되어 있으며, 인도의 성전 "212 베다" 등에 주사위에 관한 기술이 되어 있다.

셋째, 중국 기원설이다. 육각주상이라 불렀으며, 6면을 천, 지, 동, 서, 남, 북으로 구분하여 점성술에 사용하였다. 수 · 당나라 때는 현재의 것과 같은 주사위로 쌍륙 놀이를 하였다.

신라의 시대의 것으로 생각되는 4각이 6면, 3각이 8면인 14면체의 주사위가 경주 안압지에서 출토되었고, 고려시대에도 주사위 놀이가 있었다고 전해진다.

조선시대 초기에는 부녀자들이 주사위를 던져 숫자 맞추기 놀이를 하였을 뿐 아니라, 주종 20년 형조판서를 지낸 조계상이 승지를 지낸 이세정과 쌍륙 놀이를 즐겼다는 기록도 있다.

근대적인 주사위 게임은 12세기 초 십자군에 의하여 유럽에 전달되고, 17세기 경 유럽에서는 주사위 게임이 성행하였으며, 미국과 전 세계로 널리 보급되었다.

과거의 주사위 재료는 상아가 가장 많이 쓰였고 범고래의 이빨, 사슴의 뿔, 가축의 뼈, 단단한 나무 등으로 많이 만들어졌으나 현재에는 고강도 플라스틱으로 만든 것을 사용하고 있다.

3) 칩(Chips)

(1) 칩(Chips)의 발전

칩(Chips)은 언제 누가 만들어서 사용했는지 알려지지 않고 있으나, 1800년대 몬테 카를로(Monte Carlo)에서 상아로 만든 사각형의 플라크(Plaque)를 사용한 것으로 전해지고 있으며, 그 이전에는 현금과 현물로 게임을 한 것으로 추정되고 있다.

1926년 위조 칩이 만들어져 각 카지노들이 많은 손실을 보게 되자 위조가 불가능한 칩을 개발하기 시작하여 상아, 동물의 뿔 등 천연재료에 의존하여 만들어졌던 것이 플라스틱의 발전과 함께 플라스틱 합성 칩과 컴퓨터 칩(Computer Chips)이 내장된 칩까지 개발되어 칩 위조는 이제는 먼 옛날 얘기가 되었다. 칩은 카지노에서 액면가를 정하여 현금 대신 사용하며 각 카지노별로 다른 색깔의 칩을 사용하고 있으나, 특정 지역의 카지노끼리 동일한 칩을 사용하는 경우도 있다. 고객들이 현금을 직접 사용하기보다 게임에 쉽게 임할 수 있고, 카지노 직원들은 게임의 질서유지, 실수 방지, 진행의 신속성 등 영업활동에 많은 도움을 주게 되었다.

칩은 가운데 금속성으로 카지노의 표시와 금액을 표시하는 데컬(Decal) 부분과 바깥 부분을 둘러싼 아웃링(Out ring)으로 구성되며, 아웃링(Out ring)은 에지(Edge)와 회사표시를 하는 이너링(Inner ring)으로 구분이 되며, 고액 칩에는 자외선 특수 색소로 처리하도록 하고, 컴퓨터 칩(Computer Chips)을 내장시켜 위조를 방지하고 있다.

(2) 칩(Chips)의 종류

① 아메리칸 칩스(American Chips)

칩의 크기는 지름이 39mm에서 45mm까지 크기의 차이가 있으며, 동양에서는 대부분 39mm를 사용하고 있고, 무게에도 9g에서 13.5g으로 차이가 있어 밸류칩(Value Chips)과 논밸류칩(Non-Value Chips)으로 구분된다.

밸류칩(Value Chips)은 카지노에서 항상 현금화할 수 있는 칩이며, 데컬(Decal) 부분에는 액면가가 표시되어 있다. 액면가를 구분하기 위하여 색깔과 무늬를 다르게 하여 눈으로 구별할 수 있으며, 액면가는 5진법과 10법을 사용하며 머니칩(Money Chips) 혹은 캐시칩(Cash Chips)이라고도 부른다.

논밸류칩(Non-Value Chips)은 고객의 구분이 쉽지 않은 여러 사람이 한꺼번에 몰려 게임을 하는 룰렛(Roulette)이나, 같은 게임에 주로 사용된다. 고객들 간의 문제가 발생하지 않고, 고객 구분이 쉽게 될 수 있게 액면가가 적혀 있지 않은 칩으로서 컬러칩(Color Chips) 혹은 플레이칩(Play Chips)으로 부른다.

또한, 특정 단체를 위하여 액면가를 정하지 않고 지정된 고객만이 사용하도록 제작해 놓은 것을 마케팅칩(Marking Chips)이라고 하며, 이것도 역시 논 밸류칩(Non-Value Chips)에 속한다. 논밸류칩(Non-Value Chips)은 환전소(Cashier)에서 현금화할 수 없다.

② 프렌치 칩스(French Chips)

유럽과 아프리카 지역 카지노에서 주로 사용되고 있으며, 플라크(Plaque), 제톤(Jeton) 등 직사각형, 정사각형, 타원형, 원형 등의 종류가 있다. Racking이나 Cutting을 할 수가 없고, 게임 진행에 스피드가 떨어져 흥미가 반감되어서 점차적으로 고액 칩을 제외하고는 American Chips로 바꾸는 추세에 있다.

2. 카지노 주요 게임 유래

1) 룰렛(Roulette)

룰렛(Roulette)이라는 단어는 프랑스어의 'Roue'(바퀴)와 이탈리아어의 'Ette'(작은)의 합성어로 돌아가는 작은 바퀴를 뜻한다. 그리스 신화에 의하면 전쟁터에서 방패를 돌려 단검을 던져 맞추기 하는 게임이 있었다고 하며, 로마의 황제 아우구스투스(Augustus)는 전쟁터에서 마차의 바퀴를 돌려 칼을 던져 맞추는 게임을 즐겨 하였고, 미국의 인디언(Indian)들은 회전하는 바늘이나 시침을 사용하여 게임을 즐겼다는 기록이 있다.

카지노에서 딜러(dealer)를 뜻하는 프랑스어의 크루피에(Croupier)라는 단어는 승마 조련사란 뜻으로 기수가 되고자 하는 사람을 훈련시키듯이 전문 카드플레이어(Card player)가 되려고 하는 사람을 교육시키는 데서 유래되었다고 볼 수 있다.

룰렛(Roulette)의 역사에 대하여는 여러 가지 설 중 프랑스에 이름이 잘 알려지지 않은 수도사가 옛날부터 전해져오던 마차 바퀴놀이를 변형시켜 만들었다는 설과 중국에서 만들어진 게임을 도미니쿠스 수도회가 프랑스로 전파했다는 설도 있다. 이러한 설은 룰렛에서 1에서 36까지 숫자를 전부 합하면 666이 되며, 이는 수도원에서 지옥이나 악령을 뜻하는 수가 되는 것을 보면 수도원과 전혀 무관한 것 같지 않다. 그러나 17세기 계산법의 아버지라 불리우는 수학자 블레즈 파스칼이 영구운동(Perpetual motion)을 발견하여 그 영향으로 축소형 바퀴를 만들어 "Roulette"이라고 이름을 붙여 전했다 한다.

갬블링(Gambling)을 목적으로 만들어진 처음 기록은 바퀴(Wheel)를 돌리고 공(Ball)을 던져서 번호 속에 들어가게 하는 "호카(Hocca)"는 17~18세기 경에 유럽의 왕궁에서 성행했었던 게임이었고, 호카 휠(Hocca wheel)은 둥근 원형으로 평평하게 눕혀져 있어 바깥쪽 끝 부분 주위의 포켓(Pocket)에 40개의 번호가 있고, 휠(Wheel)에는 3개의 Zero가 있어

하우스(House)에 높은 이익을 주었다. 호카(Hocca)는 프랑스 루이 16세 때 마자린(Mazarin) 추기경에 의하여 많은 후원을 받아 프랑스에서 많은 카지노가 개장할 수 있는 권한을 위임받아 많은 왕실 국고 수입을 올렸다.

2) 블랙잭(Black jack)

블랙잭(Black jack) 게임의 역사는 포커(Poker)와 진러미(Gin rummy), 이탈리아의 세븐 앤 하프(Seven and a half), 스페인의 원 앤 서티(One and thirty), 프랑스의 벵 떼엉(Vingt-et-un)에서 유래되었다고 하며, 이 모든 게임은 15세기 경 유럽에서 행해진 비슷한 카드게임 들이다.

1940년 경 이탈리아에서 처음 시작된 세븐 앤 하프(Seven and half)는 현재 사용하는 카드중 8, 9, 10을 제외한 나머지 카드를 사용했으며, 그림 카드는 하프[Half(1/2)]로 계산하고, 나머지 숫자는 표시된 대로 카운트하였다.

다이아몬드킹(Diamond king)은 오직 'Win card'로만 사용하고, 블랙잭(Black jack)과 같이 카드를 더 받을 수 있으며, 7과 1/2에 가까우면 승리하고, 7과 1/2을 넘으면 버스트(Bust)가 되는 게임이다. 영국에서도 왕족이나 귀족들이 왕궁에서 즐겼던 게임으로 15가 넘으면 버스트(Bust)가 되는 게임이 있었다고 전한다.

프랑스에서 처음 시작되었던 벵 떼엉(Vingt-et-un)은 19세기 초 뉴올리언스(New-orleans)에서 처음 시작되었으며, 미시시피(Missisipi)강의 유람선 카지노(Casino)와 캘리포니아의 콜드러시 때는 원시천막(Saloon) 안, 미국 개척시대에는 조그만 게임 홀(Game hall)에서 널리 즐겼다.

1854년 엘리놀 듀몽(Eleanore dumont)은 네바다(Nevada)주에서 'Vinght-et-un game'의 레이아웃(Lay out)을 만들었고, 1870년대 중반 사우스 다코타(South dakota)의 데드우드(Deadwood)에서 Vinght-et-un이 영어로 번역되면서 트웬티원(Twenty-one)으로 알려지기 시작했다.

21게임이라고 이름이 붙여진 이유는 숫자카드 A에서 9까지를 더하면 45가 되고, 그림카드 3장과 10장을 더하면 85가 되며, 한번 딜(deal)을 할 때 한 장 번(Burn) 하면 84이고, 이를 다시 포수트(Four suit)인 4로 나누면 21이 되어 트웬티원(Twenty-one)으로 이름이 붙여졌다.

블랙잭(Black jack)으로 이름이 붙여진 것은 두 장의 카드로 21이 되면 한 배 반을 지불했지만 스페이드 에이스에 스페이드나 클럽(Club)의 잭(Jack)이 나오게 되면 한 배 반 외의 건 금액의 10%를 더 지불하는 규칙이 있어 블랙 잭(Black jack)으로 명명되었다고 한다.

1919년 'Black jack pay 3 to 2'라는 레이아웃(Lay out)이 처음 만들어졌고, 1931년 네바다(Nevada)주에서 도박이 합법화될 때까지 규칙들의 변화가 많았으나 점차 통일되어 전 세계로 보급되고 카지노에서 가장 인기 있는 게임 중 하나로 자리 잡았다.

3) 바카라(Baccarat)

바카라(Baccarat)의 역사는 고대 에트루리아(Etruria)의 아홉 신들의 의식 연구에 기초하여 플렉스 파귀에르(Flex falguire)에 의해서 만들어졌다. 전설에 의하면 2600년 로마에는 사원이 있었는데, 아홉 신들은 Nven dare성의 금발의 처녀를 이기기 위해 준비하였다. 만일 그녀가 8, 9를 던지면 여사제는 왕이 될것이고, 6, 7을 던지면 여사제는 자격이 박탈되고, 5 이하를 던지면 바다 속으로 들어가야 했다.

바카라(Baccarat)는 이전 숫자 게임에 의하여 고안되었으며, 유럽의 'Baccara en banque', Chemin de fer는 이탈리아의 Baccarat game이 원조이다.

1483년부터 15년간 재위한 찰스(Charls) 8세 때 프랑스 상류사회에서 크게 유행하기 시작하였으며, 이후 사회적 부작용과 재정확보 목적에서 금지와 합법화를 반복하다가 나폴레옹 시대에는 완전히 금지되어 궁중에서만 명맥이 유지되다가 1907년 다시 합법화되어 성행하여 에드워드(Edward) 7세 때 쉬미(Shimmy)란 게임으로 영국에 전래되었다.

1912년 미국에 전래되었으나 블랙잭(Black jack) 위세에 빛을 보지 못했으며, 1940년대 플로리다(Florida)와 카리브연안에서 성행하였던 'Chemin de fer'를 1950년대 토미 레조니(Tommy renzoni)가 쿠바(Cuba)의 조지라프트 카지노(George raft casino)에서 배워 네바다(Nevada)에 소개하였고, 1958년 라스베이거스 스타다스트 카지노(stardast casino)에 쉬미(Shimmy)란 이름으로 등장하여 오늘날의 네바다 스타일 바카라가 정착하게 되었다.

우리나라에는 1970년대 초에 보급되어 카지노에서 가장 인기 있는 게임으로 자리 잡고 있다. 'Baccara en banque, Chemin de fer', 'Punto banco, Baccarat' 등 다양한 이름으로 불리지만 'Baccara en banque'는 플레이어(Player)가 5이고, 뱅커(Banker)가 6 이하이

면 플레이어(Player)가 세 번째 카드를 받을 건가 안받을 건가 결정할 수 있는 규칙을 제외하면 운영방법에는 약간의 차이가 있지만 같은 규칙 아래서 게임이 진행된다.

전 세계 카지노에서 가장 쉽게 배울 수 있다는 점과 다른 게임과 비교하여 가장 단순하며, 시스템(System) 작성으로 얻어지는 예측 가능성이 있는 게임으로 인기가 가장 높은 게임 중에 하나로 정착했다.

4) 빅 인 스몰(Big and small)

다이사이(Dai-sai)라고 부르는 게임으로 중국인들이 선호하는 게임이다. 나무로 만들어진 쉐이커(Shaker)에 3개의 주사위를 넣고 흔들어서 나오는 수의 합으로 승부를 가리는 게임이다.

테이블에 전광장치가 되어 있어 맞은 장소에 불이 들어오고 테이블에 지불(Pay)하는 배수가 적혀 있어 카지노에서 베팅(Betting)의 승패가 쉬워 쉽게 배우고 즐길 수 있는 게임이다.

5) 카프스(Carps)

다이스(Dice)라고도 불리우며, 미국인이 특히 열광하는 게임이다. 80년대 초까지 미국 군인들이 많았을 때는 각 카지노가 한 테이블씩 가지고 있었으나 주둔 미군수가 줄면서 인기가 시들해졌다. 다른 게임은 딜러(Dealer)가 셔플(Shuffle)을 하거나 볼스핀(Ball spin)을 하는 등 딜러(Dealer)가 하는 게임이지만, 카프스 게임(Carps game)은 플레이어가 5개의 주사위 중 2개를 골라 직접 던지면서 즐기는 게임이기 때문에 고객과 딜러가 함께 즐길 수 있는 게임이다. 7, 11을 외치며 패스라인(Pass line)에 칩을 걸고 즐거움과 기쁨을 함께 나눌 수 있는 게임으로 두 개의 주사위의 합에 의하여 승부가 이루어지며, 철저한 확률에 의하여 승패가 결정되는 게임이다.

6) 빅 휠(Big wheel)

빅 식스(Big six)라고도 불리우는 게임이며, 우리나라에도 몇 곳의 카지노에 있는 게임으로 딜러가 큰 바퀴를 돌려 가죽띠에 걸려 멈추는 곳에 따라 승패가 결정되는 게임이

최신관광수요론

며, 그다지 인기가 높은 편은 아니다.

7) 포커(Poker)

일반인에게 가장 많이 알려진 게임으로 포커게임(Poker)의 종류도 100여 가지 정도로 전 세계인이 즐기는 게임이다. 카지노에서는 'Five draw poker'와 'Stud poker'가 주류를 이루고 있으며, 'Stud poker table'은 유럽과 미국 등 전 세계 카지노에서 인기를 끌고 있으나 우리나라 카지노에서 찾아 볼 수는 없으며, 미군 부대 영내 카지노에서는 포커테이블(poker table)이 있는 것으로 알려져 있다.

8) 슬롯머신(Slot machine)

현대 슬롯머신(Slot machine)의 시초는 1887년 미국 샌프란시스코에서 찰스 페이 (Charles fey)에 의하여 고안된 리버티 벨(Liberty bell)이라고 이름붙여진 3단 짜리 자동 Machine이다.

이 슬롯머신은 담배 자동판매기에 동전을 넣었는데도 담배가 나오지 않았거나, 또 담배가 두 갑이 나오기도 해 동전을 넣으면 안나오는 경우 혹은 두 개, 세 개씩 나오게 하는 슬롯머신의 시초가 되었다.

우리나라는 1961년 사행위 규제법에 의해 "외국인을 상대로 하는 오락시설로서 외화획득에 필요하다고 인정되는 경우와 관광진흥과 관광객의 유치 촉진을 위하여 필요하다고 인정되는 경우"에 관광호텔에 한하여 영업을 시작하였으나 업자들의 법규 위반과 고객의 95% 이상이 내국인이었으며, 기계 조작으로 당첨률이 줄어들고 탈세, 조직폭력 간의 이권다툼 등 사회적 문제가 계속되어 1996년 5월 31일부터 슬롯머신(Slot machine) 영업을 전면 금지시켰다.

1997년 11월 1일부터 외국인전용 카지노에 슬롯머신(Slot machine)을 설치할 수 있게 하였다.

1. 세계 카지노 시장 동향

　세계 카지노 시장은 지속적인 카지노 공급 확대와 수요 증대로 인하여 성장할 것으로 예상되며 세계 카지노 수는 2004년 2,485개소에서 2010년 4,957개소로 99.5% 증가하였다. 세계 카지노 시장은 2007년을 정점으로 2008년 급격히 감소하였으나, 2009년 증가추세로 전환되고 있으며, 2007년 세계 카지노 시장의 급격한 감소는 콜롬비아 게임시설 인허가 기관인 ETESA의 대규모 규제정책으로 인한 3,000여개의 카지노 영업장을 강제로 종료한 데에서 기인한다.

🕐 표 10-8 세계 카지노 업체 수

구 분	2004년		2006년		2007년		2008년		2009~2010년	
	개소	비율(%)	개소	비율(%)	개소	비율(%)	개소	비율(%)	개소	비율(%)
아시아/중동	151	6.1	161	6.2	158	2.1	178	4.1	208	4.2
유럽	1,038	41.8	1,090	41.9	1,294	17.4	1,334	31.0	1,325	26.7
북미	882	35.5	927	35.7	1,301	17.5	1,294	30.1	1,863	37.6
오세아니아	28	1.1	28	1.1	28	0.4	28	0.7	25	0.5
중남미/카리브	274	11.0	276	10.6	4,498	60.6	1,316	30.6	1,367	27.6
아프리카	112	4.5	118	4.5	146	2.0	152	3.5	169	3.4
총계	2,485	100	2,600	100	7,425	100	4,302	100	4,957	100

자료: Casino City Press, Casino City's GLOBAL GAMING ALMANAC, 각년도.

　한편, PWC(PricewaterhouseCoopers, 2012)는 세계 카지노 게이밍 시장은 2008년 후반기에 시작된 미국발 금융위기로 2009년 일시적으로 매출이 하락하였다가 2010년 이후 회복세를 나타내어 2010년 기준 매출 총액은 1,176억달러로 집계하고 있으며, 향후 지속적인 성장세를 유지하며 2015년 총 1,828억달러 규모로 성장할 것으로 전망하고 있다.

　대륙별·국가별로 살펴보면 미국이 전 세계 카지노 시장에서 차지했던 비중이 2006년에는 574.7억달러로 세계시장의 58%를 차지하였으나, 2010년은 49%로 점차 줄어들고 있는 실정이다. 아·태지역의 경우 136.9억달러로 2006년까지만 해도 유럽·중동지역보다 낮은 14%에 불과하였으나, 2010년에 29%, 2015년에는 미국을 넘어서는 43%까지의 시장점유율을 보일 것으로 전망하고 있다.

국가 및 대륙별 전망에서는 미국은 2010년 574.9억 달러에서 2015년 733.2억 달러로 약 5.0%의 연평균 성장률을 나타낼 것으로 예상하였으며, 아-태지역은 2010년 342.8억 달러에서 2015년 792.7억 달러 성장하는 한편, 2015년에는 최대의 카지노시장으로 부상할 것으로 전망하고 있다.

◎ 표 10-9 세계 카지노 시장 전망

(단위: 백만 US달러, %)

구 분	2006	2007	2008	2009	2010	2011(e)	2015(e)
매출액	99,878	107,692	109,734	107,308	117,579	132,410	182,773
성장률(%)	8.7	7.8	1.9	-2.2	9.6	12.6	6.9
미국	57,470	60,440	59,433	57,368	57,488	59,500	73,320
유럽 · 중동 · 아프리카	20,783	20,894	19,959	17,567	16,307	16,175	18,343
아 · 태지역	13,687	17,714	21,379	22,898	34,280	47,042	79,266
남미	2,584	2,959	3,269	3,601	3,800	4,096	5,614
캐나다	5,354	5,685	5,694	5,874	5,704	5,597	6,230

주: 2011년 이후는 전망치임
자료: PWC(2012), Global gaming outlook to 2015.

2. 아시아 · 태평양 지역의 카지노 시장 동향

아시아 · 태평양은 앞으로 5년간 카지노산업 성장률이 가장 큰 지역으로 예상되고 있으며, 2008년 유럽 · 중동 · 아프리카 지역을 넘어 두 번째로 큰 카지노 마켓으로 성장하였다. 국제금융위기로 인하여 2009년에 일시적으로 성장세가 주춤하였으나, 2006~2010년 기간 연평균 19.7%의 높은 성장세를 보여 매년 급속하게 성장하였다. 특히 이러한 성장은 마카오와 싱가포르의 복합리조트 개발을 통한 카지노산업의 성장세에 기인한 것으로 나타났다.

한편, 아-태지역은 2015년 세계 카지노 시장의 43.4%를 차지할 것으로 예상되며, 이렇게 될 경우 세계 최대시장인 미국을 넘어서는 결과를 보일 것으로 전망되며, 향후 마카오와 싱가포르의 카지노사업의 성장성이 매우 높게 평가될 것으로 보여진다.

Chapter 10_ 카지노사업

🕐 표 10-10 아-태지역 카지노 시장 전망

(단위: 백만 US달러, %)

구분	2006	2007	2008	2009	2010	2011(e)	2015(e)
마카오	7,049	10,355	13,541	14,860	23,447	34,608	62,167
말레이시아	847	855	933	980	948	940	1,059
베트남	48	52	59	65	69	73	141
싱가포르	-	-	-	-	2,872	4,396	7,172
일본	-	-	-	-	-	-	784
필리핀	515	565	602	593	558	618	1,217
한국	2,044	2,388	2,555	2,639	2,637	2,628	2,620
호주	2,801	3,125	3,316	3,388	3,429	3,429	3,698
아태지역합계	16,687	17,714	21,379	22,898	34,280	47,042	79,266
성장률(%)	16.3	29.4	20.7	7.1	49.7	37.2	7.9

주: 2011년 이후는 전망치임
자료: PWC(2012), Global gaming outlook to 2015.

아-태지역 국가별로 살펴보면 2010년을 기준으로 마카오가 동 시장의 68.4%를 점유하고 있으며, 다음으로 호주, 싱가포르, 한국 순으로 나타났다. 특히 마카오와 싱가포르의 매출 규모는 지속적으로 높은 성장세를 보일 것으로 전망된다.

반면, 한국은 점진적인 성장은 이루어지고 있지만 현재 추세로는 주변 경쟁국 대비 점유율에서는 하락할 것으로 전망되고 있음에 따라 카지노산업 부문에 대한 다각적 대응책이 요구되고 있다.

3. 우리나라 카지노 시장의 전망

2012년 기준 국가별 카지노 시장 규모를 살펴보면, 마카오 380억 달러로 라스베이거스의 61억 달러의 6.2배였으나, 2013년은 그 격차가 더욱 벌어졌을 것으로 예상된다. 중국인 카지노 수요가 지속적이었기 때문이다. 마카오는 1887년 포르투갈의 식민지가 되었다가 1999년 중국에 반환되면서 홍콩에 이어 두 번째로 특별행정구가 되었다. 2016년 마카오, 홍콩, 주하이 3개 도시를 한꺼번에 연결하는 6차선, 26.9km의 대교가 완성되고, 호텔 등 숙박시설도 확보되면 더욱 급격한 성장이 가능할 것으로 예상된다.

한편, 우리나라 카지노 시장의 배후수요는 마카오를 제외한 전 세계 어디에도 뒤지지 않을 것으로 분석된다. 카지노의 배후 수요를 결정하는 요소는 ① 주변 국가들의 소득, ② 접근성, ③ 게임성향, ④ 기타로 나눠 볼 수 있다. 기타에는 비레저용 카지노 수요 등 기타 상식적으로 설명하기 어려운 변수들이 포함될 것이다. 마카오가 광동성의 높은 소득과 중국으로부터의 높은 접근성으로 인해 가파른 성장을 하고 있으나, 한국은 주변 국가들의 소득과 접근성, 관광객들의 게임성향 측면에서 마카오를 제외한 어디에도 뒤지지 않은 입지를 갖추고 있다고 판단한다. 중국의 고소득자들이 모여 있는 곳은 산동성, 강소성은 대부분 인천, 제주 등 한국의 국제공항으로부터 비행거리 2시간 안에 위치하기 때문이다.

또한, 2013년 기준 한국의 GDP가 1.2조 달러로, 싱가포르의 2,900달러의 4배 이상이기 때문에 오픈 카지노가 허용될 경우, 한국의 카지노 시장 규모가 싱가포르보다 작을 가능성은 매우 희박하다. 하지만 한국의 카지노 시장이 무조건 싱가포르와 같이 커질 것이라고 예상하는 것은 비약일 수 있다. 우선, 싱가포르는 리조트 개발에 있어서 세계적으로 인정받는 전문기업을 활용했고, 내국인 시장도 오픈을 했다. 싱가포르는 화교의 영향력이 강해 중국과의 관계가 특별히 나쁠 것이 없고, 법제도의 효율성이나, 투명성, 투자자보호, 노동시장 유연성 등 모든 것이 세계 1, 2위권의 선진국이며, MICE 산업의 기존 강자이기도 하기 때문에, 카지노는 부족한 1%를 채우는 마지막 퍼즐이었을 수도 있다. 반면, 한국은 ① 레저용 부지의 여유가 많은 편이고, ② 면세쇼핑의 가격 경쟁력이 높으며, ③ 의료관광, 문화 및 유흥 콘텐츠에 있어서 싱가포르보다 우위에 있을 것으로 예상된다. 제도만 정비되면 중국인들이 카지노를 즐길 공간으로서 한국을 싱가포르보다 더 선호할 가능성이 높다.

우리나라는 홍콩과 마카오를 제외하고 중국인이 가장 많이 방문하는 국가이고, 소득이 높고 자국 내에서 카지노가 불법인 일본인들의 접근성이 높은 지역임에도 불구하고, 아시아 주요국 중 카지노 시장이 가장 작은 수준이다. 한국 입국자 중에는 여전히 상업용(비즈니스) 방문 수요가 많고, 레저 수요 중에서도 카지노보다 쇼핑 수요가 많기 때문일 것이다. 카지노 시장의 절대 규모가 작은 원인은 불충분한 레저 시설로 인해 카지노 관련 강력한 인지도를 보유하지 못하고 있기 때문이고, 시설을 충분히 확보하지 못하는 것은 역시 규제 때문이다.

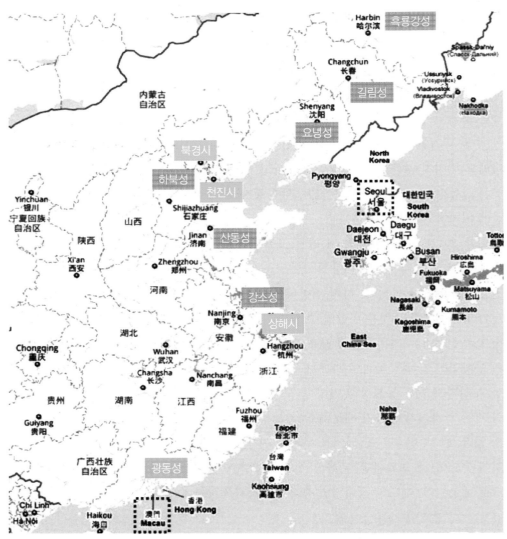

자료: 우리투자증권(2013). 카지노산업

🕐 그림 10-2 서울 인근 중국지도

배후 수요를 얼마나 시장 규모로 연결시킬까를 결정하는 것은 각국 정부의 규제가 좌우할 것으로 예상된다. 기타 산업과 마찬가지로, 많은 규제는 시장 성장을 저해할 것이고, 우리나라는 이러한 측면에서 다른 나라에 비해 규제가 적지 않다고 보는 것이 객관적이다. 규제는 크게 ① 출입자, ② 세금 규제, ③ 라이선스 발급 및 거래 관련 규제로 나눌 수 있을 것이다. 이 중 가장 중요한 규제는 출입자 규제일 것이고, 한국에서 내국인 입장이 가능한 오픈카지노가 아직까지 강원랜드 한 곳이다. 자국 내 카지노가 있는데도 내국인의 출입을 금지하는 국가는 전 세계에 우리나라를 포함한 3개 국가 정도이고, 싱가포르는 입장료를 100싱가포르 달러(약 83,000원)를 받는 방식으로 자국민의 출입에 문턱을 두고 있지만, 출입 자체를 금지하지는 않고 있다.

우리나라의 출입자 규제는 해외 직접 투자자들의 프로젝트 투자자본 순이익률을 낮추는 요인으로 작용하면서, 투자금액을 축소시키는 영향을 미친다. 2~3조원의 투자와 5조원 이상의 투자는 한 지역(region)의 랜드마크가 생기는가 그렇지 못한가로 직결된다. 과거의 투자들을 살펴보면, 투자자들은 2조원을 호텔 등 복합리조트 시설에 필수적인 설비를 갖추기 위한 투자금액으로 파악하는 반면, 싱가포르의 마리나베이샌즈와 같이 랜드마크를 조성하면서 관광명소로 자리잡기 위해서는 5조원 이상의 투자금액이 소요될 것으로 예상하고 있는 것으로 파악된다. 복합리조트 건설이 국가별로 경쟁적으로 나타날 때 랜드마크를 갖는 것과 그렇지 못한 것은 다시 카지노 방문객에 영향을 미치면서, 카지노 시장에 다시금 영향을 미치게 된다.

이처럼 양질의 외국투자 유치를 통해 우리나라 카지노산업의 활성화와 성장을 위해서는 규제완화가 중요한 화두인 것만은 사실임에 틀림이 없다. 따라서 향후 카지노산업의 규제완화에 대해 사회적, 정치적 논의가 뒤따라야 할 것으로 여겨진다.

한편, 우리나라는 제주도에 이어 인천 영종도에도 카지노가 속속 들어서는 등 최근 정부의 지원 아래 카지노산업이 빠르게 성장하고 있다. 정부는 2006년 중국인 관광객을 끌어 모으기 위해 무비자제도를 도입했으며, 2014년 3월에는 경제자유구역인 인천 영종도에 외국기업의 카지노사업을 허용하였다. 이에 따라 홍콩·미국계 카지노 합작사인 '리포&시저스 컨소시엄'은 2014년 인천 경제자유구역 영종도에 진출하였고, 동남아시아 카지노그룹인 '겐팅 싱가포르'는 총 22억 달러를 들여 제주도에 대형 카지노 리조트를 세울 계획인 것으로 알려지고 있다. 국내 카지노 기업인 파라다이스도 영종도에 카지노 시설을 포함한 복합 리조트를 건설하고, 그랜드코리아레저(GKL)는 제주도 또는 부산에 카지노 리조트 건설을 계획 중에 있음이 보도된 바 있다.

MICE

New Principle of Tourism Business

Chapter

11 MICE

New Principle of Tourism Business

국제회의사업의 개요

1. 국제회의의 정의

세계 각국의 인구 증가와 교통·통신의 발달로 국가 간 교역량이 증가하고 관광여행 등 인적 교류가 편리해져서 세계는 바야흐로 지구촌시대, 국제화시대의 실상을 체험하고 있다. 이러한 국제사회의 형성과정에서 자연발생적으로 대두되는 지역 간, 국가 간의 정치적, 경제적, 사회문화적 및 종교적 이해관계, 문화와 대립, 갈등을 극단적인 마찰에 이르지 않고 평화로운 조정이나 국가 간의 협력과 상호 이해로 해결하려는 시도에서 국제회의가 이루어지게 된다.

한국은 국제회의와 관련 행사의 유치 및 개최가 가져오는 인적·물적 교류를 통한 국가 상호 간의 이해증진과 외래관광객의 유입에 따른 관광분야 파급효과를 확인하면서 그 중요성을 인식하게 되었다. 따라서 각종 국제회의를 유치하려는 노력과 함께 관

련시설 건립을 위한 정책의 수립과 더불어 그 학문적 관심도 고조되어 왔다. 그러나 현실적으로는 국제회의에 대한 개념조차 정확하게 설정되지 못한 채 컨벤션(convention)과 혼돈되어 사용되고 있는 실정이다. 애초에 컨벤션의 의미가 국내회의를 의미하던 것이 국제 간 교류의 증진으로 국제 간 회의를 포함하게 된 것도 하나의 이유라 할 수 있다.

국제회의에 관한 사전적 의미를 보면 "국제회의란 국제적인 이해사항을 토의·결정하기 위하여 여러 나라의 대표자가 모여서 여는 회의"라고 정의되어 있다. 또한 관광용어사전에서는 "국제회의란 일반적으로 대규모 인원이 참석하는 사업 또는 전문회합이며, 미국 이외의 국가에서는 콩그레스(congress)라는 용어가 일반적으로 사용된다."와 "회의결과에서 도출한 특정한 문제에 대한 국제적 합의"라고 함께 정의되어 있다.

학자들의 정의를 보면 김용관은 컨벤션의 개념을 국제회의보다 포괄적인 의미로 규정하고 학회·대회·집회 및 회의, 발표회·강습회·연수회, 전시회·박람회·무역쇼·견본시 스포츠이벤트, 영화제·미술제·음악제·의상제 등의 예술적 또는 축제 등을 포함한 개념으로 설정하였다.

버크만(Berkman)은 "국제회의란 일반적으로 공인된 단체가 주최하여 3개국 이상의 대표가 참가하는 정기적 혹은 부정기적 회의"로 정의한다.

김성혁은 모든 종류의 모임을 통칭하는 포괄적인 용어로서 '회의'의 개념을 정립하고 컨벤션을 회의의 한 유형으로 구분하였다. 그러나 컨벤션을 물건과 정보를 중심으로 사람이 모여서 교류하는 장소라는 고전적인 개념에 사람과 물건의 만남을 만드는 시스템으로 그 개념을 확대하여 광의의 개념으로 설정하였다.

최승이·한광종은 컨벤션이 모임 또는 회의 그 자체에 중점을 둔 반면, 국제회의는 참가국과 참가자 수에 중점을 둔 개념임을 전제하고 참가자의 구성, 지역적·공간적 범위를 기준으로 할 때 컨벤션이 국제회의의 상위개념이라는 의견을 제시하면서도 개념적·현상학적으로는 국제회의와 컨벤션을 유사한 개념으로 설정할 수 있다는 견해이다.

함사식은 국제회의를 내용적 정의와 외형적 정의로 구분하고 내용적 정의에서는 전시·박람회, 기업 및 단체회의, 인센티브 여행도 포함하는 넓은 의미에서 정의를 내리고 있다. 그리고 국제회의를 컨벤션과 콩그레스(congress) 및 콘퍼런스(conference) 등과 동일한 개념으로 설정한다.

이장춘·박창수는 국제회의는 국제적 주체와 주제관련 사람·정보·물자·조직·네트워크가 모여 공통의 목적달성을 위한 만남을 형성하는 지역, 공간, 장소 시설을 기초로 의사교류 · 의사결정이 이루어지는 종합시스템이며 이 개념은 매우 포괄적이기 때문에 대회 · 학회 · 집회 · 전시회 · 박람회 · 예술제 및 각종 행사를 포함한다. 국제회의와 컨벤션의 개념은 참가자 구성에 있어서 공간적 차이, 즉 2개국 이상의 국적을 가진 참가자가 참가한다는 점에서 차이가 있을 뿐 그 외에는 큰 차이가 없으며 광의의 컨벤션도 국제회의의 개념과 같이 '물건, 정보를 중심으로 사람이 모여서 교류하는 공간'으로 설정하고 있다.

학자에 따라 용어를 수용하는 과정에서 약간의 차이를 보이고 있으며 이는 외국용어 자체도 어원상 유사한 개념을 갖고 있지만 발생지와 사용국에 따라 조금씩 다른 의미를 내포하는 실정인 것에 그 원인을 둘 수 있을 것이다.

제도적 정의로서 국제회의의 개념을 살펴보면 국제협회연합(UIA: Union of International Association)에서는 국제기구에 소속된 국내단체가 주최하는 국내회의 가운데 전체 참가자수 300명 이상, 회의 참가자 중 외국인이 40% 이상, 참가국 수 5개국 이상, 회의기간 3일 이상의 4가지 조건을 모두 만족시키는 회의로 정의한다. 단, 순수 내국인 회의 및 종교적, 교육적, 정치적, 상업적, 스포츠 성격의 회의와 위원회, 전문가단체 등과 같이 회의 참가자가 엄격히 제한된 정부 단위의 회의로서 대규모 범정부 간 국제기구본부가 소재한 뉴욕, 제네바 등에서 개최되는 회의는 제한한다고 규정하고 있다.

국제컨벤션협회(ICCA: International Convention & Congress Association)에서는 정기적으로 개최되는 회의로서 4개국 이상으로 참가자 수 100명 이상이 참가하는 규모를 국제회의라고 정의하고 있다. 아시아컨벤션뷰로협회(AACVB: Asian Association of Convention & Visitor Bureaus)에서는 공인된 단체나 법인이 주최하는 단체회의, 학술심포지엄, 기업회의, 전시 · 박람회, 인센티브 관광 등 다양한 형태의 모임 가운데 전체 참가자 중 외국인이 10% 이상이고 방문객이 1박 이상을 상업적 숙박시설을 이용하는 행사라 규정하고 2개 대륙 이상에서 참가하는 국제행사, 동일 대륙에서 2개국 이상이 참가하는 지역행사, 참가자 전원이 자국이 아닌 다른 나라로 가서 행사를 개최하는 국외행사로 구분하고 있다. 또 미팅(meeting)이라는 용어 대신 이벤트(event)라는 용어를 사용하고 있으며 이벤트의 개념에 전시회(exhibition)를 포함시키고 있다.

한국관광공사(KNTO: Korea National Tourism Organization)에서는 국제회의를 국제기구 본부에서 주최하거나 국내단체가 주관하는 회의 중 참가국 수가 3개국 이상이고, 회의기간은 2일 이상이며, 외국인 참가자 수는 10명 이상인 회의로 정의하고 있다.

국제회의산업 육성에 관한 법률(1996. 12. 30)에 의하면 국제회의라 함은 국제기구 또는 국제기구에 가입한 기관 또는 법인·단체가 개최하는 당해 회의에 5개국 이상의 외국인이 참가하고 회의참가자가 300인 이상이며, 그 중 외국인이 100인 이상으로 3일 이상 진행되거나 국제기구에 가입하지 아니한 기관 또는 법인·단체가 개최하고 회의참가자 중 외국인이 150인 이상으로 2일 이상 진행되는 세미나, 토론회, 학술대회, 심포지엄, 전시회, 박람회, 기타 회의를 말한다.

국제회의에 관하여 많은 학자들과 관련 전문단체에 따라 다양한 정의가 제시되고 있다. 따라서 국제회의의 범위를 설정하는 데에 어려움이 있으므로 본 연구에서는 국제회의산업 육성에 관한 법률에 의한 정의에 따라 국제회의 범위를 한정하며 포괄적인 의미에서 국제회의와 컨벤션을 동일개념으로 간주하여 혼용하여 사용하였다.

2. 국제회의의 성격

지금 세계는 개방화와 국제화의 흐름속에서 국가 간의 문제들을 협의와 대화를 통해 해결하고자 하고 있으며 그 중심적인 역할을 국제회의가 수행하고 있다고 할 수 있다. 이러한 세계적 추세에 맞추어 국제회의의 중요성과 파급효과에 관한 많은 관심이 집중되고 있으며 국제회의 시설 및 유치경쟁이 점차 확산되고 있다. 국제회의는 meeting(회합·토의·의결), information(정보수집·교환), communication(의사전달·결정), 그리고 social function(시설·관광)이 함께 어우러진 복합적인 활동이다. 미팅(meeting)의 결과가 국제회의의 성과를 좌우하며, 정보의 유용화로 새로운 정보의 창출을 유도하고 서로 간의 의사교환을 통하여 전문지식의 비교평가가 이루어짐으로써 소기의 목적을 달성함은 물론, 여러 가지 부수효과를 기대할 수도 있다.

따라서 국제회의는 일정한 목표를 달성하기 위하여 일정한 시간과 장소에 회원, 비회원을 집결하게 하고 토의 및 정보의 수집이나 교환을 하며 의사전달 및 결정을 하게 함과 동시에 상호 간의 사교의 기회를 도모하게 하는 성격을 갖는다. 이러한 특성들의 국제회의에 관한 성격을 구체화하면 다음과 같다.

첫째, 국제회의는 21세기 지식정보사회를 선도하는 시대적·문명사적 의미를 지닌다.

둘째, 국제회의는 지식정보가치를 생산하는 기능과 역할을 수행한다. 고도로 숙련된 집단 및 기관의 오랜 연구결과가 융합하여 새로운 지적 가치를 생산한다는 국제회의의 얼굴은 그 자체가 매력적이다.

셋째, 국제회의는 양질의 부가가치 창출과 고용을 유발한다. 지역부가가치 창출과 고용유발효과로 인하여 세계 각국의 도시들은 국제회의 유치에 혈안이 되고 있다.

넷째, 국제회의는 그 자체가 홍보성과 광고성을 가짐으로써 세계 매스컴의 주목을 받는다.

다섯째, 국제회의는 지역이미지 창출효과를 지닌다. 국제회의의 홍보성이 그 지역의 이미지를 새롭게 할 수 있을 뿐만 아니라 회의개최 전후의 관광으로 인하여 새로운 관광코스 유발효과를 지닌다.

여섯째, 국제회의는 지역이미지 창출 등의 효과들로 인하여 궁극적으로 지역환경을 개선하고 지역주민을 국제언론에 노출시켜 지역의 세계화를 통한 지역발전에 기여한다.

일곱째, 국제회의는 복합산업발전의 유발과 산업연관효과를 극대화함으로써 중앙정부뿐만 아니라 지방정부의 정책우선순위를 점한다.

여덟째, 국제회의 운용과 관리에는 고도로 숙련된 인력이 소요되어 이 분야 학문의 발전과 교육의 발전 및 교육시설의 유치와 발전이 이루어진다.

아홉째, 국제회의를 산업으로 발전시키는 과정에서 막대한 시설투자가 필요하므로 자연히 외국자본의 투자와 중앙정부의 재정지원이 이루어지거나 관심을 유발하여 정책결정과정에서 우선순위를 부여받게 된다.

열번째, 국제회의는 그 자체가 대부분 '평화'를 창출하는 이미지를 표출함으로 인하여 평화산업 발전의 토대를 구축한다.

열한번째, 국제회의는 '관광산업의 꽃'으로서 그 기능과 역할을 수행할 것이다.

3. 국제회의의 분류

국제회의는 학자들과 관련단체마다 여러 가지의 기준과 관점에서 다양한 정의를 내리고 있으며 그 분류 또한 다양하게 나타나고 있다. 즉, 참가자 범위와 규모, 목적이나 성격, 개최시기 등에 따라 구분된다.

1) 국제회의의 포괄적 분류

(1) 국제회의산업 육성에 관한 법률에 의한 분류

국제회의산업 육성에 관한 법률에 의한 분류에서는 상당수의 외국인이 참가하는 회의로서 세미나·토론회·전시회 등을 포함하는 개념으로 정의하고, 그 분류는 세미나·토론회·학술대회·심포지엄·전시회·박람회 및 기타 회의 등으로 구분하고 있다.

(2) 국제회의 참가자의 지역적 구성에 의한 분류

아시아컨벤션뷰로협회(AACVB)에서는 국제회의를 전체 참가자 중 외국인이 10% 이상인 공인된 단체나 법인이 주최하는 단체회의, 학술심포지엄, 기업회의, 전시·박람회, 인센티브 관광 등으로 구분하고 2개 대륙 이상에서 참가하는 국제회의, 동일 대륙에서 2개국 이상이 참가하는 지역회의, 참가자 전원이 자국이 아닌 다른 나라로 가서 행사를 개최하는 국외회의로 구분하고 있다.

(3) 국제회의 주최·개최 주체에 의한 분류

국제협회연합(UIA)에서는 국제기구가 주최하거나 후원하는 회의 또는 국내회의의 경우 전체 참가자 수가 300명 이상, 참가자 중 외국인이 40% 이상, 참가국 수 5개국 이상, 회의기간이 3일 이상인 조건을 충족하는 회의로 정의하였고, 정부기구(government organization)와 민간기구(non-government organization)가 개최 또는 주최하는 국제회의로 분류하고 있다.

2) 형태별 분류

국제회의의 종류를 형태별로 구분하면 회의(meeting), 심포지엄(symposium), 콘퍼런스(conference), 콩그레스(congress), 패널 디스커션(panel discussion), 워크숍(workshop), 클리닉(clinic), 전시회(exhibition), 무역박람회(trade show or trade fair), 인센티브 트래블(incentive travel), 원격회의(teleconference), 포럼(forum) 등이 있으며 내용은 다음과 같다.

(1) 회의(meeting)

모든 참가자가 단체의 활동에 관한 사항을 토론하기 위해서 회합의 구성원이 되는 형태의 회의로 모든 종류의 모임을 총칭하는 가장 포괄적인 용어이다.

(2) 심포지엄(symposium)

제시된 안건에 대해 전문가들이 다수의 청중 앞에서 벌이는 공개토론회로서 포럼에 비해 다소의 형식을 갖추며 청중의 질의 기회는 적게 주어진다.

(3) 컨벤션(convention)

회의 분야에서 가장 일반적으로 쓰이는 용어로서 정보전달을 주목적으로 하는 정기 집회의 개념으로 많이 사용되며 전시회를 수반하는 경우가 있다. 각 기구나 단체에서 개최하는 연차 총회(annual meeting)의 의미로 쓰였으나 요즘에는 총회·휴회 기간 중 개최되는 각종 소규모 회의·위원회 회의 등을 아우르는 포괄적인 의미로 사용된다.

(4) 콘퍼런스(conference)

컨벤션과 거의 같은 의미를 가진 용어로서, 통상적으로 컨벤션에 비해 회의 진행상 토론회가 많이 열리고 회의참가자들에게 토론 참여기회도 많이 주어진다. 또한 컨벤션은 다수의 주제를 다루는 업계의 정기 회의에 자주 쓰이는 반면, 콘퍼런스는 주로 과학기술 학문 분야의 새로운 지식의 습득 및 특정 문제점을 해결하기 위한 회의에 사용된다.

(5) 콩그레스(congress)

컨벤션과 같은 의미를 가진 용어로서, 유럽지역에서 자주 사용되며 주로 국제 규모의 회의를 의미한다. 컨벤션이나 콩그레스는 본회의 사교행사, 그리고 관광행사 등의 다양한 프로그램으로 편성되며 참가인원이 보통 수천명에 이르기도 한다.

(6) 패널 디스커션(panel discussion)

청중이 모인 가운데 2~8명의 연사가 토론자의 주도하에 서로 다른 분야에서 전문가적인 의견을 발표하는 공개토론회로서 청중도 자신의 의견을 발표할 수 있다.

(7) 워크숍(workshop)

콘퍼런스, 컨벤션 또는 기타 회의의 한 부분으로서 개최되는 짧은 교육 프로그램으로, 30~35명 정도의 인원이 특정 문제나 주제에 관한 새로운 지식·기술·아이디어 등을 서로 교환한다.

(8) 클리닉(clinic)

소그룹을 위해 특별한 기술을 훈련하고 교육하는 모임, 예를 들어 항공 예약 담당자는 CRS(컴퓨터예약시스템)을 어떻게 운영할 것인가를 여기서 배우게 된다. 워크숍과 클리닉은 장기간에 걸쳐 개최되기도 한다.

(9) 전시회(exhibition)

전시회는 판매자(vender)에 의해 제공된 상품과 서비스의 전시 모임을 말한다. 무역·산업·교육분야 또는 상품 및 서비스 판매업자들의 대규모 전시회는 회의를 수반하는 경우도 있으며, 이와는 반대로 전시회나 컨벤션이나 콘퍼런스의 한 부분으로 열리는 경우도 많다. 유럽에서는 전시회를 엑스포지션(exposition)이라는 용어로 대체하여 사용하기도 한다.

(10) 무역박람회(trade show or trade fair)

무역박람회는 부스를 이용하여 여러 판매자가 자사의 상품을 전시하는 형태의 행사를 말한다. 전시회와 매우 유사하나 다른 점은 컨벤션의 일부가 아닌 독립된 행사로 열린다는 것이다. 여러 날 지속되는 대형 박람회에는 참가자가 수십만 명을 넘기도 한다.

(11) 인센티브 트래블(incentive travel)

기업에서 주어진 목적이나 목표를 달성하기 위해 종업원(특히 판매원), 거래상인(대리점 업자), 거액 구매고객에게 관광이라는 형태로 동기를 유발하거나, 보상함으로써 생산·판매의 효율성을 증대하고 광고효과를 유발하는 하나의 경영방법이다.

(12) 원격회의(teleconference)

회의참석자가 회의장소로 이동하지 않고 국가 간 또는 대륙 간에 활용할 수 있는 TV와 위성통신시설을 이용하여 화상회의를 진행하는 것으로 회의 개최시 소요되는 경비가 절감되며 번잡한 회의 준비도 없이 회의가 가능하다는 장점이 있다. 국제적으로는 비디오콘퍼런스(video conference) 텔레콘퍼런싱(teleconferencing) 등으로 불리우고 있다.

(13) 포럼(forum)

제시된 한 가지 주제에 대해 상반된 의견을 가진 동일 분야 전문가들이 사회자의 주도하에 청중 앞에서 벌이는 공개토론회로서, 청중이 자유롭게 질의에 참여할 수 있으며 사회자가 의견을 종합한다.

이외에도 회의개최 주기에 의한 분류, 성격별 분류, 회의진행상 분류 등으로 구분할 수 있다.

4. 국제회의사업의 발전요인 및 효과

1) 국제회의사업의 발전요인

국제회의가 산업화단계에 이르게 된 주요 원인은 국제화·개방화와 정보화의 전개가 가속화되면서 정보의 역동적 흐름을 가능하게 하는 국제회의에 대한 국제적 수요가 증가된 데서 찾을 수 있다. 또한 교통의 발달로 인한 지구촌화로 국제회의의 참가기회를 증가시켰고 관광과 호텔산업의 지속적인 발전은 국제회의산업의 기반과 활성화에 기여했다. 더욱이 멀티미디어와 눈부신 과학기술의 발달은 국제회의의 진행 및 형태에 획기적인 변화를 가져왔다.

또한 국가 간의 문제를 이해하고 해결하며 인적·물적 자원의 교류와 정보의 교환으로 인한 국가적 차원의 상호 이해증진과 평화에 기여하는 국제회의의 중요성을 인식한 국가들은 국제회의를 유치하기 위한 시설 건립과 회의 유치를 통한 관광객 유치계획을

수립하고 있다.

국제회의 참가자들은 일반관광객에 비해 장기간 체재하면서 회의 기간 중 또는 그 전후에 국내관광과 쇼핑을 하므로 대량 관광객 유치효과를 가져다 주는 종합산업이다. 따라서 교통, 항공, 숙박, 유흥업, 관광 등 관련산업의 발전을 유도하고 지역경제 활성화에 기여하기 때문에 관광 측면에서 중요한 의미를 지니는 것이다. 국제회의가 하나의 산업으로서 발전하게 된 요인은 거시적으로 보면 국제적 사회체제의 발전에서 찾아볼 수 있다. 즉, 국가 간 사회체제의 구조적 복잡화와 기능이 다양화로 인하여 야기된 문제해결을 위하여 국제회의 개최의 필요성이 높아졌고 이에 따라 국제회의와 직·간접적으로 관련이 있는 부문이 하나의 산업으로 발전하게 되었다. 따라서 국제회의산업의 발전은 사회체제의 구조적·기능적 요인을 배경으로 갖고 있으므로 사회체제 내·외부적인 여러 요인이 관련된다.

(1) 국제화·개방화에 따른 국제회의산업의 발전

20세기 말에 이르러 세계는 국제화와 개방화로의 빠른 행보를 보이고 있다. 과거의 국제회의산업의 발전요인은 국가 간 협력관계와 갈등관계인 국제정치의 관계 및 경제적 관계에 따른 현안과 갈등의 해결로 파악하는 견해가 있지만, 국제화와 개방화가 급속도로 진전되면서 국제경쟁의 주체가 국가에서 지방자치단체·민간단체 등으로 확대됨에 따라 국제회의의 수요단체가 증가하고 다양해졌다. 그 관심분야도 사회·문화·과학·기술·환경 등 인류의 현안과 문제에 관련된 모든 분야는 국제회의의 주요 주제가 되고 있다.

(2) 정보화에 따른 국제회의의 수요증가

20세기 후반부터 세계는 정보사회로 일컬어지는 새로운 사회변화를 겪고 있다. 현재는 투자·생산·시장에서 뿐만 아니라 과학기술의 연구개발분야에서도 국경을 초월한 활동이 이루어지는 세계화시대라고 할 수 있다. 이와 같은 변화는 근본적으로 이와 관련된 정보에 대한 수요를 증가시키고, 정보취득을 위한 다양한 형태의 경쟁을 유발시키고 있다. 따라서 정보의 역동적인 흐름이 활발하게 이루어질 수 있는 국제회의에 대한 수요가 증가되게 된 것이다.

(3) 문화산업화에 따른 국제회의산업의 발전

국제회의는 문화의 공간적 이동현상이라고 할 수 있다. 국제적인 문화교류는 국제회의를 촉진시키는가 하면 국제회의 자체가 문화교류의 현상으로 국가 간 문화교류를 촉진시킨다. 사회·문화적 교류와 문화의 개방화는 국제회의 및 국제회의산업을 확대·발전시키는 계기가 되었다.

(4) 국제회의관련 과학기술의 발전

과학기술의 발달은 과거 국제회의의 개최와 관련하여 물리적 제약이 되었던 교통산업과 회의진행과 관련된 기술적 문제점을 상당부분 극복할 수 있게 함으로써 국제회의산업의 발달을 가속화시키고 있다. 예를 들어, 정보통신의 발달은 국제회의 주최기구와 개최하는 국가 간의 원활한 정보교환과 개최국가에 대한 상세한 정보를 공유할 수 있으며 동시통역기기와 화상회의기술의 발달은 국제회의 진행과 의사결정을 신속하고 효율적으로 내릴 수 있도록 기여한다.

(5) 관광산업의 발전에 따른 국제회의산업의 발전

국제회의 참가자들은 단지 회의참가만을 목적으로 회의를 참석하는 것은 아니며, 회의참가와 더불어 부가적 목적으로 관광이나 쇼핑 등을 하기 때문에 겸목적의 관광객이다. 단순한 회의만이 목적이 아니고 국제회의 개최지에서의 관광과 위락을 요구하기 때문에 국제회의 개최지의 관광매력성이 접근성과 더불어 국제회의산업에 큰 영향을 미치게 된다.

2) 국제회의산업의 효과

국제회의업은 종합 서비스산업으로 서비스업을 중심으로 사회경제의 각 분야에 미치는 효과가 매우 크다. 선진국 관계자들과의 만남을 통해 노하우를 직접 받아들여 관련분야의 국제 경쟁력을 강화하는 등 산업 발전에도 중요한 구실을 한다.

국제회의 개최지는 기반시설인 사회간접자본 확충, 이미지 향상, 국제사회에서의 위상 부각 등 개최국 지명도 향상에 이바지한다. 지방으로 컨벤션을 분산 개최할 경우 지

방의 국제화와 지역 간의 균형발전에도 큰 몫을 하게 된다.

세계 각 국가가 이처럼 국제회의산업을 적극 지원·육성하는 이유는 국제회의 참가자를 통해 국가이미지를 홍보할 수 있고, 관광객의 대량 유치를 통해 외화획득 효과를 얻을 수 있으며, 관련산업의 육성을 통하여 고용을 확대하는 등 개최지의 지역사회 발전에 직·간접으로 막대한 파급효과를 가져오기 때문이다. 또한 국제회의시설을 직접적인 수익사업시설로 간주하기보다는 사회간접자본시설로 도시의 특성화·활성화의 핵심시설로 인식하고 있음도 그 중요한 이유 중의 하나라 할 수 있다.

(1) 정보교환 촉진효과

시시각각 변화하는 사회와 첨단기술의 발전 속도에 대응하기 위해서는 새로운 기술과 정보의 습득이 필요하다. 회의는 국내외 관계자들이 각자의 지식, 정보, 연구결과를 가지고 모여 이를 발표하고, 다른 사람들의 의견을 구할 수 있는 기회를 제공하므로 궁극적으로는 주최국의 학술 진흥, 산업 발전에 기여하게 된다.

또한 국내·외 관계자에게 관련분야 내에서 주최자의 존재의 중요성 및 공헌도들을 보여줄 수 있는 계기가 되므로 이를 통해 주최자의 입지를 강화할 수 있다.

(2) 경제적 효과

국제회의산업은 종합적인 서비스산업으로 회의장, 숙박시설, 음식점, 운송업체, 관광업체 등을 비롯한 사회 각 산업분야에 미치는 경제적 파급효과가 매우 크다. 즉, 국제회의는 개최국가 및 개최도시의 소득증대와 서비스업 등 광범위한 인구고용으로 인한 고용증대, 관련산업 발전에 따른 세수증대를 가져다주어 경제 전반의 활성화에 기여하게 된다. 그 밖에도 회의참가자들이 직접 대면을 하게 되므로 상호 이해 부족에서 올 수 있는 통상마찰 등을 피할 수 있게 될 뿐만 아니라 선진국의 노하우를 직접 수용함으로써 관련분야의 국제 경쟁력을 강화하는 등 산업 발전에도 중요한 역할을 한다.

또한 서비스업을 중심으로 사회 각 산업분야에 미치는 승수효과가 매우 크다. 국제회의는 개최국의 소득향상 효과(회의참가자의 지출 서비스산업 등 수입증가, 시민소득 창출), 고용효과(서비스업 인구 등 광범위한 인력 흡수), 세수증가효과(관련산업 발전 법인세, 시민소득증가 소득세) 등 경제 전반의 활성화에 기여하게 된다. 그 밖에도 참가자들이 직접 대면을 하게 되므로 상호 이해 부족에서 올 수 있는 통상마찰 등을 피할 수 있게 될 뿐만 아니라 선진국의 노하우를 직접 수용함으로써 관련분야의 국제 경쟁력을 강화하는 등 산업 발전에도 중요한 역할을 하게 된다.

2011 MICE산업 통계 조사연구에 의하면, 우리나라 MICE 개최로 인한 생산유발효과는 약 28조 3,888억원이며 Meeting분야 약 22조 2,214억원, Convention 약 4조 1,449억원, Exhibition 약 1조 2,203억원, Incentive tour 약 8,021억원의 효과가 나타난 것으로 보고되고 있다. MICE산업은 외화가득률 88%로 자동차 산업(71%), 휴대전화(32%), 반도체(43%)를 능가하는 것으로 나타나며, MICE산업의 수출효과는 참가자 100명을 유치할 때 중형차 21대의 수출효과를 발생시키고, 고용유발효과는 제조업의 2배, IT산업의 5배를 보이는 등 일자리 창출에 기여도가 큰 것으로 나타났다.

(3) 사회 · 문화적 효과

외국과의 직접적인 교류를 통해 지식, 정보의 교환은 물론 참가자와 개최국 시민 간의 접촉을 통한 시민의 국제적인 감각 함양 등 국제화의 중요한 수단이 될 수 있다. 또한 국제회의 유치, 기획, 운영의 반복은 개최지의 기반시설뿐만 아니라 다양한 기능을 향상시키며 개최국의 이미지 향상, 국제사회에서의 위상을 확립하는 등 개최국의 인지도와 지명도의 향상에도 큰 기여를 한다. 또한 지방으로의 국제회의 분산 개최는 지방의 국제화와 지역 균형발전에도 큰 몫을 하게 된다.

(4) 정치적 효과

통상 수십 개국의 대표들이 대거 참여하므로 국가홍보에 기여하는 바가 크며, 회원 자격으로 참가하는 미수교국 대표와 교류기반을 조성할 수도 있어 국가 외교면에서도 커다란 기여를 한다. 또한 국제회의 참가자는 대부분 해당 분야의 영향력 있는 인사들이며, 그 국가의 오피니언 리더들이므로 민간 외교 차원에서도 그 파급효과가 매우 크다.

(5) 관광 효과

관광산업 측면에서 볼 때 국제회의를 상시 유치함으로써 관광 비수기를 없앨 수 있고 관광객 대량 유치와 수준 높은 관광객 유치효과도 기대할 수 있다. 게다가 국제회의는 날씨와 계절에 구애받지 않고 참가자가 보통 1백명에서 1천명 이상에 달하므로 대량 관광객 유치의 첩경이라 할 수 있다. 그리고 국제회의 참가자는 대부분 개최지를 최종 목적지로 하기 때문에 체재일 수가 길고 일반관광객보다 1인당 소비액 또한 높아 관광수입 측면에서도 엄청난 승수효과를 가져온다.

한국관광공사가 2013년 국내에서 개최된 MICE 행사 참가자들 중 외국인들을 대상으로 조사한 결과에 따르면, 2013년 Meeting & Convention 분야 행사에 참가한 외국인의 일일 평균 한국 방문 소비액은 2,878,306원으로 약 2,621달러를 지출한 것으로 조사되었으며, 이는 2012년 대비하여 66,902원 지출금액이 증가한 것으로 나타났고, 달러기준으로 약 61달러가 증가한 것으로 조사되었다. 한편 2013년 방한 일반관광객의 1인당 평균 소비액은 1,161달러로 국제회의 참가자들의 소비액이 2.3배나 많은 것으로 나타났다.

🔍 국제회의산업의 현황 분석 ②

1. 국제회의 개최 현황

1) 세계 국제회의 개최 현황

(1) 국제회의 개최건수

UIA(Union of International Associations: 국제협회연합)는 각종 국제기구, 협회 및 단체의 연합기구로, 매년 6월 전년도 국가별, 도시별 국제회의 개최 실적을 집계하여 통계보고서를 발표하는데 UIA가 발표하는 국제회의는 3가지 유형이 있으며, 각각의 기준은 다음과 같다.

UIA에 의하면 세계적으로 2012년에 개최된 국제회의는 총 10,498건으로 전년(10,743건) 대비 2.3% 하락한 것으로 집계되었고, 이 중 한국에서 개최된 국제회의는 총 563건으로 집계되었으며, 전년 대비 94건이 증가, 20%의 상승률(2011년 469건)을 기록하였다.

대한민국은 세계 순위 5위를 차지(2011년 6위)하였으며, 전 세계적으로 개최 건수가 줄었음에도 불구하고 해마다 개최 건수 및 순위 면에서 꾸준한 성장을 나타내고 있다.

표 11-1 UIA 국제회의 기준

종 류	기 준
A Type	국제기구가 주최(후원)하는 회의로 참가자수 50명 이상
B Type	국제기구의 국내지부 또는 국내단체가 주최하는 회의로 참가국 수 5개국 이상 참가자 수 300명 이상(또는 전시회 동반), 외국인 참가자 비율 40% 이상 회의기간 3일 이상인 조건을 모두 충족하는 회의
C Type	국제기구의 국내지부 또는 국내단체가 주최하는 회의로 참가국 수 5개국 이상 참가자 수 250명 이상(또는 전시회 동반), 외국인 참가자 비율 40% 이상 회의기간 2일 이상인 조건을 모두 충족하는 회의

자료: 한국관광공사(2012). MICE산업통계실적조사편

표 11-2 연도별 세계 국제회의 개최 건수 및 증감률

(단위 : 건, %)

구 분	2012년	2011년	2010년	2009년	2008년
개최 건수	10,498	10,743	11,519	11,503	11,085
증감률	-2.3	-6.7	0.13	3.78	7.43

자료: 한국관광공사(2012). MICE산업통계실적조사편

(2) 국가별 개최 현황

국가별 개최 순위는 싱가포르가 952건으로 1위를 기록, 그 뒤로 일본이 2위(731건), 미국이 3위(658건), 벨기에가 4위(597건)로 나타났으며, 대한민국은 5위(563건)로 집계되었다.

상위 10개국의 개최 현황은 싱가포르 952건(9.1%), 일본 731건(7.0%), 미국 658건(6.3%), 벨기에 597건(5.7%), 대한민국 563건(5.4%), 프랑스 494건(4.7%), 오스트리아 458건(4.4%), 스페인 449건(4.3%), 독일 373건(3.6%), 호주 287건(2.7%)으로 총 5,562건(53.2%)으로 집계되어 2011년 대비 216건이 증가했으며, 상위 10개국의 국제회의 개최 건수가 전체 국제회의 개최 건수의 절반 이상을 차지하는 것으로 나타났다.

2012년에는 전 세계 국제회의가 245건이 감소함에도 불구하고, 싱가포르, 일본, 대한민국이 증가세를 보이며, 전반적으로 아시아권이 강세를 보이고 있는 것으로 나타났다. 특히 일본의 경우 2011년과 비교하여 133건이 증가한 것으로 나타나 아시아권 중 가장 큰 증가 추세를 보였다. 개최 건수의 경우, 상위 30개국 중 아시아권의 8개국(싱가포르 1위, 일본 2위, 대한민국 5위, 중국 20위, 말레이시아 22위, 인도 26위, 태국 27위, 아랍에미레이트 28위)이 포함되었으며, 국제회의 개최지역으로서 아시아 국가들의 비중이 늘어나고 있다.

○ 표 11-3 세계 주요 국가별 국제회의 개최 현황(A+B)

(단위 : 건, %)

2012년				2011년	2010년	2009년	2008년	2007년	2006년
순위	국가	건수	구성비	건수	건수	건수	건수	건수	건수
1	싱가포르	952	9.1	919	725	689	637	466	298
2	일본	731	7.0	598	741	538	575	448	166
3	미국	658	6.3	744	936	1,085	1,079	1,114	894
4	벨기에	597	5.7	533	597	470	383	307	239
5	대한민국	563	5.4	469	464	347	293	268	185
6	프랑스	494	4.7	557	686	632	797	598	634
7	오스트리아	458	4.4	390	362	421	315	366	382
8	스페인	449	4.3	386	572	365	467	393	362
9	독일	373	3.6	421	499	555	440	523	434
10	호주	287	2.7	329	356	227	273	272	202
11	영국	272	2.6	293	375	347	349	327	350
12	이탈리아	262	2.5	269	357	391	413	414	324
13	캐나다	228	2.2	186	221	229	267	275	230
14	네덜란드	177	1.7	299	329	458	428	423	391
15	덴마크	175	1.7	126	130	162	141	107	106
16	스위스	166	1.6	219	322	336	232	284	288
17	스웨덴	165	1.6	161	161	246	124	183	176
18	노르웨이	164	1.6	169	172	151	145	132	87
19	핀란드	160	1.5	159	152	166	168	200	325
20	중국	155	1.5	200	236	173	216	204	163

자료: 한국관광공사(2012). MICE산업통계실적조사편

(3) 도시별 개최 현황

도시별 개최순위는 싱가포르가 2011년에 이어 1위(952건)로 집계되었으며, 그 뒤로 브뤼셀 2위(547건), 빈 3위(326건), 파리 4위(276건), 서울 5위(253건)로 나타났다.

상위 10개 도시의 개최 현황은 싱가포르 952건(9.1%), 브뤼셀 547건(5.2%), 빈 326건(3.1%), 파리 276건(2.6%), 서울 253건(2.4%), 도쿄 225건(2.1%), 바르셀로나와 코펜하겐 150건(1.4%), 마드리드 149건(1.4%), 런던 119건(1.1%)으로 나타났으며, 이 중 파리와 바르셀로나를 제외하고 모두 개최 건수가 증가한 것으로 나타났다.

국내 도시별 순위는 서울이 253건으로 세계 5위(아시아 2위)를 차지하였으며, 제주가 78건을 개최하여 세계 22위(아시아 8위)를 기록하였다. 그 뒤로는 부산이 50건으로 세계 35

위(아시아 12위)를 기록하는 등 국내 주요 국제회의 개최도시인 서울, 제주, 부산 3개 도시가 아시아 순위 10위권대에 위치하였다.

이외에도 대전 30건, 인천 25건, 대구 25건, 광주 23건, 여수 14건, 강릉 12건을 포함하여 국제회의 지정도시를 중심으로 28개의 국내 도시가 지속적으로 집계에 포함되고 있다.

⊕ 표 11-4 세계 주요 도시별 국제회의 개최 현황(A+B)

(단위: 건, %)

2012년				2011년	2010년	2009년	2008년	2007년	2006년
순위	국가	건수	구성비	건수	건수	건수	건수	건수	건수
1	싱가포르	952	9.1	919	725	689	637	466	298
2	브뤼셀	547	5.2	464	486	395	299	229	179
3	빈	326	3.1	296	257	311	249	298	316
4	파리	276	2.6	336	394	316	419	315	363
5	서울	253	2.4	232	201	151	125	121	89
6	도쿄	225	2.1	153	190	134	150	126	58
7	바르셀로나	150	1.4	150	193	148	193	161	139
8	코펜하겐	150	1.4	105	102	127	104	72	83
9	마드리드	149	1.4	116	175	61	85	58	75
10	런던	119	1.1	105	164	125	103	103	118
22	제주	78	0.74	68	67	61	53	50	3

자료: 한국관광공사(2012). MICE산업통계실적조사편

(4) 아시아 지역 국제회의 개최 현황

2012년 아시아 지역 내 국가별 개최 순위는 싱가포르가 952건(전체 구성비 9.0%)으로 1위를 차지했으며, 일본이 731건(전체 구성비 7.0%)으로 2위를 차지하였고, 그 뒤를 이어 대한민국이 563건(전체 구성비 5.4%)으로 3위를 차지했으며, 중국(155건, 1.5%), 말레이시아(141건, 1.3%) 순으로 나타났다.

아시아 지역 내 도시별 개최 순위는 싱가포르가 952건(전체 구성비 9.0%)으로 1위를 차지했으며, 서울은 253건(전체 구성비 2.4%)으로 2위로 집계되었고, 그 뒤로 도쿄(225건, 2.1%), 쿠알라룸푸르(88건, 0.84%), 교토(84건, 0.8%) 순으로 나타났다.

그 밖에 아시아 지역 국제회의 개최 주요 10개 도시에 대한민국 3개 도시(서울, 제주, 부산), 일본 3개 도시(도쿄, 교토, 요코하마), 중국 1개 도시(베이징)가 위치하여, 아시아 지역 1위인 싱가포르를 뒤따르고 있는 것으로 나타났다.

◎ 표 11-5 아시아 지역 국제회의 개최 현황(A+B)

(단위 : 건, %)

2012년				2011년	2010년	2009년	2008년	2007년	2006년
순위	국가	건수	구성비	건수	건수	건수	건수	건수	건수
1	싱가포르	952	9.1	919	725	689	637	466	298
2	일본	731	7.0	598	741	538	575	448	166
3	대한민국	563	5.4	469	464	347	293	268	185
4	중국	155	1.5	200	236	173	216	204	163
5	말레이시아	141	1.3	125	100	71	83	79	52
6	인도	90	0.9	103	164	138	131	111	93
7	태국	89	0.8	126	82	131	64	89	68
8	아랍에미레이트	84	0.8	103	85	57	42	36	39

주: 2012년 UIA 전체 국제회의 대비 구성비임
자료: 한국관광공사(2012). MICE산업통계조사편

2) 국내 국제회의 개최 현황

(1) 국제회의 개최 건수

2012년 우리나라에서 개최된 국제회의는 총 2,593건으로 전년대비 94.93% 증가하였고, 외국인 참가자 수 또한 전년보다 33.25% 증가해 총 292,962명으로 집계되었다.

◎ 표 11-6 연도별 국제회의 개최 현황

(단위: 건, 명, %)

연도별	개최 건수	성장률	외국인 참가자 수	성장률
2007년	456	8.57	88,294	11.51
2008년	634	39.04	120,011	35.92
2009년	1,057	66.72	152,906	35.92
2010년	1,070	1.13	160,173	4.73
2011년	1,330	24.3	219,859	37.26
2012년	2,593	94.93	292,962	33.25

자료: 한국관광공사(2012). MICE산업통계조사편

(2) 참가자 규모별 국제회의 개최 현황

2012년에 개최된 국제회의를 전체 참가자 규모별로 살펴보면 100명 이상 300명 미만 914건, 300명 이상 500명 미만 449건, 50명 이상 100명 미만 335건, 50명 미만 321건 순으로 나타났다.

　300명 미만의 중·소규모 회의가 1,570건으로 전체의 약 60.55%를 차지하였고, 300
명 이상의 중·대규모 회의는 1,023건으로 약 39.46%의 구성비를 차지하였는데, 지난
해의 744건(55.94%), 586건(44.06%)에 대비하여 중·소규모 회의의 비중이 늘어난 것으로
나타났다.

　외국인 참가자 규모별로 개최 현황은 50명 미만의 외국인이 참가한 행사가 1,171건,
50명 이상 100명 미만의 행사 722건, 100명 이상 300명 미만의 행사 532건 순으로 집
계되었으며, 외국인 100명 미만의 회의가 전체 73%를 차지하며 2011년 60.68% 대비
12.32% 증가한 것으로 나타났다.

◎ 표 11-7 참가자 규모별 국제회의 개최 현황

(단위 : 건, 명, %)

구 분	2012년		2011년		2010년	
	개최 건수	구성비	개최 건수	구성비	개최 건수	구성비
50명 미만	321	12.38	174	13.08	67	6.26
50명 이상 100명 미만	335	12.92	187	14.06	178	16.64
100명 이상 300명 미만	914	35.25	383	28.80	375	35.05
300명 이상 500명 미만	449	17.32	240	18.05	175	16.36
500명 이상 1,000명 미만	296	11.42	178	13.38	126	11.78
1,000명 이상	278	10.72	168	12.63	149	13.93
합 계	2,593	100	1,330	100	1,070	100

자료: 한국관광공사(2012). MICE산업통계조사편

◎ 표 11-8 외국인 참가자 규모별 국제회의 개최 현황

(단위 : 건, 명, %)

구 분	2012년		2011년		2010년	
	개최 건수	구성비	개최 건수	구성비	개최 건수	구성비
50명 미만	1,171	45.16	616	46.32	524	48.97
50명 이상 100명 미만	722	27.84	191	14.36	197	18.41
100명 이상 300명 미만	532	20.52	367	27.59	238	22.24
300명 이상 500명 미만	80	3.09	85	6.39	53	4.95
500명 이상 1,000명 미만	52	2.01	38	2.86	35	3.27
1,000명 이상	36	1.39	33	2.48	23	2.15
합 계	2,593	100	1,330	100	1,070	100

자료: 한국관광공사(2012). MICE산업통계조사편

(3) 주요 시설별 국제회의 개최 현황

2012년 주요 시설별 국제회의 개최 현황은, 호텔(특1급)에서 개최된 행사가 851건으로 가장 많았으며, 다음으로 전문회의시설 674건, 기타 시설 470건, 준회의시설 279건 등의 순으로 나타났다.

◎ 표 11-9 시설 유형별 국제회의 개최 현황

(단위: 건, 명, %)

구 분	개최 건수	구성비	외국인 참가자 수	전체 참가자 수
전문회의시설	674	25.99	146,340	692,380
준회의시설	279	10.79	18,721	89,000
중소규모 회의시설	83	3.20	5,780	22,658
호텔(특1)	851	32.82	74,220	260,808
호텔(특2)	177	6.83	13,298	54,188
호텔(1급)	8	0.31	203	550
휴양콘도미니엄	51	1.97	5,026	45,503
기타 시설	470	18.13	29,374	203,540
합계	2,593	100	292,962	1,368,627

자료: 한국관광공사(2012). MICE산업통계조사편

◎ 표 11-10 주요 시설별 국제회의 개최 현황

(단위: 건, 명, %)

장소별	개최 건수	구성비	외국인 참가자 수	전체 참가자 수
코엑스	291	11.2	46,381	293,331
벡스코	88	3.4	40,821	135,041
더케이서울호텔	82	3.2	7,048	34,863
라마다프라자제주호텔	61	2.4	4,023	10,510
부산 웨스틴조선호텔	59	2.3	2,684	5,096
노보텔 앰배서더 부산	53	2.0	1,904	4,287
롯데호텔서울	52	2.0	6,268	24,685
그랜드 힐튼 서울	50	1.9	4,558	25,650
백범김구기념관	49	1.9	4,236	20,710
대전컨벤션센터	48	1.9	5,292	25,673
서울무역전시장	43	1.7	3,560	23,050
킨텍스	42	1.6	9,773	78,227
서울신라호텔	41	1.6	3,384	14,784
제주국제컨벤션센터	35	1.3	18,965	40,816
엑스코	33	1.3	6,872	31,896

자료: 한국관광공사(2012). MICE산업통계조사편

국내 주요 개최시설별 현황은, 코엑스 291건, 벡스코 88건, 더케이서울호텔 82건, 라마다프라자제주호텔 61건, 부산 웨스틴조선호텔 59건 등 주로 서울, 부산, 제주에 소재한 시설에서 많이 개최된 것을 알 수 있다.

(4) 광역시도별 개최 현황

2012년 UIA에서 인증한 국내 개최 국제회의를 광역시도별로 분류했을 때 서울이 253건으로 가장 많았고, 제주 78건, 부산 50건 순으로 나타났다.

표 11-11 국내 국제회의 광역시도별 개최 현황 (A+B)

(단위: 건)

도시	2012		2011	
	국내순위	건수	국내순위	건수
서울	1	253	1	232
제주	2	78	3	68
부산	3	50	2	82
대전	4	31	6	10
대구	5	25	5	20
인천	6	25	4	24
광주	7	23	7	9
강원	8	18	11	1
경기	9	17	8	8
전남	10	16	11	1
경북	11	14	9	6
경남	12	6	9	6
전북	13	5	-	-
울산	14	1	11	1
충북	-	-	11	1
충남	-	-	-	-

주: 2013년 6월 발표한 UIA 통계보고서 기준
자료: 한국관광공사(2012). MICE산업통계조사편

2. 국제회의 유치관련 기구 및 조직

1) 국제 컨벤션협회(ICCA: International Congress & Convention Association)

ICCA(International Congress & Convention Association)는 1963년 여행사들이 모여서 설립된 조직으로 각종 국제기구, 협회 및 단체의 연합기구로, 매년 6월 전년도 국가별, 도시별 국제회의 개최 실적을 집계 및 발표하고 있다. 본부 소재지는 네덜란드 암스테르담(Amsterdam)에 위치하고 있으며, 전 세계 회원수는 86개국 약 900명으로서, ICCA의 역할은 다음과 같다.

첫째, 효과적인 협회 회의 비즈니스 기회 제공
둘째, 회의산업에 관련된 전문가와 글로벌 네트워킹 기회 제공
셋째, 전문가들로 이루어진 교육 프로그램 운영
넷째, 회원기업의 자사 소개 기회 부여
다섯째, 각종 회의산업 관련 자료 제공

2) 국제 협회연합(UIA: Union of International Associations)

UIA(Union of International Associations)는 1907년 Henri La Fontaine과 Paul Otlet이 설립한 연구기관으로서 본부 소재지는 벨기에 브뤼셀(Brussels)에 위치하고 있다. UIA의 역할은 국제기구, 협회에 대한 연구, 관찰, 정보제공을 하는 비영리, 비정치적, 독립적, 비정부적 기구로서의 역할을 하고 있다. UIA의 설립목적은 다음과 같다.

첫째, 인간의 존엄성, 인류의 연대와 소통의 자유의 원칙을 근간으로 한 인류의 질서 유지에 기여
둘째, 현대사회의 필수요소로 간주되는 인간 활동의 모든 분야에서 비정부조직(특히 비영리와 자원봉사단체) 네트워크의 발전과 효율성 제고
셋째, 국제적 정부 및 비정부 기관들이 다루고 있는 상호 연계, 회의 및 현안과 전략에 대한 정보를 수집, 연구 및 배포
넷째, 정보들이 더 의미 있고 실천 중심의 방법들이 되도록 함으로써 각급 계획들이 창의적으로 개발되고 상호 균형을 맞출 수 있도록 하며, 관련 활동과 다국적 협력의 새

로운 형태가 출현하는 촉매로 작용

다섯째, 국제기관들의 특히 정부조직와의 관계에 있어서의 법적, 행정적, 그리고 이외의 공통적인 문제들에 대한 연구 추진

3) 문화체육관광부

1996년에 「국제회의산업 육성에 관한 법률」이 제정되면서 우리나라의 국제회의산업이 비약적으로 발전하고 있는데, 그에 따라 국제회의업의 역할도 크게 늘어날 것으로 예상된다. 1998년에 「관광진흥법」을 개정하여 종전의 '국제회의용역업'을 '국제회의기획업'으로 명칭을 변경하고 '국제회의시설업'을 추가하여 '국제회의업'으로 확대하였다. 2005년에는 「관광진흥법」 개정을 통하여 국제회의업에 대한 문화체육관광부장관 또는 시·도지사의 등록권한을 각각 시·도지사 또는 시장·군수·구청장에게 이양하였다.

문화체육관광부는 2006년 5월 '국제회의산업 육성 기본계획'을 수립하여 국제회의산업의 육성을 위한 20대 과제를 도출하고, 2007년 본격적인 과제 시행을 추진하였다. 20대 과제 중 하나로 한국관광공사가 실시한 '유망 국제회의 선정 및 유치활동 지원' 사업은 '2020 국제방사선방호협회 총회', '2016 세계수산회의' 등 대형 유망 회의 유치 집중지원으로 유치 성공률을 제고함으로써 국제회의업의 성장기회를 제공하는 한편 한국주도 회의의 사무국 육성을 통해 '세계지식포럼', '서울디지털포럼' 등과 같은 회의가 지속적으로 성장할 수 있는 환경을 조성하는데 노력하고 있다. 이처럼 우리나라 국제회의산업의 육성·발전을 위한 문화체육관광부의 주요 업무는 다음과 같다.

첫째, 국제회의, 인센티브 관광, 전시 등 MICE(Meetings, Incentives, Conventions and Exhibitions)산업 육성 및 전시 산업과의 연계지원

둘째, MICE산업 전문인력의 양성

셋째, 국제회의의 국내 유치 촉진 및 지원

넷째, 국제회의시설 건립 및 국제회의 전담조직 설립·운영의 지원

4) 한국관광공사

한국관광공사는 1979년 국제회의부를 시작으로 현재 국제관광본부 산하에 코리아

MICE뷰로를 설치하여, 국제회의 유치활동 및 국내 개최 국제회의 운영지원, 홍보선전 활동, 국제회의 관련 정보제공 및 전문인력 양성 등 국제회의산업 육성 활동을 전개함 으로써 국가 전체의 국제회의의 중앙전담기구로서의 역할을 담당하고 있으며, 주요 역할은 다음과 같다.

① 유치가능 국제회의 발굴

- 국제회의 유치의향 조사(국제기구가입 4,300여개 국내 단체 대상)
- 국제기구 자료에 의한 유치 가능 국제회의 조사
- 유치가능성이 높은 국내외단체에 대한 세일즈콜 및 유치권유 활동
- 유관 해외인사 방한 초청지원, 해외설명회 초청 등

② 국제회의 유치에 대한 원스톱서비스 제공

- 국제회의 유치절차 안내 및 자문
- 유치제안서 작성 및 지지 서신/영상 제공
- 보조금 지원(유치제안서 인쇄, 국제기구 간부 사전답사, 기념품 등)
- 한국홍보 간행물 및 영상물 제공
- 주요 결정권자(최대 3인 이하) 사전 방한 실사 기획 및 진행
- 한국유치홍보관 운영, 주요 결정권자 해외초청행사 개최 등 현장유치활동 지원
- 공사 해외 지사망을 통한 유치활동 지원

③ 국내개최가 확정된 국제회의 주관단체에 대한 지원

- 당해 연도 개최지원
- 국제회의 개최관련 정보제공 및 자문
- 보조금 지원(프로그램북 제작, 관광 프로그램 운영, 문화예술공연, 공식 오만찬 등)
- 한국홍보 간행물 및 영상물 제공
- 한국홍보 영상물 상영 및 관광안내데스크 운영 지원
- 참가자 유치증대를 위한 사전 해외홍보활동 관련 보조금 지원(전시대회 참가시 한국홍보
  관 운영, 기념품 제작 등)
- 공사 해외 지사망을 통한 홍보

④ 컨벤션 마케팅 활동

- 컨벤션 전문전시회 참가 및 한국 홍보관 운영
- 컨벤션전문지 관광 게재 및 기사화
- 해외 컨벤션 로드쇼(유치 설명회) 실시 및 세일즈콜 실시
- 홍보간행물 제작, 배포 : 홍보영상물, 컨벤션 시설 안내책자

⑤ 컨벤션 산업 육성 기반 조성

- 한국 MICE육성협의회(Korea MICE Alliance) 운영
- 컨벤션산업전(Korea Mice Expo, KME, 연 1회 6~7월 중) 개최
- 지방 컨벤션 유치활성화 지원

⑥ 컨벤션 정보 수집 및 제공

- 컨벤션 홈페이지 구축 · 운영(국문, 영문)
- 국제회의 주최기관정보 수집 및 제공
- 국제회의 개최실적 및 계획 · 조사
- 국내외 컨벤션 전담조직 및 전문시설 조사
- 컨벤션 캘린더 및 국제회의 개최현황 책자 발간 · 배포
- 한국 컨벤션 e-newsletter 제작 발송

⑦ 국제기구와의 협력활동

- 국제관광기구 관련 회의 유치 지원
- PATA, UNWTO 등 국제관광기구와의 협력 활동
- 컨벤션 부문 국제기구 회의 참가

5) 컨벤션뷰로(Conventions & Visitors' Bureau)

컨벤션전담기구인 컨벤션뷰로는 초기에는 해당 국가나 지역을 대표해 국내 및 국제 회의를 유치하고 회의와 관련된 각종 활동을 지원하는 조직으로 컨벤션 개최로 인한 효과와 이익에 대한 인식이 확대되면서 설립, 운영되기 시작되었으나 점차 그 역할이

증대되면서 다양한 역할을 수행하고 있다.

초기에는 컨벤션전담기구는 해당 국가나 지역을 대표해 국내 및 국제회의를 유치하고 회의와 관련된 각종 활동을 지원하는 조직으로서의 역할을 수행하였으나, 국가 또는 지역 내 컨벤션 산업진흥을 위해 다양한 관련단체들이 협력적으로 참여하여 국가 또는 특정지역을 컨벤션 개최지로 마케팅하고, 이를 위한 각종 지원사업을 수행함으로써 국가 및 지역경제와 관광 발전을 도모하는 조직으로 점차 그 역할의 범주가 확대되고 있다. 이러한 컨벤션 뷰로의 역할과 지원내용은 다음과 같다.

(1) 컨벤션뷰로의 역할

- 컨벤션전담기구가 대표하는 해당 도시에 회의나 컨벤션, 전시회를 개최하도록 여러 국제회의를 유치
- 해당 지역 내 개최되는 국제회의에 대한 지원 보조금 제공
- MICE 관련한 행사 준비 지원
- 해당 지역의 역사적, 문화적, 레크리에이션 지역을 방문하도록 장려
- 지역사회의 브랜드 이미지 활성화와 촉진활동 전개
- 새로운 세수 증대와 일자리를 창출하며 지역경제 활성화
- 지역주민들의 삶의 질을 높이고 지역주민과 방문객에게 자긍심을 심어 주는 활동 전개
- 컨벤션 산업 종사자들의 자질 향상을 위한 교육 실시 및 감독
- 잠재 방문객 지역 내 관련 업계 간의 중재
- 컨벤션시설 운영 및 관리
- 관련 해외 기관들과의 교류, 협력을 통한 정보의 수집 및 교환
- 대정부 지원요청 및 관계기관과의 협력

(2) 지원내용

- 컨벤션과 전시회뿐만 아니라 인센티브 관광과 이벤트 등 각종 행사를 수용할 수 있는 시설현황을 조사하고 정보 제공
- 전반적인 시설과 운영 측면에서의 수용대책 검토

- 회의 유치 단계부터 해외홍보, 개최 준비에서부터 마무리까지 전반적인 지원, 그리고 컨벤션시설, 숙박시설, 교통 및 회의 서비스 업체에 대한 기초조사 실시 및 정보 제공
- 참가자들의 요구에 부합되는 적절한 정보 제공 및 여행사, 항공사와 DM 발송 및 박람회 등에 참가 등의 공동마케팅을 통하여 좀 더 많은 MICE 관련 행사들을 유도하기 위한 활동을 지원
- 해외 CVB와의 제휴 또는 국제회의 관련기구 가입 등을 통해 정보를 수집하고 교환하며 활용
- 컨벤션 산업에 대한 정부의 적극적인 지원을 요청하고, 유치활동에 따른 관계기관과의 협력을 증진

◷ 표 11-12 국내 컨벤션뷰로 현황

구 분	설립연도	특 징
코리아MICE뷰로	1979년 국제회의부 설치	1999년 컨벤션뷰로로 조직개편 2008년 말 코리아컨벤션뷰로 본부로 격상 2010년 코리아MICE뷰로로 명칭변경
대구컨벤션뷰로	2003년	국내 최초 도시컨벤션뷰로
서울관광마케팅(주)	2005년	2008년 서울관광마케팅(주) 내 서울컨벤션뷰로 본부 설치
부산관광컨벤션뷰로	2005년	2008년 부산관광컨벤션뷰로로 명칭변경
제주컨벤션뷰로	2005년	제주관광공사와 업무협력 중
대전마케팅공사	2005년	대전CVB가 운영하던 대전컨벤션센터와 대전엑스포과학공원 통합
인천컨벤션뷰로	2007년	2007년 인천관광공사의 조직개편으로 신설 - 3본부 9팀 → 3본부 2팀 1검사역 1뷰로
광주관광컨벤션뷰로	2007년	2006년 국제회의산업 육성에 관한 조례에 따라 설립
경기컨벤션뷰로	2011년	2011년 경기관광공사 내 설립
경남컨벤션뷰로	2012년	2012년 관광·컨벤션산업의 육성을 위해 설립. 사무국은 CECO에 설치
경주컨벤션뷰로	2013년	2013년 도시에 대한 홍보를 통해 국제회의를 포함 미팅, 인센티브 투어, 컨벤션 등 각종 회의를 유치하는 전담기구로의 역할을 시작함

자료: 코리아MICE뷰로(2013)

6) PCO(Professional Convention Organizer)

PCO는 주최자를 도와 전문성을 가지고 회의의 준비와 진행에 대한 제반 활동을 지원하는 조직, 기업 혹은 개인을 의미하는 것으로, 유치위원회는 회의를 개최하고 운영한 경험이 적지만 해당 분야에 대한 전문적 지식이 높은 반면, PCO는 많은 각종 회의에 대한 경험이 많지만 해당 분야에 대한 전문적 지식은 부족하기 때문에 양자 간의 협력은 성공적인 회의 유치에 많은 영향을 주고 있다.

(1) PCO의 주요 역할

- 유치위원회 구성 및 예산편성 자문
- 주최측 및 참가자와의 연락관계 유지
- 주요 분과회의의 준비 및 참가
- 회의장 준비 및 임차
- 회의관련자료 발송
- 참가자 등록업무
- 호텔 계약, 사교행사 준비
- 각종 문서의 준비
- 전시장 및 전시회 참가자와의 연락관계 유지
- 기술부문 행사의 협조
- 홍보업무
- 정식직원 및 임시고용원에 대한 통제
- 회계업무, 통역기자재 임차, 회의 전후의 여행알선 등

(2) 국제회의 유치에서의 역할

국제회의의 유치를 위한 각종 활동에 대한 전반적인 계획의 수립, 실행을 실무적인 차원에서 지원하는 역할을 수행하는데 구체적으로 다음과 같다.

- 유치 계획서 작성
- 유치 제한서 작성

- 현장 실사단 영접 계획 수립 및 진행 협조(site Inspection, 숙박시설, 관광프로그램, DMC, 관련 기관 및 단체 방문 등)
- 유치를 위한 홍보부스 설치 및 운영
- 필요시 유치를 위한 프레젠테이션, 각종 홍보물 등 제작
- 필요시 현장 유치활동 진행

7) 컨벤션센터

우리나라에서는 컨벤션센터를 법률상으로 국제회의시설이라는 용어로 사용하고 있으며, 국제회의산업 육성에 관한 법률 제2조 제3항과 동법 시행령 제3조에서 국제회의시설을 국제회의의 개최에 필요한 회의시설, 전시시설 및 이와 관련된 부대시설 등으로 규정하고 있다. 그 종류와 규모에 대해서는 전문회의시설, 준회의시설, 전시시설 및 부대시설로 구분하고 있으며, 한국관광공사에서는 전문시설, 준회의장, 특급호텔의 대회의장으로 구분하고 있다.

컨벤션센터는 대규모 회의를 개최할 수 있는 대형 국제회의장과 전문교역전시, 소규모 회의, 행사 등을 개최할 수 있는 다목적 용도의 공간을 가지고 있으며, 주로 시, 지방정부나 정부기관이 소유하거나 또는 운영하고 있는 공공의 집합시설로서 다수의 컨벤션센터는 그 경영을 비영리 또는 준공공경영법인의 형태로 사유화하고 있으며, 일부는 민간기업과 경영계약을 맺어 운영하기도 한다.

컨벤션센터의 주 수입원은 공간 임대료이며 이외에도 식음료, 특별 서비스 제공(전기, 수도, 가스, 사용료, 조명, 배관, 배관, 음향 서비스 등) 등이 포함된다. 이외에 센터 내의 영업시설이나 주차장과 같은 부대시설의 운영을 통하여 수입을 창출하기도 한다.

그리고 컨벤션센터는 각종 국제회의 유치를 위해 국제회의 개최시설로서의 각종 관련 자료와 컨벤션센터 주변 시설 및 관광지 안내자료, 실사단의 Site inspection 지원, 필요시 유치 및 개최를 위한 위원회의 회의장소 제공을 지원한다.

⊙ 표 11-13 국제회의시설의 종류와 규모

구 분	요 건	비 고
전문회의시설	· 2,000인 이상의 인원을 수용할 수 있는 대회의실 · 30인 이상의 인원을 수용할 수 있는 중소회의실 10실 이상 · 2,000제곱미터 이상의 옥내전시면적	각 지방자치단체에 건립된 모든 컨벤션 센터가 해당함
준회의시설	· 600인 이상의 인원을 수용할 수 있는 대회의실 · 30인 이상의 인원을 수용할 수 있는 중소회의실 3실 이상	호텔연회장, 공연장, 체육관 등
전시시설	· 2,000제곱미터 이상의 옥내전시면적 · 30인 이상의 인원을 수용할 수 있는 중소회의실 5실 이상	
부대시설	· 전문회의시설과 준회의시설에 부속된 숙박시설, 주차시설, 음식점시설, 휴식시설, 판매시설 등	

자료: 강원도 국제회의산업육성 기본계획(2013)

▶ 고양 킨텍스

구분	주요내용
개장년도	2005년
전시면적	108,483m²
가동률	50%대
운영현황	적자

▶ 인천 컨벤시아

구분	주요내용
개장년도	2009년
전시면적	8,416m²
가동률	40%대
운영현황	적자

▶ 대전 컨벤션

구분	주요내용
개장년도	2009년
전시면적	29,000m²
가동률	40%대
운영현황	적자

▶ 광주 김대중컨벤션

구분	주요내용
개장년도	2005년
전시면적	10,200m²
가동률	70%대
운영현황	흑자

▶ 서울 코엑스

구분	주요내용
개장년도	2000년
전시면적	36,027m²
가동률	70%대
운영현황	흑자

▶ 대구 엑스코

구분	주요내용
개장년도	2001년
전시면적	22,716m²
가동률	70%대
운영현황	흑자

▶ 창원 세코

구분	주요내용
개장년도	2005년
전시면적	9,259m²
가동률	70%대
운영현황	흑자

▶ 부산 벡스코

구분	주요내용
개장년도	2001년
전시면적	26,580m²
가동률	50%대
운영현황	흑자

▶ 제주 ICC

구분	주요내용
개장년도	2003년
전시면적	2,394m²
가동률	30%대
운영현황	적자

자료: 강원도 국제회의산업육성 기본계획(2013)

⊙ 그림 11-1 국내 주요 컨벤션센터 운영 현황

1. 국제회의산업의 진단

국제협회연합(UIA)이 발표한 2010년 세계 국제회의 개최현황 분석결과, 우리나라는 464건을 개최하여 8위를 차지하였는데, 우리나라가 UIA기준 국제회의 개최순위에서 세계 10위권 안에 든 것은 이번이 처음이다. G20정상회의 개최, 글로벌 금융위기로 인한 타격을 미국이나 유럽보다 덜 받은 점이 국제회의 개최건수 증가에 긍정적 영향을 미쳤다는 부분을 감안하더라도 2009년 347건 개최로 세계 11위였던 것을 고려하면 비약적인 성장이라 할 수 있다.

실제로 우리나라의 MICE산업 규모는 2000년 ASEM 정상회의 개최 이후 컨벤션센터와 같은 인프라에 대한 꾸준한 투자와 더불어 적극적인 정책적 지원을 통해 공급과 수요부문 모두 2000년 이후 3배 이상 성장한 것으로 평가받고 있다.

컨벤션센터 및 전시장 공급은 2000년에 ASEM 정상회의 개최를 위해 코엑스가 증축된 것을 시발점으로 하여, 2001년 벡스코와 엑스코 대구 개관, 2002년 aT센터 건립, 2003년 제주ICC 건립, 2005년 킨텍스, 김대중컨벤션센터, 창원컨벤션센터 개관, 2008년 송도컨벤시아, 대전컨벤션센터 개관 등 현재 운영되는 12개의 컨벤션센터 및 전시장 중에서 9개의 시설이 2000년 이후 신규로 건립되었다. 2011년 5월 엑스코가 확장사업을 완료한 것을 비롯하여 킨텍스와 벡스코도 증축을 완료하였다.

수요 측면의 성장세도 놀랍다. 1999년 85건에 불과했던 UIA기준 국제회의 개최건수는 2010년 464건으로 증가하였고, 전시회 개최 건수 역시 2000년 132건에서 2009년 409건으로 증가하였다. 컨벤션 및 전시회 참가자 수 역시 비슷한 규모로 증가하였다. 그간 우리나라 MICE산업은 세계 시장의 성장률은 물론, 상대적으로 성장률이 높았던 아시아시장 평균성장률도 2배 가량 앞서는 높은 성장세를 구가해왔다. 그렇다면 앞으로도 이러한 높은 성장세를 지속할 수 있을까? 전망이 그렇게 밝지는 않다. 2010년 UIA기준 국제회의 개최 건수가 증가하는 성과에도 불구하고, 우리나라 MICE산업의 인프라 수준이나 산업규모는 우리보다 순위가 낮은 이탈리아(11위), 네덜란드(13위), 스위스(14위), 캐나다(16위) 등에 비해 여전히 낮은 수준이다. 또한, 최근 우리나라 MICE산업의 성장세가 둔화될 조짐을 보이고 있다.

국제콩그레스컨벤션협회(ICCA)가 발표한 2010년도 협회회의 시장의 컨벤션 개최 현황 통계를 살펴보면, 우리나라의 컨벤션 개최 건수는 186건(세계 17위)으로 2009년 176건 대비 10건 증가하는 데 그쳐, 이미 컨벤션산업이 성숙기 시장에 들어선 것으로 평가받는 미국(595건에서 623건으로 28건 증가, 세계 1위), 독일(458건에서 542건으로 84건 증가, 세계 2위), 스페인(360건에서 451건으로 91건 증가, 세계 3위), 영국(345건에서 399건으로 54건 증가, 세계 4위), 프랑스(341건에서 371건으로 30건 증가, 세계 5위), 일본(257건에서 305건으로 48건 증가, 세계 7위) 등 컨벤션 선진국보다 오히려 증가율이 낮았다. 이들 국가들이 글로벌 금융위기로 인해 2008년에 비해 2009년 개최 건수가 크게 감소했다는 것을 고려하더라도, 이는 우리나라의 컨벤션 수요 부문의 향후 전망이 그리 밝지만은 않을 수 있다는 경계의 신호로 해석된다.

특히, 2010년 우리나라의 ICCA기준 컨벤션 개최 건수 증가율이 5.7%로 중국(245건에서 282건으로 37건 증가, 세계 8위), 호주(169건에서 239건으로 70건 증가, 세계 11위) 등 신흥 MICE 성장국가는 물론, 아시아시장 성장률(1,619건에 2,008건으로 24% 성장)과 세계시장 성장률(8,294건에서 9,120건으로 10% 성장)에도 못 미친다는 것은 비록 협회회의 시장에 국한된 ICCA의 통계조사 결과이긴 하나, 우리나라의 MICE산업이 전과 같은 높은 성장률을 더 이상 지속하기 어렵고 오히려 유럽이나 미국 같은 MICE산업 선진국처럼 성장률이 감소하는 단계인 성숙기 시장으로 이미 진입하고 있다는 느낌을 갖게 한다.

2. 국제회의산업의 향후 과제

성숙기 시장에서는 경쟁의 양상이 달라질 수밖에 없다. 전과 같은 성장률을 구가하기 어렵고 경쟁강도가 매우 높은 성숙기 시장에서는 양적 확대보다는 질적 수준 향상과 브랜드에 초점을 두고 경쟁전략을 수립하는 것이 필요하다. 따라서, MICE산업의 성숙기 시장의 관점에서 향후 우리나라 MICE산업의 중요한 과제로 3가지 정도를 제시해 보고자 한다.

첫째, 전시컨벤션 인프라 확충정책의 방향전환이 필요하다. 기존의 전시컨벤션 인프라 확충이 양적 확대에 중점을 두고 이루어졌다면, 이제는 질적 수준을 높이는 것으로 방향을 전환해야 한다. 단순히 컨벤션센터만을 건립하던 것이 현재까지의 우리나라의 전시컨벤션 인프라 정책이었다면, 이제는 컨벤션센터 주변의 복합단지화를 통해 경쟁력과 부가가치 창출을 높이는 것이 필요하다.

런던, 브뤼셀, 뉴욕, 시드니 등 성숙기 시장에 접어든 선진 MICE도시들은 이미 컨벤션센터 주변을 복합단지화하는 것으로 인프라 구축방향을 선회하였으며, 이를 통해 다시 한 번 MICE산업의 성장기를 맞이할 기회를 준비하고 있다. 또한, 싱가포르와 홍콩 등 아시아 주요국 역시 신규 컨벤션센터 건립 단계에서 이미 컨벤션센터 인근을 숙박시설, 상업시설, 업무시설, 위락시설 등을 함께 겸비한 복합단지로 건립하면서 MICE산업의 부가가치를 크게 높이고 있다.

우리나라는 코엑스와 벡스코 주변을 제외하고는 컨벤션센터 주변의 복합단지화가 제대로 구축되어 있지 못하다. 이러한 상황에서는 아무리 많은 행사를 유치하더라도, 참가자의 소비지출 수준이 낮기 때문에 부가가치 창출이나 지역경제를 활성화하는 데에는 한계가 있다. MICE산업의 육성 목적이 MICE행사 유치를 통해 행사참가자 수를 확대하고, 이들의 소비지출을 통해 부가가치 창출 및 지역경제를 활성화하는 데 있음을 고려할 때 컨벤션센터 주변의 복합단지화를 통해 MICE 참가자의 소비지출을 늘리는 것이야말로 최우선적으로 추진해야 할 정책이라 할 수 있다.

둘째, MICE산업구조의 선진화를 통해 서비스 경쟁력을 제고해야 한다. 우리나라 MICE산업의 외형적 규모가 최근 크게 성장했음에도 불구하고, MICE산업구조는 아직 10년 전의 상황에 머물러 있다고 해도 과언이 아니다. 높은 수준의 서비스 전문인력이 요구되는 MICE산업의 서비스 경쟁력 제고는 향후 MICE산업 성장에 있어 매우 중요하다. 이를 위해서는 컨벤션을 유치 혹은 개발하는 수요창출 단계에서부터 마케팅 및 홍보, 행사기획 및 운영, 참가자 서비스 제공에 이르는 MICE산업의 가치사슬(Value Chain) 구조가 보다 체계적으로 구축, 관리될 필요가 있다.

특히 지방 컨벤션뷰로 기능확대 및 활성화와 민간 PCO 육성이 필요하다. 우선, 컨벤션을 유치하고 개최지 서비스를 제공하는 컨벤션뷰로의 역량이 크게 확대되어야 한다. 컨벤션뷰로는 컨벤션과 관련된 수요를 창출하고 개최지에서의 관련 서비스를 제공하는 공공부문의 역할을 하는 것은 물론, 민간이 하기 어려운 컨벤션 유치에 있어 결정적 역할을 하고 있음에도 불구하고, 연간 운영예산이나 전문인력 확보가 미흡하여 기능 및 역할을 활성화하는 데 제약요소가 많다. 컨벤션 유치를 위한 국가 간, 도시 간 경쟁이 갈수록 치열해지는 환경을 고려하여 현재의 컨벤션뷰로의 조직과 인력구성 및 운영예산을 대폭 확대할 필요가 있다.

또한, 국내 PCO가 더욱 성장할 수 있는 산업환경을 구축하는 것이 필요하다. 최근

국내 PCO의 평균매출액은 증가하였으나, 수익성은 몇몇 업체를 제외하고는 크게 개선되지 못하는 상황이다. '수익성 있는 성장(profitablel growh)'이 이루어지지 못하면 지속적인 성장이 위협을 받게 된다. 특히, PCO는 직접적인 컨벤션 행사운영을 하는 가장 힘들고 어려운 업무를 소화하게 되는데, 수익성이 뒷받침되지 못하면 민간업체이기 때문에 PCO 직원들의 근무환경 역시 개선되기 힘들다. 또한, 양호한 근무환경이 확보되지 못하면 우수한 전문인력의 유치도 어렵고, 기존의 전문인력이 이탈하게 되어 전문적 서비스를 제공하지 못하게 되는 악순환을 반복하게 된다. PCO의 수익성 개선 문제는 2000년 이후 지속적으로 문제제기가 되어 왔으나, 여전히 해답을 찾지 못하는 상황이다. PCO업계 스스로 이러한 문제해결을 하는 것이 바람직하지만, PCO의 사업이 대행사업과 입찰이라는 특성을 가지고 있기 때문에, 과도한 가격경쟁을 업계 스스로 해결하기 어려운 부분이 있다. 따라서, 보다 합리적인 산업환경을 조성하는 관점에서 정부가 이 문제에 좀 더 적극적인 관심을 가질 필요가 있다.

마지막으로, 컨벤션 브랜드의 구축 및 향상이 필요하다. 기업들이 높은 수준의 브랜드를 구축하는 데 많은 투자를 하는 것은 과도한 가격경쟁을 막고 수익성을 높일 수 있기 때문이다. 도시브랜드(city brand)가 컨벤션 유치에 미치는 영향은 매우 높은 것으로 알려져 있다. 즉, 브랜드 인지도와 선호도가 높은 도시일수록 컨벤션 유치에 유리한 고지를 점령하게 된다.

2010년 UIA기준 국제회의 개최 건수 상위 10대 도시가 어떤 도시인가? 싱가포르, 브뤼셀, 파리, 빈, 바르셀로나, 도쿄, 제네바, 마드리드, 베를린, 그리고 서울이다. 모두 높은 수준의 도시브랜드를 구축한 도시들이다. 최근의 컨벤션 유치가 국가 간 경쟁보다는 도시 간 경쟁양상을 보이고 있기 때문에 국내 컨벤션도시들의 브랜드 구축 및 제고가 필요하다. '코리아 디스카운트'라는 말이 있는 것처럼, 국내 도시들이 낮은 도시브랜드 때문에 국제행사를 유치하기 위해 다른 경쟁도시보다 좋은 조건(지원금, 제공 서비스 내역 등)을 제시해야만 하는 경우가 많은데, 이는 행사개최의 수익성을 떨어뜨리게 된다. 따라서, 향후 컨벤션 유치 경쟁력을 높이고 행사 개최의 수익성을 제고하기 위해서는 컨벤션도시들의 브랜드 구축 및 제고에 적극적인 투자를 할 필요가 있다.

Chapter 12

의료관광

New Principle of Tourism Business

Chapter
12 의료관광

New Principle of Tourism Business

1 의료관광의 개요

1. 의료관광의 등장배경과 의의

사회적으로 웰빙(well-being)이 삶의 중요한 가치로 부각되고 건강에 대한 관심이 높아지면서 관광산업에도 여행과 건강을 함께 추구하는 트렌드가 확산되고 있다. 특히 인구구조가 고령화되고 있는 가운데, 높은 소비성향을 보이는 중장년층 소비자들은 의료, 헬스케어 등에 대한 지출을 늘리고 있다. 이에 따라 건강증진, 질병예방 및 치료를 목적으로 하는 의료관광의 수요가 급증하고 있다.

2000년대 이전의 의료관광은 소수의 부유층이 자국의 의료기술로는 치료가 불가능한 질병치료를 위해 의료기술 수준이 높은 미국, 스위스, 독일 등을 방문하는 중증환자나 고난이도 수술을 대상으로 하는 Medical Travel에서 2000년대 이후에는 가벼운 시술과 치료, 휴양까지 결합한 Medical Tourism으로 개념이 바뀌었으며, 최근에는 치료 이외에 레저와 건강관리를 포함하는 Wellness Tourism으로까지 범위가 확대되고 있는 추세이다.

의료와 관광이 결합된 융·복합형 관광산업인 의료관광의 보편화와 서비스 무역장벽의 완화, 의료서비스 범위확대 및 글로벌 경쟁시장이 급속하게 성장하면서 의료서비스와 관광이 융합된 의료관광산업이 신성장동력산업으로 부상하고 있으며, 의료관광시장의 선점을 위해 태국, 싱가포르, 인도, 일본, 미국을 비롯한 세계 각국은 대규모 투자에 나서고 있다.

국내에서도 지역 활성화와 내수진작을 위한 창조경제(Creative Economy)를 실현하기 위해 관련산업의 혁신과 함께 지속적인 성장을 위해서 특성화된 융·복합형 모델을 강조하고 있으며, 관계부처 합동(2013.12.27)회의에서도 투자활성화 대책과 관련하여 관광과 보건·의료분야의 국제경쟁력 강화를 위한 다양한 정책들을 추진하고 있다.

이와 같은 의료관광산업의 중요성을 인식한 정부와 각 지방자치단체에서도 국제경쟁력 강화와 지역 활성화를 위한 대안산업으로 의료관광단지 조성, 의료관광 전문인력 양성, 의료관광 프로그램 개발 등 다양한 정책을 추진하고 있지만, 지역별 수요와 경제적 타당성을 고려하지 않고, 유사한 정책을 추진하면서, 新의료 허브(Hub)지역으로 부상하고 있는 아시아 국가들과의 경쟁에서 우위를 점하지 못하고 있는 상황이다. 한편, 국내의 의료관광산업은 선진 의료기술과 첨단 의료장비, R&D 투자증가 등에서 높은 경쟁력을 가지고 있는 것으로 평가받고 있지만, 시장 성장률 측면에서는 낮은 평가를 받고 있다. 2013년 현재, 1조원의 시장으로 성장한 국내 의료관광시장에서 선호지역이 서울·수도권(2012년 기준, 전체 외국인 환자의 78% 서울·수도권 집중)에 편중되어 있고, 의료상품의 다양화와 지역 간의 균형적인 개발에 어려움을 겪고 있는 실정이다.

2. 의료관광의 개념

의료관광이란 건강을 위한 병원치료와 휴양 및 여가, 문화체험 등 다목적 관광을 일컫는 관광용어로서 싱가포르, 태국, 인도 등 동남아시아 국가로부터 시작되어 최근 21세기 각국의 전략산업으로 삼고 있는 새로운 관광상품 트렌드를 의미한다. 최근 의료산업은 치료위주의 의료서비스 제공에서 외국인환자 유치와 병원수출 등을 통해 고부가가치를 창출하는 산업으로 급속하게 변화하고 있으며, 세계 각국은 외국인환자 유치를 포함하는 의료서비스와 관광이 융합된 의료관광산업을 21세기 국가전략산업으로 집중 육성하기 위해 대규모의 예산과 정부차원의 적극적인 지원정책을 추진하고 있다.

특히 신흥국을 선호하는 의료관광 패턴으로 인해 진료비용이 저렴하고, 의료서비스 및 휴양시설이 잘 갖추어진 아시아지역에서 의료관광 유치경쟁이 치열하게 전개되고 있다.

금융위기 이후, 건강·안정 등에 대한 가치를 중시하는 선진국 소비자들의 심리변화가 의료부문에 대한 지출증가로 이어지는 소비패턴의 변화로 인해, 의료관광시장의 가치는 급격하게 상승하고 있으며, 현재 국제 의료관광시장 규모는 2004년 400억 달러에서 2015년 1,300억 달러로 3.2배 성장할 것으로 예측되고 있다. 특히 의료서비스 수요 증가와 의료산업의 경쟁과 개방으로 의료관광객의 이동량과 그에 따른 경제적 파급효과가 커지면서 의료관광산업은 각국의 주요 전략산업으로 주목받고 있다.

국제 의료관광시장의 성장은 의료서비스를 필요로 하는 사람들이 다양한 이유로 자국보다는 타국의 의료서비스를 선택하기 때문에 나타나는 현상으로서, 자국에서의 긴 대기시간 해소, 선진국의 무의료 보험자들의 해외 원정치료 증가, 신흥국의 저렴한 의료비용과 의료기술 향상 등이 그 배경에 있다. 즉, 미국이나 일본의 의료관광객은 자국의 높은 의료비가 주요 원인이며 영국·캐나다 등은 진료 대기시간을 단축하기 위해서, 중국이나 러시아 등은 의료서비스의 질적 향상을 위해 보다 저렴하고 우수한 의료서비스를 제공해 줄 수 있는 국가들을 찾고 있는 것으로 분석되고 있다.

우리나라에서도 경제성장을 주도할 잠재력이 높은 산업으로 의료관광산업을 인식하고, 중앙정부와 지방자치단체에서도 의료서비스와 지역의 관광자원을 연계한 의료관광산업을 적극 지원하고 있다. 의료관광은 표 12-1과 같이 부가가치, 소득, 취업, 고용 측면에서 전산업 평균보다 높은 파급효과를 보이고 있으며, 취업유발 효과는 생산액 10억원 기준, 21.2명으로 제조업(9.8명)에 비해 2배 이상 높고, 부가가치 창출효과는 10억원 기준, 8.6억원으로 제조업(5.7억원)에 비해 1.5배가 높다. 또한 의료관광객 100만명을 유치할 경우, 9조 4천억원의 생산유발 효과와 11만 7천개의 일자리를 창출할 수 있다. 현재의 추세로 의료관광산업이 성장한다면, 2020년에는 6조 1,731억원의 생산유발 효과와 6만 1,027명의 취업유발 효과를 창출할 수 있을 것으로 예측되고 있다.

이와 같은 의료관광산업의 중요성을 인식한 정부에서는 저성장과 내수부진을 극복하기 위한 대안으로서 의료관광산업을 신성장동력산업으로 집중 육성하기 위해 2009년 5월 의료관광 활성화를 목적으로 외국인환자에 대한 유치행위를 허용하는 의료법 개정 이후, 최근에는 의료법인 설립 자유화와 의료수출 및 외국인환자 유치를 지원하는 "국제의료 특별법"제정을 추진하고 있다.

표 12-1 의료관광 유발계수 비교

유발계수		생산	부가가치	소득	취업	고용
의료 산업	의료서비스	1.7466	0.8331	0.4884	0.0151	0.0124
	미용관광	1.7257	0.8797	0.3598	0.0301	0.0132
	의료산업 평균 (1)	1.7362	0.8564	0.4241	0.0226	0.0128
관광산업 평균 (2)		1.6813	0.8554	0.3967	0.0198	0.0125
의료+관광 평균 (1)+(2)		1.7087	0.8559	0.4104	0.0212	0.0127
서비스업 평균		1.7714	0.8160	0.4275	0.0177	0.0127
전산업 평균		1.8598	0.7305	0.3616	0.0153	0.0107
제조업 평균		2.0465	0.5702	0.2580	0.0098	0.0072
주요 수출입 평균		1.9055	0.5050	0.2047	0.0066	0.0055

자료: 한국관광공사(2011). 관광분야 재정 확대를 위한 보고서.

한편, 의료관광산업은 지역개발 측면에서도 다양한 인적 자원을 필요로 하기 때문에 부존자원이 빈약하고, 낙후된 지역의 개발에 가장 적합한 전략산업으로서 각광을 받고 있다. 또한 체류기간이 길고, 미용이나 성형, 건강검진, 간단한 수술 등으로 방문하는 관광객의 경우, 관광을 연계하여 머물기 때문에 체류비용은 더욱 높아지게 되는 특성을 지니고 있다.

3. 의료관광의 구성요인

1) 의료관광 인프라 시설

의료관광의 인프라 시설은 우선 병원 및 의료시설과 고객이 진료받는 동안 체류할 수 있는 숙박시설이 필수적이며 건강관리 및 요양에 필요한 마사지, 스파시설, 운동기구시설 등과 같은 보조시설이 필요하다. 또한 병원이 있는 장소까지의 접근성을 위한 교통시설도 중요한 요소 중 하나이다.

2) 관광자원

의료관광상품에서의 관광매력은 부수적 요소이지만 의료시설이나 의료진과 같은 주요소와 동등한 개념으로 제고할 대상이다. 고객은 단지 병원에서의 치료만을 목적으로 하는 것이 아니라 병원이 위치한 지역을 대상으로 관광행동을 진료 후 또는 진료와 같은 기간 내에 원할 수 있기 때문에 의료시설이 위치한 지역의 다양한 관광매력을 필요로 한다.

3) 음식

의료관광 고객은 건강을 위한 진료와 더불어 집을 벗어난 타지에서의 관광행동을 하게 된다는 면에서 지역적 특색을 음미할 수 있는 전통음식이나 별미가 관광매력으로 작용할 수 있으며 유기농 소재의 건강식, 각자의 체질에 맞춘 맞춤건강식, 치료를 목적으로 하는 보양음식, 한방음식 등과 같이 건강을 증진하고 에너지를 보충할 수 있는 음식이 부수적 역할을 한다.

4) 고객맞춤 비용

의료관광의 성공은 표적시장의 분석과 라이프스타일 분석을 통한 마케팅전략 수립에 있다고 할 수 있다. 특히 마케팅전략 요소 중 고객에게 적절한 가격을 제시하여 고가격/고품질을 원하는 고객에게는 고가격 전략으로, 일반대중에게는 고객의 거주지와 경쟁력 있는 가격을 구성하는 융통성 있는 마케팅믹스 전략을 구사할 필요가 있다. 의료관광 고객층은 주로 시간적, 경제적 여유계층이 참가하는 특성이 있는 관계로 일반적인 관광상품과는 달리 고객의 특성에 알맞은 가격정책을 적용해야 한다.

5) 접객 서비스 마인드

의료시설과 종사자들은 환자에 대한 권리를 보장하고 환자에 대한 친절한 서비스로 환자에게 진료와 의료시설에 대한 만족도를 상승시키기 위하여 노력할 의무가 있다. 의료관광의 주체인 환자는 의료산업 측면에서 볼 때 환자이지만 의료관광산업면에서 볼 때 관광의 주체인 고객에 해당되어 고객으로서 권리를 보장받아야 한다.

4. 의료관광의 유형

1) 방문목적별 분류

(1) 순수치료형

특정 병원이나 의사를 찾아서 입국하는 경우로 주로 자국에서의 치료가 용이치 않은 난치병환자 혹은 차별화된 프리미엄급의 치료나 서비스를 원하는 외국인들을 대상으로 의료서비스를 제공한다. 이들 치료는 지명도, 의료수준, 서비스의 질이 우선시되며 세계 각국 부유층의 이용도가 높다.

(2) 치료 + 관광형

관광과 휴양이 발달한 지역에서 많이 나타나며, 외국인들을 대상으로 Medical Spa 등의 간단한 치료와 관광이 결합되는 경우이다. 최근에는 위험도는 높지 않으나 장기간에 걸친 치료가 필요하여 치료 외의 휴양이나 관광 등 서비스가 필요한 상품이나 전통의학과 관광자원을 결합한 웰니스 상품도 개발되고 있다.

(3) 간호형(동반자)

이들은 직접적으로 의료서비스를 받지는 않지만 치료받는 가족/동료의 간병을 목적으로 입국하는 경우로 환자의 간호 및 지원이 주된 목적이지만 현지관광에 대한 관심도가 높다.

(4) 잠재형

다른 치료 목적으로 입국했으나, 사고나 긴급 상황으로 인하여 목적과는 별개의 응급치료를 받게 되는 경우 또는 출장이나 사업 등 의료서비스를 염두에 두지 않고 해당국을 방문하였지만, 체류기간 중에 의료서비스에 관한 정보를 얻어, 치료를 겸한 후 귀국하는 경우이다. 이 경우 차후 의료관광의 잠재적 수요자가 되며 자국으로 돌아가서도 주변인들에게 해당국의 의료관광 접점으로 작용하기도 한다.

2) 의료관광상품별 분류

(1) 질병치료

특정 질병이 있는 불특정다수의 환자들이 질병치료의 명의를 찾아 전문의료인의 치료를 받고 치료의 전후 인근의 관광지를 방문하거나 관광행위를 할 수 있도록 구성한 관광상품으로서 외국의 경우 관광객 또는 환자와 동반가족이 치료와 관광기간 동안 체류할 수 있는 법적 허가와 진료를 받을 수 있는 인프라의 구축이 필요하다.

(2) 미용성형의료

외모를 가꾸기 위한 성형수술이나 미용, 마사지, 온천, 스파 등을 목적으로 주로 여성들이 애용하는 관광상품으로서 자국에서 체험하지 못한 특별한 미용관련 서비스체험이나 의료기술이 뛰어난 국가에서 성형미용을 받고 관광을 겸하는 관광상품을 의미하며 의료기술이 뛰어난 경우와 상대적으로 자국에 비하여 경제적인 비용이 미용의료 관광상품의 동기가 된다.

(3) 휴양의료

휴양지에 적합한 자연환경과 건강을 위한 의료서비스의 인프라가 갖추어진 곳을 방문하여 체류하는 관광상품으로서 경제적, 시간적 여유를 가진 관광객이 주고객이며 대부분 휴양지 내에서 건강과 의료, 휴양에 필요한 시설을 갖추고 장기체류의 관광객이 많은 특징이 있다.

(4) 전통의료

방문국의 전통의학에 의한 치료와 관광을 목적으로 하는 관광상품으로서 서양의학과는 반대의 개념인 인도의 아유베다나, 한국의 한방치료와 같은 특정 국가의 전통의학을 활용한 환자 개인의 체질을 분석하여 자연적 치유를 목적으로 하며 개인맞춤형 건강생활법이라고 할 수 있다.

5. 국제 의료관광시장의 발전배경

1) 비용 및 대기시간 차이

저렴한 비용 혹은 빠른 의료서비스를 위하여 해외를 선택하는 경우가 증가하고 있다. 심장수술의 경우 미국에서는 3만 달러 수준이지만, 인도 뉴델리 소재 아폴로병원에서는 4천 달러 수준으로 아시아 병원의 진료비는 진료과목에 따라 미국 등 선진국병원의 20~80% 수준에 치료를 받을 수 있다. 영국, 캐나다 등은 전 국민을 대상으로 하는 건강보험체제가 잘 갖추어져 있고 의료서비스의 질도 높지만, 수술을 받기 위해서는 장기간 대기해야 하기 때문에 빠른 치료를 위해 해외의 의료기관을 찾고 있다.

2) 국가 간 이동성 증대

세계화, 소득수준 향상, 여가활동 증가 등으로 해외여행이 보편화되었으며, 무역자유화로 인하여 국가 간 이동이 자유로워 졌다. 또한 교통여건 개선 및 교통비용 절감으로도 시간 이동속도나 편리성도 증가하고 있다. 의료관광 활성화를 위해 의료관광 주요 국가들이 의료비자제도 도입 등 의료관광객의 이동 편의성을 높인 것도 주요 이유이다.

3) 정보통신매체 발달

인터넷 등 정보통신매체의 발달로 각국 간 의료비용과 서비스 품질 비교가 손쉽게 가능해짐에 따라 소비자의 능동적인 선택이 가능해졌다. 인터넷과 미디어의 해외 의료 정보제공으로 소비자는 자신들이 원하는 치료방법과 결과물에 대한 보다 자세한 정보를 얻을 수 있게 되었으며, 지역별·국가별로 비교하여 가격 및 서비스 품질 우위를 판단할 수 있게 되었다.

4) 의료서비스 인증제도 확산

1991년까지 전 세계적으로 8개에 불과했던 인증 프로그램은 2010년에는 44개로 증가하였다. 미국에서 최초로 의료서비스에 대한 표준화가 도입된 이래 캐나다, 호주, 영국, 뉴질랜드, 네덜란드 등 전 세계로 확산되고 있는 것이다. 인증제도는 환자 중심의 서비스와 적정 수준 이상의 표준화된 서비스 제공에 대한 신뢰를 심어줄 수 있어 환영받고 있다. 해외 환자 유치에 적극적인 아시아 의료기관들 역시 의료서비스에 대한 품질인증제도를 취득하고 시설 및 장비를 현대화하여 표준화된 선진국 수준의 의료서비스를 제공하고자 노력하고 있다. 인증제도가 확산되면서 인증제도 자체를 인증하는 국제의료질관리학회(International Society for Quality in Healthcare, ISQua)의 국제인증 프로그램(International Accreditation Program, IAP)도 확산되고 있다. 대표적인 인증 프로그램으로 꼽히는 미국의 병원인증제도(Joint Commission International, JCI)는 환자가 병원을 들어서는 순간부터 퇴원까지 치료 전 과정을 11개 분야로 나눠 환자의 안전성과 양질의 의료서비스 제공에 관한 평가를 3년 단위로 수행하고 있다. 2013년 현재 전 세계 90여개 국가에서 500여개가 넘는 의료기관이 JCI인증을 받았다. 국내에서도 대학병원과 전문병원을 중심으로 의료서비스 인증 필요성에 대한 인식이 확산되면서 2013년 6월 현재 39개의 JCI 인증이 이루어졌다.

5) 의료관광 네트워크 구축

의료선진국에서 수학한 의료인력이 증가하면서 의료인력과 의료기관들의 국제적 네트워크도 활발히 구축되고 있다. 의료 선진국에서 교육이나 연수를 받은 의료개도국 의사들은 선진국 병원에 자신의 환자를 소개하고, 역으로 선진국에서 면허를 받고 활동했던 의료진이 본국으로 돌아가 네트워크를 활용하여 선진국 환자를 유치하기도 한다. 이런 경우 언어문제도 동시에 해결되기에 의료관광객 유치에 유리하다.

6) 의료관광 전문회사 등장

최근 의료관광시장이 성장함에 따라 의사, 간호사, 전문컨설팅 그룹들이 의료관광 컨설팅 회사나 유치업체를 설립하여 개별 환자 및 기업들에게 의료관광 정보를 제공하거나 해외치료를 주선하고 있다. 선진국에서는 목적지별 국가에 특성화된 의료관광회사들이 활발하게 활동하고 있다. 그 예로 미국의 Medical Tourism International, Global Choice Healthcare가 코스타리카 의료관광을 알선하고 있으며, 미국의 IndoUSHealth와 영국의 Taj Medical Group이 인도 의료관광을 전문적으로 주선하고 있다. 국내에서는 2013년 5월 기준 의료관광 유치업체 726곳이 활동하고 있다.

7) 휴양 및 여가 선호

스파, 마사지, 요가 등 휴식을 통한 재충전에 대한 인식이 높아지면서 휴양과 스파 등 건강증진을 위한 활동이 주축을 이루는 웰니스관광(Wellness Tourism)도 의료관광의 한 종류로 고려되고 있다. 대표적인 휴양관광 목적지인 스파의 경우 방문자의 60%가 도시생활에 대한 스트레스 해소와 휴식을 주요 목적으로 삼고 있으며, 아로마테라피 마사지, 바디스클럽 등을 곁들여서 휴양과 미용 목적을 동시에 달성하기도 한다. 현재 스파시장의 규모는 급증하고 있으며, 연간 8~32% 정도 성장세가 예상되고 있다. 2009년 홍콩의 '아시아스파' 잡지는 아시아 최고의 휴양관광국가로 태국을, 최고의 의료스파로 태국 방콕의 S Medical Spa를 선정하였다.

 의료관광 현황 **2**

1. 해외의 의료관광

고대의 많은 사람들이 치료와 휴양을 위해, 온천이나 근처의 강을 여행한 것으로부터 시작된 의료관광은 최근 웰빙과 건강증진의 관심 증대로 최적의 의료서비스를 찾아 국내외로 이동하는 외국인 의료관광객이 증가하면서 급속하게 성장하고 있다. 특히 고령화가 진행되고 있는 선진국들의 경우, 1인당 의료비 지출이 급속하게 증가하는 추세에 있으며, 향후 고령화가 예상되는 아시아 국가들의 경우, 의료비 지출이 급증할 것으로 예측되고 있어, 향후 발전가능성은 매우 높다고 할 수 있다. 이외에도 의료서비스의 수요증가와 함께 의료산업의 경쟁이 치열해지면서, 의료시장의 개방에 따른 수요자의 국가 간 이동 및 국제여행의 증가로 인해, 요양과 건강이 결합된 의료관광산업의 중요성은 더욱 강조되고 있다.

아시아지역의 의료관광산업은 선진국과 비교시, 비용이 저렴하면서도 선진국 수준의 의료서비스와 휴양시설을 갖춘 태국, 싱가포르, 인도 등에서 의료관광이 활발하게 진행되고 있으며, 최근에는 세계에서 첫 헬스케어 자유구역을 선포한 두바이가 미국·

유럽의 의료법인 유치와 함께 업무와 쇼핑 중심지로서 시너지 효과를 창출하고 있다. 또한 중국은 상하이를 중심으로 대규모 펀드를 조성, 의료분야에 집중 투자하고 있으며, 독일·영국·프랑스·헝가리·멕시코 등도 정부차원의 적극적인 지원을 통해 의료관광 강국으로 성장하고 있다.

아시아지역에서 해외 의료관광객이 급증하고 있는 것은 저렴한 치료비용과 의료기술의 향상(국제기준 인증병원 증가), 저가 항공사 출현에 따른 해외여행의 보편화, IT발달에 따른 의료정보 공유 및 국제 네트워크 확대에 기인한 것으로 평가받고 있다.

한편, 의료관광시장이 확대되면서 그림 12-1과 같이 각국 정부는 의료비자 발급, 세제지원을 비롯한 각종 우대정책들을 제공하고 있으며, 민간병원을 중심으로 의료기반이 확충되면서 의료서비스의 질이 개선되고, 병원에서는 호텔급 서비스 제공, 스파·휴양시설에서는 클리닉 기능을 추가로 갖추는 경우가 증가하고 있다.

◉ 표 12-2 아시아지역의 의료관광시장 규모

(단위: 백만달러, 2010년 기준)

국 가	태 국	싱가포르	인 도	한 국	말레이시아
시장규모	635	306	253	193	157

주: 태국 스파치료 포함
자료: Mckinsey(2013), Beyond Korean Style Full Report.

두바이
• 세계 헬스케어 자유구역 선포
• 미국과 유럽의 의료법인 적극 유치

중국
• 하이난, 상하이, 베이징, 선전 등 주요 도시에 의료관광 단지 추진

일 본
• 아베노믹스 이후 보건의료산업을 국가 전략산업으로 집중 육성

유 럽
• 독일, 영국, 프랑스의 3강구도
• 의료비가 미국보다 저렴, EU 국가간 환자이동이 원활해 환자유치 유리

대 만
• 중국 문화와 언어를 무기로 한국, 일본의 강력한 경쟁국으로 부상

미국
• 심장, 혈관, 뇌 등 분야에 최고 수준의 의료 기술 보유
• 종합병원 형태가 아닌 전문 병원들의 경쟁력이 뛰어남

인도
• 우수한 의료진과 인프라를 통해 의료관광산업 연평균 15% 성장
• 태국, 싱가포르와 함께 아시아의 의료관광 강국으로 급성장

태 국
• 아시아 메디컬허브계획 추진을 통해 세계 의료강국으로서의 위상 구축

싱가포르
• 수준 높은 의료서비스와 저렴한 비용을 강점으로 의료관광산업 급성장

자료: 노정철·원지환(2014). 대구경북지역의 의료산업 활성화를 위한 서비스 가치혁신 전략. 한국은행 대구경북본부.

◉ 그림 12-1 세계 각국의 의료관광 경쟁 현황

1) 태 국

의료관광 강국으로 평가받고 있는 태국은 선진국 수준의 의료서비스와 저렴한 비용, 신속한 의료서비스를 기반으로 2011년 156만명의 외국인환자를 유치했으며, 의료관광산업을 의료서비스와 휴양, 레저, 문화활동 등 관광활동이 결합된 새로운 형태의 퓨전관광으로 정의, 국가차원에서 의료관광산업 활성화정책을 적극 추진하고 있다. 또한 의료서비스를 국제수준으로 성장시키기 위한 'Medical Hub of Asia Projet'를 통해 치과, 건강검진 등 의료서비스에서 스파, 마사지, 중장기 건강관리까지 포함하는 프로그램을 시행 중이며, 식품과 의약품, 화장품 등 연관산업에 대한 동반성장 및 의료분야에 대한 투자 활성화를 위해 외국인 투자자유화와 세제 및 비자 우대정책을 적극적으로 시행하고 있다.

특히 태국정부에서는 태국의 관광자원과 전문화된 의료기술을 결합한 상품 및 마케팅을 개발하고 있으며, 이를 위해 정부에서는 병원에 항공료, 스파, 마사지 등을 묶은 종합패키지 상품 판매를 권유하고 있으며, 경쟁이 치열해짐에 따라 민간병원에서는 치과, 심장, 안과 등 분야별 전문성을 강조한 특화상품을 홍보하고 있다. 특히 세계적인 의료관광 전문병원으로 성장한 범룽랏 병원의 경우, 외국인 대상 의료서비스 영역을 확대하기 위해 두바이 경찰청과 후불제 치료에 관한 협약을 맺는 등 다양한 의료관광 상품을 개발·판매하고 있다. 이외에도 태국정부는 노인장기 요양서비스를 받기 위해 입국하는 외국인과 상시방문자에게는 2005년부터 무비자를 허용하고 있으며, 태국 상무부의 수출진흥국과 관광청이 공동으로 주관하여 전시회와 설명회 등 의료관광 수출상품 마케팅을 적극 실시하고 있다.

한편, 태국에는 사립병원에 대한 영리활동 및 가격규제가 없기 때문에 사립대형병원은 외국인 전문경영인이 경영과 의료를 분리시켜 경영 효율화를 도모하는 한편 우수 의료진과 시설을 확보하고 고급서비스를 제공하면서 높은 비용을 받고 있다. 범룽랏 병원의 경우 최고의 의료설비를 갖추는 것은 물론, International Medical Coordination Office 운영을 통해 영어, 한국어, 일본어 등 14개국 언어로 상담과 홍보를 추진하고 있다. 또한 수완나품 공항에 범룽랏병원 카운터를 설치하여 입국시 차량의 제공, 비자연장 서비스 등을 지원하고 있다. 2010년 범룽랏 병원의 외국인 환자는 43만 7천여 명이다. 태국의 많은 민영병원들이 유럽과 미국에 위치해 있는 의과대학 및 보건연구소와 협력관계를 체결하고 있으며, 태국 병원인증 표준 및 JCI 인증(2013년 5월까지 45개)을 획득하고 있다.

2) 싱가포르

태국과 함께 아시아의 의료관광 강국으로 성장한 싱가포르는 HSWG(Healthcare Service Working Group)라고 하는 총괄적 의료허브 전략을 수립, 기초의료 보장, 차등서비스를 추진하고 있으며, 의료관광산업 기획·지원전담조직인 Singapore Medicine을 통해 원스톱 의료서비스 제공과 높은 의료수준 및 영어공용화, 서구적인 문화를 강점으로 2011년 72만명의 외국인환자를 유치했다. 보건부에서 설립한 Singapore Medicine을 중심으로 정부기관과 의료기관이 파트너십을 통해 해외 의료 마케팅을 적극적으로 추진하고 있다.

Singapore Medicine은 경제개발위원회(The Economic Development Board, 의료산업에 대한 홍보와 신규투자 산업육성 등 담당), 무역진흥기구(International Enterprise Singapore, 해외에 진출한 의료업체의 성장과 확대 추진), 관광청(Tourism Board, 싱가포르의 의료서비스 브랜드화와 대외 마케팅 담당) 등 3개의 정부기관과 병원, 에이전시 등으로 구성된 연합조직으로 의료관광 활성화를 통해 아시아의 메디컬 허브가 되기 위해 다양한 의료관광 활성화정책을 추진하고 있다.

또한 싱가포르는 최근 치료에 휴양 등의 개념을 접목한 복합 패키지상품 등 다양한 의료관광서비스를 제공함으로써 외국인환자의 만족도 제고 및 'Science Project'를 통해 다국적 제약회사의 연구센터 유치, 복합생명과학단지 조성을 통해 의료강국으로서의 대외 인지도를 강화시키고 있다.

싱가포르 정부는 '아시아의 의료허브'와 병원산업 육성을 위해 민간부문과 공공부문을 확실히 구분하여 기초의료를 보장함과 동시에 차등 서비스를 제공하는 것을 기본원칙으로 하고 있다. 싱가포르의 의료제도는 기본적으로 의료비 지불을 개인 책임으로 하고 정부가 보조해주는 방식으로 이루어지며, 공공과 민간의 다양한 보험이 복합적으로 운영되면서 자국민이 의료서비스를 받는 데 소외되지 않도록 하고 있다. 병원체계는 사립병원과 공공병원으로 나뉘며, 사립병원은 금융기관이나 일반투자자가 투자 가능한 영리병원이다. 현재 싱가포르 주식시장에는 6개 의료지주회사가 상장되어 있으며, 사립병원에서는 환자 가족을 위한 아파트 임대, 환자 및 가족전용 비즈니스 센터 운영 등 호텔 수준의 서비스를 제공하기도 하며 유럽 및 중동의 대부호와 왕족을 대상으로 하는 귀족 마케팅을 시행하고 있다.

3) 인 도

저렴한 의료비용과 의료관광 세제혜택, 전통의학 육성 등의 강점을 기반으로 2011년 73만명의 외국인환자를 유치한 인도는 미국대비 25% 수준인 심장수술 · 임플란트 비용과 의료서비스를 수출산업으로 우대하는 정부정책(서비스세 5% 면제 등) 및 전통 대체의학인 아유르베다 의사 50만명 육성 등을 통해 아시아의 의료관광 강국으로 최근 급성장하고 있다.

인도는 그 역사가 깊고 오리엔탈 문화의 중심지로 세계 관광객들로부터 관심을 받고 있다. 인도의 의료산업은 2020년까지 2,800억 달러 규모로 성장할 것으로 전망되며 이로 인해 인도 의약품 시장도 탄력을 받아 급격한 성장세를 보이고 있다. 2004년에는 15만명의 의료관광객이 인도를 방문하였고, 2005년 20만명, 2007년 27만 2천명, 2010년에는 73만 1천명이 의료를 목적으로 인도를 방문한 것으로 조사되고 있다. 리서치 회사인 RNCOS의 보고서에 의하면, 인도는 2013년 말 세계 의료관광산업의 3%를 차지할 것이며, 2013년까지 의료관광객 수는 130만명에 이를 것으로 예상된다. 인도를 방문하는 의료관광객 국적은 유럽, 미국, 중동, 아프리카 순으로 나타나며, 주변국인 아프가니스탄, 방글라데시, 스리랑카의 의료관광객 또한 꾸준히 증가하고 있다. 특히 지리적 접근성이 좋은 중동지역 중심의 마케팅이 활발한데, 사우디아라비아의 경우 2011년에 전년대비 43% 증가한 2만 3천여 명의 의료관광객이 인도를 찾았다.

인도는 IT강국의 장점과 저렴한 진료비, 짧은 대기시간, 선진 의료기술 등을 내세워 의료관광 활성화를 꾀하고 있다. 인도의 수술비용은 주요 선진국 대비 1/8 정도이며, 태국에 비해서도 30% 이상 저렴하지만 상대적으로 높은 선진 의료기술을 확보하고 있다. 고난이도인 심장 수술이 6~7천 달러로 미국의 5~7만 달러에 비하면 1/10 수준이고, 의사나 간호사는 물론 사무직원까지도 유창하게 영어를 구사하기 때문에 의사소통이 자유로운 것도 큰 장점이다. 의료관광객이 인도에서 가장 선호하는 의료서비스는 심장 절개수술과 관절치환수술로 자국에서 적절한 의료보험 혜택을 받지 못할 경우 비용부담이 매우 큰 분야이다. 인도 병원들은 이와 관련된 의학기술이 세계 수준으로 인정받고 있으며, 관련 전문병원 역시 다수 존재하고 있다. 인도는 2010년 기준 세계 4위 성형 시장으로 향후 내수 및 의료관광 목적지로 지속적인 성장이 예상되고 있다. 전통적인 치료요법인 아유르베다(Ayurveda)와 요가도 인도 관광청이 내세우는 주요 서비스분야이다. 인도 관광청은 전통의학을 현대기술과 전통적인 경험이 결합하여 자연과 더불어 지내면서 스스로 면역력을 높일 수 있는 웰빙 인도 이미지로 마케팅하고 있다.

인도정부는 'High-Tech Healing'이라는 모토를 내세워 국가적 차원의 의료관광홍보 및 지원을 활성화하고 있다.

4) 말레이시아

말레이시아는 'Tourism Review and the Hotel & Resort Insider'에서 조사한 2010년 세계 의료관광지 5위에 랭크될 정도로 의료관광객이 선호하는 목적지 중 하나이다. 의료관광산업에서는 동남아시아 국가 중 후발주자이나 인프라 정비가 앞서있으며 정부 정책에 힘입어 사립병원 중심으로 의료관광시장이 형성되어 있다. 의료관광에 동참하고 있는 병원은 대부분 영어를 사용한 의사소통이 가능하며, 해외여행 상해보험에 가입한 관광객이라면 무료로 진찰받을 수 있는 곳이 많이 있다.

말레이시아 의료서비스의 강점은 상대적으로 저렴한 비용, 국제인증 기준에 부합하는 의료서비스, 광범위한 진단 및 치료 자원, 현대식 보건시설, 훈련된 의료진으로 알려져 있다. 의료관광상품은 크게 치료(medical)와 웰니스(wellness) 프로그램으로 구분할 수 있는데 치료 목적의 관광객은 국제적으로 인증받은 병원에서 치료, 요양 등의 서비스를 받는 것을 선호하고, 웰니스 프로그램 이용 관광객은 건강검진 등과 더불어 휴양지에서 휴가를 즐기는 것을 선호한다. 말레이시아의 중점 의료서비스 분야는 건강검진과 미용성형 부분이며 Health Spas, 척추지압요법, 얼굴 피부 관리, 반사요법, 아로마 테라피 등이 강세를 이루고 있다.

정부가 중심이 되어 "말레이시아 헬스케어 여행위원회(MHTC)"를 2009년 12월에 발족시키면서, 의료관광산업 발전을 위한 정책을 적극적으로 추진하고 있으며, 저렴한 비용과 고품질의 의료서비스 제공 및 말레이시아의 이슬람 문화는 중동, 인도네시아 등 이슬람지역의 의료관광객들에게 특별한 매력요소로 작용하면서 의료관광산업이 급성장하고 있다.

2. 국내의 의료관광

1) 의료관광 현황

2020년 외국인환자 1백만명 유치를 목표로 의료관광산업을 육성하고 있는 우리나라는 2009년 의료법 개정 이후, 외국인환자 유치사업 등록제 시행과 법적 기준이 마련되면서 외국인환자 유치를 위한 의료시설의 확충과 의료서비스 개선사업이 적극적으로 진행되면서, 급속하게 성장하고 있다. 표 12-3과 같이, 2009년 60,201명의 외국인환자를 유치한 이후, 매년 30% 이상 성장하고 있으며, 2013년에는 211,218명의 환자유치 및 3,934억원의 진료수익을 기록하였다.

한편, 한국보건산업진흥원에서 2014년 외국인환자 예측결과, 약 25만명에 불과할 것으로 분석되고 있다. 이는 전년대비 18.4%의 증가율로서 2009년 이후 처음으로 성장세가 둔화되고 있는 것이다. 이와 같은 상황은 의료산업을 국가 전략산업으로 육성하는 'Medical Excellence Japan'을 출범시킨 일본과 아시아 최대의 의료서비스 수요국으로 등장한 중국과 언어·문화적 장벽이 없는 대만이 국가차원에서 의료산업에 집중 투자함으로써 범국가적 차원의 외국인환자 유치를 위한 경쟁이 치열하게 진행되고 있기 때문이다.

◎ 표 12-3 외국인환자 유치 현황

연 도	외국인 환자	증가율	진료수익	증가율
2009	60,201명	-	547억원	
2010	81,798명	36.0%	1,032억원	88.6%
2011	122,297명	49.5%	1,809억원	75.3%
2012	159,464명	30.4%	2,673억원	40.0%
2013	211,218명	32.5%	3,934억원	47.2%
2014[1]	250,000명	18.4%	—	-

주: 1) 2014년도 자료는 한국보건산업진흥원(www.khidi.or.kr)에서 발표한 자료를 토대로 작성된 추정치임.
자료: 한국병원경영연구원(2014). 국내 의료서비스산업의 고용창출 제고방안.

외국인환자는 표 12-4와 같이 중국 56,075명(26.5%), 미국 32,750명(15.5%), 러시아 24,026명(11.4%), 일본 16,849명(8.0%), 몽골 12,034명(5.7%)으로 5개국이 차지하는 비중이 전체의 67.1%이다. 특히 중국은 2011년 19,222명(15.7%)에서 2013년 56,075명(26.5%)으로

192% 급증했고, 일본은 22,491명(18.4%)에서 2013년 16,849명으로 25% 감소하였으며, 미국은 환자 수는 증가했지만, 비중은 2010년 이후 감소추세를 보이고 있다. 이러한 현상은 중국경제의 고속성장에 따른 부유층 확대와 위안화 절상 등으로 중국의 해외여행 수요가 폭발적으로 증가한 것에 비해, 일본의 경우 한일관계 악화와 엔화약세 등의 영향으로 인해 감소한 것으로 분석되고 있다.

국내의 의료관광산업은 건강검진과 미용·성형분야에 치중했던 외국인환자 유치가 내과분야로 확대되고, 대형병원 중심(2009년 45.9% → 2013년 36.8%)에서 병·의원급으로의 유치실적 증가(2009년 15.4% → 2013년 25.4%) 및 미국과 중국, 일본의 편중현상이 지속적으로 완화되면서(73.9% → 68.6% → 68.1% → 61.5% → 50.0%) 외국인환자의 다양화가 이루어지고 있으며, 중국과 러시아의 수요가 증가하고 있다.

최근 수요가 급증하고 있는 중국의 경우, 미용성형을 목적으로 하고 있으며, 미국은 건강검진과 내과진료, 일본은 한방과 피부치료, 러시아는 건강검진과 중증치료를 위해 방문하고 있는 것으로 나타났다. 그러나 국내의 의료관광산업은 태국과 싱가포르에 비해서는 인지도가 부족하고, 시장규모가 작은 상황이다.

한편, 2013년 방한 외국인 관광객 1,128만명 중 중국은 전년대비 52.5% 증가, 일본 21.9% 감소, 러시아가 5.2% 증가한 상황에서, 의료관광산업에서 중국과 러시아환자들이 지속적으로 증가하고 있는 것은 우리에게 시사하는 바가 매우 크다고 할 수 있다.

표 12-4 주요 국적별 외국인환자 현황

(단위: 명, %)

구분	2010년		2011년		2012년		2013년		연평균 증가율
	환자	비중	환자	비중	환자	비중	환자	비중	
중국	12,789	15.6	19,222	15.7	32,503	20.4	56,075	26.5	85.6
미국	21,338	26.1	27,529	22.5	30,582	19.2	32,750	15.5	23.7
러시아	5,098	6.2	9,651	7.9	16,438	10.3	24,026	11.4	92.3
일본	11,035	13.5	22,491	18.4	19,744	12.4	16,849	8.0	6.7
몽골	1,860	2.3	3,266	2.7	8,407	5.3	12,034	5.7	94.0
베트남	921	1.1	1,336	1.1	2,231	1.4	2,988	1.4	73.9
카자흐스탄	346	0.4	732	0.6	1,633	1	2,890	1.4	118.0

자료: 보건복지부(2014). 2013년 외국인환자 유치실적 조사 결과.

서울과 수도권을 제외한 각 지역의 외국인환자 유치실적이 전년대비 마이너스 성장률과 정체상태를 기록하고 있는 근본적인 원인은 서울을 비롯한 수도권에 외국인환자 유치 의료기관과 유치업체, 의료인력 등이 집중되어 있는 결과, 서울지역 특히 강남지역에 외국인환자들의 편중현상이 심화되고 있기 때문이다. 특히 협소한 국토의 특성상 제주도를 제외하면 지역적으로 특화 가능한 분야가 많지 않기 때문에 의료기관이 집중된 서울을 중심으로 외국인환자 유치가 활발하게 진행되고 있기 때문이다.

◎ 표 12-5 지역별 외국인환자 유치현황

(단위: 명, %)

구분	2010년		2011년		2012년		2013년		연평균 증가율
	환자	비중	환자	비중	환자	비중	환자	비중	
서울	50,490	61.7	77,858	63.7	99,422	62.3	133,428	63.2	37.9
경기	10,913	13.3	17,092	14.0	19,347	12.1	25,673	12.2	22.1
부산	4,106	5.0	6,704	5.5	9,177	5.8	11,022	5.2	46.1
인천	2,898	3.5	4,004	3.3	6,370	4.0	10,432	4.9	24.1
대구	4,493	5.5	5,494	4.5	7,117	4.5	7,298	3.5	26.9
대전	1,693	2.1	1,963	1.6	5,371	3.4	5,476	2.6	138.6
제주도	720	0.9	740	0.6	1,752	1.1	2,952	1.4	90.7
충남	997	1.2	1,367	1.1	1,715	1.1	2,936	1.4	392.3
강원도	567	0.7	1,349	1.1	1,498	0.9	2,925	1.4	79.9
전북	1,909	2.3	2,104	1.7	2,194	1.4	2,228	1.1	33.8
광주	989	1.2	1,118	0.9	1,648	1.0	1,900	0.9	62.3
경북	407	0.5	517	0.4	1,066	0.7	1,561	0.7	87.6
울산	614	0.8	782	0.6	925	0.6	1,086	0.5	124.2
충북	303	0.4	386	0.3	491	0.3	813	0.4	71.0
경남	354	0.4	556	0.5	646	0.4	749	0.4	57.4
전남	336	0.4	263	0.2	725	0.5	739	0.4	76.6
계	81,789	100	122,297	100	159,464	100	211,218	100	36.9

자료: 보건복지부(2014). 2013년 외국인환자 유치실적 조사 결과.

한편, 국내 의료관광산업의 종합 경쟁력은 표 12-6과 같이 OECD 34개국 중 19위에 불과한 실정이다. 즉, 의료시설과 장비 2위, 의료서비스 4위, 기술수준 9위로 OECD 국가 중 상위권을 기록하면서 상당한 경쟁력을 확보하고 있지만, 의료인력의 양적 규모인 인적 자원 31위, 관광산업 성장성은 33위로 최하위 수준이며, 의료부문 간 현격한 격차로 인해 의료관광산업의 불균형 구조가 심화되고 있다.

◎ 표 12-6 OECD 국가의 의료관광산업 경쟁력 분석결과

| 국가명 | 부문별 경쟁력 지수 | | | | | 종합 경쟁력 지수 | | | | | |
| | 기술수준 및 인프라 | | | 시장성장성 | | 기술수준 및 인프라 | | 시장 성장성 | | 의료관광 종합경쟁력 | |
	기술 수준	인적 자원	시설 장비	관광 산업	의료 서비스	지수	순위	지수	순위	지수	순위
일본	0.066	0.035	0.736	-0.177	-0.052	0.836	1	-0.228	34	0.608	1
아이슬란드	0.159	0.210	0.185	0.077	-0.054	0.554	2	0.022	17	0.576	2
룩셈부르크	0.065	0.043	0.054	0.386	0.027	0.162	10	0.413	1	0.575	3
오스트리아	0.065	0.033	0.185	0.202	0.051	0.283	6	0.253	2	0.536	4
덴마크	0.095	0.264	-0.014	0.147	-0.009	0.345	3	0.138	6	0.483	5
스위스	0.077	0.200	0.053	0.119	-0.008	0.330	4	0.111	8	0.441	6
미국	0.050	0.077	0.098	-0.015	0.150	0.225	9	0.135	7	0.360	7
독일	0.046	0.100	0.121	-0.001	-0.009	0.267	7	-0.010	18	0.257	8
그리스	0.017	-0.040	0.114	0.082	0.074	0.092	14	0.156	4	0.248	9
네덜란드	0.001	0.100	-0.048	0.043	0.152	0.053	16	0.195	3	0.247	10
노르웨이	0.147	0.270	-0.112	-0.057	-0.016	0.305	5	-0.073	23	0.232	11
스웨덴	0.148	0.141	-0.151	0.064	0.020	0.138	11	0.084	10	0.223	12
핀란드	0.143	0.111	-0.003	-0.068	0.021	0.251	8	-0.046	20	0.205	13
호주	0.063	0.055	-0.001	0.054	0.028	0.116	12	0.082	11	0.199	14
아일랜드	0.016	0.168	-0.093	-0.020	0.067	0.091	15	0.046	15	0.137	15
뉴질랜드	0.032	0.046	-0.122	0.032	0.058	-0.044	21	0.090	9	0.046	16
프랑스	0.007	-0.008	-0.028	0.065	-0.012	-0.029	20	0.053	13	0.024	17
포르투갈	0.021	-0.094	-0.056	0.140	0.000	-0.129	25	0.140	5	0.011	18
한국	0.070	-0.201	0.234	-0.178	0.082	0.102	13	-0.097	24	0.005	19
벨기에	-0.088	0.120	0.020	-0.065	0.000	0.052	17	-0.065	22	-0.013	20
캐나다	0.005	0.052	-0.139	-0.028	0.078	-0.083	22	0.050	14	-0.033	21
영국	0.001	0.056	-0.154	0.004	0.054	-0.096	23	0.059	12	-0.038	22
이탈리아	0.084	-0.095	0.036	-0.094	-0.026	0.026	18	-0.121	27	-0.095	23
체코	0.012	-0.036	0.036	-0.045	-0.089	0.012	19	-0.134	28	-0.122	24
스페인	0.017	-0.105	-0.099	0.035	0.004	-0.187	30	0.039	16	-0.148	25
슬로바키아	-0.098	-0.097	0.020	-0.144	0.085	-0.176	27	-0.059	21	-0.235	26
폴란드	-0.031	-0.155	0.001	-0.116	0.007	-0.186	29	-0.109	25	-0.295	27
헝가리	-0.059	-0.110	-0.025	0.125	-0.242	-0.194	31	-0.118	26	-0.312	28
에스토니아	-0.019	-0.076	-0.032	-0.097	-0.095	-0.127	24	-0.193	31	-0.319	29
슬로베니아	-0.064	-0.021	-0.071	-0.219	0.035	-0.155	26	-0.184	30	-0.340	30
이스라엘	0.108	-0.111	-0.181	-0.119	-0.108	-0.183	28	-0.227	33	-0.410	31
칠레	-0.129	-0.335	-0.196	-0.088	-0.056	-0.660	32	-0.144	29	-0.805	32
터키	-0.493	-0.321	-0.127	-0.048	0.003	-0.941	33	-0.045	19	-0.987	33
멕시코	-0.534	-0.275	-0.239	0.006	-0.218	-1.048	34	-0.212	32	-1.261	34

자료: 산업연구원(2013). 의료관광산업의 국제경쟁력 분석과 정책과제.

이와 같이 우리나라는 높은 의료기술과 가격경쟁력, 세계 최고수준의 IT 인프라를 구비하고 있음에도 불구하고, 의료관광에 대한 낮은 인지도와 후발국이라는 한계로 인해 태국, 싱가포르, 인도와 같은 아시아의 선도국가와 비교하면 낮은 수준의 경쟁력에 머물고 있는 상황이다.

한편, 국내에서 중국환자들이 지출한 총 진료비는 1,016억원으로 전체 진료수입의 25.8%를 차지하고 있으며(1인당 평균진료비 181만원), 일본을 제치고 국내방문 외국인환자 3위로 부상한 러시아는 879억원의 진료비를 지출, 전체 진료수입의 22.3%를 차지해 환자규모는 4위, 진료수입은 2위에 해당하는 수치를 기록하고 있다. 향후 외국인환자의 진료수입은 연평균 42% 증가, 2017년에는 약 1조 5천억원에 이를 것으로 추정되고 있다.

의료관광산업의 중요성을 인식한 각 지방자치단체에서는 지역 활성화와 일자리 창출을 위해 다양한 정책들을 추진하고 있지만, 상대적으로 우수한 수도권의 의료인프라와 적극적인 홍보·마케팅활동 등으로 인해 지방의 외국인환자 유치는 어려운 상황이다.

⊙ 표 12-7 주요 국적별 외국인환자의 진료수입 현황

(단위: 억원, 만원)

구 분	2012년		2013년			전년대비 증가율 (총진료수입)
	총진료수입	1인당 평균진료비	총진료수입	비중	1인당 평균진료비	
중국	550	169	1,016	25.8	181	84.7
러시아	601	366	879	22.3	366	46.2
미국	506	165	508	12.9	155	0.3
몽골	197	235	306	7.8	254	54.8
아랍에미레이트	43	1,267	204	5.2	1,771	370.4
일본	152	77	167	4.2	99	10.0
카자흐스탄	59	364	132	3.3	456	121.7
베트남	60	268	55	1.4	184	△8.1
인도네시아	16	227	21	0.5	193	31.4
사우디아라비아	13	123	19	0.5	146	42.1
우즈베키스탄	12	143	19	0.5	136	57.4

자료: 보건복지부(2014). 2013년 외국인환자 유치실적 조사 결과

⊙ **표 12-8** 지방자치단체의 의료관광산업 추진 현황

지역	내 용
서울 특별시	• 서울관광홈페이지(www.vistseoul.net)에 서울의료관광정보 종합안내시스템 구축, 우수 의료기관 및 인근 숙박·쇼핑·음식 등 다양한 정보를 패키지 제공, 의료관광지원센터 설 치 및 의료관광 원스톱서비스 체제 구축을 통해 외국인환자 상담 및 예약연계 등을 지원 • 외국인환자들이 불편사항으로 지적하고 있는 이동수단과 의사소통의 원활한 해결을 위 해 공항픽업 서비스와 의료관광 코디네이터 지원 등 특화된 의료서비스를 제공하고 있으 며, 중구 '메디컬해피투어리즘특구'에 314억 2,000만원을 투자, 의료관광상품 개발을 통 한 외국인환자 유치 및 명동일대 상권과 관광명소의 활성화 추진
경기도	• 2020년까지 의료관광객 25만명 유치를 통해 세계 의료관광도시로 도약한다는 목표하에 의료관광산업 활성화를 위해 경기도와 일선 시·군이 업무협약(MOU) 체결 및 도와 시· 군, 관계기관의 긴밀한 협업으로 맞춤형 외국인환자 유치와 특화된 관광상품 개발을 적극 적으로 추진
대구 광역시	• 의료도시 조성 프로젝트인 '메디시티 대구'를 추진하고 있는 대구시는 32개의 의료관광 선도의료기관을 통한 외국인환자 유치 및 7개의 의료관광 안내센터를 중국과 베트남에서 운영 • 2020년까지 수성의료지구와 첨단의료복합단지 개발을 통해 동북아 최고의 의료서비스 지역을 목표로 문화체육관광부의 '의료관광 클러스터 조성사업' 추진과 5년 연속 보건복 지부의 '지역 해외환자유치 선도의료기술 육성사업' 선정 및 외국인환자의 의료사고를 대비하기 위해 국내에서 처음으로 의료관광 품질보증을 위한 사업을 지속적으로 추진하 고 있음.
부산 광역시	• 2020년 의료관광객 20만명 유치와 세계 3대 의료관광도시를 목표로 의료관광기획단 발 족, 메디컬타운과 연계한 의료인프라 구축, 의료관광호텔 건립과 지원사업 등에 집중 • 의료기관들과 공동으로 외국인환자 유치를 위한 현지 설명회 개최 및 러시아·일본·중 국시장을 목표로 선제적 마케팅전략을 추진 중이며, 의료관광 인프라 확대를 위해 시비 15억원 이상을 투입하는 등, 의료관광산업의 경쟁력 강화를 위한 정책을 적극적으로 추진
대전 광역시	• 휴양형 첨단 의료관광 연계협력사업과 의료관광 해외 마케팅 시범사업 기관선정을 통해 의료관광 육성을 위한 제도적 지원방안 준비
경상북도	• 2014년 보건복지부의 '지역 해외환자유치 선도의료기술 육성사업' 선정, 의료관광 인프 라 구축과 외국인환자 유치를 위한 의료관광 우수병원 확대 및 국내외 마케팅 강화, 의료 관광 전담인력 양성 등의 사업을 적극적으로 추진
제주특별 자치도	• 헬스케어타운 등에 대규모의 중국자본이 투자되면서, 중국자본의 활용을 통한 의료관광 활성화에 대한 관심이 증가하고 있으며, 의료기관 1km 이내에 설치할 수 있는 메디텔 확 충과 의료관광 클러스트 조성, 외국인환자 유치 의료기관 확대(43개소) 등을 통해 관련산 업을 적극 육성
강원도	• 의료관광산업을 선도산업의 일환으로 추진하고 있으며, 자연환경을 기반으로 하는 중장 년 특화상품 개발을 진행하고 있음.

자료: 노정철·원지환(2014). 대구경북지역의 의료산업 활성화를 위한 서비스 가치혁신 전략. 한국은행 대구경북본부.

2012년 세계 의료관광객 5,370만명중, 국내에서 치료를 받은 의료관광객은 15만 9천명으로 0.3%, 태국의 120만명 대비 1/8 수준에 불과한 상황이다. 즉, 국내의 의료관광산업은 경쟁국 대비 유치실적이 매우 저조한 상황이며, 낮은 관광경쟁력과 각종 규제, 전문인력 부족 등으로 의료관광 발전의 저해요인으로 작용하고 있다. 의료관광산업의 종합경쟁력은 OECD 34개국 중 19위로 의료시설·장비 2위, 의료서비스 4위로 의료분야는 상위권이지만, 관광산업의 성장성은 33위로 최하위 수준이다. 따라서 현상황에서 국내 의료관광산업의 강점과 약점, 위협과 기회요인을 분석한 결과는 다음과 같다.

◎ 표 12-9 국내 의료관광산업의 SWOT 분석

Strength	Weakness
• 세계적인 의료기술 • 선진국에 비해 저렴한 비용/의료수가 • 우수한 의료진 • 성형외과, 한방마사지, 건강검진 등 특화분야 • 세계적 수준의 최첨단 의료장비 보유 • 교통 및 정보 등 사회적 인프라 발달 • 의료기관의 신뢰성(JCI 인증 등)	• 태국, 싱가포르 등에 비해 후발국 • 한국 의료관광에 대한 낮은 인지도 • 의료관광 컨트롤타워 부재로 인한 지자체별 사업 추진(전문적인 의료관광 유치, 시스템 부족) • 법·제도적 미흡(투자개방형 의료법인, u-Health 등) • 의사소통 경쟁력 미흡 • 의료와 관광서비스의 연계 미흡
Opportuntiy	Threat
• 지속적인 의료관광시장 규모의 확대 • 한류의 영향으로 한국에 대한 관심 증가 • 스타일 선호(성형, 피부미용, 한방, 건강검진 등) • 중앙정부 및 지자체의 강한 의료관광 육성의지	• 태국을 비롯한 호텔급 병원 증가 • 싱가포르의 진료비 가격 공개제도 • 일본, 중국의 의료관광 유치 본격화 • 중국의 상해의료관광특구(SIMZ) 조성 • 일본의 국가적 차원에서의 의료관광산업 육성

자료: 산업연구원(2013). 의료관광산업의 국제경쟁력 분석과 정책과제.

3. 의료관광 활성화 방안

의료관광은 국내 관광산업의 주요 경쟁국인 싱가포르, 태국, 인도, 중국에서는 의료서비스와 휴양·레저·문화 등의 관광활동이 결합된 새로운 형태의 블루오션(blue ocean) 전략으로서의 의료관광을 외화획득을 위한 21세기 국가전략산업으로 선정, 대규모의 예산과 정부차원의 적극적인 지원정책을 펼치고 있다. 또한 미국을 비롯한 세계 각국에서도 민간주도로 의료서비스 및 건강증진식품을 관광산업과 연계하여 발전시키는 등, 의료관광은 급격한 성장을 하고 있다.

국내의 의료관광은 이 분야의 선진국에 비해 약 5~10년 정도 뒤져 있지만 정부가 의료관광의 파급효과에 대해 중요하게 인식하면서 의료관광산업의 육성을 위해 한국관광공사 내에 전담조직을 두고 있고, 의료관광 및 의료타운 건설을 추진하고 있으며, 대학병원들을 포함한 의료기관들 역시 외국인환자 유치에 적극적으로 나서고 있는 실정이다. 지방자치단체들 또한 의료관광사업의 수익성에 눈을 돌리면서 의학회, 지역대학병원들과 공동으로 의료관광 마케팅을 펼치고 있다.

서울시에는 성형학회와 공동으로 '성형의료관광' 컨소시엄을 결성하였으며 협의회를 통해 서울관광마케팅주식회사를 설립하고 참여 의료기관을 더욱 확대한 뒤 본격적인 사업을 개시할 예정이라고 밝혔다. 또한 대구지역 대학병원들도 대구시와 공동으로 의료관광 유치사업에 관한 노력을 기울일 것이라고 공표하였다. 뿐만 아니라 각 시·도에서도 의료관광개발 및 첨단의료복합단지 조성에 관심을 가지고 추진할 계획을 발표하고 있다.

이와 같은 현상은 최근 들어 우리나라 의학기술의 우수성이 널리 알려지면서 의료서비스를 받으러 오는 외국인들이 다소 증가하고 있는 통계가 나오고 있을 뿐만 아니라 의료산업이 고부가가치 산업으로 인지되고 있기 때문이다. 특히 성형부분의 의술은 세계적 수준이라고 할 만큼 높은 수준을 유지하고 있으며 한류의 영향으로 일본, 중국을 포함한 동남아시아 국가 대부분은 성형 및 한방 의료에 많은 관심을 가지고 있다. 미래의 의료산업은 치료위주에서 예방위주로 의료서비스의 패러다임이 변화하고 있고, 시장의 주체가 공급자가 아닌 소비자(환자)중심으로 이동하고 있으므로, 이와 같은 트렌드를 고려한 대구·경북지역 의료관광산업의 차별화전략이 요구된다. 따라서 정부에서는 다음과 같은 의료관광산업의 활성화 방안이 필요하다.

1) 인프라 구축과 우수 의료인력의 확보

우리나라는 여건상 태국이나 싱가포르, 인도 같은 기존의 의료선진국과 가격 경쟁력으로 승부하기에는 어려울 것으로 사료된다. 최첨단의 선진 의료시설과 시스템 등으로 차별화하기 위해서는 인프라 구축을 서둘러야 할 것이다. 또한 우수한 의료인력도 필요하다. 따라서 국내 의료인력 양성에 있어 양적은 물론 질적인 추구가 필요하며, 필요하다면 외국의 우수한 인력의 도입이나 외국 우수 의료기관이나 학교와 협력을 통하여

최고 수준의 의료인력을 확보해야 할 것이다.

또한, 국내 의과대학 및 의학전문대학원의 교육수준도 강화할 필요가 있으며 우리나라의 강점인 IT와 BT분야 기술을 활용한 차별화 내지 특성화된 의료서비스, 즉 의료기술 경쟁력으로 나가야 할 것이다. 인도가 의료관광 분야에서 IT와 BT산업을 적극 활용하고 있음을 주지할 필요가 있다.

2) 법적 정비 및 규제 완화

우리나라 대형병원의 경우 국내 의료 수요가 충족되고 있는 관계로 외국인환자 유치의 필요성을 크게 느끼지 못하고 있는 실정이며, 의료사고나 보험 관련에서 국제법규와 국내법규가 상충되지 않고 해결될 수 있도록 법규를 정비해 나가야 할 것이다.

3) 시장 확보와 의료관광상품 개발

국가별로 특화된 의료관광상품을 제공할 필요가 있다. 미국의 경우 교포들의 고국방문과 연계한 한국 입국 진료 및 치료가 가능하도록 하고, 건강검진과 중증질환 위주의 고가상품을, 일본과 중국의 경우 성형, 치과미백, 라식, 임플란트 등과 관련한 상품을 주로 제공하는 등 국가별 또는 지역별 특화된 상품이 개발되는 것이 바람직할 것이다.

의료관광 활성화를 위해서 한국형 의료관광 모델을 확립하는 것이 시급하다. 우리나라는 태국 및 인도 등에 비해 의료비용이 고가인 관계로 비용우위전략보다는 고급화 및 특성화 모델을 개발하여야 한다. 즉, 고급화 전략에는 성형이나 치과 진료 등이 적합하고 특성화 전략에는 위암, 간암, 간이식, 척추치료 등이 가능하다. 한방치료도 특화가 가능하다.

4) 선진 의료시스템과의 연계

우리나라 의료기관이 외국인환자를 유치하기 위해서는 공인된 국제기구에 의해 객관적인 기술적 평가를 받음으로써 국제 수준의 신뢰도를 확보하는 것이 필요하다. 이를 위해서는 '국제의료평가원'으로부터 JCI인증을 획득하는 것이 지름길이다. 또한 의료관광의 선도국가들은 미국 등의 유수한 병원이나 의료기관과 긴밀한 협력관계를 유지하고 있다. 우리 병원들도 외국의 병원과의 협력 내지 국내 유치에 대하여 긍정적인 입장에서 적극적으로 활용하여야 할 것이다.

5) 적극적인 마케팅

외국인환자를 유치하기 위해서는 여러 분야의 합동 노력이 전제되어야 한다. 정부 기관, 의료기관, 항공 및 여행 등 관광업계, 홍보 및 마케팅 업계 등의 통합된 노력이 필요하다. 이러한 노력들 중 한국의 의료관광에 대한 인지도를 높이기 위해 적극적인 홍보와 마케팅의 중요성이 강조되어야 한다. 예를 들어, 줄기세포 등 생명과학 관련 연구 분야나 신약개발 등에 관한 홍보 등은 의료관광지에 대한 한국의 위상을 제고할 것으로 사료된다.

6) 의료서비스 강화

외국인환자에 대한 편리하고 신속한 출입국 및 장기 체류관련 절차, 대기시간이 길지 않은 입원 및 효과적인 치료, 외국인환자와의 원활한 언어소통 문제, 환자와 보호자들을 위한 편안한 거주환경 등 세심한 배려와 친절한 서비스가 정착되어야 한다.

7) 국내 병의원 간의 과도한 경쟁 지양

외국의 환자를 유치하기 전에 국내 의료기관 간의 협력체제가 우선적으로 수립되어야 의료의 양극화 현상이 발생하는 것을 방지할 수 있을 것이다. 의료기관별로 특성화된 분야를 개발하여 전문적인 진료를 하는 것도 병원 간의 불필요한 경쟁을 해소하는 방안이 될 것이다.

강원도(2013). 강원도 국제회의산업육성 기본계획 수립.

관계부처 합동회의(2013. 12. 27). 2014년 경제정책 방향.

관광지식정보시스템(2014). 국내 카지노업계 동향 및 경제효과.

고석면(2010). 호텔경영론. 기문사.

국가법령정보센터(http://www.law.go.kr/)

김성혁(1995). 국제회의산업론. 대왕사.

김의근(2000). 제주지역 국제회의산업육성정책에 관한 연구. 경기대학교 박사학위논문.

김용관(1997). 경기도 컨벤션산업 육성방안에 관한 연구. 관광경영학연구. 창간호.

국제산업정보연구소(1992). 주제공원 개발방향과 수업.

국토교통부(2011). 국제항공분야정책추진현황 자료.

경기개발연구원(2014). 메디컬한류 육성방안.

경남발전연구원(2013). 글로벌 테마파크유치와 경남의 시사점.

노정철(2014). 여행사경영론. 한올출판사.

노정철·원지환(2014). 대구경북지역의 의료산업 활성화를 위한 서비스 가치혁신 전략. 한국은행 대구경북
　　본부.

노정철·최형인(2011). 항공서비스경영론. 한올출판사.

대한상공회의소(2013). 의료서비스산업 발전을 위한 정책과제 연구.

문화체육관광부(2012). 세계호텔산업의 동향과 미래연구.

문화체육관광부(2013). 관광동향에 관한 연차보고서.

문화체육관광부(2013). 제3차 국제회의산업 육성 기본계획.

문화체육관광부(2014). 카지노 현황.

박현지(2014). 테마파크 서비스스케이프가 방문객 체류시간에 미치는 영향 ; 신기성욕구의 조절효과를 중
　　심으로. 세종대학교 대학원 석사학위논문.

보건복지부(2014). 2013년 외국인환자 유치실적 조사 결과.

산업연구원(2013). 의료관광산업의 국제경쟁력 분석과 정책과제.

삼성증권(2014). 카지노.

신현주(1996). 주제공원의 이미지 통합전략(CI)에 관한 연구. 경기대학교 석사학위논문.

우리투자증권(2013). 카지노산업.

윤대순(2002). 여행사경영론. 기문사.

이승구(2003). 강원도 관광문화와 테마파크의 개발방향. 강원문화연구 제22집

이지현(2000). 주제공원(THEME PARK)에 관한 연구 ; 한국 전래동화를 중심으로. 경성대학교 멀티미디어정
　　보예술대학원 석사학위논문.

이정철, 신철호(2008), 한국카지노산업의 발전방안. 한국콘텐츠학회논문지 제8권 제9호.

이재곤(2003), 국내 크루즈관광 상품 개발방향에 관한 연구. 관광경영학연구.

이장춘 · 박창수(2001). 국제회의론. 대왕사.

최승이 · 한광종(1997). 국제회의산업론. 백산출판사.

통계청(2015). 표준산업분류.

통계청(2014). 도소매업 조사. 경제총조사.

하나금융연구소(2008). 국내 레저산업 현황 및 성장성 전망.

한정원(2012). 국제적 호텔기업의 브랜드 마케팅과 실내이미지 표현 특성. 한국공간디자인학회 논문집 제7
　　권 1호.

한국관광공사 뉴욕지사. www.aaabiz.com/AdSales

한국관광공사(1984). 관광용어사전.

한국관광학회(2010). 관광학총론. 백산출판사.

한국관광공사(2010). 극동러시아 지역 의료관광시장 수요분석.

한국관광공사(2011). 관광분야 재정 확대를 위한 보고서.

한국관광공사(2012). 의료관광 홍보 마케팅 현황 및 전략.

한국관광공사(2013). 의료관광총람.

한국관광공사(2013). 2012 MICE 산업통계 조사 · 연구실적조사 분석편.

한국관광공사(2013). 국제회의 유치매뉴얼.

한국관광신문(2011). 한국MICE산업 진단 및 향후과제.

한국관광협회(1984), 한국관광발전사.

한국문화관광연구원(2010). 관광호텔 등급평가 체계 개선 및 관련법 개정방안.

한국문화관광연구원(2012). 한국형 복합리조트 제도화 방안.

한국문화관광연구원(2013). 고부가가치 의료관광 성장정책 시행 본격화. Hot Issue Brief.

한국문화관광연구원(2014). 국내외 카지노의 수익현황. 투어고포커스 제149호.

한국문화관광연구원(2014). 체류형 의료관광 클러스터 모델 개발연구.

한국병원경영연구원(2014). 국내 의료서비스산업의 고용창출 제고방안.

한국은행 광주전남본부(2012). 광주 · 전남지역 의료관광산업 발전방안.

한국은행 강원본부(2013). 웰니스 관광 활성화를 통한 강원도 관광산업의 국제화 전략.

한국은행(2014). 2013 기업경영분석.

함사식(1997). 국제회의 운영요령. 제10차 국제회의 전문요원과정 교육교재.

Antil, Frederick H, "Career Planning in the Hospitality Industry", *The Cornell Hotel and Restaurant
　　Administration Quarterly*, Vol. 25, No. 1(1984).

Belasco, Warren James, *Americans on the Road: From Autocamp to Motel*, 1920-1945, Cambridge, Mass. :
　　The M.I.T.Press, 1979.

Burkart, A.J., and S. William Medlik, *Tourism: Past, Present, and Future*, London: Heinemann, 1981.

Berkman & people(1984). Convention Management & Service, AH & MA.

Casson, Lionel, *Travel In the Ancient World*, London: George Allen & Unwin, 1974.

Chadwick, Robert A., "Concepts, Definitions and Measures Used in Travel and Tourism Research", in *Travel, Tourism, and Hospitality Research: A Handbook for Managers and Researchers*, ed, 1986.

Cruise Market Watch(2013). Worldwide Cruise Passengers by Source.

CLC(1994). The Convention Liaison Council Manual ; a working guide for effective meetings and conventions.

Doswell, Roger, *Case Studies in Tourism*, London: Barrie and Jenkins, 1978.

Gay, Jeanne, *Travel and Tourism Bibliography and Resources Handbook*, 3 vols, Santa Cruz, Calif.: Travel and Tourism Press, 1981.

Gee, Chuck, James Makens and Dexter Choy, *The Travel Industry*, New York, N.Y.: VNR, 1989.

Goeldner, C.R. and Karen Dicke, *Bibliography of Tourism and Travel Research Studies, Reports and Articles*, 9 vols, Boulder: Business Research Division, University of Colorado, 1980.

Goeldner, Charles R., and Karen Duea, *Travel Trends in the United States and Canada*. Boulder: Business Research Division, University of Colorado, 1984, Published in cooperation with the Travel and Tourism Research Association.

Gunn, Clare A, *Tourism Planning*, New York: Crane Russak, 1979.

Hawkins, Donald E., Elwood L. Shafer, and James M. Rovelstad, *Summary and Recommendations International Symposium on Tourism and the Next Decade*, Washington, D.C.: George Washington University Press, 1980.

Holloway, J. Christopher, *The Business of Tourism*, London: Macdonald and Evans, 1983.

Hooson, Christopher, and Nona Starr, *Travel Career Development*, Wellesley, Mass.: Institute of Certified Travel Agents, 1983.

Hudman, Lloyd E, *Tourism: A Shrinking World*, New York, NY: John Wiley, 1980.

_____, *Tourism in Contemporary Society An Introductory Text*, Englewood Cliffs: Prentice-Mall, Inc., 1989.

Hunziker, W. Grundriss der Allegemeinen Fremdenverkehrslehre.

Jafari, Jafar, "Anatomy of the Travel Industry", *The Cornell Hotel and Restaurant Administration Quarterly*, Vol. 24, No. 1(1983), pp.71-77.

_____ and J. R. Brent Ritchie, "Towards a Framework for Tourism Education : Problems and Prospects", *Annals of Tourism Research*, Vol. 8, No. 1(1981),

Kaiser, Charles, Jr., and Larry E. Helber, *Tourism Planning and Development*, Boston: CBI, 1978.

Krippendorf, Jost, "Tourism in the System of Industual Society", *Annals of Tourism Research*, Vol. 13, No. 4(1986), pp.517-532.

Leiper, Neil, "The Framework of Tourism: Towards a Definition of Tourism, Tourist and the Tourism Industry", *Annals of Tourism Research*, Vol. VI, No. 4(1979), pp.390-407.

Lundberg, Donald E, *The Tourist Business*, Boston: CBI, 1980.

Mckinsey(2013). Beyond Korean Style Full Report.

참고문헌

McIntosh, Kobert W. and Charles R. Goeldner, *Tourism: Principles, Practices, Philosophies*, NY : John Wiley, 1986.

McIntosh, Robert W, charles R. Goeldner and J.R. Brent Ritchie, *Tourism: Principles, Practices, Philosophies*, NY: John Wiley, 1995.

Metekla, Charles J, *The Dictionary of Tourism*, Wheaton, Ill.: Merton House Travel and Tourism, 1981.

Mill, Robert Christie, *The Tourism System*, Englewood Cliffs, N.J.: Prentice-Hall, 1992, pp.XVii-XX.

Nanninga, Nico J. and Raud J. Reuland, *Hotel and Tourism Training in Developing Countries*, The Hague School of Hospitality Management, Hague Hotel School, 1985.

National Tourism Resources Review Commission, *Destination USA*. Volume 1, Summary Report, Washington, D.C.: NTRRC, June 1973.

Robinson, H, A *Geography of Tourism*, London: Macdonald and Evans, 1976.

Rosenow, John E., and Gerreld L. Pulsipher, Tourism: *The Good, the Bad, and the Ugly*, West-port, CT: AVI, 1979.

Regoff, Milton, *The Great Travelers*, New York: Simon & Schuster, 1960.

Smith, Stephen L. J., "The Tourism Product", *Annals of Tourism Research*, Vol. 21, No. 3(1994), pp.582-595.

Travel Industry Association of America, The U.S. *Travel and Tourism Industry*, 1984, Washington D.C.: TIAA, 1984.

Travel Market Yearbook, 1982, New York: Ziff-Davis, 1982.

Travel Trade Publications, *Travel Trade 50, 1929-1979 Golden Anniversary Edition*, New York: Travel Trade, 1979.

Turner, Louis, and John Ash, *The Golden Hordes*, London: Constable, 1975.

Technavio(2014). Global Food Service Market 2014-2018.

TEA(2013). global attractions attendance report 2013.

UIA(1993). International Meetings Some Figures.

University of Colorado, Business Research Division, *Tourism's Top Twenty*, Boulder: University of Colorado, 1984, Published in cooperation with the U.S. Travel Data Center.

Wahab, Salah, *Managerial Aspects of Tourism*, Turin, Italy: Center International de Perfection-nement Professionnel et Technique, 1976.

Waters, Somerset R, *Travel Industry World Yearbook, The Big Picture - 1984*, New York: Child & Waters, 1984.

World Tourism Organization, *Definitions Concerning Tourism Statistics*, Madrid: WTO, 1983.

Young, George, *Tourism, Blessing or Blight?* Baltimore, Md.: Penguin Books, 1973.

www.lottetour.com.

www.korail.com

www.hansik.org/kr

www.molit.go.kr

찾아보기(INDEX)

저자약력

변우희
• 경주대학교 관광대학 관광경영학과 교수
• 한국관광학회 회장
• 문화관광축제 평가위원(문화체육관광부)
• 경북관광공사 정책자문위원
• 경주화백컨벤션센터 정책자문위원
• 경주시 문화관광상품 평가위원

노정철
• 경주대학교 관광대학 관광경영학과 교수
• 경주대학교 문화관광산업연구원/문화콘텐츠진흥원 원장
• 한국관광학회 이사
• 한국전자상거래학회 이사
• 한국연구재단 자문위원

김진훈
• 경주대학교 관광대학 관광경영학과 교수
• 경주대학교 문화관광산업연구원 선임 연구위원
• 통일교육위원경북협의회(통일부) 통일교육위원

김기태
• 경주대학교 관광대학 관광경영학과 교수
• 한국관광학회 자원개발분과학회 부회장
• 대한건설 · 환경학회 이사

최신 관광사업론

2015년 7월 10일 초판1쇄 인쇄
2015년 7월 15일 초판1쇄 발행

저　　자　변우희 · 노정철 · 김진훈 · 김기태
펴낸이　　임순재

펴낸곳　　**한올출판사**

등록 제11-403호
⑴⑵⑴-⑻⑷⑼
주　　　소　서울시 마포구 성산동 133-3 한올빌딩 3층
전　　　화　(02)376-4298(대표)
팩　　　스　(02)302-8073
홈 페 이 지　www.hanol.co.kr
e - 메 일　hanol@hanol.co.kr
정　　　가　23,000원